国内外经典教材辅导系列·管理类

马工程《管理学》
笔记和课后习题(含考研真题)详解

主编：圣才考研网

www. 100xuexi. com

中国石化出版社

内 容 提 要

国内外经典教材辅导系列是一套全面解析当前国内外各大院校权威教科书的辅导资料。马工程《管理学》是国内采用较多的管理学教材之一。本书遵循该教材的章目编排，包括按照管理职能划分的总论、决策、组织、领导、控制、创新六个部分，共分为18章(含绪论和结语)，每章由四部分组成：第一部分为复习笔记(含知识框架)，剖析本章的核心考点，并进行拓展延伸；第二部分为课(章)后习题详解，对该教材的所有习题进行了详细的分析和解答；第三部分为考研真题，精选部分名校近年的考研真题；第四部分为考研真题详解，对第三部分的习题提供了详细的解答。

圣才考研网(www.100xuexi.com)提供全国所有院校各个专业的考研考博辅导方案【网络课程、电子书、题库等】。购书享受大礼包增值服务【本书电子书(手机版、电脑版)+专业咨询】。手机扫码(本书封底)领取本书大礼包。

图书在版编目(CIP)数据

马工程《管理学》笔记和课后习题(含考研真题)详解/圣才考研网主编. —北京:中国石化出版社，2021.7(2024.1重印)
国内外经典教材辅导系列·管理类
ISBN 978-7-5114-6385-2

Ⅰ.①马… Ⅱ.①圣… Ⅲ.①管理学-研究生-入学考试-自学参考资料 Ⅳ.①C93

中国版本图书馆CIP数据核字(2021)第142803号

中国石化出版社出版发行
地址:北京市东城区安定门外大街58号
邮编:100011 电话:(010)57512500
发行部电话:(010)57512575
http://www.sinopec-press.com
E-mail:press@sinopec.com
武汉市盛宏源印务有限公司印刷
全国各地新华书店经销

*

787×1092毫米 16开本 18.5印张 402千字
2021年9月第1版 2024年1月第2次印刷
定价:68.00元

序　言

国内外经典教材辅导系列是一套全面解析当前国内外各大院校权威教科书的辅导资料。我国各大院校一般都把国内外通用的权威教科书作为本科生和研究生学习专业课程的参考教材，这些教材甚至被很多考试(特别是硕士和博士研究生入学考试)和培训项目作为指定参考书。为了帮助读者更好地学习专业课，我们有针对性地编写了一套与国内外教材配套的复习资料，并提供配套的名师讲堂和题库。

马工程《管理学》是我国高校采用较多的管理学权威教材之一。作为该教材的学习辅导书，本书具有以下几个方面的特点：

1. 框架图表体系，通俗易懂易记

本书每章的知识框架图和考点归纳表，在全方位把握核心考点的同时，提纲挈领地以思维导图形式，呈现重要的考点、难点，脉络清晰，一目了然，更容易记忆。

2. 下划线＋星级标记＋拓展延伸，透彻剖析核心考点

本书每章的核心考点均按重要程度分为一星(一般了解)至五星(熟练掌握)，对关键词用下划线作了标记，并对相关重要知识点进行了延伸和归纳，方便考生更有针对性地复习。

3. 解析课后习题，提供详尽答案

本书参考各种管理学权威教材和相关资料对每章的习题都进行了详细的分析和解答。

4. 精选考研真题，巩固重难点知识

本书精选了部分名校近年的管理学考研真题并提供了详细的答案，这些学校以该教材作为考研参考教材。所选习题涵盖的知识点全面，特别注重理论联系实际，凸显当前热点。

要深深牢记：考研不同一般考试，概念题(名词解释)要当作简答题来回答，简答题要当作论述题来解答，而论述题的答案要像是论文，多答不扣分。有的论述题的答案简直就是一份优秀的论文(其实很多考研真题就是选自一篇专题论文，完全需要当作论文来回答)！

购买本书享受大礼包增值服务！手机扫码(本书封底)领取本书大礼包。具体包括：①本书电子书(手机版、电脑版)；②考研专业课咨询服务。

圣才考研网(www.100xuexi.com)是圣才学习网旗下的考研考博专业网站，提供考研公共课和全国各高校管理类专业考研考博辅导班【一对一辅导(面授/网授)、网授精讲班等】、电子书、题库、全套资料(历年真题及答案、笔记讲义等)、国内外经典教材名师讲堂、考研教辅图书等。

考研辅导： kaoyan.100xuexi.com(圣才考研网)

资格考试： www.100xuexi.com(圣才学习网)

圣才考研网编辑部

目　录

第三篇 组 织

第四篇 领 导

绪 论

0.1 复习笔记

【知识框架(庖丁解牛)】

- 绪论
  - 管理学概述
    - 含义、特征
    - 研究对象
    - 研究体系：决策、组织、领导、控制、创新
  - 管理学的产生与发展
    - 中国古代管理思想
    - 西方工厂制度早期的管理思想
    - 现代管理学的萌芽与发展
  - 管理学的学习意义与方法
    - 意义
    - 理论指导、科学思维
    - 基本方法

【通关提要(提纲挈领)】

绪论作为入门章节，总体介绍管理学的一般知识。学习时，要熟悉管理学产生与发展中的代表人物及其理论贡献，熟悉管理学的研究对象、研究体系及方法等。本章内容基础且简单，不是考查重点，大致了解即可。

【考点难点归纳(厚积薄发)】

考点一：管理学概述(见表1) ★★★

表1 管理学概述

要点	主要内容	
含义	指一门综合运用现代社会科学、自然科学和技术科学的理论与方法，系统研究现代经济社会条件下管理活动的基本规律和一般方法及其应用的综合性学科	
特征	①基础性；②应用性；③交叉性；④历史性；⑤综合性和边缘性；⑥复杂性和实践性；⑦科学性与艺术性	
研究对象	指用于管理工作的、普遍且通用的原理和方法	
研究体系	决策	即管理者要正确有效地利用资源，在两个及以上备选方案中作出选择
	组织	即管理者为实现组织目标，安排和设计(建构)员工的工作，根据工作任务要求进行人员配备
	领导	指管理者运用权力或权威对组织成员进行引导或施加影响的过程

续表

要点	主要内容	
研究体系	控制	指管理者监管工作、比较差距、纠正错误、评估绩效、反馈信息等行为过程
	创新	指管理者要根据环境变化不断重新组合各项生产要素以调整决策、变革组织、完善领导、改进控制，不断打破旧秩序并建立新秩序

考点二：管理学的产生与发展(见表2) ★★

表2 管理学的产生与发展

要点	主要内容	
中国古代管理思想	①原则：顺道；②第一要素：重人；③条件：人和；④品德：守信；⑤科技：利器；⑥准则：求实；⑦谋略：对策；⑧真理：节俭；⑨方法：法治	
西方早期管理思想［工厂制度］	欧文	人是环境的产物，人才的培养需要恰当的物质条件和道德环境
	亚当·斯密	①劳动价值论及劳动分工理论；②“经济人”观点
	巴贝奇	①“边际熟练”原则；②利润分配制度；③按照生产效率确定报酬的制度
现代管理学的萌芽与发展	泰勒	提出科学管理理论，强调管理的科学性和系统性
	法约尔	提出一般管理理论，构建了管理研究的基本框架
	韦伯	提出了权力结构理论、官僚行政组织理论
	梅奥	提出了人际关系理论；通过霍桑试验等实践，强调人的因素
	管理理论丛林	20世纪40年代以后，关于管理特质的多方位研究催生了管理的理论丛林，不同学者分别从系统、决策、经验、权变等角度研究管理问题，管理学的理论框架因此而逐渐成熟

【真题链接】简述中国传统管理思想的要点。［简答题，南昌大学2023年研］

考点三：管理学的学习意义与方法(见表3) ★★

表3 管理学的学习意义与方法

要点	主要内容
学习意义	①帮助了解管理的一般规律。 ②有助于形成管理思维，提高理性分析能力和直觉判断能力。 ③可以指导实践，提高管理效率
理论指导	①基于马克思主义世界观和方法论，指导管理学。 ②历史唯物主义和辩证唯物主义相结合，分析管理实践。 ③一般抽象与具体适用相结合，开展管理行为
科学思维	五统一：战略、历史、辩证、创新和底线思维的统一体
基本方法	①定性与定量、归纳与演绎、比较研究等社会科学普遍运用的方法。 ②理论联系实际：掌握管理学的理论体系，理解管理的基本原则、方法和工具，用管理理论与方法去观察和分析工作和生活中的管理问题

0.2 课后习题详解

1. 管理学的研究对象是什么？在企业管理研究基础上抽象出的一般管理理论对其他组织的管理是否也具有指导意义？

答：管理学是一门研究管理活动及其规律的科学。

(1)管理学的研究对象：

①个体活动与群体活动：

a. 个体活动强调个体作为行为主体，从事与自身相关的活动，并在过程中选择可利用的不同资源。

b. 群体活动强调集体行为，通过整合集体中的人、财、物等，发挥群体中不同个体的共同力量，以形成群体贡献。

②一般组织与企业组织：

a. 一般组织具有组织的普遍特征，包含各种形式的组织。

b. 企业组织是现代微观经济活动选择的普遍形式，是微观市场的重要构成部分，是经济活动过程中普遍存在且在历史发展过程中所形成的组织形式。

总之，管理学是以各种管理工作中普遍适用的原理和方法作为研究对象的。它是研究管理活动过程及其规律的科学，是管理实践活动的科学总结。

(2)一般管理理论能够有效指导其他组织的管理。管理学中的管理活动是包括决策、组织、领导、控制以及创新等要素，并不断循环、更新的过程。管理学的研究体系涵盖了管理行为的基本环节，高度凝练了管理的本质内容，能够有效指导管理者从事管理活动，并能够为其他组织提供管理方面的经验借鉴。同时，对人在活动中的行为与关系进行协调，是企业以及其他有组织的群体活动管理的基本内容。

2. 现代管理学是如何产生的？这对当代管理理论研究和管理实践的发展可能提供哪些启示？

答：(1)现代管理学的产生和发展。现代管理思想源于工厂制度的产生和发展：

①泰勒强调科学管理方法，侧重于管理的系统化、生产的标准化以及过程的合理化。其于1911年发表《科学管理原理》，阐释了科学管理的概念，开启了科学管理之路。

②法约尔致力于一般管理理论的研究和宣传，于1916年出版《工业管理与一般管理》，构建了管理研究的基本框架。

③韦伯分析了官僚组织的构成要素和运行特点，提出并论证了官僚组织是理想的组织形态。其关于官僚组织的抽象总结彰显了早期理论家的贡献，韦伯也因此而被人们称为“组织理论之父”。

④梅奥通过霍桑试验，研究生产过程中“人”的因素，明确提出了企业员工是社会人的假设，挖掘非正式组织在管理过程中的作用，于1933年出版《工业文明的人类问题》。自此，行为科学逐渐走入管理学领域。

⑤20世纪40年代后，管理学家从不同的研究视角探究企业管理问题，推动了管理理论丛林的产生和发展，形成了日渐成熟的管理框架。

(2)当代管理理论研究和管理实践的发展启示。管理学产生与发展的历史告诉我们，要根据管理实践的发展不断总结和完善管理活动的一般规律，从而不断发展管理理论；不断发展的一般管理理论能进一步指导管理实践，促进作为管理活动载体的组织的发展。

3. 管理学学习的目的和意义是什么?

答:(1)学习管理学的目的，是在一般管理规律的基础上，深入挖掘不同时代背景、环境特征下，如何选择最合适的管理方法进行管理实践。即要根据不同的对象特征，采取恰当的行为，具体问题具体分析。

(2)学习管理学的意义:

管理学通过研究组织群体活动的产生和发展，抽象出一般理论。学习管理学有助于个体更好地理解活动任务，提升管理能力，提高行动效率和效果质量。

①学习管理学有助于个体了解并掌握管理理论的基本规律，更高效地进行管理活动，尽可能避免普适性的问题，提高管理效率。

②学习管理学，有助于理性分析和直觉判断相结合，提高分析问题和解决问题的能力。通过使用科学的管理方法和管理案例所积累形成的管理经验，不断培养组织成员的思维能力，为组织走向正确的方向提供参考和支持。

③学习管理学，有助于提升管理水平，应用于管理实践。通过管理理论和方法的学习，有助于明确组织在不同阶段的目标、使命和愿景，根据内外部环境变化及时调整组织发展方向，提高资源配置效率。

4. 试分析管理学的理论研究与管理实践能力提升的关系。

答:管理学的理论研究有助于管理实践能力的提升，二者相辅相成。具体分析如下:

(1)管理实践是理论的基础，理论的产生和发展要以实践为前提；管理理论是对实践抽象化的总结，其特征体现了实践的性质所在。管理理论要落实到管理实践之中，以指导管理活动的开展，完善管理流程，提高管理效率。

(2)学习管理学可以了解管理的一般规律，熟悉管理的一般方法，提升管理实践能力，少走弯路，缩短成功的周期，提高成功的概率。

(3)理论研究可以提升管理者的理性分析能力和决策能力，可以指导管理实践，提高管理水平，使管理者在不断提高资源配置效率的前提下实现组织的目标。

(4)马克思主义哲学将指导实践作为其主要使命。认识世界并改造世界是科学的根本使命，管理的最终使命是指导实践，并在实践的基础上形成管理理论。

管理实践和管理理论相辅相成，相互促进。

5. 马克思主义对学习和研究管理学的指导意义是什么?

答:马克思主义对学习和研究管理学的指导意义在于，马克思主义是学习和研究管理学的理论指导。

(1)辩证唯物主义和历史唯物主义相结合，解读管理实践和管理理论的内在联系。马克思主义明确了实践是理论的基础，管理的实践催生了管理理论的产生和发展，管理理论则是从管理实践中归纳总结出来的一般规律。马克思主义确保了管理学学习和研究的正确方向。

(2)用辩证唯物主义与历史唯物主义的观点去分析管理理论的一般抽象与具体运用的关系。相同的管理理论不能在不同背景下被教条地运用，管理者需要把管理学的一般理论与具体组织的活动特点相结合，寻找最适当的管理方法。面对不同的管理实践应用场景，应该具体问题具体分析，有针对性地将理论和实践相结合。

(3)辩证唯物主义与历史唯物主义相结合，解读管理对象的组织活动与组织环境之间的关系。管理实践要因时、因地而异，根据内外部环境变化，及时调整管理活动，并进一步抽象出新的管理理念。

总之，运用马克思主义指导管理学，有助于明晰管理行为，更好地运用管理理论组织管理实践，有助于提高管理行为的效率，进而有效达成行动的预期目标。马克思主义强调实践，可以不断丰富和完善管理学，推动管理学的深入发展。

6. 为什么说“理论联系实际”是管理学学习和研究的基本方法?

答: 管理学的研究与学习要运用各种科学工具进行分析，包括定量研究、定性研究、归纳法、演绎法、比较法等，但理论联系实际仍是学习和研究管理学的基本方法，原因在于:

(1)管理学是一门具有高度实践性的学科。管理学所提供的理论与方法都是实践经验的总结与提炼，同时管理的理论与方法又必须为实践服务，才能显示出其强大的生命力。只有理论联系实际，管理学才能在理论和实践中相互促进、不断发展。

(2)理论联系实际能避免经验主义和教条主义两种倾向。理论联系实际就是把马克思主义的基本原理作为指导，去观察和分析社会实际、工作实际和思想实际。学习管理学，不能仅停留在书本上，也不能脱离实际和大局，更不能把理论变成死板的教条或是纯粹依靠自己的实践经验，而是应当做到活学活用，理论联系实际。

(3)理论联系实际能探索出管理学最恰当的运用方式。每个组织的管理实践总是千差万别的。管理实践的应用场景不同，其行动目的、使命、期望不同，需要采取的行动方式和管理手段也不同。生搬硬套管理学的基本原理或某些成功的管理实践，很可能会失败。只有理论联系实际，结合自身情况，才能探索出最合适的学习或实践方法。

0.3 考研真题

一、概念题

管理学[山西财大 2018 年研；中国农大 2014 年研；中山大学 2010 年研]

二、简答题

简述中国传统管理思想的要点。[南昌大学 2023 年研；中山大学 2009 年研]

相关试题：中国古代有哪些重要管理思想？[华南理工 2017 年研]

三、论述题

儒家管理思想及其现代意义。[中山大学 2010 年研]

相关试题：简述儒家思想的核心内容。[简答题，中国农大 2014 年研]

0.4 考研真题详解

一、概念题

管理学[山西财大 2018 年研；中国农大 2014 年研；中山大学 2010 年研]

答：管理学是以各种管理工作中普遍的管理原理和方法作为研究对象，采用归纳法、试验法、演绎法等为研究方法的一门学科。学习管理学必须遵循三条宗旨：①人类社会的一切管理活动，其管理的对象、内容、性质、职能和方法有许多共同的规律性。这些规律性是所有管理者都应掌握的基础知识。②管理学是一门综合性的应用科学。管理学的研究必然会涉及经济学、哲学、社会学、历史学、心理学、人类学、数学以及各种专门的工程技术学和计算机科学。③管理具有自然和社会的双重属性，因此管理并不是没有国界的。在美国行之有效的管理理论和方法，不可能都适用于中国，即使具有同样东方文化背景的日本的管理理论和方法也不可能都适用于中国。

二、简答题

简述中国传统管理思想的要点。[南昌大学 2023 年研；中山大学 2009 年研]

相关试题：中国古代有哪些重要管理思想？[华南理工 2017 年研]

答：中国传统管理思想，分为宏观管理的治国学和微观管理的治生学。治国学适应中央集权的封建国家的需要，包括财政赋税管理、人口田制管理、市场管理、货币管理、漕运驿递管理、国家行政管理等方面；治生学则是在生产发展和经济运行的基础上通过官、民的实践逐步积累起来的，包括农副业、手工业、运输、建筑工程、市场经营等方面的学问。其思想要点包括：

(1)顺道。管理要顺应客观规律。《管子》认为万物都有运动规律，要顺势而为，遵守规则，强调“天不变其常，地不易其则，春秋冬夏，不更其节”。社会活动都有“轨”可循，“不通于轨数而欲为国，不可”。老子在《道德经》中的“顺道”，说明违背客观规律将受到自然的惩罚。司马迁认为经济活动是个体为满足需求而采取的自然选择，商品交换的定价要符合客观规律。这告诉我们，现代企业经营要顺应社会客观规律。

(2)重人。“重人”，即重人心向背、重人才归离，是中国传统管理的第一要素。我国历来重视得人、用人之道。人力资源是第一资源，现代企业经营要重视人才的作用。

(3)求和。孟子曰：“天时不如地利，地利不如人和。”“求和”中的“和”即讲团结，人际关系和谐。现代企业经营要培养团结和谐的企业文化。

(4)守信。强调企业诚信是第一位。守信是建立稳定关系的重要基础，是国家和企业兴旺的保障。现代企业要诚信经营。

(5)利器。生产要有工具，打仗要有兵器，“利器说”作为中国管理思想的重要内容，中国历来有利器的传统，强调“工欲善其事，必先利其器。”中国古代的纸、印刷术、指南针和火药四大发明的出现和推广，促进了社会发展，推动经济、文化的繁荣及世界文明的进步。因此，现代企业经营要重视生产技术的提升。

(6)求实。思想方法和行为准则要求实事求是，从实际出发。儒家提出“守正”原则，强调看问题要全面不偏激，不要“过犹不及”，也不要过分保守以错过时机。强调凡事要遵循量力而为原则，主张过刚者易折。综上，现代企业要实事求是地进行经营。

(7)对策。在治理方面要研究合理对策，统筹规划，才能够以智取胜，获取竞争和对抗活动中的胜利。研究对策有两个要点，即预测与运筹。因此，现代企业经营要注重战略，对经营活动进行统筹谋划。

(8)节俭。“节俭”强调在理财和治生过程中的开源节流、勤俭持家和崇俭黜奢。因此，现代企业经营要注重成本管理，减少营运环节中的资源浪费。

(9)法治。我国的法治思想基于先秦法家和《管子》，后形成一整套法制体系，如军事法制、市场法制等。在法律面前，人人平等，“刑过不避大臣，赏善不遗匹夫”，各级政府官员不能游离法外。因此，现代企业经营要建立健全各项规章制度。

三、论述题

儒家管理思想及其现代意义。［中山大学2010年研］

相关试题：简述儒家思想的核心内容。［简答题，中国农大2014年研］

答：(1)儒家管理思想：

作为中国传统文化的主流，儒家思想着重研究人类的精神文明。中国古代诸子百家，如孔子、孟子、庄子、墨子、管子等，都在反复论述人的本性以及人的社会属性这一基本主题。他们提出“三纲”，即“君为臣纲，父为子纲，夫为妻纲”，作为处理君臣、父子、夫妻之间相互关系的道德规范；提出“五常”，即“仁、义、礼、智、信”，作为处理个人和国家、社会、家庭及其他人之间相互关系的行为准则。儒家管理思想的宗旨是求安定、兴国、兴业；核心是民本主义，群体本位；服从于民本主义，必然派生出“和”与中庸的思想；为实现民本主义，在管理上主张以德治为主；德治强调教化，强调管理者正己、爱民。

(2)儒家管理思想的现代意义：

①儒家以人性论为哲学基础，主张以性善论为主的性多元论，这种人性思想符合现代管理学的人性假说。儒家的人性准绳以孟子“性善”论为主，又有荀子“人性恶”论，还有董仲舒的“性三品”等性有差等说，辅之以宋儒的天命、气质之性说和习气可塑的理论，说明在人性本体的哲学问题上，儒家思想与西方管理学中Y理论、Z理论的人性假说相一致。儒商以儒家的人性善和人性多元的人性思想作为管理的哲学基础，尊重人、相信人，发挥雇员的内在积极性，以“礼制”作为管理的主要手段。同时，儒商也很重视制度管理。在现代，企业管理仍应实行礼法兼用、以礼为主的管理方式，在相信和依靠员工的劳动积极性的基础上，加强制度建设，强化劳动纪律。

②儒家以人本主义为管理哲学，符合现代管理理论和实践的发展趋势。儒商最早的代表人物之一范蠡，在春秋时期就提出“择人”和“不责于人”的用人原则，强调经济人才的作用。古代晋商创造出了“经理制”，主张发挥管理人才的作用。在企业经营中，儒商注重发挥人的第一因素的作用，并深知“得人心者得天下”的道理，把“得人心”作为发挥人的内在积极性的前提，因而千方百计地照顾本企业员工的切身利益，使员工心甘情愿为企业出力。儒商以人为本的管理哲学对现代企业管理具有重要启示，即企业管理要以人为中心，对人的管理要以“得人心”为基础。

③儒商家族结构的亲情式管理具有极大的凝聚力。儒家文化是家国结构的宗法性文化，

儒商企业在组织结构上家族特征十分明显，儒商的管理是家族式的管理。把儒家思想中最核心的家庭观引进企业，把“企业大家庭”作为企业组织的理想目标，把对君和父的忠诚心用于建立企业中上下级关系。这样的管理结构对于企业的目标整合、增强凝聚力和向心力，具有十分重要的作用。

④儒家的“五常”德治管理路线和现代企业文化在本质上是相通、相融的。儒家管理思想中的“仁、义、礼、智、信”可以作为塑造企业文化的精髓，将其转化为企业文化的核心，即员工共同接受的价值观，以此来促进企业发展。

⑤儒商“顾客满意”的经营方针体现了现代企业管理的最终目的。儒家经济伦理精华主张“立人”“达人”“推己及人”的“利他”精神，儒商把这一原则转换为“质量第一”“顾客至上”的管理原则，这与现代管理实行的“CS”战略是一致的，也是企业生存和发展最根本的信条。

总之，对于儒家管理思想，既不应全盘否定，也不能全部继承，而应批判地继承，去其糟粕，取其精华，结合时代的发展，古为今用。

第一篇　总　论

第一章　管理导论

1.1　复习笔记

【知识框架(庖丁解牛)】

管理导论
- 管理概述
  - 组织的含义和特征
  - 管理的概念、特征、职能
  - 管理的本质：协调人的行为
- 管理的基本原理与方法
  - 基本原理
    - 人本原理
    - 系统原理
    - 效益原理
    - 适度原理
  - 基本方法：理性分析、直觉判断
  - 基本工具：权力、组织文化
- 管理活动的时代背景：全球化、信息化、市场化

【通关提要(提纲挈领)】

本章主要介绍管理的基础内容，简单且重要。学习时，要熟悉管理的内涵与本质，掌握管理的基本原理，特别是人本原理和系统原理的主要内容等。本章主要考查概念题和简答题，复习时要把握重点，理解记忆。

【考点难点归纳(厚积薄发)】

考点一：管理概述(见表1－1)　★★★

表1－1　管理概述

要点		主要内容
含义		指为实现组织目标，管理者对组织活动进行决策、组织、领导、控制和创新等一系列活动的过程
基本特征	目的	有效实现组织目标：强调成效[做正确的事]＋注重效率[正确地做事]
	主体	从事管理活动的管理者

续表

要点	主要内容	
基本特征	客体	组织活动及其参与要素
	综合性	综合了多阶段、多环节、多项工作内容的过程
职能	类型	①决策；②组织；③领导；④控制；⑤创新
	相互关系	①决策是计划的前提，计划是决策的逻辑延续。 ②组织、领导和控制旨在保证决策的顺利实施。 ③创新贯穿于各种管理职能和各个组织层次之中
载体	组织[三要素：有明确的目标、由人组成、有精密的结构]	
本质	①管理是对人及其行为的管理。 ②管理的本质是协调人的行为。 ③管理是科学性与艺术性的统一。 ④管理的二重性：是自然属性与社会属性的统一	

【真题链接】

(1)简述管理的定义与本质。[简答题，昆明理工2020年研]

(2)试论述你对管理的理解。[论述题，西南财大2019年研]

考点二：管理的基本原理与方法(见表1－2) ★★★

表1－2 管理的基本原理与方法

要点	主要内容	
基本原理	人本原理	以人为主体和中心，要尊重人、依靠人、发展人、为了人
	系统原理	指在管理实践活动中，运用系统论的基本思想和方法指导实践，解决和处理问题。具体包括：整体性原理、动态性原理、开放性原理和环境适应性原理
	效益原理	管理的核心和目标是创造最佳效益，要尽量以较少的资源消耗去实现组织目标
	适度原理	组织在业务活动范围和管理幅度的选择以及权力的分配上，必须进行适度管理，实现适度组合
基本方法	①按属性分，包括法律方法、行政方法、经济方法、教育方法和技术方法。 ②以理性分析、直觉判断为基础或依据	
基本工具	权力	直接规范，并进行追踪和控制
	组织文化	引导

【真题链接】

(1)简述管理的基本原理。[简答题，吉林大学2024年研；华科2013年研]

(2)如何理解人本原理？如何实现以人为中心的管理？[综合应用题，杭州师大2020年研]

(3)简述系统原理及系统原理要点。[简答题，浙工大2020年研]

1.2　课后习题详解

1. 如何认识组织的特征、企业的特征?

答：(1)组织是指两人以上的群体为了实现某个共同目的组成的有机体。它是这样一个社会实体：具有明确的目标、精心设计的结构和有意识协调的活动系统，同时又同外部环境保持密切的联系。

组织的特征有：

①组织由两个及以上的组织成员组成。他们因某种共同的目标聚集到一起。

②组织具有明确的目标。组织成员聚集到一起并相互协调行动，是希望能够通过协调行动来达成某种共同目标。

③组织有特殊的活动。为实现共同目标，组织一定要从事某些活动。这些活动的内容由组织目标的性质所决定。

④任何组织在一定程度上都是独立存在的，组织与外部社会有着相对明确的界限。组织离不开特定的环境，但它又独立于其他外部组织，与其所依赖的环境存在相对明确的界限。

(2)企业是指根据市场需求，提供产品或服务的社会经济单位。其特征具体如下：

①组织性。企业不同于个人、家庭，它是一种有名称、组织机构、规章制度的正式组织。它不同于靠血缘、亲缘、地缘或神缘组成的家族宗法组织、同乡组织或宗教组织，而是由企业所有者和员工主要通过契约关系自由地(至少在形式上)组合而成的一种开放的社会组织。

②经济性。企业作为一种社会组织，不同于行政、军事、政党、社团组织和教育、科研、文艺、体育、医卫、慈善等组织，它本质上是经济组织，以经济活动为中心，实行全面的经济核算，追求并致力于不断提高经济效益；而且它也不同于政府和国际组织对宏观经济活动进行调控监管的机构，它是直接从事经济活动的实体，和消费者同属于微观经济单位。

③商品性。企业作为经济组织，不同于自给自足的自然经济组织，而是商品经济组织、商品生产者或经营者、市场主体，其经济活动是面向、围绕市场进行的。不仅企业的产出(产品、服务)和投入(资源、要素)是商品——企业是“以商品生产商品”，而且企业自身(企业的有形、无形资产)也是商品，企业产权可以有偿转让——企业是“生产商品的商品”。

④营利性。营利性是构成现代企业的根本标志。现代企业作为一个独立的追求利润的经济组织，它是为营利而开展商品生产、交换或从事服务活动。营利是企业生存和发展的基础条件，也是企业区别于其他组织的主要依据。因此，企业应当以市场为导向，以消费为中心，以盈利为主要目的，在满足社会需要的过程中实现长期的利润最大化。

⑤独立性。企业是一种在法律和经济上都具有独立性的组织，对外及在社会上都完全独立，依法独立享有民事权利，独立承担民事法律义务和民事法律责任。它与其他自然人、法人在法律地位上完全平等，没有行政级别、行政隶属关系。它不同于民事法律上不独立

的非法人单位，也不同于经济(财产、财务)上不能完全独立的其他社会组织，它拥有独立的、边界清晰的产权，具有完全的经济行为能力和独立的经济利益，实行独立的经济核算，能够自决、自治、自律、自立，实行自我约束、自我激励、自我改造、自我积累和自我发展。

2. 简述管理工作的主要内容。

答：管理者为实现组织目标会采取一系列行动，管理工作主要包括：

(1)决策。决策是管理者在多个备选方案中选择最终执行方案的过程。管理者要研究组织内外环境、分析企业内部资源状况及利用资源的能力，使决策有可靠的依据。要根据决策目标，明确行动内容和各部门的工作要求。

(2)组织。管理者要根据目标活动的要求设计合理的组织，包括目标活动分解，进行职务设计、机构设计、结构设计，实现人岗匹配。在此基础上发布工作指令，提供必要的物质和信息条件，以开动并维持组织的运转。在组织运行过程中，要根据业务活动及环境变化，研究与实施组织结构的调整和变革。

(3)领导。即为实现组织目标，管理者通过其组织权力和个人权威来引导和指挥组织成员的过程。有效的领导需要管理者充分分析内外部环境条件、组织成员的个性特征、岗位性质、工作内容等，将最合适的人安排在最合适的工作任务上，提高管理效率，以达成管理的预期目标。

(4)控制。即管理者为确保管理活动有序开展，对其进行监督和调整的一系列行为。控制包括确定检查标准、持续监督工作进展、比较现实成果和预期目标之间的差距、及时调整偏差等。

(5)创新。即管理者根据内外部环境变化，判断未来发展趋势，及时更新资源配置、技术手段等内容的过程。要通过创新职能来实现组织内部的活动技术与方法的不断变革，组织活动与人员安排的不断优化，甚至组织活动的方向、内容与形式的不断调整。

3. 如何理解管理的本质？它对我们的管理实践活动有哪些启示？

答：(1)管理的本质：

管理强调以人为本，本质上就是在工作任务中协调组织成员行为的过程。

①管理是对个体及其行为的管理。管理者通过对人的管理来达成对事的管理，其主要工作是用对的人做对的事，并努力使这些人在做事时表现出符合组织需要的行为。

②管理的本质是协调组织个体行为。管理者要努力引导组织成员的行为，并使之与组织的目标要求相一致。

③管理具有科学性与艺术性。管理过程需要科学合理地运用管理理论和管理工具，而管理实践过程中体现出艺术性的特征。

④管理是自然属性与社会属性的统一。管理不仅要根据不同环境和技术发展水平对资源进行合理的配置和整合，同时也要明晰社会实际需求，为社会提供适合的产品或服务，实现为管理主体利益服务的目的。

(2)对管理实践活动的启示：

①管理者需要指挥和引导组织成员朝着正确的方向完成工作任务。管理者应充分发挥

管理的职能，通过支持和鼓励等方式汇聚群体的力量，为实现组织目标而共同努力。

②管理工作要关注人的管理。管理者在发挥自身能力的同时，要学会识人用人，通过了解组织成员的个性特征和能力，将合适的人安排到合适的工作岗位之中，挖掘组织成员的内在潜力，调动组织成员的工作积极性。

③管理活动的协调要围绕规则的设立、运行以及不断改进来组织展开。

④管理者要根据管理活动所处的环境、对象等因素，将科学手段用艺术的方法表现出来，以提高管理效率。

4. 管理活动的基本原理有哪些？简述其主要思想。

答：管理基本原理是指管理活动过程中所必须遵循的一般规律。管理活动的基本原理及其主要思想如下：

(1)人本原理。人本原理强调以人为本的管理思路，具体包括：

①依靠人的管理。管理过程既需要管理者作为管理主体发挥管理职能的作用，明确组织目标，积极组织和参与管理过程，控制并反馈管理行为，同时也需要组织成员参与管理实践，完成工作任务，以实现组织预期目标。

②为了人的管理。管理的最终目的是通过人的活动达成为人服务。管理是为了更好地满足服务对象的需求，以获得组织成员共享的组织成果。

(2)系统原理：

系统是指若干要素或子系统相互作用而形成的具有整体性、有序性、相关性和互动性的集合体。根据不同的标准分类，系统可分为自然系统与人造系统、封闭系统与开放系统、静态系统与动态系统等。系统管理应关注如下方面：

①管理强调系统观点。在管理过程中要坚持整体与局部相一致、内部与外部相一致，综合分析、统筹兼顾管理活动。

②管理必须有层次。在管理过程中，管理者要分清主次，明确各环节的关键任务，确保组织成员各司其职、各行其权、各负其责，共同发挥自身的作用以有效地实现组织目标。

③管理工作必须有开发观点。组织是环境中的组织。管理者要根据环境变化，以开放的态度面对外部环境变化，并及时调整以适应内外部发展要求；通过改造和开发环境，谋求顺应时代潮流的生存和发展。

(3)效益原理。效益是指管理行为投入与产出之间的比值。管理者致力于以最小资源付出达成组织目标。由于组织可利用的资源是有限的，管理活动以追求效益为基本准则。追求利益的基础是管理者“做正确的事”，其保证是管理者“用正确的方法做正确的事”。管理者应该在管理过程中明确效益指标，确定付出的资源和预期结果，践行最经济的管理行为。

(4)适度原理。强调管理活动的幅度选择范围要适度，既不能过度集中，也不能绝对分散。行动方案的选择本身就是对存在矛盾冲突的要素进行主次区分。管理者在管理过程中不能极端行事，要适当整合相矛盾的管理活动，并进行适度管理。

5. 管理的基本方法与工具有哪些？它们的作用是什么？

答：(1)管理的基本方法：

管理方法可从各种角度进行划分。按照属性的不同，管理方法一般可分为法律方法、行政方法、经济方法、教育方法和技术方法；按照管理对象的范围，可划分为宏观管理方法、中观管理方法和微观管理方法；按照管理方法的适用普遍程度，可划分为一般管理方法和具体管理方法；按照管理对象的性质，可划分为人事管理方法、物资管理方法、资金管理方法、信息管理方法；按照所运用方法的量化程度，可划分为定性方法和定量方法；等等。抽象上看，这些方法以理性分析或直觉判断为基础或依据。

①理性分析，是基于逻辑思维的分析，它是通过定量分析等方法对组织行为进行管理的过程。管理者必须具备理性分析的能力。

②直觉判断，是通过个体的主观判断，凭借经验和直觉，快速进行思考并作出选择的过程。直觉判断没有过度追求形式上的科学分析，但直觉思维有着非常丰富的科学内涵。

(2)管理的基本工具：

管理的基本工具有助于管理者有效地开展管理活动，辅助管理者达成组织目标，具体如下：

①权力。权力是在一定时期内，组织中形成相对稳定的关系以达成联系不同个体的目的。管理者在其职权范围内运用权力，指挥和控制组织成员。

②组织文化。组织文化作为组织集体的共有价值观，引导组织成员日常行为，被组织成员所普遍认可。管理者应塑造并宣传有利于组织发展的组织文化，通过文化这一软工具来提高组织运营效率，达成管理目标。

(3)管理基本方法的作用：

①理性分析的作用。科学组织管理的活动过程需要进行方案的制定、比较以及论证，这一过程中需要借助大量科学的定量分析方法。严谨的科学分析方法可以预测未来发展趋势，为管理决策提供可供参考的行动方案，是管理过程中普遍使用的方法。

②直觉判断的作用。对组织来说，组织环境的变化并不总是依循既有的规律；即便依循一定的规律，这种变化的规律也可能未能被迅速揭示。管理者的直觉判断可以超越纯理性判断带来的形而上学弊端，更能挖掘出科学工具所忽视的情感因素，有助于纠正管理行为的偏差。

(4)管理基本工具的作用：

①权力的作用。权力是对组织稀缺资源进行配置的能力。组织中的资源往往是有限的，管理者的权力应用可以决定所管辖范围内资源配置的主次程度。管理者要运用权力直接规范被管理者在组织中的行为，并对其进行追踪和控制；同时，适当授权有助于提高组织成员的工作积极性。

②组织文化的作用。组织文化会持续影响员工的行为，且相对成本较低，影响范围十分广泛。组织文化有助于引导组织成员在不同时空范围内的行为，以使其尽可能符合组织要求，并使个人目标与组织目标相适应。

6. 如何认识理性分析与直觉判断的关系？

答：(1)理性分析是基于逻辑思维的分析，它通过定量分析等方法对组织的行为进行管理，是管理者必须具备的一种能力。

(2)直觉判断以个体的主观判断为基础，是借助经验和直觉，迅速思考并作出选择的过程。

(3)理性分析与直觉判断的关系：

理性分析与直觉判断都是管理者在管理过程中常用的管理方法的抽象总结，是众多管理方法的基础，二者相辅相成，互为补充。科学严谨的理性分析方法可以较为精准地预测行为的发展走势，是管理者普遍应用的管理方法。但在应用理性分析的同时，同样不能忽视直觉分析的应用。直觉的运用表面上来看不够精确科学，但在组织的管理实践中甚至在个人的日常生活中，直觉或者说以直觉为基础的判断仍发挥着重要的作用。由于信息的有限性，科学分析所掌握的信息资源也不是全部准确的信息，因而管理者可以凭借以往的经验和直觉判断，从情感角度分析理性分析所忽略的因素，快速处理时间敏感性较强的事件，显现其独有的优越性。总的来说，结合运用理性分析和直觉判断，有利于制定更好的决策方案，指导管理工作顺利进行。

7. 当代社会发展的主要特征是什么？它对组织管理活动的影响有哪些？

答：(1)当代社会发展的主要特征：

①全球化。全球化体现为产品和服务在全球各地区进行传播的趋势。全球价值链上下游包括不同国家和地区的企业，它们在所处环节中各司其职，进行价值创造。

②信息化。信息化表现为现代信息技术在管理活动中的应用。企业借助信息系统收集信息资源，进行信息处理和反馈，以实现管理行为的高效率和高效果。

③市场化。市场化表现为以市场的手段配置各种资源，体现市场开放性的趋势。市场化通过价格机制、竞争机制、供求机制等对市场进行调控，达到"看不见的手"的调控作用。

(2)对组织管理活动的影响：

①全球化对管理的影响：

a. 管理者要充分了解全球化的发展趋势，掌握一般环境、任务环境等环境要素，根据内外部环境变化及时调整全球化管理模式。

b. 管理者需要培养和应用全球化管理过程中的关键能力，不断提高自身的国际商务能力、创新能力等，不断适应全球化商务新环境。

c. 管理者要在全球化经营过程中充分发挥管理的主要职能，在全球化环境中恰当地应用管理手段，更好地发挥管理的作用。

②信息化对管理的影响。信息化管理充分应用现代化信息技术，改变了企业传统运营模式和管理手段，实现了低成本下的高效率。现代企业充分应用企业资源计划、客户关系管理、供应链管理、办公自动化系统、云平台、大数据等信息技术，实现企业的现代化经营，不断提高管理活动的效率，有助于形成企业的竞争优势。

③市场化对管理的影响。随着市场化改革，企业自主权扩大，所有权和经营权分离，企业经营机制成功转换，现代企业制度顺利建立，企业作为市场经济主体的地位逐步确立。

1.3 考研真题

一、单项选择题

1. 越是高层管理者，在决策中所起的作用越大，越应该具有较强的(　　)。[暨南大学2023年研；中财2013年研]

A. 技术技能　B. 业务技能　C. 人际技能　D. 概念技能

2. 对于基层管理者而言，其管理技能侧重于(　　)。[浙工大2018年研]

A. 谈判技能　B. 技术技能　C. 人际技能　D. 领导技能

二、概念题

1. 管理[沈体2024年研；河海大学2023年研；安徽师大2023年研；北邮2022年研；贵州财大2022年研；首经贸2020年研；湖南师大2020年研；杭州师大2020年研；东南大学2019年研；东北大学2019年研；四川师大2018年研；山西财大2018年研；华南理工2017年研；四川大学2017年研；湘潭大学2017年研；福建师大2017年研；哈工大2016年研；中财2016年研；首师大2014年研；同济大学2013年研；吉林大学2012年研；中山大学2011年研]

2. 管理职能[首经贸2022年研；大连理工2018年研；大连海大2017年研]

3. 管理的二重性[南昌大学2018年研；青岛大学2017年研；大连理工2017年研；四川大学2011年研]、管理的自然属性与社会属性[广东财大2023年研]

4. 人本原理[天津理工2023年研；天工大2023年研；华科2022年研；云南大学2017年研；电子科大2013年研]、管理的人本原理[中山大学2009年研]

5. 效益原理[广工大2023年研；四川大学2007年研]

三、简答题

1. 对于管理的概念，为什么不存在唯一的定义？你对管理是怎么理解的？[南开大学2007年研]

相关试题：

(1)管理是管理者为了有效地实现组织目标、个人发展和社会责任，运用管理职能进行协调的过程。请谈谈你对这句话的理解。[论述题，扬州大学2022年研]

(2)请谈谈你对“管理是借助他人以及与他人一起实现组织目标。”这句话的理解。[厦门大学2021年研]

(3)何谓管理？如何理解管理的具体含义？[河北师大2020年研]

(4)试论述你对管理的理解。[论述题，西南财大2019年研]

(5)简述管理的概念，具体含义有哪些。[华电2018年研]

2. 简述管理的职能及其相互关系。[华东师大2021年研；东南大学2020年研]

相关试题：

(1)请简述管理的基本职能。[扬州大学2023年研]

(2)论述管理的主要职能有哪些。[论述题，广东财大2022年研]

(3)简述管理的职能。[中南大学2018年研；杭州师大2016年研；中南财大2010年研]

(4)简述管理过程及其基本职能。[中央民大2019年研]

(5)简述管理的定义及管理的基本职能。[北大2019年研；哈工大2017年研]

(6)管理活动有哪些基本职能？它们之间的关系是什么？[论述题，湘潭大学2017年研]

(7)管理应具备的职能有哪些？[华科2016年研]

3. 简述管理者的角色和技能。[中国海大2018年研；大连理工2016年研]

相关试题：

(1)简述管理者的技能及其对不同层次管理者的重要性。[吉林大学2023年研]

(2)请简述各层次管理者需要具备的管理技能及比例。[扬州大学2021年研]

(3)根据卡茨的研究，管理者应该具备哪些技能？[华侨大学2018年研；四川师大2018年研]

(4)管理技能包括哪些？并结合管理者层次分析管理技能的重要性。[昆明理工2018年研]

(5)管理者需要具备哪些技能？[山东大学2016年研；陕西师大2015年研]

(6)不同层次管理人员的技能要求侧重点有何不同？[浙江理工2016年研；北科2011年研]

(7)管理需要哪些技能？它与管理者所处的层次有何关系？[汕头大学2015年研]

4. 简述管理的基本原理。[吉林大学2024年研；华科2013年研]

四、论述题

系统原理包含哪些内容？简要说明其对管理实践的指导意义。[中山大学2009年研]

相关试题：

(1)简述系统原理及系统原理要点。[简答题，浙工大2020年研]

(2)简述系统原理的基本要点。[简答题，江西财大2014年研；中山大学2010年研]

1.4　考研真题详解

一、单项选择题

1. D 【**解析**】概念技能是指一种洞察既定环境复杂程度和减少这种复杂性的能力。具体地说，概念技能包括理解事物的相互关联性从而找出关键影响因素的能力，确定和协调各方面关系的能力以及权衡不同方案优劣和内在风险的能力等。管理者所处的层次越高，其面临的问题越复杂，越无先例可循，就越需要概念技能。

2. B 【**解析**】技术技能是指管理者掌握与运用某一专业领域内的知识、技术和方法的能力。技术技能对基层管理者非常重要；对中高层领导者，掌握技术技能的必要性稍小。

二、概念题

1. 管理[沈体2024年研；河海大学2023年研；安徽师大2023年研；北邮2022年研；贵州财大2022年研；首经贸2020年研；湖南师大2020年研；杭州师大2020年研；东南大学2019年研；东北大学2019年研；四川师大2018年研；山西财大2018年研；华南理工2017年研；四川大学2017年研；湘潭大学2017年研；福建师大2017年研；哈工大2016年研；中财2016年研；首师大2014年研；同济大学2013年研；吉林大学2012年研；中山大学2011年研]

答：管理是指在特定的组织内外环境下，通过对组织的资源进行有效的决策、组织、领导、控制而实现组织目标的过程。其含义有：①管理存在于组织之中，是为了实现组织目标而服务的。②管理是由决策、组织、领导、控制以及创新这样一系列相互关联、连续进行的活动所构成的，这些活动称为管理的职能。③管理活动既强调目的(“做正确的事”)又注重过程(“正确地做事”)。有效的管理就是要效果与效率兼重，“正确地去做适当的事情”。

2. 管理职能[首经贸2022年研；大连理工2018年研；大连海大2017年研]

答：参见本章考研真题简答题第2题答案。

3. 管理的二重性[南昌大学2018年研；青岛大学2017年研；大连理工2017年研；四川大学2011年研]、**管理的自然属性与社会属性**[广东财大2023年研]

答：管理二重性是指管理的自然属性和社会属性。管理的二重性源于它所管理的生产过程本身具有的二重性，即生产过程是生产力和生产关系相互结合、相互作用的统一过程。要保证生产过程的顺利进行，就必须执行合理组织生产力和维护生产关系的职能，这两种职能相互结合，共同发生作用，缺一不可。具体而言，管理的二重性包括：①管理的自然属性。管理的自然属性不以人的意志为转移，也不因社会制度意识形态的不同而有所改变，它是客观存在的。管理具有自然属性，是因为管理过程是对人、财、物、信息、时间等资源进行组合、协调和利用的过程，其中包含着许多客观的、不因社会制度和社会文化的不同而变化的规律。②管理的社会属性。管理的社会属性体现在管理作为一种社会活动，它只能在一定的社会历史条件下和一定的社会关系中进行。管理具有维护和巩固生产关系、实现特定生产目的的功能。管理的社会属性与生产关系、社会制度紧密相连。

4. 人本原理[天津理工2023年研；天工大2023年研；华科2022年研；云南大学2017年研；电子科大2013年研]、**管理的人本原理**[中山大学2009年研]

答：人本原理是指以人为主体的管理思想，认为管理活动中人是第一因素，强调人在管理中的核心地位和作用，把人的因素放在首位。在企业中，职工不只是管理的客体，也是管理的主体。同时企业管理以人的全面发展为目标，要为包括企业职工、企业客户在内的人的社会发展而服务。人本原理要求管理者在管理活动中要十分重视处理人与人之间的关系，充分调动人的主动性和创造性，把做好人的工作作为管理根本，使管理对象明确组织的整体目标、自己所担负的责任，自觉并主动地为实现整体目标努力工作。其主要观点为：①职工是组织的主体——尊重人；②职工参与是有效管理的关键——依靠人；③使人走向完美是现代管理的核心——发展人；④管理是为人服务的——为了人。

5. 效益原理[广工大2023年研；四川大学2007年研]

答：效益原理是指在管理中讲求实效，使管理制造出更多的经济效益与社会效益，为社会的发展做贡献。管理活动的出发点和归宿，在于利用最小的投入或消耗，创造出更多更好的效益，为社会做贡献。“效益”包括“效率”和“有用性”两方面，前者是“量”的概念，反映耗费与产出的数量比；后者属于“质”的概念，反映产出的实际意义。

三、简答题

1. 对于管理的概念，为什么不存在唯一的定义？你对管理是怎么理解的？[南开大学2007年研]

相关试题：

(1)管理是管理者为了有效地实现组织目标、个人发展和社会责任，运用管理职能进行协调的过程。请谈谈你对这句话的理解。［论述题，扬州大学2022年研］

(2)请谈谈你对“管理是借助他人以及与他人一起实现组织目标。”这句话的理解。［厦门大学2021年研］

(3)何谓管理？如何理解管理的具体含义？［河北师大2020年研］

(4)试论述你对管理的理解。［论述题，西南财大2019年研］

(5)简述管理的概念，具体含义有哪些。［华电2018年研］

答：(1)管理是一门科学，也是一门艺术。在不同领域，人们从事的管理实践具有明显的差异性。管理对象、内外部环境、分析问题角度等方面的不同，导致管理实践的差异，而管理实践的差异，进一步导致人们对管理产生不同的理解和认识。人们从不同的角度解释管理，即使在理论界也是如此。

长期以来，许多中外学者从不同研究角度出发，对管理作了不同的解释。这些解释以不同学派的理论为基础，从不同的角度来透视管理，在不同的程度上概括出管理的真谛。针对管理的这些众多解释并不矛盾；透过不同的解释，可以发现管理工作的诸多基本点，如管理的目的性、管理职能的重要性、管理工作与一般作业活动的区别等。

(2)管理是指为了实现组织的共同目标，在特定的时空中，对组织成员在目标活动中的行为进行协调的过程。其具体含义如下：

①实现组织目标是评价管理成败的唯一标准。任何组织的目标，都包含两方面的要求：a.“效率”，即“用正确的方法做事”，用最少的投入获得最大的产出；b.“效果”，即“做正确的事”，在确保安全、环保的前提下，最大限度地满足用户的需求。在实践中，效率和效果有时可能是矛盾的，管理的任务就是要通过协调使两者统一起来，在统一过程中绝不应使客户的需求受到损害。

②特定的时空是管理的必要条件。任何管理都是在特定的时空条件中进行的，并且对任何管理行为都必须有特定的时空要求。做何事、在何地做、何时开始与结束。任何管理如果没有时空要求，就没有任何意义。

③管理的核心是人的行为。组织目标必须分解为许多具体工作，通过相关人员的实际行为去实现。所以，管理的核心是协调人的行为。

④管理的本质是协调。协调是通过管理的各项职能来实现的，决策是协调的前提，组织是协调的手段，领导是协调的责任人，控制是协调的保证，创新是协调解决问题的途径。管理者必须掌握更高的专业技能，才能胜任协调的任务。可见，协调将永远是管理的本质。

2. 简述管理的职能及其相互关系。［华东师大2021年研；东南大学2020年研］

相关试题：

(1)请简述管理的基本职能。［扬州大学2023年研］

(2)论述管理的主要职能有哪些。［论述题，广东财大2022年研］

(3)简述管理的职能。［中南大学2018年研；杭州师大2016年研；中南财大2010年研］

(4)简述管理过程及其基本职能。［中央民大2019年研］

(5)简述管理的定义及管理的基本职能。［北大2019年研；哈工大2017年研］

(6)管理活动有哪些基本职能？它们之间的关系是什么？［论述题，湘潭大学2017年研］

(7)管理应具备的职能有哪些?[华科2016年研]

答:管理的职能是指管理者在管理过程中所从事的各种活动或发挥的各种作用。

(1)管理活动的基本职能:

尽管学者们对于管理职能有着各种不同的划分方法,但比较普遍的看法是:管理活动是由决策与计划、组织、领导、控制和创新五大职能所构成的一个过程。

①决策与计划,指管理者设定目标,确定实现目标的战略,并制订方案以整合和协调各种活动。计划是管理的起点,确定目标和方案是计划职能所要完成的两大任务。

②组织,指为实现组织的目标,管理者负责安排和设计员工的工作,即决定需要做什么、如何做以及谁来做。具体来说,就是根据工作的要求与人员的特点设计岗位,通过授权和分工,将适当的人员安排在适当的岗位上,用制度规定各个成员的职责等,形成一个有机的组织结构。

③领导,指管理者与别人一起工作,通过人来实现目标。其内容包括激励下属,指导和指挥下属的活动,选择最有效的沟通渠道,以及营造良好的组织气氛等。

④控制,指监管、比较和纠正工作绩效的过程,以确保工作按照计划进行。控制的实质是使实践活动符合计划,计划是控制的标准。从纵向看,各个管理层次都要充分重视控制职能;从横向看,各项管理活动、各个管理对象都要进行控制。

⑤创新,指为适应内外部环境变化,组织不断更新系统目标和持续调整活动内容的过程,其通过组织提供的服务或产品的更新和完善以及其他管理职能的变革和改进表现出来。创新是各项管理职能的灵魂和生命,在其他管理职能创新所取得的效果中体现自身的存在与价值。

(2)管理各基本职能的相互关系:

管理职能之间不是孤立的,而是相互联系的。在管理实践中,计划、组织、领导和控制职能一般是顺序履行的,即先要执行计划职能,然后是组织职能和领导职能,最后是控制职能。但上述顺序并不是绝对的,在实际管理中,这四大职能是相互融合、相互交叉的。具体表现在:

①计划是组织、领导和控制的前提。管理者在行使其他管理职能的过程中总会面临计划的问题,计划是其他管理职能的依据。

②组织、领导和控制旨在保证计划的顺利实施。

3. 简述管理者的角色和技能。[中国海大2018年研;大连理工2016年研]

相关试题:

(1)简述管理者的技能及其对不同层次管理者的重要性。[吉林大学2023年研]

(2)请简述各层次管理者需要具备的管理技能及比例。[扬州大学2021年研]

(3)根据卡茨的研究,管理者应该具备哪些技能?[华侨大学2018年研;四川师大2018年研]

(4)管理技能包括哪些?并结合管理者层次分析管理技能的重要性。[昆明理工2018年研]

(5)管理者需要具备哪些技能?[山东大学2016年研;陕西师大2015年研]

(6)不同层次管理人员的技能要求侧重点有何不同?[浙江理工2016年研;北科2011

年研]

(7) 管理需要哪些技能？它与管理者所处的层次有何关系？[汕头大学 2015 年研]

答：(1)管理者的角色：

根据明茨伯格的企业管理者角色理论，管理者扮演着十种角色，这十种角色可被归入三大类：

①人际关系角色。人际关系角色直接产生自管理者的正式权力基础，管理者在处理与组织成员和其他利益相关者的关系时，即在扮演人际角色。其主要包括：代表人角色、领导者角色和联络者角色。

②信息传递角色。管理者要负责确保和其一起工作的人具有足够的信息，从而能够顺利完成工作。管理者既是所在单位的信息传递中心，也是组织内其他工作小组的信息传递渠道。整个组织的成员依赖于管理结构和管理者获取或传递必要的信息，以便完成工作。其主要包括：监督者角色、传播者角色和发言人角色。

③决策制定角色。在决策制定角色中，管理者处理信息并得出结论。如果信息不用于组织的决策，这种信息就丧失其应有的价值。管理者负责作出组织的决策，让工作小组按照既定的路线行事，并分配资源以保证小组计划的实施。其主要包括：企业家角色、冲突协调者角色、资源分配者角色和谈判者角色。

(2)管理者的技能：

罗伯特·L. 卡茨提出，管理者需要具备三种关键的管理技能：

①技术技能，即运用管理者所监督的专业领域中的过程、惯例、技术和工具的能力。如一个学校的校长在教学方面的造诣，一个财务总监对财务知识的掌握等，都属于技术技能。技术技能对基层管理者来说尤为重要，因为他们的大部分时间都是在指导下属并回答有关具体工作方面的问题。因而，对他们而言，成为业务的内行是作为一个有效管理者的前提条件。而对于中、高层管理者来说，技术技能的要求可以相对低一些。

②人际技能，即成功地与别人打交道并与别人沟通的能力。人际技能包括对下属的领导能力和处理组织内外部各有关部门、有关人员之间关系的能力。管理者特别要注意提高自己与他人共同合作的能力，处理好与同事的关系，以便树立团队精神。管理者作为组织中的一员，其工作能力首先表现在处理人际关系的能力上。人际技能是一种重要技能，对所有层次管理者都十分重要。

③概念技能，即把观点设想出来并加以处理以及将关系抽象化的精神能力。具有概念技能的管理者往往把组织视作一个整体，并且了解组织各个部分的相互关系。具有概念技能的管理者能够准确把握工作单位之间、个人之间以及工作单位和个人之间的相互关系，深刻了解组织中任何行动的后果，以及正确行使五种管理职能。很强的概念技能为管理者识别问题的存在、拟订可供选择的解决方案、挑选最好的方案并付诸实施提供了便利。概念技能对于高层管理者最重要，对于中层管理者较重要，对于基层管理者较为不重要。管理者所处的层次越高，其面临的问题越复杂，越无先例可循，就越需要概念技能。

(3)各层次管理者所需要的管理技能比例如图 1－1 所示。

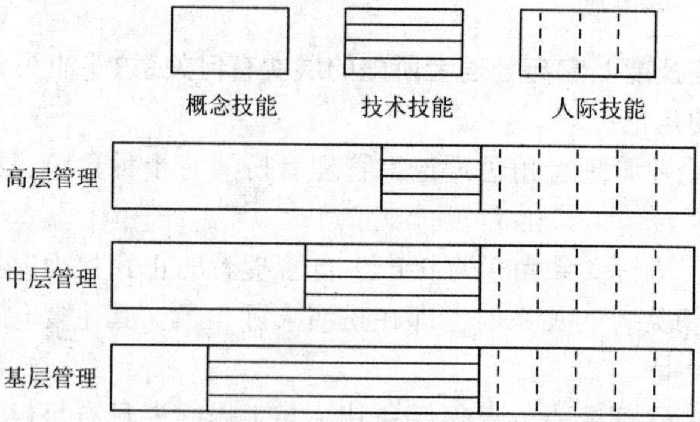

图 1－1　各层次管理者所需要的管理技能比例

4. 简述管理的基本原理。[吉林大学 2024 年研；华科 2013 年研]

答：原理是指某种客观事物的实质及其运动的基本规律。管理原理是在管理的实践过程中，结合各项管理制度和管理方法，通过对管理工作中实际问题的科学分析和总结而形成的具有普遍指导意义的基本规律。管理的基本原理主要包括五个方面：

(1)系统原理。系统是指在一定环境条件下，两个或两个以上相互联系、相互作用的要素按照一定的原则组成的具有特定结构和功能的有机整体。系统原理是指在管理实践活动中，运用系统论的基本思想和方法指导实践，解决和处理问题。

(2)人本原理。即以人为主体的管理思想，强调企业的主体是职工，管理要为人服务；职工参与是有效管理的关键；管理的目标之一是促进人的全面发展。

(3)责任原理。责任原理是追求效率和效益的过程，要求：①明确每个人的职责，包括职责界限、横向联系责任落实；②职位设计和权限委授合理；③奖惩要分明、公正、及时。

(4)效益原理。指现代管理的基本目标在于获得最佳管理效益，即创造出更多的经济效益，实现更好的社会效益。这就要求各项管理活动都要始终围绕系统的整体优化目标，通过不断提高效益，使投入的人力、财力、物力、信息、时间等资源得到充分、合理、有效的利用，从而获得最佳的管理效益。

(5)适度原理。良好的管理要求管理者在处理组织内部的矛盾、协调各种关系时要把握好度的问题，环境的不确定性、组织管理面对的不确定性使得度的把握在很大程度上取决于管理者的直觉。管理活动中存在许多矛盾的选择，在这些相互对立的选择中，管理者必须在两个极端之间找到最恰当的点，进行适度管理，实现适度组合。

四、论述题

系统原理包含哪些内容？简要说明其对管理实践的指导意义。[中山大学 2009 年研]

相关试题：

(1)简述系统原理及系统原理要点。[简答题，浙工大 2020 年研]

(2)简述系统原理的基本要点。[简答题，江西财大 2014 年研；中山大学 2010 年研]

答：系统原理是指在管理实践活动中，运用系统论的基本思想和方法指导实践，解决和处理问题的基本规律。系统原理是系统论在企业管理中的应用，为认识管理的本质和方法提供了新的视角。系统原理的内容及其对管理实践的指导意义如下：

(1)整体性原理。整体性原理以实现整体效果的最大化为目标，对系统要素之间、要素与系统之间的关系进行协调和引导，使局部利益服从整体利益，以实现整体利益的最大化。系统虽然是由若干个要素构成的，但绝不是这些要素的简单相加和机械组合，而是各要素按一定的相互依存关系构成的一个有机整体，从而实现系统的特定功能。这种总体功能的产生是一种质变，它的功能大大超过了各个部分功能的总和。因此，系统要素的功能必须要服从系统整体的功能，过于强调要素的功能而不重视系统的功能，往往会破坏系统的整体性和各个要素之间的关系，导致系统功能的失灵。因此，管理者在管理系统时要从整体出发，把握系统的整体效应，而不是片面地追求某个部分的效益最大化，适当弱化某个部分的功能可能带来系统整体效益的提升。

(2)动态性原理。系统是由相互联系和相互作用的要素组成的，当外部环境发生变化时，系统内部的要素之间的联系和作用也将发生相应的变化。因此系统作为一个运动着的有机体，其稳定状态是相对的，运动状态是绝对的。动态性原理就是要求人们要历史地、运动地、发展地考察并对待系统对象，正确把握系统的发展变化，并研究和总结其发展规律，以有效地实现系统的特定功能。因此，管理者应该了解系统动态的原理和规律，预见系统的发展趋势，主动控制系统使其向期望的目标顺利发展。

(3)开放性原理。系统是有机开放的，通过与外部环境进行着物质、能量、信息的交流，获得能量来维持系统的生命和活力。企业亦是如此，只有同外部社会进行交流以获取企业生存和发展的能量，才能保证企业系统的生机和活力。所以管理者必须以开放性原理为指导，从开放中求发展，而不是从封闭中求生存。

(4)环境适应性原理。每个系统都存在于一定的环境之中，都要和环境发生联系，并随环境的改变而改变其结构和功能。系统可以能动地改善并适应环境。能适应环境的系统是一个充满活力的系统。管理者要尝试能动地改变环境，实事求是地作出科学的决策，以保证组织的可持续发展。企业要充分利用自身的资源，施加作用和影响于环境，以此为自身发展创造条件。如一个行业的领导者应该充分利用自己的优势，制定对自己有利的行业标准；一个准备到国外投资的企业应该尽量运用自身资源影响当地政府的政策，以便更好地融入投资环境，为企业打下更好的发展基础。

(5)综合性原理。综合性是指系统都是由相互联系和作用的多个要素为实现特定功能而组成的综合体。管理者既要学会把许多普普通通的东西综合为新的构思、新的产品，或创造出新的系统，又要善于把复杂的系统分解为最简单的单元去解决。

第二章 管理理论的历史演变

2.1 复习笔记

【知识框架(庖丁解牛)】

管理理论的历史演变
- 古典管理理论
  - 科学管理理论[泰勒]
  - 一般管理理论[法约尔]
  - 科层组织理论[韦伯]
- 现代管理流派
  - 管理思维的系统观与权变观
  - 管理本质的决策论与组织协调理论
  - 管理科学学派
- 当代管理理论
  - 制度视角：组织趋同理论
  - 技术视角：企业再造理论

【通关提要(提纲挈领)】

本章主要介绍管理理论和管理方法的演进，以及这些方法在现代管理实践中的运用。要注意每种理论的适用情境，熟记基本的管理理论。学习时可按时间脉络理解记忆管理史上先后出现的各种管理思想的代表人物、主要观点、贡献及其局限性等，应重点掌握科学管理理论、一般管理理论、科层管理理论的主要内容。本章主要考查概念题、简答题和论述题，要重点记忆并掌握。

【考点难点归纳(厚积薄发)】

考点一：古典管理理论(见表2-1) ★★★★

表2-1 古典管理理论

要点		主要内容
科学管理研究[泰勒制]	主要观点	①根本目的：谋求最高工作效率。 ②重要手段：用科学管理方法代替传统经验管理。 ③核心问题：管理者和员工在精神、思想层面的彻底变革
	提高劳动生产率的方法	①改进工作方法，挑选并培训工人。 ②改进分配方法，实行差别计件工资制。 ③改良生产组织，加强企业管理
	影响	①打破传统经验管理，为系统化的管理理论奠定基础；②强化个体对管理实践的认知；③有效推广了现场生产组织方式
	局限	把人看作纯粹的“经济人”，忽视了人的社会因素

续表

要点	主要内容	
一般管理研究［法约尔］	六大企业经营职能	①技术职能；②商业职能；③财务职能；④安全职能；⑤会计职能；⑥管理职能，包括计划、组织、指挥、协调、控制五项
	14 条管理原则	①劳动分工；②权力和责任；③纪律；④统一指挥；⑤统一领导；⑥个人利益服从整体利益；⑦合理的报酬；⑧权力集中；⑨等级制度；⑩秩序；⑪公平；⑫人员稳定；⑬首创精神；⑭团队精神
	研究贡献	①归纳管理五大职能，强调管理的一般性、专业性和普遍性。 ②为管理实践过程的研究提供了一般理论框架
科层组织研究［韦伯］	理想的科层组织体系	官僚行政组织是以劳动分工、清晰界定的等级、详细的规章制度以及非人际关系为特征的组织形式。韦伯认为，这种高度结构化的、正式的、理想的行政组织体系是工业社会中达到目标、提高效率的最有效形式，适用于各种管理工作及当时日益增多的各种大型组织。但这种组织在现实中并不存在
	权力类型	①传统型权力；②个人魅力型权力；③法理型权力［科层组织的基础］

【真题链接】

(1)简述泰勒科学管理理论的贡献及其弊端。［简答题，北理 2023 年研］

(2)论述泰勒的科学管理。［论述题，郑州大学 2023 年研］

(3)马克斯·韦伯的官僚行政组织理论的内容。［简答题，东北大学 2020 年研］

考点二：现代管理流派(见表 2－2)　★★★

表 2－2　现代管理流派

要点	主要内容		
管理思维的系统与权变研究	系统观［巴纳德］	①组织是一个协作系统。 ②协作系统的三个基本要素：协作意愿、共同目标和信息沟通。 ③经理人员的职能：a. 建立并维持信息系统；b. 促成必要的个人努力；c. 提出并制定组织的共同目的	
	权变观	①管理要随环境变化而变。 ②代表观点：“超 Y 理论”、费德勒权变领导模型等	
管理本质的决策与协调研究	决策理论［西蒙］	①管理本质上就是决策，管理过程就是决策过程。 ②决策过程：情报、设计、抉择和审查活动。 ③决策准则：决策遵循满意原则，而非最优原则。 ④类型：程序化决策和非程序化决策	
	组织协调研究［明茨伯格］	六种协调机制	①相互调适；②直接监督；③工作程序标准化；④成果或产出标准化；⑤技术及知识标准化；⑥规范标准化
		组织的基本构成	①工作核心层；②战略高层；③直线中层；④技术官僚；⑤支援幕僚；⑥意识形态或文化
		组织结构的基本形态	①创业型［简单结构］；②机械型；③多角化［分部式结构］；④专业型；⑤创新型［特别小组］；⑥使命型；⑦政治型

续表

要点	主要内容	
管理分析的技术与方法研究［管理科学学派］	假设	①人是经济人。 ②组织是追求经济效益的人机系统，是一个决策网络
	观点	①将定量方法运用于管理活动。 ②管理是制定和运用数学模型与程序的系统

考点三：当代管理理论（见表2-3） ★★★

表2-3 当代管理理论

要点	主要内容	
组织趋同理论［制度视角］	现象观察	①基于新制度理论，外部环境会影响组织行为。 ②制度是能约束行动并提供秩序的共享规则体系
	原因分析："合法性"	合法性导致组织趋同有三种不同的机制：强迫性机制、模仿机制和社会规范机制
企业再造理论［技术视角］	业务流程再造	又称业务流程重组、企业经营过程再造，强调以业务流程为改造对象和中心、以关心客户的需求和满意度为目标，对现有的业务流程进行根本的再思考和彻底的再设计
	流程再造原则	①基于结果导向而非任务导向。 ②将最终使用者纳入流程之中。 ③加工信息并实践应用。 ④集中分析和处理地理分散的资源。 ⑤联系并行活动而非任务集成。 ⑥工作完成节点处的决策，进行流程控制。 ⑦在信息源及时掌握信息
	业务流程再造过程	①观念再造；②流程再造；③组织再造；④试点和切换；⑤实现远景目标

【真题链接】简述业务流程再造的过程。［简答题，桂林理工2021年研］

2.2 课后习题详解

1. 评述泰勒科学管理的基本思想。

答：（1）泰勒科学管理的基本思想：

泰勒科学管理理论的实质是要提高劳动生产率。科学管理的根本目的在于谋求最高工作效率。科学管理方法代替原有经验管理是达到最高工作效率的重要手段。管理者和员工在精神和思想层面的彻底变革是实施科学管理的核心问题。

泰勒科学管理研究强调生产过程的科学化、合理化和标准化，侧重用科学手段解决现实生产问题，提高企业的生产效率，以达到盈利的目的。要提高劳动生产率，增加企业盈利，必须从以下三个方面采取措施：

①持续更新工作方法，按照岗位需求进行组织人员的挑选和培养。

a. 操作方法的不断改良有助于企业提高工作效率，合理、充分地利用工作时间。

b. 制定相关制度，标准化作业环境和条件。

c. 按需选人，根据工作任务和人员发展等，对组织成员进行培训。

②不断完善分配方法，采取差别计件工资制。泰勒认为，要想工人有更多的产量，工资不仅应当稳定，而且应该随着产量的增加而增加；实行差别计件工资制，即在工资计算时，通过采取不同的工资率，付给未完成和完成定额的工人以不同工资。

③改进组织生产，加强企业管理。

a. 将计划和执行相分离，设置专门的计划部门。

b. 强调工作细分，实行职能工长制。管理者的工作任务要分主次和重点，把管理工作细化。

c. 适当授权。管理者主要进行例外管理，对重大事项进行管理。

(2)对泰勒科学管理基本思想的评价：

①改变了原有以传统经验为主的管理方法，率先在管理领域强调科学管理，形成了一套系统、科学的管理方法，奠定了科学管理理论的基础。

②强调计划和执行的分离，专业的人做专业的事，加深了个体对管理实践的认知，推动管理理论不断发展。

③强调工作流程的科学化、标准化，有利于现场生产组织的产生和发展，推动现代工厂制度的发展，不断提高企业效率。

2. 评述法约尔的一般管理理论的主要思想。

答：(1)法约尔一般管理理论的主要思想：

①经营和管理：

a. 法约尔认为，经营和管理是两个不同的概念，管理只是经营的一部分，而经营的范围更为广泛，包括商业、会计、技术等多个领域。

b. 作为经营的一部分，管理职能包括计划、组织、指挥、协调、控制等。

②管理的 14 条原则，包括劳动分工、权力和责任、纪律、统一指挥、统一领导、个人利益服从整体利益、人员的报酬、权力集中、等级制度、秩序、公平、人员稳定、首创精神、人员的团结。

③管理要素：

a. 计划：通过预期目标和预测未来结果进行组织活动的选择和安排。

b. 组织：根据所制定的行动方案，选择并实施分配人、财、物等组织活动。

c. 指挥：管理者通过发挥其自身职权，确保组织活动的开展。

d. 协调：平衡各种关系，确保组织目标和组织成员行为相一致。

e. 控制：证实各项工作是否都与已定计划相符，是否与下达的指标和已定原则相符。

(2)对法约尔一般管理理论的评价：

①管理理论在内容上的系统性、逻辑上的严密性及其对管理工作普遍性的认识使得它在稍后的时间里得到了普遍的认可。

②一般管理理论为管理过程提供了可供参考的具体环节，有助于指导管理实践的有序开展，被现代企业管理所普遍应用。

3. 试评价韦伯组织理论在今天管理实践中的意义。

答：(1)韦伯组织理论：

韦伯认为，相较于其他组织类型，最为理想的形式应该是科层组织。其主要内容如下：

①理想的科层组织体系。科层组织是指借助职位来实施管理的一种组织制度，该种形式并不强调管理者的个人魅力或世袭的权利。科层组织建立和运行的规则如下：

a. 根据行政控制模式的要求，分配正式的职责。

b. 强调授予正式的职责权力，严格、强制限制权力的使用范围并加以控制。

c. 明确规定各种权力和职责，并根据工作岗位的性质，设置必要的条件要求，严格按照规章制度来进行人员的招聘和选拔。

②权力的类型：

a. 传统型权力，根据传统习俗、习惯等确定的权力。

b. 个人魅力型权力，基于对典型人物或某种特性的崇拜所确定的权力。

c. 法理型权力，是对标准规则模式的合法化的信念，是一种对由法律确定的职位或地位的权力的服从。

(2)在管理实践中的意义：

①韦伯关于官僚组织的抽象总结彰显了早期理论家的贡献，促进了现代管理学的萌芽和发展。韦伯总结出的组织理论对现今的理论仍然具有很大的指导和借鉴意义。

②科层制是一种强调效率的管理制度，在如今的管理实践中，仍然是主流的组织制度。

③组织理论在促进现代组织结构改革和制度创新上，仍具有重要的指导意义，在管理实践中有助于建立和完善科学的管理制度。

4. 现代系统与权变管理理论的主要思想是什么？

答：(1)现代系统管理理论的主要思想：

①组织是一个协作系统。组织是指两个及以上的个体进行任务行为，并使之协调的系统。组织作为系统整体，存在多个环节和部分；各环节、各部分相互联系、统一协作，才能确保组织整体有序运行。管理人员是通过改变个人动机来影响员工行为从而促进组织目标实现的，所以管理人员必须研究组织成员的个人特征。

②协作系统的三个基本要素：

a. 协作的意愿。组织成员的协作意愿能够确保组织的存续性，能够推动组织不断发展。

b. 共同的目标。共同目标是组织成员相互协作的必要前提。组织成员对共同目标的接受程度影响他们对组织提供的服务，同时个人之所以愿意为组织目标作贡献，是因为他们意识到实现组织目标有助于实现自己的个人目标。

c. 信息的沟通。组织成员需要通过信息沟通形成和传播共同目标和协作意愿，并以此不断循环往复，推进组织发展。

③经理人员的职能：

a. 建立和维持一个信息系统。明确组织部门和岗位，并根据工作任务需求确认人选，承担相应的权责。

b. 明确需要从不同组织成员处获取的必要服务。充分利用自身的职权，进行人员的招聘和选拔，利用奖惩制度提高组织成员的工作积极性，以维系组织各要素协同工作，激发组织活力。

c. 通过信息沟通，形成组织共同目标，并将组织总体目标落实到各个部门的具体目标之中。

(2)现代权变管理理论的主要思想：

①权变管理理论的主要观点。管理过程要根据内外部环境变化及时进行相应的调整和更新。组织性质、使命、愿景、目的等的不同，往往会导致管理实践中的技术和方法的不同。

②管理与环境的关系。管理和环境条件之间存在相互联系的函数关系。根据环境的变化，管理的技术和方法也要相应改变，才能适应内外部条件，以有效地达成组织目标。

③权变学派的管理学家及其理论观点。关于管理权变理论，相关领域的管理学家进行了较为深入的研究并形成了相关的理论观点，如莫尔斯和洛什的“超Y理论”、费德勒的权变领导模型等。

5. 评述西蒙决策理论的主要思想。

答：西蒙决策理论的主要思想如下：

(1)管理就是决策，决策贯穿于管理过程的始终。

西蒙等人认为，决策是组织及其活动的基础，组织则是由决策者组成的系统。组织之所以存在，是因为所有组织成员作出了参加组织的决策，这也是任何组织的任何成员的第一个选择(决策)。

(2)决策过程：

管理的实质是决策。决策是由一系列相互联系的工作构成的一个过程。这个过程包括四个阶段的工作：

①情报活动。搜集、分析、反馈所感知到的外部信息，为决策的制定提供信息资源。

②设计活动。根据信息情报资源，分析、制定、设计可供选择的各种备选方案，提供最终决策。

③抉择活动。根据已形成的备选方案，通过预测结果和比较分析，选择最为合适的一个行动方案。

④审查活动。评估所作出的抉择结果，分析其合理性。

(3)决策的准则：

选择是决策的核心。正确的选择需要基于合理的评价标准，科学、严谨地分析各种备选方案并预测未来结果。因为不可能作出“完全合理”或“最优”的决策，所以只能满足于“令人满意的”这一准则。

(4)程序化决策和非程序化决策：

程序化决策侧重于例行活动，通过既定程序处理重复性高的问题；非程序化决策则侧重于非例行活动，通过个别处理的方式解决之前未发生过、性质和结构尚未明确的问题。

6. 在组织理论中，组织协调机制主要有哪些形式？

答：根据明茨伯格的观点，组织协调机制的形式具体如下：

(1)相互调适。通过非公开的信息沟通，彼此协调和适应。

(2)直接监督。通过监督的形式，指挥或命令组织成员以达成组织协调。

(3)工作程序标准化。通过标准化工作流程，科学合理地制定相关标准，保证工作任务的有序执行。

(4)成果、产出标准化。协调和控制工作任务成果，引导组织成员工作。

(5)技术(技能)、知识的标准化。通过培训或教学，传递相同技术和知识，保证组织成员之间的技术能力相协调。

(6)规范标准化。通过观念和行为的规范化，制定工作规范内容以达成工作活动的协调一致。

在企业日常经营中，管理者应根据组织的实际情况对以上协调机制进行恰当的应用。在一个具有相当规模的企业中，六种机制同时并存，且某一种协调机制占主导地位。

7．什么是组织合法性？它对于组织结构变化的影响如何？

答：(1)组织合法性主要表现为，外部环境的制度条件要求组织采取与之相适应的结构和行为，以获取外部认同感。追求合法性的实质是组织努力追求内部活动的内容和形式获得外部认同，追求合法性的过程不仅涉及法律制度的作用，也包括文化、观念、社会期待等制度环境对组织行为的影响。

(2)组织合法性对组织结构变化的影响：组织趋同。

①组织身处于环境之中。组织行为要基于外部环境的制度条件和技术条件，安排组织内部活动，以谋求内外部相一致，顺应趋势来获取外部认同感。组织行为的表现方式不仅受到组织内在目标的要求，也受到外部制度的限定。

②合法性对组织影响的强弱不同。“强意义”表现为通过规章制度所形成的具有强制性质的组织规范和形式；“弱意义”则通过组织文化或激励机制实现组织成员的趋同性。

因此，组织追求合法性的实质就是内外部协调一致，并获得外部制度环境的认可。由于所处同一外部环境，即使每个组织目标和工作任务各不相同，但在行为方式和结构特征等方面都会存在较为相似的特征，呈现出一定的趋同性。

8．有人说“管理既是科学，也是艺术”，你是如何评价这个观点的？

【真题链接】

(1)请举例说明管理学既是科学又是艺术。[论述题，湖南师大2020年研]

(2)为什么说管理既是一门科学又是一门艺术？结合例子加以分析。[论述题，宁波大学2020年研]

(3)试述管理的科学性与艺术性之间的关系。[论述题，西南财大2016年研；北工商2015年研]

(4)为什么说管理既是一门科学又是一门艺术？[简答题，中国海大2018年研；北京地大2018年研；杭州师大2016年研；西安交大2012年研]

答：管理是科学性与艺术性的统一。在管理实践中，不仅要重视组织、制度以及权利的应用，还要注重柔性管理，针对不同的员工采取不同的管理方法。只有这样，才能达到最好的管理效果。

(1)管理是科学。科学性是指在管理领域应用科学方法，综合抽象管理过程的规律、原理所表现出来的性质。揭示管理过程的客观规律性，是管理者实践的结晶。管理过程可以被科学地总结出一般规律，并呈现系统性、标准化等特征。管理的科学性强调管理活动必须以反映管理客观规律的管理理论和方法为指导，掌握科学的方法论。

(2)管理是艺术。艺术性是指管理靠的是人格魅力、灵感与创新，而管理工作本身是没有规律可循的，更没有办法通过学习掌握管理的技巧。管理者如何在管理工作中应用不同的管理方法艺术和领导艺术，关系着管理工作的成败。管理的艺术性体现为不同管理者对于管理职能的不同应用，即使是相同的管理技术和方法，也会在具体的管理实践中因不同运用而产生不同的效果和效率。管理者必须因地制宜地将管理知识与具体管理活动相结合，同时还要有灵活的技巧。

(3)管理是科学性与艺术性的有机统一体，是辩证统一的关系。

①管理者应坚持管理过程中的艺术性和科学性相结合。管理的科学性侧重于科学、理性的管理工具和管理手段，强调严谨的思维模式；管理的艺术性则侧重于感性和直觉判断，体现了丰富的经验以及对于人性和社会的感知。在企业管理实践过程中，管理者需要根据内外部环境条件和未来变化趋势等，通过艺术性的管理方式来有效运用科学管理的技术和工具。

②管理艺术是以对它所依据的管理理论的理解为基础的。

③管理者要掌握如何艺术性地使用科学工具，并明确何时何地以及如何使用艺术性手段和科学性工具，才能确保管理活动的高效率和高成果。从某种程度上说，管理是科学和艺术的融合。

2.3 考研真题

一、单项选择题

1. 泰勒科学管理思想的核心观点是(　　)。[暨南大学2023年研；浙工大2018年研]

A. 提高人的积极性　　B. 寻找最佳的作业方法，提高生产效率

C. 构建全面的现代管理体系　　D. 建立分工合理、规范运作的组织体系

2. “管理机构从最高一级到最低一级应该建立关系明确的职权等级系列”指的是法约尔十四项管理原则中的哪一项？(　　)[北科2013年研]

A. 统一指挥　　B. 统一领导　　C. 等级链　　D. 集中化

3. 霍桑实验的结论告诉我们，要重视管理中的(　　)因素的影响。[浙工大2018年研]

A. 管理者　　B. 规章制度　　C. 非正式组织　　D. 生产环境

4. 在西方管理理论中，提出工人是“社会人”而非“经济人”观点的是(　　)。[中财2014年研]

A. 行为科学理论　　B. 人际关系学说

C. 管理科学理论　　D. 社会系统学派

二、概念题

1. 科学管理理论[浙江理工2017年研]

相关试题：泰勒科学管理[东南大学2019年研]

2. 霍桑实验[华东理工2019年研；上海大学2018年研；山东大学2017年研；同济大学2015年研；山西财大2013年研；暨南大学2011年研；东财2011年研]

3. 例外原则[东北大学2019年研；同济大学2015年研]

4. 管理科学学派[华东师大2020年研；同济大学2015年研；暨南大学2011年研]

5. 权变管理理论学派[四川大学2013年研]

6. 流程再造[桂林理工2023年研；首师大2012年研；华中师大2008年研]

相关试题：业务流程再造[武汉工程大学2023年研]

三、简答题

1. 简述泰勒科学管理理论的主要内容。[大连理工2021年研；宁波大学2020年研；河北师大2020年研；湘潭大学2017年研；河南师大2017年研；广东财大2017年研；杭州师大2017年研；华南师大2016年研；华侨大学2015年研；西工大2015年研；中财2012年研]

相关试题：

(1)请简述泰勒的科学管理理论的主要观点。[北邮2022年研]

(2)简答泰勒所提出的科学管理制度有哪些主要内容。[湖南师大2020年研]

(3)简述科学管理理论的基本内容并作简要评价。[安徽师大2020年研]

(4)简述科学管理理论。[中国地大2019年研]

2. 简答亨利·法约尔提出的14条管理原则。[江苏大学2017年研]

相关试题：法约尔14条管理原则之“秩序”[概念题，南航2017年研]

3. 简述马克斯·韦伯行政组织体系理论的主要内容。[人大2016年研]

相关试题：

(1)马克斯·韦伯的官僚行政组织理论的内容。[东北大学2020年研]

(2)官僚组织行政组织的特点。[中山大学2017年研]

(3)韦伯的理想官僚组织的基本特征是什么？[华中农大2013年研]

(4)论述韦伯组织理论的核心内容。[论述题，电子科大2016年研]

4. 什么是业务流程再造？简述业务流程再造的基本过程。[湘潭大学2015年研]

相关试题：

(1)简述业务流程再造的过程。[桂林理工2021年研]

(2)业务流程再造的关键阶段有哪些？[中科大2013年研]

5. 何谓流程再造？流程再造可能受到哪些因素的影响？如何有效地组织流程再造？[中山大学2009年研]

四、论述题

1. 如何评价泰勒的科学管理理论？[四川师大2018年研]

相关试题：

(1)简述泰勒科学管理理论的贡献及其弊端。[简答题，北理2023年研]

(2)论述泰勒的科学管理。[郑州大学2023年研]

(3)科学管理理论述评。[中山大学2010年研]

2. 古典管理理论的特点和主要人物的贡献。[中国海大2018年研]

相关试题：

(1)简述古典管理理论对管理实践的贡献。[简答题，东北大学2021年研]

(2)法约尔的贡献。[中国地大2020年研]

(3)简述马克斯·韦伯科层制理论的主要内容。[简答题，苏州大学2020年研]

(4)马克斯·韦伯的官僚行政组织理论的内容。[东北大学2020年研]

五、案例分析题

案例一

自2010年1月富士康员工第一跳起至2010年11月，富士康已发生十多起员工跳楼事件，引起各界的普遍关注。富士康的管理模式也引发了广泛的议论，甚至有媒体把富士康的管理称为“铁血管理”。[南京大学2011年研]

你如何评价富士康的这种管理模式？从富士康的管理中能得到什么启示？

案例二

在一次管理经验交流会上，有两个企业的老总分别论述了他们各自对如何进行有效管理的看法。老总A认为，企业的首要资产是员工，只有员工们都把企业当成自己的家，把个人的命运与企业的命运紧密地结合在一起，才能充分发挥他们的智慧和力量为企业服务。因此，企业有什么问题，管理者应该与员工们商量解决；平时要注重对员工需求的分析，有针对性地给员工提供学习、娱乐的机会和条件；每月应公布当月过生日的员工姓名，并祝他们生日快乐；如果哪位员工结婚、生儿育女，企业应送上贺礼，企业经济效益增长了，也应该与员工分享。在老总A的企业中，员工们普遍地以自己所在的企业为荣，全心全意地为企业服务，企业日益兴旺。老总B则认为，大家聚集在一起的目的是实现组织目标，只有实现了组织目标才能实现每一个人的个人目标，为此就必须实行严格的管理，以保证实现企业目标所必须开展的各项活动的顺利进行。因此，企业要制定严格的规章制度和岗位责任制，建立严密的计划和严格的控制体系；注重对员工的上岗培训和过程检查；根据员工个人的工作业绩和与他人的协作情况确定其个人的报酬。在老总B的企业中，员工们都非常注意遵守规章制度，努力做好本职工作以完成任务，企业发展迅速。[浙江财大2018年研]

问题：这两位老总谁的观点正确，为什么？

2.4 考研真题详解

一、单项选择题

1. B **【解析】**泰勒科学管理的根本目的是谋求最高工作效率。实施科学管理的核心问题是管理者和员工在精神思想层面的彻底变革。因而，泰勒科学管理理论的核心观点是寻找最佳的作业方法，提高生产效率。

2. C **【解析】**法约尔14条管理原则中的第9条为等级链。等级链是指“从最高的权威者到最低层管理人员的等级系列”，它表明权力等级的顺序和信息传递的途径。为了保证命令的统一，不能轻易违背等级链，请示要逐级进行，指令也要逐级下达。

3．C 【解析】梅奥的霍桑实验表明，企业中实际存在着一种“非正式组织”，这种“非正式组织”对工人的行为影响很大，是影响生产效率的重要因素。因此，要重视管理中“非正式组织”因素的影响。

4．B 【解析】1933年梅奥在其代表作《工业文明的人类问题》中，全面总结了亲身参与并指导的霍桑实验及其他几个试验的初步成果，系统阐述了与古典管理理论不同的观点——人际关系学说。该学说的主要观点包括：①工人是“社会人”，而不是“经济人”；②企业中存在着“非正式组织”；③生产率主要取决于工人的工作态度以及他和周围人的关系。

二、概念题

1．科学管理理论[浙江理工2017年研]

相关试题：泰勒科学管理[东南大学2019年研]

答：科学管理理论，是指用科学的方法确定完成一项工作的最佳方式，该理论由“科学管理之父”泰勒在其代表作《科学管理原理》一书中提出。泰勒认为科学管理的根本目的是谋求最高劳动生产率，最高的工作效率是雇主和雇员达到共同富裕的基础，达到最高的工作效率的重要手段是用科学化的、标准化的管理方法代替经验管理。同时，该理论着重于如何提高劳动生产率，通过科学测定、标准化制度，为工人制定恰当的工作定额，并通过实行差别计件工资制，刺激工人提高产量。该理论用科学的管理方法，代替了陈旧的凭经验管理的方法，鼓励管理者科学挑选工作，开创了实证式管理研究的先河，并为流程过程管理学奠定了基础。

2．霍桑实验[华东理工2019年研；上海大学2018年研；山东大学2017年研；同济大学2015年研；山西财大2013年研；暨南大学2011年研；东财2011年研]

答：霍桑实验是指梅奥教授参与的于1927—1932年间在芝加哥西方电气公司霍桑工厂进行的系列实验。这个实验包括照明实验、继电器装配工人小组实验、大规模访问交谈、对接线板接线工作室的研究等几个阶段。梅奥对其领导的霍桑实验进行了总结，得出了与古典管理理论不同的观点——人际关系学说。该学说的主要内容有：①工人是“社会人”，而不是“经济人”；②企业中存在着非正式组织；③生产率的提高主要取决于工人的工作态度以及他和周围人的关系。霍桑实验的意义在于：它是管理史上最具有划时代意义的事件，推翻了自泰勒以来把人看作“经济人”的假设，为管理学开辟了一个新的领域，即开始重视人、研究人的行为；人际关系的研究逐渐闻名于世，使其成为行为科学的先驱，使管理学从此进入了行为科学的新时代。

3．例外原则[东北大学2019年研；同济大学2015年研]

答：例外原则是指在生产活动中，管理者应当只关心一些主要偏差(即那些最好的或是最糟的)，而把其他的工作让下属员工去做的原则。该原则是泰勒组织理论的一个重要内容，实质上是一种分权思想，即主张企业的高层管理者应该把一般性日常事务授权给下级管理者，让下级管理阶层按照既定的原则和制度自行处理日常事务，上级一般不予干预。上级仅保留对例外事项，即原则和制度惯例以外的重要事项的决策权和监督权。这样，既可以使高层管理者从日常事务中解脱出来，致力于企业的全局和长远发展，又可以使各级管理人员在制度范围内充分发挥主动性，大大提高工作效率。这一思想后来发展为管理上的分权原则和实行事业部制等管理体制。

4. 管理科学学派[华东师大2020年研；同济大学2015年研；暨南大学2011年研]

答：管理科学学派又称数理学派或运筹学派，是泰勒科学管理理论的继续和发展，代表人物是美国的学者伯法，其代表作为《现代生产管理》。该学派认为，管理是制定和运用数学模式与程序的系统，是用数学符号和公式来表示计划、组织、控制、决策等合乎逻辑的程序，求出最优的答案，以达到企业的目标。其主导思想是使用先进的数理方法及管理手段，使生产力得到最为合理的组织，以获得最佳的经济效益，而较少考虑人的行为因素。管理科学理论的主要特点有：①生产和经营管理各个领域的各项活动都以经济效果好坏作为评价标准，即要求行动方案能以总体的最少消耗获得总体的最大经济效益；②使衡量各项活动效果的标准定量化，并借助于数学模型找出最优的实施方案以描述事物的现状及发展规律，摒弃单凭经验和直觉确定经营目标与方针的做法；③依靠计算机进行各项管理；④强调使用先进的科学理论和管理方法。

5. 权变管理理论学派[四川大学2013年研]

答：权变管理理论学派是20世纪70年代在西方形成的一种管理学派。权变理论认为企业管理没有一成不变的、普遍适用的“最好的”管理理论与方法，一切都要根据企业所处的内外条件随机应变。权变管理理论学派的思想主要表现在三个方面：①权变计划观点。权变理论认为，计划的制定必须首先分析环境和组织的重要变量，计划的形式要适合当时的情况，计划目标的模糊性和灵活性是有用的。②在设计企业组织结构时，要把企业看成是一个受外界影响又对外界环境施加影响的开放系统。③企业领导方式应随环境和条件的变化而变化。

6. 流程再造[桂林理工2023年研；首师大2012年研；华中师大2008年研]

相关试题：业务流程再造[武汉工程大学2023年研]

答：流程再造是指对企业的业务流程进行根本性的再思考和彻底性的再设计，从而使企业在成本、质量、服务和速度等方面获得进一步的改善。它是由美国麻省理工学院迈克·哈默教授和钱皮博士提出的，意义是通过对企业原有业务流程的重新塑造，包括进行相应的资源结构调整和人力资源结构调整，进而提高企业整体竞争力。企业将由以职能为中心的传统形态转变为以流程为中心的新型流程导向型企业，实现企业经营方式和管理方式的根本转变。自哈默博士提出流程再造的概念与定义以来，有许多专家、学者用不同的词来阐述与之相近的意思，这些不同概述所表示的意义在某些特征方面有所不同，如改变的程度（彻底的还是渐进的）、实施的范围（企业内部或企业外部）、潜在的效益和风险等，但它们的着眼点都是企业的流程，希望通过企业流程的再造或再设计，获得企业绩效的改进，提高顾客的满意度。

三、简答题

1. 简述泰勒科学管理理论的主要内容。［大连理工2021年研；宁波大学2020年研；河北师大2020年研；湘潭大学2017年研；河南师大2017年研；广东财大2017年研；杭州师大2017年研；华南师大2016年研；华侨大学2015年研；西工大2015年研；中财2012年研］

相关试题：

(1)请简述泰勒的科学管理理论的主要观点。［北邮2022年研］

(2)简答泰勒所提出的科学管理制度有哪些主要内容。［湖南师大2020年研］

(3)简述科学管理理论的基本内容并作简要评价。［安徽师大2020年研］

(4)简述科学管理理论。［中国地大2019年研］

答：科学管理理论着重研究如何提高单个工人的劳动生产率的问题，其代表人物是美国的弗雷德里克·温斯洛·泰勒。泰勒因在管理理论的创建上作出了突出贡献而被人们誉为“科学管理之父”。泰勒在米德维尔钢铁公司工作期间，经过长期观察发现，落后的管理是导致劳动生产率低下、工人缺乏训练并“磨洋工”、劳资冲突不断的主要原因。为了改进管理，他进行了大量试验，并在此基础上创建了科学管理理论体系，其主要内容包括：

(1)工作定额。泰勒为了制定有科学依据的工作定额，进行了动作和时间研究，所采用的方法是：把工人的操作分解为基本动作，将每一个动作、每一道工序所使用的时间记录下来，去掉多余的动作和不必要的时间，得出必要的工作时间并加上必要的休息时间，即完成该项工作所需要的标准时间，据此定出一个工人“合理的日工作量”。

(2)标准化。泰勒认为，要提高劳动生产率，必须用科学方法对工人的操作方法、工具、劳动和休息时间的搭配、机器的安排和作业环境的布置等进行分析，消除各种不合理的因素，把各种最好的因素结合起来，形成最好的方法，这是管理当局的重要职责。标准化指的是要让工人在工作时采用标准的操作方法，使用标准的工具、机器、材料，并使作业环境标准化。

(3)能力与工作相匹配。泰勒认为，要提高劳动生产率，必须为工作挑选第一流的工人。只要工作对他合适而且他也愿意做这项工作，他就能够成为第一流的工人。管理人员的责任就在于使工人的能力与工作相匹配，为每项工作找出最适合这项工作的人选，并对其进行系统的培训和教育，用科学的操作方法培训经过科学选择的“第一流的工人”，使他们严格按照最佳方法进行工作，激励他们尽最大努力去工作。对那些体力和智力不适合做分配给他们的工作的人，应重新安排到适合他们的工作岗位上去。

(4)差别计件工资制。泰勒发现，报酬制度不合理是引发工人“磨洋工”的重要原因。在对原有计时工资、计件工资等报酬制度的弊端进行剖析之后，泰勒提出了建立在科学工作定额基础上的刺激性差别计件工资制，即根据工人完成工作定额的实际情况采用不同的工资率来计算其应得报酬。

(5)计划职能与执行职能相分离。泰勒主张用科学的工作方法取代经验工作方法。所谓科学的工作方法，是指在实验和研究的基础上制定标准的操作方法，采用标准的工具、设备。泰勒提出，应该明确划分计划职能与执行职能，所有的计划职能都由计划部门来承担，而执行职能则由部分工长和所有工人承担。

(6)职能工长制。泰勒的职能工长制是根据工人的具体操作过程进一步对分工进行细化而形成的。一个工长负责一方面的职能管理工作，细化生产过程管理。

(7)例外原则。日常事务授权下属负责，管理人员只对例外事项或重大事项保留处置权。

2. 简答亨利·法约尔提出的14条管理原则。［江苏大学2017年研］

相关试题：法约尔14条管理原则之“秩序”［概念题，南航2017年研］

答：法约尔提出的14条原则包括：

(1)分工。在技术工作和管理工作中进行专业化分工可以提高效率。

(2)权力与责任。权力是指“指挥他人的权以及促使他人服从的力”。在行使权力的同时，必须承担相应的责任，不能出现有权无责和有责无权的情况。

(3)纪律。纪律是企业领导人同下属之间在服从、勤勉、积极、举止和尊敬等方面所达成的一种协议。组织内所有成员都要根据各方达成的协议对自己在组织内的行为进行控制。

(4)统一指挥。组织内每一个人只能服从一个上级并接受他的命令。

(5)统一领导。凡目标相同的活动，只能有一个领导、一个计划。

(6)个人利益服从集体利益。集体的目标必须包含员工个人的目标，但个人和小集体的利益不能超越组织的利益。当两者矛盾时，领导人要以身作则，使其一致。

(7)报酬合理。报酬制度应当公平，对工作成绩和工作效率优良者给予奖励，但奖励应有一个限度。

(8)集权与分权。提高下属重要性的做法是分权，降低这种重要性的做法是集权。要根据企业的性质、条件和环境、人员的素质来恰当地决定集权和分权的程度。当企业的实际情况发生变化时，要适时改变集权和分权的程度。

(9)等级链与跳板。等级链是指“从最高的权威者到最低层管理人员的等级系列”。它表明权力等级的顺序和信息传递的途径。为了保证命令的统一，不能轻易违背等级链，请示要逐级进行，指令也要逐级下达。有时这样做会延误信息，鉴于此，法约尔设计了一种“跳板”，便于同级之间的横向沟通，但在横向沟通前要征求各自上级的意见，并且事后要立即向各自上级汇报，从而维护统一指挥的原则。

(10)秩序。指“有地方放置每件东西，且每件东西都放在该放置的地方；有职位安排每个人，且每个人都安排在应安排的职位上”。

(11)公平。在待人上，管理者必须做到“善意与公道结合”。

(12)人员稳定。培养一个人胜任目前的工作需要花费时间和金钱。所以，人员特别是管理人员的经常变动对企业很不利。

(13)首创精神。首创精神是创立和推行一项计划的动力。领导者不仅本人要有首创精神，还要鼓励全体成员发挥他们的首创精神。

(14)团队精神。在组织内部要形成团结、和谐和协作的气氛。

3. 简述马克斯·韦伯行政组织体系理论的主要内容。［人大2016年研］

相关试题：

(1)马克斯·韦伯的官僚行政组织理论的内容。［东北大学2020年研］

（2）官僚组织行政组织的特点。［中山大学 2017 年研］

（3）韦伯的理想官僚组织的基本特征是什么？［华中农大 2013 年研］

（4）论述韦伯组织理论的核心内容。［论述题，电子科大 2016 年研］

答：韦伯被称为“组织理论之父”。他认为行政组织体系应以理性的、法律的权力为基础，其组织管理机构是最纯粹的应用法定权力的形态；理想的行政组织是建立在正式、合法和权威基础上的最好的管理制度，是最符合理性原则、高效率的一种组织结构形式。韦伯组织理论的主要内容包括：

（1）劳动分工原则。工作可分解为简单的、程序化的和清晰定义的任务，组织中的每一职位都明确规定其权利和义务。

（2）权威等级原则。所有职位按照职权等级来设立，形成一个多层次组织管理体系，具有明确的命令链。韦伯认为行政组织体系基本上应包含三层结构：最高决策层、中间管理层和基层作业层。至今，绝大多数企业仍是按等级原则来设立企业组织模式。

（3）正式的甄选，强调委任制。为了保证在组织的等级体系中上级对下级的有效监控，所有公职应是任命的，根据技术资格等甄选的，而不是选举产生的。

（4）正式的规则和法规。组织中有成文的制度和标准的运作程序。

（5）非个人的，强调管理的非人格化、理性化。组织的运行与管理以制度和规则为基础，不受个人感情的影响，这样，可以保证组织管理人员行为的理性、公正和客观。

（6）职业生涯导向，强调管理人员的职业化。组织的管理人员是领取薪水的职业化的专家，而不是管理单位的所有者。这样，一方面可以充分利用职业化管理人员的专业长处，另一方面可以避免组织中不合理的裙带关系对组织工作的影响。

4. 什么是业务流程再造？简述业务流程再造的基本过程。［湘潭大学 2015 年研］

相关试题：

（1）简述业务流程再造的过程。［桂林理工 2021 年研］

（2）业务流程再造的关键阶段有哪些？［中科大 2013 年研］

答：（1）业务流程再造的概念：

业务流程再造又称业务流程重组、企业经营过程再造，是指通过对企业战略、增值运营流程以及支撑它们的系统、政策、组织和结构的重组与优化，达到工作流程和生产力最优化的目的。它强调以业务流程为中心，以关心客户的需求和满意度为目标，对现有的业务流程进行根本的再思考和彻底的再设计，从而使企业在成本、质量、服务和速度等方面获得突破性改善。流程再造的意义是通过对企业原有业务流程的重新塑造，包括进行相应的资源结构调整和人力资源结构调整，提高企业整体竞争力。企业将由以职能为中心的传统形态转变为以流程为中心的新型流程导向型企业，实现企业经营方式和管理方式的根本转变。

（2）业务流程再造的基本过程。业务流程再造由以下五个关键阶段组成：

①观念再造。这一阶段是为了使企业员工正确理解 BPR 的重要性，在企业内部树立正确的观念，具体步骤为：a. 组建 BPR 小组；b. 制订计划和开展培训、宣传；c. 寻找核心流程；d. 设置合理的目标；e. 项目实施团队的创建。

②流程再造。通过对现有流程的调研分析，重新进行设计，构建新流程。其具体步骤

为：a. 培训团队；b. 找出流程的结果和联系；c. 分析和量化现有流程；d. 再造活动效益判断和标杆瞄准最佳实践；e. 业务流程再设计；f. 审评和实施新的业务流程。

③组织再造。即在新流程实施前，对组织基础结构进行评审和变革，从而不断改进业务流程。其具体步骤为：a. 组织人力资源的审评；b. 技术结构与技术能力的审评；c. 新组织形式的设计；d. 新技术基础结构的创建和应用技术。

④试点和切换。进入实施改进阶段之前，需在实施过程进行试点，然后推广。其具体步骤为：a. 选定试点流程，组建队伍；b. 确定参与试点的顾客和供应商；c. 启动试点，同时监督、支持试点；d. 审评相关试点的反馈；e. 切换次序，分段实施。

⑤实现远景目标。包括：a. 流程再造成效的评价；b. 获取改进业绩的效益及其信息；c. 发展流程再造所得能力的新用途；d. 持续改进、创新。

5. 何谓流程再造？流程再造可能受到哪些因素的影响？如何有效地组织流程再造？［中山大学2009年研］

答：(1)流程再造的含义，参见本章考研真题概念题第6题答案。

(2)影响流程再造的因素：

①组织的文化。组织文化特别是组织的价值观念会导致工作环节和工作步骤的明显差异，进而可能产生不同的效率。

②工艺技术特征。工艺技术特征对于组织流程的影响在于它决定了组织工作流程中物质、能量和信息传递的内容。不同的工艺和技术要求不同的设备、不同的人员素质、不同的原材料投入。因此，它决定工作环节的差异和逻辑关系与转换关系的差异。每次技术与工艺的变革都毫无例外地引发工作流程的变化。从生产流程来看，随着信息技术的发展，工业化的大规模的流水线生产正在让位于大规模定制生产。可以预见，技术工艺未来的巨大进步必然导致现有企业组织流程的改变。

③管理风格。管理的风格是由领导的风格和方式、企业的组织结构和组织战略特性所决定的，管理风格与工作流程有着密切关系。管理风格的差异会导致对工作环节的不同设置。如在计划流程中，民主式的管理风格会产生更多的由下而上的组织决策流程。反之，集权式管理风格更容易形成从上至下的命令服从过程。管理风格也影响着逻辑关系的选择和转换关系的安排。在低成本战略的企业中，人事管理的工作流程更多是严格的秩序关系、平稳的转换关系，重视程序对于人员的控制；而在差异化战略的企业中，它的人事管理流程则突出发挥员工的积极性和创造性。

(3)有效的组织流程再造的步骤：

①发现与准备阶段：a. 在回顾企业战略、结构、业务流程、重新定义发展目标的基础上，明确企业定位，确定可开展的项目群；b. 进行初步分析，分析流程再造给企业带来的变化；c. 选择前期项目切入点并明确其范围，或选择典型的样板(示范项目)。

②重新设计阶段：a. 运用业务活动图示法等工具对业务流程进行细致的区分；b. 设计多种体现简化、整合自动化原则的新业务流程方案；c. 对各个方案进行投入—产出或成本—效益分析与评价。

③具体实施阶段：a. 选取合适方案，并准备好应急方案；b. 实施方案；c. 更新相关数据，为下一步工作做准备。

(4)有效的组织流程再造应注意的问题：

①建立一个良好的信息工作平台。利用IT手段建立信息共享平台，实现信息从以往的纵向传播向纵横向结合传播转变，以信息为动力实现企业资源的整合。

②要实现企业管理思想的转变。必须树立具有个性的管理思想，打破条块分割的职能管理思想，进而实现整体流程的再造和管理。

③具备系统的观点，把握整体流程的最优化原则。企业在流程再造的过程中，必须追求企业整体流程最优化，而不是要求每个环节都是最优的。

④充分发挥个人在群体中的主观能动性原则。企业应充分调动员工的积极性来支持企业的变革。

四、论述题

1. 如何评价泰勒的科学管理理论？［四川师大2018年研］

相关试题：

(1)简述泰勒科学管理理论的贡献及其弊端。［简答题，北理2023年研］

(2)论述泰勒的科学管理。［郑州大学2023年研］

(3)科学管理理论述评。［中山大学2010年研］

答：科学管理理论是管理思想史上的一个高峰，它是使管理成为科学的一次质的飞跃，是管理思想发展史上的一个里程碑。科学管理理论在生产现场管理中虽然效果显著，但其推广却并不顺利，一方面是因为社会上传统意识的影响，另一方面是由于它本身也存在着弱点。

(1)泰勒的科学管理理论：

①泰勒科学管理理论的实质是要提高劳动生产率，主要内容有：

a. 科学管理的根本目的在于谋求最高工作效率。最高工作效率是共同富裕的基础，没有雇员的富裕，雇主的富裕也不会长久。

b. 科学管理方法代替原有经验管理是达到最高工作效率的重要手段。管理是一门实在的科学，具有标准化、制度化、科学化等特点。

c. 管理者和员工在精神和思想层面的彻底变革是实施科学管理的核心问题。劳资双方变革思想，变对抗为合作、帮助，将注意力从盈利的分配转移到增加盈利数量上来。

②泰勒提出的管理制度的主要内容：

a. 科学标准化每项工作操作方法，合理利用工时，提高工作效率。通过将试验对象的工作过程分解为许多个动作，记录其在最紧张劳动时的完成每一个动作所消耗的时间，依据经济合理的原则进行分析研究，肯定合理部分并改进或省去不合理部分，制定出标准的操作方法。

b. 差别计件工资制。即按照工人是否完成工作定额采取不同的工资率，以刺激工人提高产量。

c. 科学地选择、培训和提高工人。泰勒运用科学作业方法对工人进行训练，按照标准化工作改变传统经验传授的培养方式。

d. 计划职能与执行职能相分离。泰勒主张用科学的工作方法取代经验工作方法，设立专门的计划部门，将计划职能从员工的工作内容中分离出来。

(2)科学管理理论的积极意义：

①科学管理理论具有划时代的重大意义，管理学进入以管理实践作为研究对象，且自成体系的理论时代。

②科学管理理论使管理由经验上升到科学。

③科学管理理论在思想上引起了巨大变革，讲求效率的优化思想是劳资双方的精神革命，对人类从小农社会进入现代文明社会起着重要的作用。

(3)科学管理理论的负面影响：

①科学管理理论研究的对象相对狭窄，重视局部(具体)工作效率的提高，而未解决企业作为一个整体如何经营和管理的问题。

②科学管理理论偏重物质技术因素，而忽略人及社会因素。

③科学管理理论把人物化为工具，认为人是单纯追求金钱的"经济人"。

泰勒制是适应时代的发展需要而产生的，因而也受到时代条件和个人的限制。在当时，要想使企业利润增加，首先要解决的就是工人的劳动效率。泰勒主要从解决工人的操作问题、生产过程中的监督和控制问题出发，管理范围比较小，管理内容也比较窄，而且也没有涉及企业的供应、财务、销售、人事等方面的活动。

2. 古典管理理论的特点和主要人物的贡献。[中国海大 2018 年研]

相关试题：

(1)简述古典管理理论对管理实践的贡献。[简答题，东北大学 2021 年研]

(2)法约尔的贡献。[中国地大 2020 年研]

(3)简述马克斯·韦伯科层制理论的主要内容。[简答题，苏州大学 2020 年研]

(4)马克斯·韦伯的官僚行政组织理论的内容。[东北大学 2020 年研]

答：古典管理理论是 19 世纪末 20 世纪初西方管理理论的总称，由泰勒的科学管理理论、法约尔的管理过程理论、韦伯的古典行政组织理论构成。

(1)古典管理理论的特点：

①效率主义是古典管理最强劲的主旋律。管理学诞生之初，所要解决的问题相当现实，就是通过寻找和运用科学的管理手段和方法，全力提高生产效率，降低企业社会必要劳动量。无论是泰勒及其追随者，还是法约尔和韦伯，尽管理论视野各有侧重，学术观点也有差异，但他们皆视科学管理为提高工作效率的方法和手段。泰勒对效率的研究主要是通过现场作业的标准化和科学化而展开的。泰勒制中无论是抽象的管理原则、理论还是具体的管理方法、技术，都直指效率这一核心。

②古典管理理论有浓郁的经验论、技术论的色彩。古典管理理论乃至整个管理学，就其理论源泉来说，主要有两类：a. 通过其他学科的渗透，吸取思想资源；b. 对实践经验的总结提升。很显然，古典管理理论的形成是实践经验的结晶。其开创者们大多出身于厂矿企业，对管理的理解或者来源于基层亲身实践，或者来源于长期管理具体组织的经验。

(2)主要人物的贡献：

①科学管理理论。其创始人是泰勒，他首次提出了科学管理的概念，1911 年出版《科学管理原理》一书，被公认为"科学管理之父"。科学管理理论的基本出发点是提高劳动生

产效率，其主要内容是：a. 使工作方法、劳动工具、工作环境标准化；b. 确定合理的工作量；c. 挑选和培训工人，使其掌握标准工作方法；d. 实行差别工资制；e. 实行职能工长制。

②一般管理理论。法国人法约尔对组织管理进行了系统、独创的研究，1916年出版了《工业管理与一般管理》一书，后人称他为“管理过程之父”。法约尔提出，管理活动包含5种职能：计划、组织、指挥、协调、控制；并且给出了14条一般管理原则。一般管理的其他代表人物有：巴贝奇，发展了亚当·斯密的劳动分工学说并提出了管理效率十二原则；麦尤斯，提出了管理六原则；白朗，提出了管理三原则等等。

③组织管理理论。韦伯着重于组织理论的研究，提出了“理想的行政组织体系”理论。他认为理想的行政体系具有以下特点：a. 明确的组织分工；b. 自上而下的等级体系；c. 合理地任用人员；d. 建立职业的管理人员制度；e. 建立严格的、不受各种因素影响的规则和纪律；f. 建立理性的行动准则。

(3)在古典管理理论中，较突出的代表人物有：

①泰勒，提出了标准操作、工作定额原理和标准化原理。

②法约尔，提出了管理不同于经营，是经营的六种职能活动之一。经营的六种职能活动为技术活动、商业活动、财务活动、安全活动、会计活动和管理活动。

③韦伯，提出了理想的行政组织体系理论，强调必须建立不受个人情感影响而在任何情况下都适用的规则和纪律，组织中人员之间的关系完全以理性准则为指导。

④厄威克，提出了自认为适用于一切组织的八项原则，即目标原则、相符原则、职责原则、组织层级原则、控制广度原则、专业化原则、协调原则和明确性原则。

⑤古利克，把有关管理职能的理论加以系统化，提出了著名的管理七职能论，即计划、组织、人事、指挥、协调、报告和预算。

五、案例分析题

案例一

你如何评价富士康的这种管理模式？从富士康的管理中能得到什么启示？［南京大学2011年研］

答：(1)分析：

富士康员工的十连跳是由于标准化的流水线生产作业给80后年轻员工带来了高负荷压力，他们被当作劳动的工具，长时间的加班使得作为“社会人”的他们无法满足情感、归属和尊重的需要，在面对困难时无法从身边的社会关系中得到关心和安慰，因而在情绪十分沮丧和低落的情况下做出了轻生的举动。这种军事化或准军事化的“铁血管理”实质上来源于泰勒的科学管理理论的观点。

科学管理理论的主要观点有：科学管理的中心问题是提高劳动生产率；工作定额原理；能力与工作相适应；标准化原理；差别计件工资制；计划与执行相分离；在组织机构的管理控制上实行例外原则。

(2)评价：

①这种军事化或准军事化的“铁血管理”虽然能够提高员工的劳动生产率、降低企业的

成本，但它仅把人当成追求物质的“经济人”而忽视了人的社会需要的做法，会导致员工情绪低落，也会给企业带来较严重的负面影响。

②通过频繁的流水线作业和超额的加班对员工进行剥削和压榨，视员工为劳动的机器，完全无视人的社会需要，是反人性的管理方法。

(3)启示：

①实施人本管理。即将员工看作是企业的核心宝贵资源，通过改善工作条件、提高工资待遇等方法来提高员工工作的积极性和工作热情，发挥其聪明才智。人本管理的思想是依靠人、尊重人、发展人、服务人，而不是一味地剥削人、压榨人。

②重视新一代员工的管理问题。新一代员工，特别是85后甚至是90后，他们是一群有个性、有知识、有思想、追求自由的新型员工。在当今信息开放的时代，他们追求开放性的生活方式。因此，应该提供宽松的环境让员工体会到一种价值感、尊重感、归属感，让生活变得丰富多彩而非单调重复，时空的延伸使得员工们可以去沟通表达，舒缓工作压力，找到情感寄托。

③重视员工情绪管理。有的情绪就像细菌一样，是可以传染的。富士康员工的每一跳，都给其他员工带来很大的心理压力和心理暗示，其负面情绪上的感染力非常强大。管理者要特别重视员工的心理辅导工作，加强情绪管理。

案例二

问题：这两位老总谁的观点正确，为什么？[浙江财大2018年研]

答：老总A的观点正确，因为他运用的行为科学理论更能体现对员工的关怀和尊重。对两位老总管理企业的具体分析如下：

(1)老总A主要运用行为科学理论管理企业。

①企业员工是“社会人”。行为科学理论认为员工不是单纯追求金钱的“经济人”，同样寻求社会情感和心理欲望等的满足，如友情、安全感、归属感。

②满足工人的社会欲望，提高工人的士气是提高生产效率的关键。士气高低决定于安全感、归属感等社会、心理方面的欲望的满足程度。满足程度越高，士气就越高，生产效率也越高。士气一般源于社会、家庭以及企业间人际关系等。

③企业中存在着一种“非正式组织”。非正式组织可以很大程度地影响员工行为，是影响生产效率的重要因素。非正式组织同正式组织相互依存，互为补充。管理者在管理正式组织的过程中，同样需要重视非正式组织的作用，寻求两者之间的平衡点，坚持“以人为本”的管理思路，协调员工之间、管理者与员工之间的相互配合协作，提高员工工作积极性，充分发挥其才能，进而提高工作效率。

④企业应采用新型的领导方法。即要组织好集体工作，采取措施提高士气，促进协作，使企业员工与领导真诚合作。

材料中提到在老总A的企业中，管理者与员工们商量解决问题；平时注重对员工需求的分析，有针对性地给员工提供学习、娱乐的机会和条件。

(2)老总B主要运用科学管理理论管理企业。

①科学管理的根本目的是谋求最高工作效率。最高工作效率是管理者和员工达成共同富裕的基础条件。只有通过管理科学化达成组织目标和个人目标，才可以推进组织成员产

生扩大再生产的兴趣，并积极促进生产发展。

②科学管理方法以科学管理方式替代原有经验管理模式，是提高工作效率的重要手段。管理是一门科学，强调管理过程应明确管理制度，确保管理的科学化、制度化和标准化，使组织成员在工作过程中“有据可依”，采取指定动作，提高管理效能。

③管理者和员工在精神和思想层面的彻底变革是实施科学管理的核心问题。精神层面的变革可以使管理者和员工将关注点从利润分配转移到获取更多利润上。它要求员工树立对工作、对同事、对管理者负责任的观念；同时也要求管理者对同事、对员工增强责任观念。管理者应该凭借友好合作的管理方式替代极端的对抗和斗争，这样可以有效地创造更多的经济效益，实现管理者和员工的“双赢”。

科学管理存在一定的局限性，它过度追求效率而忽视了对员工的关怀，容易造成员工的抵抗情绪。而将科学的方式应用于工人操作、生产现场的监督和控制等环节时，管理范围比较小，管理的内容也比较窄，基本没有涉及企业的供应、财务、销售、人事等方面的活动。管理是管人与管事的结合，运用科学管理必须把提高效率与关怀员工结合起来。

第二篇 决 策

第三章 决策与决策过程

3.1 复习笔记

【知识框架(庖丁解牛)】

- 决策与决策过程
  - 决策概述
    - 决策的含义和要素
    - 决策的原则
    - 决策的功能和任务
    - 决策与计划
  - 决策的类型
    - 确定型决策、风险型决策和不确定型决策
    - 程序化决策、非程序化决策
    - 个体决策、群体决策
  - 决策的特征：目标性、可行性、动态性、整体性、创造性
  - 决策过程及其影响因素
    - 决策过程模型
    - 决策的影响因素
    - 决策准则

【通关提要(提纲挈领)】

本章主要介绍决策与决策过程，比较重要。学习时，要掌握决策的含义、类型、特点，了解决策的功能与任务，重点掌握决策过程模型以及影响决策的因素。本章主要考查概念题和简答题，要在理解的基础上进行比较记忆。

【考点难点归纳(厚积薄发)】

考点一：决策概述(见表3－1) ★★★

表3－1 决策概述

要点	主要内容
含义	指为实现某些目标，在多个备选方案中选择其一的分析判断过程，即管理者识别并解决问题以及利用机会的过程

续表

要点	主要内容	
要素	①决策主体[核心]；②决策制度；③决策方案；④组织目标；⑤不确定性情境	
特征	①目标性；②可行性；③动态性；④整体性；⑤创造性	
原则	决策遵循满意原则，而非最优原则	
分类	按环境可控度	确定型决策、风险型决策、不确定型决策
	按决策问题	程序化决策、非程序化决策
	按决策主体	个体决策、群体决策
功能	组织层面	决策为组织指明了方向
	个体层面	决策能够激发员工的积极性
任务	外部视角	使组织更加灵活以适应不断变化的外部环境
	内部视角	调整和优化组织管理体系
决策与计划	①确定组织目标并依此拟定总体行动方案是计划的首要职能，决策是该过程的实质。 ②计划是决策落实的保障，决策是计划安排的依据。 ③计划过程中存在不同层次的决策活动，包括高层决策和常规性决策	

【真题链接】

(1)简述决策的特征。[简答题，湖南师大2023年研]

(2)比较程序化决策与非程序化决策。[简答题，吉林大学2024年研]

(3)计划与决策的联系与区别。[简答题，暨南大学2023年研]

考点二：决策过程及其影响因素(见表3-2) ★★★★

表3-2 决策过程及其影响因素

要点	主要内容
过程模型	识别问题→诊断原因→确定目标→制定备选方案→评价、选择方案→实施和监督
影响因素	①环境；②组织历史；③决策者特点；④组织文化
决策准则	①提高决策效率和效果的准则：重要性原则、准确性原则和灵活性原则。 ②不确定性决策准则：乐观准则、悲观准则、等概率准则和最小后悔准则
决策偏见和错误	过度自信、即时满足、锚定效应、选择性知觉、框架效应、可获得性、代表性、随机、沉没成本、自利、事后聪明等

【真题链接】

(1)简述决策的过程。[简答题，西南林大2024年研；吉林大学2023年研]

(2)简述决策的影响因素。[简答题，湖南大学2023年研；西华师大2023年研]

3.2 课后习题详解

1. 如何理解决策？决策有哪些基本特征？

答：(1)决策是指管理者识别并解决问题以及利用机会的过程。对于这一定义的理解如下：

①决策的主体是管理者(既可以是单个的管理者，也可以是多个管理者组成的集体或小组)。

②决策的本质是一个过程，这一过程由多个步骤组成。

③决策的目的是解决问题和(或)利用机会，即决策不仅仅是为了解决问题，有时也为了利用机会。

(2)决策的特征：

①目标性。任何决策都包含着目标的确定。决策必须有明确的预期结果，并以此为依据，评估和监督决策的全过程。目标是组织在未来特定时限内的具体追求，是拟订行动方案、评价和比较这些方案的出发点，是检验未来活动效果的依据。

②可行性。决策必须要充分考虑内外部环境条件和限制，选择与自身资源和能力相符合的行动方案，具有可操作性。

③动态性。决策要根据内外部环境的变化及时调整行动方向，而不应不知变通，完全照搬照抄以往经验，才能够实现动态平衡。

④整体性。一方面，决策应该强调组织的整体性，体现全体成员共同的目标和责任；另一方面，决策应该协调组织各个环节，确保每个方面协调统一、相互配合，以有序实施行动方案。

⑤创造性。决策过程要充分发挥创造性思维的作用，通过头脑风暴等方式集思广益，提出具有创新性的行动方案。

2．请描述决策的制定过程。

答：决策的制定过程通常包括以下六个阶段的工作：

(1)识别问题。决策过程需要根据实际情况和预期目标之间的偏离程度，找寻并确定现存问题。问题的识别是决策的首要步骤，为其他环节提供了行动展开的基础。错误地识别问题往往会导致整体决策方向确定的失误。

(2)诊断原因。在识别问题后，决策者应该针对现存问题，通过问询或鱼骨图等科学分析工具来分析其产生问题的原因。只有明确了问题的成因，才能够针对性地提出行动方案。

(3)确定目标。在识别问题并确定成因后，决策者应明确此次决策过程所期待达成的预期结果，分清主次关系，确定行动重点。

(4)制定备选方案。在多数情况下，决策者要在一定的时间和成本约束下，对相关的组织内外部环境进行调查，收集与问题有关的、有助于形成行动方案的信息进行分析，最终形成多个可供参考的备选方案。

(5)评价、选择方案。决策者要基于行动方案的可行性、有效性和满意程度、预期结果等维度对已形成的备选方案进行评估，充分利用各种科学分析工具，选择最终决策执行的行动方案。

(6)实施和监督。确定最终方案后，要进行包括编制预算、制定行动计划、确定参与人员等一系列行动。此外，在实施过程中，组织应该对行动方案的落地进行监督，根据实际情况及时采取各项应对措施，调整实施方向。

实际上，决策是一个“决策—实施—再决策—再实施”连续不断的循环过程，如此往复贯穿管理活动的始终。

3. 请用实例说明不同的决策类型及其异同之处。

答：(1)决策的分类：

①根据环境可控程度，具体可分为：

a. 确定型决策。决策者能够准确知道决策目标及每一备选方案的结果，可以对各个方案进行合理判断。例如，在其他条件不变的状态下，比较各个供应商提供的价目表进行购买决策，此时的决策问题就是确定型的。

b. 风险型决策。决策者虽然难以准确得出各备选方案的确定性结果，但可以利用科学分析工具预测各种结果发生的可能性，通过合理评估来进行决策。例如，石油公司使用定量模拟方法来估算元素存量，从而评估风险的变动情况，就此作出更好的决策。

c. 不确定型决策。决策者对备选方案或其可能结果难以准确估计。这种不确定性的因素主要来自两个方面：一是无法获得关键信息，二是无法对行动方案或其结果作出科学判断。例如，某企业产品在两个地区销售，一个地区销量大，获利丰厚，但该地区的地方保护主义色彩较浓；另一个地区销量比前一个地区小，但开放程度比较高。那么，如何确定该企业的长期营销战略呢？这就属于不确定型决策问题。

②根据决策问题的分类，可分为：

a. 程序化决策。决策者针对需要决策的重复性事件所制定的具有一定组织程序的决策，包括书面化文件、政策、规则等。例如，在组织对每个岗位的员工工资范围已经作出规定的情况下，对新入职员工工资的决策就是一种程序化决策。

b. 非程序化决策。在处理那些不常发生的或例外的非结构化问题时需要进行的决策。事实上，决策者面临的多数重要问题都需要进行非程序化决策，例如，怎样分配组织资源，怎样改善社区关系等。

③依据不同的决策主体，可分为个体决策和群体决策。随着环境的变化，当今世界的重大问题越来越多地采用群体决策。

(2)不同类型决策的异同之处：

①确定型决策、风险型决策和不确定型决策都要对目标、每种方案的结果及可能性进行判断，区别在于三者的环境可控程度不同：确定型决策能完全确定，风险型决策能确定发生概率，不确定型决策难以对情况进行估计。现实中的决策问题多为风险型和不确定型，需要科学分析工具将其转化成确定型问题，从而有利于科学决策。

②程序化决策与非程序化决策面对的问题不同。当代组织在日常营运过程中所面临的多为重复性决策问题，采取程序化决策方式，但由于外部环境的复杂多变，组织也往往会面临着非常规的突发决策问题，此类问题则需要不断提高非程序化的决策能力，以提高非程序化问题的决策效率。

③与个体决策相比，采取群体决策的好处包括：a. 凝聚各个领域专家的智慧；b. 充分利用知识优势；c. 具有不同背景、经验的成员的广泛参与，有利于提高决策时考虑问题的全面性；d. 由于群体决策经过集体商讨，在组织中易得到普遍认同感，有利于顺利实施决策；e. 使群体成员敢于承担风险。

但群体决策也存在一些弊端：可能会造成速度、效率的低下；存在被个人或子群体所影响，由于群体决策中可能过度侧重于某一个体的想法而导致决策并不全面。

4. 请阐述当前影响决策的主要因素及趋势。

答：(1)当前影响决策的主要因素：

①环境。环境条件是决策活动的基础，环境变化通常会直接或间接导致决策变革。当今社会环境复杂多变，决策者更需要实时监控内外部环境，及时采取决策行为。

②组织的历史。组织的发展历史在一定程度上体现了组织的基础资源、行为特点等诸多影响决策的重要因素。

③决策者的特点。决策者的性格特点、人生经历等个人特征能够影响决策者针对决策问题所采取的行为手段，对方案的选择和实施也有重要影响。

④组织文化。组织文化体现了组织的基本价值观点和行事思维，能够体现组织对于决策行为的态度，是组织决策的依据。

(2)影响决策的趋势：

①决策趋向智能化与数据化。决策的数据化和智能化依赖的是大数据技术。当代各种信息技术催生的新模式已经渗透到日常生活中，为企业的观察和分析提供了更加多元化的工具。运用数据化和智能化手段能够对当代企业经营进行全面、精确的观察，在得到准确数据后再进行分析，其决策的准确性提高，也对决策者提出了更高的要求。决策者需要发现数据的意义，找到数据间的关联，作出更加精准的发展预测。

②决策民主化程度提高。决策的根本目的是增加企业及利益相关者的利益。随着企业扁平化发展的趋势加深，管理者对员工进行充分授权，企业沟通链路变短，员工能充分发表意见并参与决策；而管理者能从中发现创新点以及现有决策的不足，及时进行改进。员工知识程度的不断提高促使决策的民主化程度也不断提高。

③决策科学化程度提高。随着科学决策方法的发展，决策科学化得到保障。企业边界不断扩大，专家咨询机构、顾客等角色都参与到企业决策中，管理者通过听取多方面、多层次意见，决策的参与面和透明度显著提高。同时，改革开放以来，社会科学领域有了长远发展，企业能运用最新的科学研究成果进行决策，使得决策更准确、更科学。

3.3　考研真题

一、单项选择题

1. 下列决策哪一种更倾向程序化决策？(　　)[中国海大2018年研]

A. 组织结构调整　B. 多元化经营　C. 企业合并　D. 原材料订购

2. 风险型决策与非确定型决策的区别主要在于(　　)。[北科2009年研]

A. 风险型决策所承担的风险相对于非确定型决策来说要小

B. 风险型决策面临的是多种可能的自然状态，而非确定型决策面临的是无法预知的自然状态

C. 二者的区别不明显

D. 风险型决策可以预测未来自然状态出现的概率，而非确定型决策不能预测概率

3. 管理者对某一情况进行分析，从而提出行动方案。因此，他需要做以下工作：

(1)分析评价各方案；(2)确定决策目标；(3)选择满意方案并实施；(4)认识和分析问题；(5)拟订备选行动方案。正确的分析思路应该是(　　)。[北科2009年研]

A. (5)→(3)→(4)→(1)→(2)　　B. (4)→(2)→(5)→(1)→(3)

C. (5)→(4)→(2)→(1)→(3)　　D. (4)→(5)→(1)→(2)→(3)

二、多项选择题

按决策问题所处的条件分类，决策包括(　　)。[中财2012年研]

A. 确定型决策　B. 程序化决策　C. 风险型决策　D. 不确定型决策

E. 非程序化决策

三、概念题

1. 决策[广工大2023年研；华科2019年研；暨南大学2017年研；湘潭大学2017年研；北邮2016年研；安徽大学2016年研；东北大学2015年研；大连理工2014年研；北师2012年研；武大2011年研；北科2011年研；首师大2011年研；中山大学2010年研]

2. 风险型决策[华南农大2023年研；河南大学2023年研；东北大学2020年研；中央民大2019年研；安徽大学2018年研；南昌大学2018年研；同济大学2015年研]

3. 不确定型决策[浙大2022年研；中央民大2019年研；山东大学2018年研]

4. 程序化决策[华中师大2024年研；西南林大2024年研；广工大2023年研；汕头大学2022年研；首经贸2020年研；湘潭大学2020年研；广西民大2020年研；宁波大学2019年研；浙大2015年研]

5. 非程序化决策[北邮2023年研；扬州大学2018年研；河北大学2016年研；华南理工2013年研；东财2009年研]

四、简答题

1. 何谓确定型决策、风险型决策与不确定型决策？[昆明理工2018年研]

相关试题：不确定型决策的方法。[浙工大2018年研]

2. 试述程序化决策与非程序化决策的区别和联系。[人大2012年研]

相关试题：

(1)比较程序化决策与非程序化决策。[吉林大学2024年研；宁波大学2020年研]

(2)什么是程序化决策和非程序化决策？掌握两种决策方法对于管理者的意义在哪里？[浙工大2018年研]

(3)简述程序化决策与非程序化决策的区别。[哈工大2015年研；四川大学2011年研]

3. 试比较集体决策与个人决策的优缺点。[南开大学2007年研；人大2007年研]

相关试题：

(1)群体决策的优缺点。[中南财大2023年研]

(2)群体决策与个体决策有何异同？[首经贸2020年研]

(3)相对于个体决策而言，群体决策具有哪些优势？[浙大2020年研]

(4)个人决策与集体决策的差别。[论述题，哈工大2018年研]

4. 简述决策的过程。[西南林大2024年研；吉林大学2023年研；中国农大2023年研；武汉工程大学2023年研；苏州大学2021年研]

相关试题：

(1)简述决策的制定过程。[南京理工2023年研；浙江财大2016年研]

(2)决策的一般过程是什么？[浙工商2021年研]

(3)简答决策的基本过程。[湖南师大2020年研]

(4)简述科学决策的过程。[人大2019年研]

(5)结合实际谈谈决策制定过程。[中国传媒2019年研]

(6)以考研过程中选择报考院校为例，简述决策的步骤。[安徽师大2018年研]

(7)决策的过程包含哪些步骤？每个步骤应该注意哪些主要问题？[华中农大2018年研]

五、论述题

决策的影响因素有哪些？[安徽大学2018年研；哈工大2015年研；北邮2012年研]

相关试题：

(1)简述决策的影响因素。[简答题，湖南大学2023年研；西华师大2023年研]

(2)影响决策的因素。[简答题，吉林大学2022年研；中国海大2018年研]

(3)决策过程及影响因素。[青岛大学2017年研]

六、案例分析题

案例一　准确决策与盲目投资

A建筑卫生陶瓷厂是一家国有中型企业，由于种种原因，2005年停产近一年，亏损250万元，濒临倒闭。2006年初，郑先生出任厂长。面对停水、停电、停发工资的局面，郑厂长认真分析了工厂的现状，果断决策：治厂先从人事制度改革入手，把科室及分厂的管理人员减掉3/4，充实到生产第一线，形成一人多用、一专多能的治厂队伍。改制后的企业像开足马力的列车一样急速运行，在运行过程中，逐渐显示出规模跟不上市场的劣势，束缚了企业的发展。有人建议投资上千万元再建一条大规模的混道窑生产线，显示一下新班子的政绩。郑厂长根据职工代表大会的建议，果断决定将生产成本高、劳动强度大、产品质量差的86米明焰煤烧隧道窑扒掉，建成98米隔焰煤烧隧道窑，并对一分厂的两条老窑进行了技术改造，结果仅花费不足200万元，便使其生产能力提高了一倍。2008年，国内生产厂家纷纷上高档卫生瓷砖，厂内外也有不少人建议赶“潮流”。对此，郑先生没有盲目决策，而是冷静地分析了市场行情，经过认真调查论证，认为中低档卫生瓷的国内市场潜力很大，一味上高档卫生瓷不符合国情。于是经过市场考察，该厂新上了20多个中低档卫生瓷产品，这些产品一投入市场便成了紧俏货。目前新产品产值占总产值的比例已提高到60%以上。

与A建筑卫生瓷厂形成鲜明对比的是B陶瓷公司，该公司也是一家国有中型企业，20世纪90年代初，它曾是某省建材行业领头之一。然而，近年来在市场经济大潮的冲击下，由于盲目上马，导致企业重大决策失误，使这家原本红红火火的国有企业债台高筑。2002年，该公司投资1200万元建立大断面窑生产线。但该公司为赶市场潮流，不经论证就将其改建为混道窑生产线，又投资1700万元，由于该生产线建成时市场潮流已过，因此投产后公司一直亏损。在产销无望的情况下，公司只好重新投入1000多万元再建大断面窑，这进一步使得公司元气大伤，债台高筑，仅拖欠银行贷款就达3000多万元。几年来，该公司先

后作出失误的重大经营决策六项，使企业以前积累的数千万元自有资金消耗得一干二净。[山东大学2016年研]

问题：

1. 结合上述案例分析决策包括哪些基本内容？其中的关键步骤是什么？

2. 本案例中两家企业形成鲜明对比的原因是什么？

3. 科学决策需要注意哪些问题？

案例二

1990年底，姜伟在沈阳成立飞龙集团，注册资金仅75万元，飞龙的起家产品是飞燕减肥，发家产品是延生护宝液。飞龙在厂房、办公楼方面舍不得投资，而把资金全部压在了广告上，与太阳神不同的是，飞龙不做企业形象广告，而是集中资金宣传延生护宝液的产品功效，这一务实的营销行为为飞龙带来了高速发展。1991年，广告费用120万元，获利400万元；1992年，广告费1000万元，获利6000万元；1993年广告费400万元，获利高达2亿元；1994年，广告费1.7亿元，获利2亿元；1991年到1994年累计销售额20亿元。

飞龙在广告战术上注重采用集中轰炸策略，根据自身的实力，在局部市场进行广告轰炸，一个个局部城市被攻占，逐步打开全国市场。1993年前后，经常看到延生护宝液的整版报纸广告。最初，飞龙一次性投入68万元广告费解决长春，然后投入20万元广告攻打哈尔滨，就这样一个一个地击破，很快就占领了东北市场。1993年7月，飞龙上市的新产品销路不畅，姜伟调查市场发现广州、上海销售基础好，追加广告就能催化市场而成功，结果姜伟给广州、上海分别追加广告费300万元、100万元，两个月后销售额达到1000万元。

1994年开始，中国保健品市场一片混乱，卫生部原来对保健品是严格按三类中药审批，后来保健品的检测标准参照食品，条件一放宽，到1995年，全国突然冒出2.8万个保健品，使保健品市场迅速下滑，飞龙受到较大影响。

在保健品市场处于混乱之时，飞龙却计划1994年销售17亿元，3月份飞龙把延生护宝液价格提升18%，然后将上亿元的产品发到市场，年底时市场销售不畅，加上4000人的销售队伍，管理起来很困难。死账、广告浪费、广告回扣、挪用公款、回款不畅、人员懒散等现象大量出现，姜伟在视察22个分公司后，看到管理上的一片混乱，急于扭转混乱局面，1995年6月草率地下令：飞龙集团进入全面休整，飞龙衰败开始。

严格意义上讲，姜伟和众多的民营企业老板一样，不是真正的企业家，而是一个非理性的决策者。缺乏科学的决策机制，典型的老板个人决策，使企业大起大落。

冲动一：1995年3月，飞龙集团取得了在香港联交所上市的获准文书；4月18日，姜伟突然宣布放弃上市。

冲动二：1995年6月，姜伟突然下令，飞龙集团进入全面休整，开展“延安整风运动”，进行思想、财务、干部三方面整顿，刮起学习风、调查风、研究风。这次整风运动引起内部的恐慌。

冲动三：自整风运动开始，姜伟将广告大部分停掉，使长期依赖广告的销售人员手忙脚乱，不知所从，使市场上产品销售迅速下滑。

冲动四：1996年，姜伟先后写了《怎样才能进两步》《论持久战》《我的错误》，特别是

《我的错误》发表后，在国内媒体广为流传，内部危机公开化，使飞龙的外环境进一步恶化。

冲动五：1996 年 4 月，飞龙经过营销体制改革后，姜伟发起了第二次全面进攻。借鉴三株的成功经验，这次飞龙选中了农村市场作为开拓的首要战场，宣传战术上也采取墙体、标语、招贴、居民公告等方式，但是姜伟没有认识到飞龙的销售人员早已经养成依赖媒体广告的习惯，这种农村宣传战术，他们不愿意认真去做，决策和执行脱节导致第二次进攻失败。

冲动六：1998 年 9 月，飞龙抢注“伟哥”成功，把“伟哥”商标合法地使用在开泰胶囊包装上，并在广告宣传中误导消费者，让消费者误认为是美国辉瑞公司伟哥的国产品种，产品一度被炒作成为抢手货，虚假宣传必然带来了国家药监局的查封处罚。面对这种情况，姜伟居然异想天开地起诉国家药监局和辽宁卫生厅，结果造成飞龙从此一蹶不振了。

飞龙总裁姜伟闭门思过，修炼内功，反省出了 20 大决策失误，如决策浪漫化、决策模糊性、决策急躁化等。[山东大学 2015 年研]

问题：

1. 决策程序有哪些？

2. 导致沈阳飞龙错误决策的原因是什么？

3. 沈阳飞龙错误决策体现在哪些方面？

3.4 考研真题详解

一、单项选择题

1. D 【解析】决策按照重复程度和有无既定处理程序，可以分为程序化决策和非程序化决策。程序化决策是指例行的、按照一定的频率或间隔重复进行的决策。程序化决策针对的对象主要是例行问题，如资金短缺、设备故障、产品质量、原材料采购等，这部分决策约占组织决策的 80%。

2. D 【解析】风险型决策与非确定型决策有密切联系，但二者有着本质的区别，不能将二者混为一谈。风险型决策是指决策者面临的这样一种状态，即能够事先知道事件最终呈现的可能状态，并且可以根据经验知识或历史数据比较准确地预知可能状态出现的可能性大小，即知道整个事件发生的概率分布。然而，在不确定型决策中，决策者不能预知事件发生最终结果的可能状态以及相应的可能性大小即概率分布。

3. B 【解析】决策过程的具体步骤为：①判断问题、认识和分析问题；②确定决策目标；③拟订可供选择的行动方案；④分析评价各行动方案；⑤选择满意方案并付诸实施；⑥监督和反馈。

二、多项选择题

ACD 【解析】按决策问题所处的条件分类，可分为：①确定型决策，即决策面对的问题的相关因素是确定的，从而建立的决策模型中的各种参数是确定的；②风险型决策，即如果决策问题涉及的条件中有些是随机因素，它虽然不是确定型的，但我们知道它们的概率分布；③不确定型决策，即如果决策问题涉及的条件中有些是未知的，对一些随机变量，连它们的概率分布也不知道。

三、概念题

1. 决策[广工大 2023 年研；河华科 2019 年研；暨南大学 2017 年研；湘潭大学 2017 年研；北邮 2016 年研；安徽大学 2016 年研；东北大学 2015 年研；大连理工 2014 年研；北师 2012 年研；武大 2011 年研；北科 2011 年研；首师大 2011 年研；中山大学 2010 年研]

答：决策是指为了实现某一目的而制定行动方案并从若干个可行方案中选择一个满意方案的分析过程，即人们为了达到一定的目标，在充分掌握信息和对有关情况进行深刻分析的基础上，用科学的方法拟定、评估各种方案，从中选出合理方案的过程。其含义包括：决策的主体是管理者；决策的本质是一个过程，这一过程由多个步骤组成；决策的目的是解决问题或利用机会。决策是管理的核心。决策的特点有目标性、可行性、动态性、风险性、非零起点等。

2. 风险型决策[华南农大 2023 年研；河南大学 2023 年研；东北大学 2020 年研；中央民大 2019 年研；安徽大学 2018 年研；南昌大学 2018 年研；同济大学 2015 年研]

答：参见本章考研真题简答题第 1 题答案。

3. 不确定型决策[浙大 2022 年研；中央民大 2019 年研；山东大学 2018 年研]

答：不确定型决策是指在不稳定条件下进行的决策。在不确定型决策中，决策者可能不知道有多少种自然状态，或者可能不知道每种自然状态发生的概率。常用的不确定型决策方法有小中取大法、大中取大法和最小最大后悔值法等。

4. 程序化决策[华中师大 2024 年研；西南林大 2024 年研；广工大 2023 年研；汕头大学 2022 年研；首经贸 2020 年研；湘潭大学 2020 年研；广西民大 2020 年研；宁波大学 2019 年研；浙大 2015 年研]

答：程序化决策是指决策可以程序化到呈现出重复和例行的状态，可以程序化到制定出一套处理这些决策的固定程序，每当它们出现时不需要再重复处理它们。通常将“程序化决策”称为“结构良好”的决策，程序化决策涉及的是例行问题。例行问题是指那些重复出现的、日常的管理问题，如管理者日常遇到的产品质量、设备故障、现金短缺、供货单位未按时履行合同等问题。

5. 非程序化决策[北邮 2023 年研；扬州大学 2018 年研；河北大学 2016 年研；华南理工 2013 年研；东财 2009 年研]

答：非程序化决策又称一次性决策，是具有极大的偶然性和随机性，很少重复发生，结构不清、无先例可循，并且具有大量不确定因素的决策，如新产品的开发、工厂的扩建、经营多角化等。这种决策不是经常发生的，缺乏准确可靠的统计数据和资料，而且决策者解决这类问题的经验也不足。这种决策在很大程度上依赖于决策者的知识、经验、洞察力和逻辑思维能力。

四、简答题

1. 何谓确定型决策、风险型决策与不确定型决策？［昆明理工 2018 年研］

相关试题：不确定型决策的方法。［浙工大 2018 年研］

答：(1) 确定型决策是指决策环境条件是稳定或可控条件下进行的准确决策。决策者掌握准确、可靠、可衡量的信息，能够确切地知道决策的目标以及每一备选方案的结果，常常可以很容易地迅速对各个方案进行合理的判断。常用的确定型决策方法有：

①线性规划，指研究线性约束条件下线性目标函数的极值问题的数学理论和方法。

②量本利分析法，又称保本分析法或盈亏平衡分析法，指通过分析生产成本、销售利润和产品数量这三者的关系掌握盈亏变化的规律，指导企业选择出能够以最小的成本生产最多产品并可使企业获得最大利润的经营方案。

(2) 不确定型决策是指在不稳定条件下进行的决策。其因面对不可预测的外部条件或缺少所需信息，而对备选方案或其可能结果难以确切估计。常用的不确定型决策方法有：

①小中取大法。在对未来环境进行预测时，管理者会持有悲观态度，认为在未来会出现最差的自然状态。在决策时考虑各种方案带来的最低收益，然后选择最低收益最高的方案。

②大中取大法。在对未来环境进行预测时，管理者会持有乐观态度，认为在未来会出现最好的自然状态。在决策时考虑各种方案带来的最高收益，然后选择最高收益最高的方案。

③最小最大后悔值法。管理者在选择了某方案后，若事后发现客观情况并未按自己预想的发生，会为自己事前的决策后悔。最小最大后悔值法是使后悔值最小的方法。

(3) 风险型决策又称随机决策。在这类决策中，决策者虽不能准确地预测出每一备选方案的结果，但因拥有较充分的信息而能预知各备选方案及其结果发生的可能性。作为常用风险决策方式，风险型决策是运用概率与图论中的树对决策中的不同方案进行比较，从而获得最优方案。风险型决策所处理的决策问题应具备的条件包括：

①有一个明确的决策目标，如收益最大，损失较小等。

②存在两个或两个以上可供选择的行动方案，并且最后只选定一个方案。

③存在两个或两个以上的不以决策者主观意志为转移的自然状态，或者存在一个不以决策者主观意志为转移的状态变量的概率分布。

④不同方案在各种自然状态下或某一概率分布下的损益值可以预先确定。

⑤各种自然状态发生的概率或者某一概率分布的概率密度函数可以预先算出或估计出来。风险型决策是以概率或概率密度函数为基础的，因而具有随机性。

2. 试述程序化决策与非程序化决策的区别和联系。［人大 2012 年研］

相关试题：

(1) 比较程序化决策与非程序化决策。［吉林大学 2024 年研；宁波大学 2020 年研］

(2) 什么是程序化决策和非程序化决策？掌握两种决策方法对于管理者的意义在哪里？［浙工大 2018 年研］

(3) 简述程序化决策与非程序化决策的区别。［哈工大 2015 年研；四川大学 2011 年研］

答：(1)程序化决策与非程序化决策的区别：

程序化决策是指可以通过某种例行方法来作出的重复性决策。非程序化决策是独特的、非重复的、涉及量身定制的解决方案。具体的程序化决策与非程序化决策的差异见表3－3。

表3－3 程序化决策与非程序化决策的差异

特点	程序化决策	非程序化决策
问题类型	结构化	非结构化
管理层级	较底层级	较高层级
频率	重复的、日常的	新的、不常见的
信息	已有信息	模糊或不完整的信息
目标	清晰、明确	模糊
解决方法的时间框架	短期	相对较长
解决方法的依据	程序、规则和政策	判断或创造力

(2)程序化决策与非程序化决策的联系。在现实世界中，程序化决策与非程序化决策是相辅相成的。几乎没有管理决策是完全程序化的或完全非程序化的，这是两种极端情况，绝大多数决策落在两个极端之间。几乎没有程序化的决策能够完全排除个人判断，在另一个极端上，即使是要求非程序化决策的独特情况，也需要得到程序化的常规思路的帮助。恰当的方式是，将它们看作以程序化为主或以非程序化为主的决策问题，而不能认为它们是完全程序化或完全非程序化的。

3．试比较集体决策与个人决策的优缺点。［南开大学2007年研；人大2007年研］

相关试题：

(1)群体决策的优缺点。［中南财大2023年研］

(2)群体决策与个体决策有何异同？［首经贸2020年研］

(3)相对于个体决策而言，群体决策具有哪些优势？［浙大2020年研］

(4)个人决策与集体决策的差别。［论述题，哈工大2018年研］

答：决策根据决策主体数目的不同，可分为集体决策与个人决策。两种决策方式各有其优缺点，具体如下：

(1)集体决策又称群体决策，是指由多个人组成一个决策小组进行决策并对该决策的后果负责的决策方式，是相对于个人决策而言的。集体决策有组织负责人，但该负责人并非最高决策者而是决策小组的组织者。

①优点：a．集体决策有利于集中不同领域专家的智慧，解决日益复杂的决策问题；b．集体决策能够利用多元化的信息，形成更多的可行性方案；c．集体决策容易得到普遍的认同，有助于决策的顺利实施等。

②不足：a．决策的时间过长。集体决策多人参加，意见纷繁多样，且花费较多的时间。b．集体决策易导致“从众现象”和责任不明等问题。组织成员对于集体决策结果共同承担责任，但是由于最终结果责任人并不明确，可能会降低成员的责任感。

(2)个人决策是指由某一个人分析情况、提出决策方案并作出决定的决策方式。相对于集体决策，个人决策的优缺点如下：

①优点：a. 职责明确，有效杜绝互相推诿、不负责任的不良作风；b. 权力集中，行动迅速有力；c. 费时较少，降低了决策成本，在一定程度上提高了管理效益。

②不足：a. 个人的学识、经验、才干、精力可能对决策效果产生较大影响；b. 个人权力过分集中导致监督失效；c. 个人性格的薄弱可能在关键时刻无法得到有力弥补；d. 个人权重可能挫伤下属参与管理的积极性，不易形成民主管理风气。

管理者要针对实际情况对个人决策或集体决策这两种方式作出选择，并且在决策过程中针对不同决策方式的不足设计具体措施，扬长避短。

4. 简述决策的过程。［西南林大 2024 年研；吉林大学 2023 年研；中国农大 2023 年研；武汉工程大学 2023 年研；苏州大学 2021 年研］

相关试题：

(1) 简述决策的制定过程。［南京理工 2023 年研；浙江财大 2016 年研］

(2) 决策的一般过程是什么？［浙工商 2021 年研］

(3) 简答决策的基本过程。［湖南师大 2020 年研］

(4) 简述科学决策的过程。［人大 2019 年研］

(5) 结合实际谈谈决策制定过程。［中国传媒 2019 年研］

(6) 以考研过程中选择报考院校为例，简述决策的步骤。［安徽师大 2018 年研］

(7) 决策的过程包含哪些步骤？每个步骤应该注意哪些主要问题？［华中农大 2018 年研］

答：参见本章课后习题第 2 题答案。

五、论述题

决策的影响因素有哪些？［安徽大学 2018 年研；哈工大 2015 年研；北邮 2012 年研］

相关试题：

(1) 简述决策的影响因素。［简答题，湖南大学 2023 年研；西华师大 2023 年研］

(2) 影响决策的因素。［简答题，吉林大学 2022 年研；中国海大 2018 年研］

(3) 决策过程及影响因素。［青岛大学 2017 年研］

答：决策的影响因素具体如下：

(1) 环境因素：

①环境的稳定性。一般来说，在环境比较稳定的情况下，组织过去针对同类问题的决策具有较高的参考价值，这种情况下的决策一般由组织的中低层管理者进行；在环境剧烈变化的情况下，组织要做的决策是紧迫的，这时一般由高层管理者决策。

②市场结构。市场垄断程度高容易使组织形成以生产为导向的经营思想；激烈的竞争容易使组织形成以市场为导向的经营思想。

③买卖双方的市场地位。在卖方市场条件下，组织的各种决策的出发点是组织自身的生产条件与生产能力；在买方市场条件下，组织所作的各种决策的出发点是市场需求情况。

(2) 组织自身的因素：

①组织文化。受保守型文化影响的人们倾向于维持现状，害怕变化，更害怕失败，因此在选择方案时，旨在维持现状的行动方案被最终选出并付诸实施；在进取型组织文化中生存的人们欢迎变化，勇于创新，宽容地对待失败，因此决策者选定的是给组织带来变革

的行动方案。

②组织的信息化程度。信息化程度对决策的影响主要体现在其对决策效率的影响上。信息化程度较高的组织决策者通常掌握着较先进的决策手段，高质量的信息与先进的决策手段便于决策者作出高质量的决策。

③组织对环境的应变模式。对一个组织而言，对环境的应变是有规律可循的，随着时间的推移，组织对环境的应变方式趋于稳定，形成组织对环境特有的应变模式。

(3)决策问题的性质：

①紧迫性。主要包括：a. 时间敏感型决策。决策涉及的问题对组织来说非常紧迫，急需处理。这样的决策对决策速度的要求高于对决策质量的要求。b. 知识敏感型决策。决策涉及的问题对组织来说不紧迫，组织有足够的时间从容应对，在时间宽裕的情况下对决策质量的要求必然提高。

②问题的重要性。重要的问题可能引起高层领导的重视，越重要的问题越可能由群体决策，越需要决策者慎重决策。

(4)决策主体的因素：

①个人对待风险的态度。人们对待风险的态度有三种，即风险厌恶型、风险中立型和风险爱好型。决策者对待风险的不同态度会影响行动方案的选择。

②个人能力。决策者个人能力对决策的影响主要体现在决策者对问题的认识能力、获取信息的能力、沟通能力和组织能力上。

③个人价值观。组织中的任何决策既有事实成分，也有价值成分。个人价值观通过影响决策中的价值成分来影响决策。

④决策群体的关系融洽程度。如果决策是由群体作出的，群体的特征也会对决策产生影响。在关系融洽的情况下，较好的方案容易获得通过；而在关系紧张的情况下，最后被通过的方案可能是一种折中方案，未必是较好的方案。

六、案例分析题

案例一　准确决策与盲目投资

问题：[山东大学2016年研]

1. 结合上述案例分析决策包括哪些基本内容？其中的关键步骤是什么？

答：(1)决策是指管理者识别并解决问题的过程，或者管理者利用机会的过程。决策所遵循的原则是“满意”而不是“最优”。决策需要适量的信息，具体的决策过程，参见本章课后习题第2题答案。

(2)决策的关键步骤是明确问题和选择备选方案。

①明确问题主要就是明确目标，目标是组织想要获得的结果。在决策制定的过程中，目标指导着决策过程，为决策的制定提供了方向。目标还具有激励作用，能将各种组织资源凝聚在一起，为决策的制定提供更好的支持。

②在决策中，选择备选方案也是非常关键的。首先，由于决策标准的不同，方案选择的标准本身是困难的；其次，方案的选择起着承上启下的作用，一方面将决策前期的工作应用于筛选的具体过程中，另一方面，选择的方案将指导方案选择后的具体行为；最后，

对某种方案的选择，意味着选择了未来的某种不确定性，这种不确定性将成本与收益的关系具体化、明确化，直接关系到企业经营的兴衰成败。当然，任何一个步骤在决策中都占有重要地位，因此，还应该以系统的眼光看待决策的选择问题。

案例中，在A陶瓷厂资金不充裕且规模跟不上市场的情形下，郑厂长明确节省资金与提高生产力两个目标，没有选择新建生产线来显示新班子的政绩，而是决定进行老窑改造，这样不仅花费少而且生产能力显著提高。

2. 本案例中两家企业形成鲜明对比的原因是什么？

答：本案例中，两家企业形成鲜明对比的原因是双方领导者决策的差异。

(1)A建筑卫生陶瓷厂郑厂长认真分析工厂的现状，果断决策，从人事制度改革入手，积极采纳职工代表大会的建议，果断决定技术改造。同时，不盲目决策，冷静分析市场行情，并在经过认真调查论证和市场考察后作出正确决策。

(2)B陶瓷公司，盲目上马，在决策过程中缺少对市场行情、公司现状的分析，导致企业重大决策失误。为赶市场潮流，不经论证就盲目决策，导致债台高筑。

3. 科学决策需要注意哪些问题？

答：科学决策需要注意以下问题：

(1)决策的科学性。决策的科学性原则是指决策必须尊重客观规律，尊重科学，从实际出发，实事求是。决策是管理的首要职能，关系到行动的成败，决策者应当尽可能地避免、减少决策中的失误。要做到这一点，必须按科学的原则办事，将决策建立在科学的基础之上。

(2)决策的经济性。经济性，通俗地讲就是决策过程本身所使用的费用最少、决策的内容应坚持经济效益标准。

(3)决策的权责对等性。权责对等即谁决策，谁负责。在决策的过程中，谁作出决策，谁负责决策贯彻执行。作出决策是为了实施，决策的贯彻执行是决策全过程中不可缺少的一个阶段。谁决策，谁对决策的后果负责。

(4)决策的时效性。决策的正确和错误总是和一定的时间界限相联系的，决策必须具有较强的时间观念。在瞬息万变的现代社会经济中，每一个决策者都应牢记"机不可失，时不再来"。能否抓住恰当的时机作出决策、实施决策，反映了一个决策者所具有的决策能力水平的高低。

(5)决策是否充分发挥集体智慧。决策是一项对能力、水平、知识要求比较高的管理活动，战略性决策尤其如此。在现代社会管理中，生产社会化程度提高、客观事物发展变化快、关系复杂等因素使正确决策的难度大大增加。要作出正确决策只靠某一个人的智慧和才能是很难实现的。在现代决策中，充分发挥集体智慧越来越重要。

案例二

问题：［山东大学2015年研］

1. 决策程序有哪些？

答：决策是指在两个及以上备选方案中的选择。组织各种层级和各个区域的管理者都作决策。决策过程的制定过程，参见本章课后习题第2题答案。

2. 导致沈阳飞龙错误决策的原因是什么?

答: 导致沈阳飞龙错误决策的原因主要有:

(1)没有履行正确的决策程序。正确的决策离不开一个有效合理的决策程序，决策是为了实现某种目标而对未来一定时期内有关活动的方向、内容及方式的选择或调整过程。决策是管理的核心，科学决策是一个动态的系统反馈过程，包括了一定的步骤和程序。

在沈阳飞龙的一系列决策中，姜伟盲目决策，既没有与其他高层管理者商讨，也没有备选方案，只根据自己的喜好进行非理性决策。

(2)管理者个人决策问题。姜伟在作决策前，既没有跟企业其他人员进行沟通，也没有获得更多员工的认同，只是他自己进行决策而非整个企业的决策，这样就非常容易犯错误，导致决策失误。相对于群体决策，个人决策的不足主要表现在:

①个人的学识、经验、才干、精力和要处置的复杂问题可能构成鲜明落差。

②个人权力过分集中可能导致有效监督失效。

③个人性格的薄弱处可能在关键时刻无法得到有力弥补。

④个人权重一时可能挫伤下属参与管理的积极性，使民主管理风气不易形成，还可能使阿谀奉承者乘隙迎合等。

在现代决策中，充分发挥集体智慧越来越重要。

(3)决策不合理。姜伟凭借过去的经验或对未来过于乐观的估计去决策，而这些估计并没有事实来支持，即是在他自己想当然的情况下作出的决策，这样必然会被市场唾弃。就组织而言，判断一项决策是否合理，实际上是要评价该项决策所选方案的实施相对于组织目标实现的效果。合理的决策应使得所选方案对于组织目标是最为有效的。决策理论代表人物西蒙认为，理性决策者必须能够做到以下几点:

①在决策之前，全面寻找备选方案。

②考察每一可能抉择所导致的全部复杂后果。

③构建一套价值体系，作为从全部备选行为中选定其一的选择准则。

3. 沈阳飞龙错误决策体现在哪些方面?

答: 沈阳飞龙的错误决策体现在以下方面:

(1)放弃上市。上市给投资者或消费者传递出一种较好的信息。放弃上市会对企业产生负面影响，让人怀疑企业的产品是否存在问题。

(2)突然进行全面调整。企业问题过于突出，全面调整将牵扯企业较多员工利益。要进行企业调整就应该进行合理的计划安排，一步步实施，而不应该突然全面调整，这样不仅让企业内部人员无所适从，也不利于挽留顾客。

(3)企业公关处理不到位。在公众面前承认自己的错误，这个事情本身没有问题，我们甚至会认为这是一种勇敢的做法，但是姜伟作为企业的管理者和领导者，他将自己置于媒体的放大镜下，就应该考虑自己的行为将给企业带来的影响巨大。飞龙在处理企业内部问题时，应该权衡利弊，避免给企业带来负面影响。

(4)借鉴三株的成功经验。姜伟在进行这项决策时，没有考虑企业实际存在的问题，最终导致企业员工无法接受决策结果，决策和执行出现脱节。

(5)虚假宣传，引发诚信问题。飞龙借用“伟哥”这一名牌效应来推广自己的产品，最终由于误导和虚假宣传，丧失了企业的诚信。

第四章　环境分析与理性决策

4.1　复习笔记

【知识框架(庖丁解牛)】

- 环境分析与理性决策
  - 组织环境分析
    - 环境分类
      - 一般或宏观环境
      - 具体或微观环境
      - 组织内部环境
      - 环境各层次间的关系
    - 环境分析常用方法
      - 一般环境分析方法：PEST 分析
      - 具体环境分析方法：波特五力模型
      - 环境综合分析方法：SWOT 分析
      - 环境变化分析方法：脚本法
  - 理性决策与非理性决策
    - 理性决策[科学决策]
    - 行为决策[有限理性]
    - 非理性决策
    - 价值理性与工具理性的对立
  - 决策方法
    - 决策背景研究方法
    - 活动方案生成与评价方法
    - 选择活动方案的评价方法

【通关提要(提纲挈领)】

本章主要介绍环境分析与理性决策，属于重点章节。学习时，要熟悉环境的分类，掌握环境分析的常用方法，重点掌握决策理论特别是理性决策、非理性决策的理论要点，熟悉各种决策方法的运用。本章主要考查简答题和论述题，复习时要把握具体内容，重点记忆。

【考点难点归纳(厚积薄发)】

考点一：组织环境分析(见表 4－1)　★★★★

表 4－1　组织环境分析

要点	主要内容	
环境分类	一般环境[宏观]	经济、技术、社会、政治法律环境及自然资源
	具体环境[微观]	顾客、供应商、竞争者、管制机构、战略同盟伙伴
	组织内部环境	物质环境[人力、物力、财力资源环境]、文化环境

续表

要点	主要内容	
常用分析方法	PEST分析	宏观一般环境分析：政治与法律环境(P)、经济环境(E)、社会与文化环境(S)和技术环境(T)
	五力模型[波特]	微观具体环境分析：买方议价实力、卖方议价实力、行业竞争者、潜在进入者、替代品
	SWOT分析	环境综合分析：优势(S)、劣势(W)、机会(O)和挑战(T)
	脚本法	针对环境变化所采取的分析方法

【真题链接】试述SWOT分析的内容以及在现实中如何应用。[简答题，上海大学2018年研]

考点二：理性决策与非理性决策(见表4-2) ★★★★

表4-2 理性决策与非理性决策

要点	主要内容	
理性决策[科学决策]	含义	指为实现利益最大化，运用理性逻辑进行科学决策
	前提：理性假设	①决策者完全理性、有逻辑思维能力。 ②决策者目标明确，能知晓所有备选方案及其后果。 ③以选择最优方案为最终目标
	主要环节	①明确界定问题。 ②明确目标并分清主次。 ③制定并综合考虑备选方案。 ④调查研究方案的可能结果。 ⑤对比分析各个方案。 ⑥选择能最大限度实现目标的方案
行为决策[有限理性]	内涵	提出“有限理性”标准和“满意度”原则
	主要观点	①人是有限理性的。 ②决策者容易受知觉偏差的影响，直觉的运用多于逻辑分析。 ③受决策时间和可利用资源的限制，决策者的选择是相对理性的。 ④风险型决策中，决策者对待风险的态度影响方案选择。 ⑤决策追求满意结果，而非最佳方案
	代表模型	①DHS模型；②HS模型；③BHS模型
非理性决策	渐进决策	基于以往政策的修改和调整，延伸和发展新政策
	政治协调决策	通过广泛对话、协商和讨论，协调相关利益关系，在妥协、谅解的基础上决策
	领导集体决策	政策选择应基于领导者的优秀素质和管理经验，由领导者或集体进行决策

【真题链接】

(1)试比较理性决策和有限理性决策。[简答题，人大2020年研]

(2)简述行为决策理论的主要内容。[简答题，南昌大学2023年研]

考点三：决策方法(见表4-3) ★★★

表4-3 决策方法

要点		主要内容
决策背景研究方法	性质分析	①整体性和综合性；②复杂性；③动荡性
	不确定性模型	①环境变化程度，即静态—动态(稳定—不稳定)层面。 ②环境复杂程度，即简单—复杂层面
	分析步骤	明确决策主题→提出假设→资料收集→资料整理→预测和评估趋势
活动方案生成方法		①5W2H法；②头脑风暴法；③德尔菲法；④强迫联系法
活动方案评价方法		①定量评价与定性评价；②财务评价与非财务评价；③动态评价与静态评价
选择活动方案的评价方法		①对确定型决策，可采用线性规划、非线性规划、排队论、微分法等数学方法进行备选方案的优化选择。 ②对风险型和不确定型决策，可采用： a. 决策树方法，具有代表性和现实操作性。 b. 机会评价框架，常见于创新、创业项目决策中

【拓展】决策方法(见图4-1)：

- 决策方法
  - 定性决策方法
    - 集体决策方法
      - 头脑风暴法
      - 名义小组技术
      - 德尔菲技术
    - 有关活动方向的决策方法
      - 经营单位组合分析法
      - 政策指导矩阵
  - 定量决策方法
    - 确定型决策方法
    - 不确定型决策方法
      - 小中取大法
      - 大中取大法
      - 最小最大后悔值法
    - 风险型决策法
  - 计算机模拟决策方法
  - 决策模拟演练

图4-1 决策的具体方法

4.2 课后习题详解

1. 如何理解组织与环境的关系？

答：(1)组织被环境所包围，组织不可能脱离环境而存在，环境是组织各项活动开展的基础。环境的主要分类如下：

①宏观环境又称一般环境，指对所有组织都会一直产生影响的外部环境因素。

②微观环境又称具体环境，指那些对组织的影响更频繁、更直接的外部环境因素，是

与某一具体的决策活动和处理转换过程直接相关的各种特殊力量，是那些与组织目标的制定与实施直接相关的因素。

③内部环境，指组织内部的资源条件和组织能力。组织内部的资源条件是动态变化的，可能导致决策方案因组织资源缺乏或能力失衡而难以执行，从而直接影响组织的日常运营、生存和发展。

(2)环境具有不确定性。环境的动态变化、复杂程度和个体的有限理性，限制了决策的正确程度。在决策过程中，要充分调查、分析组织的内外部环境条件，探索其趋势和规律，以减少各种限制，提高决策的正确性。

2. 环境分析有哪些主要方法？如何应用？

答：环境分析的四种方法和应用如下：

(1)PEST分析方法。PEST分析是指从政治与法律环境、经济环境、社会与文化环境、技术环境四个方面来探察、认识影响组织发展的重要因素。其主要内容包括：

①人口方面，包括人口的年龄、性别、受教育水平、地理分布等。

②经济方面，包括通货膨胀率、利率等经济指标要素。

③政策与法律，包括产业政策、规章制度等政策性和法律性要素。

④社会与文化，包括价值观、生活态度等社会性要素。

⑤科学技术，包括基础研究、新兴技术等技术性要素。

(2)波特五力模型。波特认为，在企业经营环境中，能够为企业提供机会或产生威胁的因素主要有现有的行业竞争者、卖方(供应商)、买方(顾客)、潜在进入者和替代产品等五种，具体如下：

①分析潜在进入者。潜在进入者分析是基于进入壁垒角度，一般而言，进入壁垒越高，潜在进入者越难进入，对于已进入企业的威胁越小。此外，行业利润、内在风险、外部吸引力等都会影响潜在进入者是否选择进入该领域。

②分析替代产品。替代产品通常是指具备相似功能且能够替代一种产品的另一种产品。替代产品的出现增加了买方的选择权利，短时间来看，替代品限制了被替代品的价格和市场份额；长时间来看，体现了一种产品的兴起以及另一种产品的落寞。

③分析买卖双方的议价实力。即评估买方和卖方掌控交易价格的能力。企业与其原材料的供给方和产品销售的需求方都是同一价值链上的利益相关者，存在合作和矛盾。一般而言，价格的变化往往会使得某一方或某几方受益，但同样会造成某一方或某几方受损。企业应根据实际情况，不断提高自身的议价能力。

④分析行业竞争者。行业竞争者包括企业所处行业中的不同产品或服务的提供者。企业应充分分析竞争对手的现实情况和发展方向，在竞争中不断提高自身的市场份额，获取竞争优势。

(3)SWOT分析。即关于优势、劣势、机会、威胁的内外部环境综合分析方法。SWOT分析成为最常用的管理工具之一的原因在于：

①有机结合内外部环境，及时调整运营方向，以实现动态平衡。

②用一个二维平面矩阵反映错综复杂的内外部环境关系。

③促使人们辩证地思考问题，在对比分析中识别优势、劣势、机会和威胁。

④在认真对比分析基础上产生多种行动方案供人们选择，提高决策的质量。

(4)脚本法(情景分析法)。情景既可以应用于环境预测，也可以应用于决策方案的形成。根据编制方式，可分为：

①定量脚本法，即基于定量分析模型，使用参数模拟运算进行评估分析。在定量分析过程中，在其他变量不变的情况下，改变某一变量，则会运算出其他的脚本。

②定性脚本法，即基于个体的思维和判断，广泛识别各类环境因素，避免了机械式的固化定量分析弊端。

3. 请用实例说明理性决策、非理性决策和行为决策。

答：(1)理性决策：

理性决策又称科学决策，假设管理者运用理性和逻辑，以实现组织利益最大化为目标进行决策。该理论提出了行为决策的一个绝对标准，即人们在决策时遵循最大化原则，如追求最大利润、根据价值偏好选择最佳方案等。

实例：市场营销经理面临多种营销方案的选择，需要达成收益最大化的目标，经过对每种营销方案收益的计算和比较，选择能达成最大收益的方案。

(2)非理性决策：

非理性决策是指在遇到困难决策问题难以作出决定、无法客观判断、决策方案之间没有明显的优劣差异、决策问题要求决策者迅速作出反应、缺少搜集信息和论证分析的机会等情况下，决策者只能依照自己的习惯、猜测、本能等非理性的心理因素作出决策，或者盲从权威的分析意见。客观地说，任何决策过程都存在非理性因素，当非理性因素在决策过程中占据主导地位时，这个决策就是非理性决策。

实例：某公司发现竞争对手建立了下游物流公司，在不考虑自身实际条件的情况下，盲目投入大量资金成立自己的物流公司，最终导致决策失误，资金链断裂。

(3)行为决策：

行为决策理论认为，人的理性介于完全理性和非理性之间，即人的理性是有限的。因为在高度不确定和极其复杂的现实决策环境中，人的知识、能力是有限的；同时决策者在决策时往往只求满意的结果，而不愿寻求最佳方案。

实例：企业决策者在某一革新技术出现时，在采用新技术进行企业变革和运用原技术保证企业稳定发展的选择中，由于对企业现有经营情况很满意，选择运用原技术，不对新技术进行过多调查分析。

4. 决策方案生成的主要方法是什么？

答：决策方案生成的主要方法有：

(1)5W2H法。5W2H法为决策提供了可参考的思考和行动路线，主要包括：①why，为什么需要改革？为什么非这样做不可？②what，目的是什么？做哪一部分工作？③where，从何入手？何处最适宜？④when，何时完成？何时最适宜？⑤who，谁来承担？谁去完成？谁最适合？⑥how，怎样去做？怎样做效率最高？怎样实施？⑦how much，要完成多少数量？成本多少？利润多少？

(2)头脑风暴法。指集中专家，通过面对面的思想碰撞，为既定问题提供趋势预测和状况判断的一种定性方法。头脑风暴法有助于在短时间内迅速产生创造性思维，但同样可能存在专家代表性不足、高要求的语言现场表达能力、群体思维、权威导向等弊端。

(3)德尔菲法。指采取专家背靠背方式，由管理小组联络专家和传递意见，经过几轮交流后，最终统一意见。这种方式通常具有较高的精准度，但往往需要耗费较长的时间，并需要大量的人力、物力和财力。

(4)强迫联系法。即通过建立目标与无关联观点间的关系来产生新想法和新创意。在既定目标下，任意选择其他目标，找寻既定目标和随机目标之间的潜在联系，有效激发组织的创新思维。

5．请用决策树方法来评价和选择一个具体的决策方案。

答：以下面真题为例说明如下：

【真题链接】某企业欲投资建设DVD机厂，建设规模有三种方案：大型厂、中型厂和小型厂。根据市场销售的一般情况分析，市场销售好的概率为0.3。在各种自然状态下各方案的损益值如表4－4所示(单位：万元)。[中山大学2011年研]

试用决策树法对此决策问题进行分析，提出建设何种规模厂的建议。

表4－4　DVD厂建设方案的经济指标

方案 \ 概率 \ 状态	销路好 0.3	销路差 0.7
建大型厂	200	-60
建中型厂	150	20
建小型厂	100	60

答：画出该问题的决策树，图4－2所示。

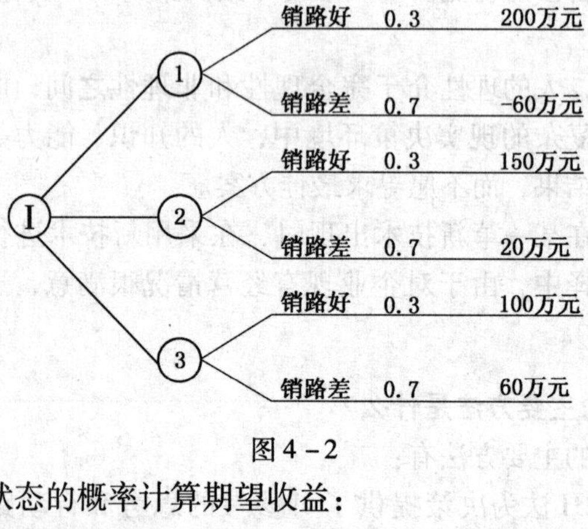

图4－2

根据决策树中各种状态的概率计算期望收益：

建大型厂(结点①)的期望收益为：$0.3\times200+0.7\times(-60)=18$(万元)。

建中型厂(结点②)的期望收益为：$0.3\times150+0.7\times20=59$(万元)。

建小型厂(结点③)的期望收益为：$0.3\times100+0.7\times60=72$(万元)。

由于建小型厂的收益最高，故该企业应选建小型厂。

6. 请用蒂蒙斯的机会评价框架评价一个创新或创业机会。

答：蒂蒙斯的机会评价框架认为，应从行业和市场、经济因素、收获条件、竞争优势、管理团队、致命缺陷问题、个人标准、理想与现实的战略差异八个方面评价创业机会的价值潜力，并围绕这八个方面形成了53项指标。用机会评价框架评价共享单车创业如下：

(1)从行业和市场看，共享单车市场容易识别，市场规模较大，可以带来持续收入，但产品的附加价值较低。由于项目所在行业是新兴行业，初期竞争不激烈，但缺乏低成本的供货商，难以获得成本优势；此外，共享单车进入门槛较低，后期会有大量竞争对手进入，难以占据市场领导地位。

(2)从经济因素看，共享单车达到盈亏平衡点的时间长，且由于单车后期维修和调度费用较高，盈亏平衡点会逐渐提高，投资回报率和销售额的增长率均较难在几年内成为正值。共享单车项目对资金要求高，能获得融资，但由于其资产密集且运营成本高，整体财务状况较差。

(3)从收获条件看，共享单车项目整体附加价值较低，创业企业如ofo等也未能找到具有战略意义且能促进营收增长的附加价值；此外，共享单车行业进入门槛较低，但退出门槛高，创业企业没有合适的退出方式，导致大量废弃共享单车堆积且所欠押金数额高。因此，共享单车收获条件也较差。

(4)从竞争优势看，共享单车初期是一个全新的行业，创业企业可以拥有智能锁等专利、竞争对手少且能获得大量融资，因此初期ofo和摩拜占据了市场大量份额；但长期发展而言，共享单车固定成本和可变成本高，企业对成本、价格的控制力差，缺乏长期竞争优势。

(5)从管理团队看，共享单车行业创业者团队拥有较强的创新能力和较高的技术水平，但并非行业最高水平，团队整体水平一般。

(6)共享单车存在致命缺陷问题，即如何获得持续且较高的营业收入，使其足以覆盖高昂的成本。

(7)从个人标准看，创业者可以承受适当风险，但由于风险过高，创业家不能在高风险下实现成功。

(8)共享单车理想与现实的战略差异较大，理想状态下，共享单车能帮助人们解决“最后一公里”的需求，目标人群广，有可持续收益；但实际情况中，共享单车适应能力较差，竞争对手多，容错性较差，与理想并不吻合。

综上所述，用机会评价框架评价共享单车创业，不难发现，该创业项目存在较多问题，可以引发一时的热潮，但很难取得可持续的长期发展。

4.3 考研真题

一、单项选择题

1. 对未来持悲观态度、比较谨慎的决策者在进行不确定型决策时，一般采用(　　)。[中财2013年研]

A. 小中取小法　　B. 小中取大法　　C. 大中取小法　　D. 大中取大法

2. 某企业集团拟开发新产品，现有两个方案，假定其开发费用相同。开发甲产品，估计投产后，市场竞争不激烈时每年可获得150万元，市场竞争激烈时每年亏损50万元；开发乙产品，估计投产后无论市场竞争激烈与否，每年均可获利80万元。根据预测，这两种拟开发的产品投产后，出现市场竞争不激烈情况的概率为0.6，出现市场竞争激烈情况的概率为0.4。如果只能在这两个方案中选一个，你的评价是什么？(　　)[北科2008年研]

A. 开发甲产品比开发乙产品好　　B. 开发乙产品比开发甲产品好

C. 开发甲产品与开发乙产品没什么差别　　D. 根据以上资料尚无法下结论

二、概念题

1. 迈克尔·波特的竞争五力模型[南航2018年研；中山大学2015年研]

2. SWOT分析[同济大学2015年研]

3. 有限理性决策[北邮2021年研；华东师大2019年研；华电2018年研；中国传媒2017年研；中山大学2015年研]

4. 头脑风暴法[大连理工2018年研；北二外2011年研；中山大学2009年研]

5. 德尔菲法[西南林大2024年研；中央民大2019年研；四川师大2018年研；山东大学2017年研；四川大学2016年研；同济大学2015年研；南开大学2010年研]

三、简答题

1. 组织的一般环境有哪些？[哈工大2018年研]

相关试题：

(1)组织的一般环境及特殊环境。[哈工大2017年研]

(2)企业的一般环境因素有哪些？试举例予以说明。[北科2014年研]

2. 构成管理外部环境的内容有哪些？[中山大学2016年研]

相关试题：简述企业外部环境分析的内容。[山东大学2015年研]

3. 简述SWOT分析模型及其在企业战略选择中的应用。[人大2011年研]

相关试题：

(1)简述SWOT分析方法，并予以评价。[中国海大2023年研]

(2)试述SWOT分析的内容以及在现实中如何应用。[上海大学2018年研]

(3)简要说明什么是SWOT分析。[北科2010年研]

4. 请描述理性和有限理性的决策观点。[华东理工2007年研]

相关试题：

(1)试比较理性决策和有限理性决策。[人大2020年研]

(2)什么是决策中的理性假设？什么是决策中的有限理性假设？在作出决策的时候二者有什么差异性？[对外经贸2014年研]

5. 如何理解直觉决策？直觉主要有哪几种类型？[南开大学2018年研]

相关试题：

(1)直觉决策[概念题，浙江大学2019年研；中南财大2009年研]

(2)什么叫直觉决策？管理者可以凭借哪五种直觉来帮助进行决策？[湘潭大学2017年研]

6. 简述头脑风暴法的涵义与原则。[安徽师大2018年研]

相关试题：试论述头脑风暴法的定义、目的和原则。[论述题，湖南师大2020年研]

7. 德尔菲法的基本过程及其优缺点。[华中农大2018年研]

四、论述题

1. 迈克尔·波特从产业的角度，提出了企业竞争的五力模型，请分析其内容及其局限性。[南京大学2009年研]

相关试题：

(1)简述波特行业竞争分析(波特五力模型)。[简答题，人大2024年研]

(2)波特五力模型。[简答题，湘潭大学2020年研]

(3)请简述迈克尔·波特(Michael E. Porter)提出的“五力模型”，并分析叙述其在现代企业组织管理过程中的应用。[人大2014年研]

(4)迈克尔·波特的“五力”模型分析了哪些问题，从什么方面解释了企业的发展？[东财2014年研]

(5)简述“五力”分析模型的主要内容及战略含义。[浙江财大2014年研]

(6)简述波特的竞争战略的五要素理论。[北师2011年研]

2. 决策时为什么遵循满意原则而不是最优原则？[东南大学2018年研]

相关试题：

(1)为什么决策以满意性代替最优性？[湖南大学2018年研]

(2)决策的定义，管理决策应遵循哪些原则？[山东师大2018年研]

(3)在不完全信息条件下，管理者只能寻求满意的决策而不是最佳决策。[辨析题，中山大学2015年研]

(4)请联系实际，论述决策时为何应该遵循满意原则而不是最优原则。[四川师大2014年研]

(5)为什么在决策中经常采用满意原则而不是最优原则？[北科2011年研]

3. 试述管理中理性、有限理性和直觉决策的主要特征，并分析三者之间的关系。[北师2010年研]

4. 论述决策理论的主要观点。[华科2019年研；北二外2010年研]

相关试题：

(1)如何理解决策？[上海交大2019年研]

(2)简述决策理论学派的主要观点。[简答题，华南理工2014年研]

五、案例分析题

案例一 大学生阿东的选择

阿东是某高校某专业二年级的学生，大学一年级的时候因手里刚好有笔闲钱就与朋友阿西合伙在校外的“垃圾街”(学校门口的小吃街)盘了一个小吃店，店面大约20平方米，阿东和阿西请了两个帮手，除去人工和各项成本后，利润可观，这让他有了点成功创业的感觉。

进入二年级以后，小吃店的经营环境发生了变化：一是在垃圾街里面又新开了两家同类型的小吃店，产品和价格都非常有竞争力，分去了不少客源；二是垃圾街的卫生状况让人担心，环境卫生管理部门对垃圾街小吃店的监管越来越严格，小吃店在卫生方面上要投入更多的成本。

上星期，合伙人阿西告诉阿东，因私人原因不愿再继续经营垃圾街小店了，他提议了两个方案：要么把自己所占小店的股份转给阿东由阿东独自经营；要么和阿东一起直接把小店转让出去。这让阿东犯了难。独自经营在时间和经费上都有一定困难，首先在时间上，阿东感觉到二年级明显比一年级的学习压力大，自己也从来都没有要为全身心投入到创业而暂停学业的打算；其次阿西的股份比自己的大，全部买下来可能超过10万元，筹集这笔钱以及相应的风险自己也没把握。但是如果就这样放弃阿东觉得心有不甘，自己还有创业梦呢。

看到阿东犯了难，阿西心里有点过意不去，于是告诉了阿东一个好消息：把垃圾街的小店让出去以后，如果阿东有兴趣，他有办法让阿东马上接手一个位置在学校超市旁边的小吃店，且垃圾街小店的转让费足以让阿东顺利接手这个小店。由于这个小吃店在学校里面，客源稳定，竞争也不会像在垃圾街那样激烈，而且房租、水电等成本费用也比垃圾街便宜三分之一，阿东有点心动。另外，据阿东所知，这个小店的具体位置在学生生活区，目前主要经营的是包子、粽子、茶叶蛋、豆浆、关东煮等小吃，但是由于没有什么特色，顾客流量目前不是很理想，而且在经营时间上，小店不是很自由，必须和学校超市保持一致。阿东面临着几种选择犹豫不决。［浙工大2018年研］

请根据案例，回答以下问题：

1. 决策的特点有哪些？

2. 请用SWOT矩阵分析阿东目前所处的状况，给出一个合理的选择。

3. 如果阿东决定接手校内小吃店，对小吃店的经营应如何定位？请至少拟定三种可行方案供阿东选择并指出各方案的优缺点。

案例二

A市为了能够为今后城市的发展提供决策参考，进行了一次小规模的决策咨询，调查对象为有关专家和政府机关领导，调查的人数为45人，调查的内容是：预测未来几年内急需解决的十大问题，要求征询者按照轻重缓急的顺序进行填写，第一轮结果出来了，但问题提得很分散，归纳整理后有107个。于是调查小组从中选择了20个意见比较集中的问题进行了第二轮咨询，要求从这20个问题中选出10个，经过第二轮咨询为今后该市的发展提供了重要的参考价值。［中南财大2008年研］

请问该资料中A市的咨询方法属于预测方法中的哪一种预测方法？该方法的优缺点是什么？

4.4 考研真题详解

一、单项选择题

1. B 【解析】决策者对未来持悲观态度，认为未来会出现最差的情况，在决策时会对各种方案的最低收益进行比较，然后选择最低收益最高的方案，即小中取大法。

2. B 【解析】由题意，开发甲产品的期望收益 $=(150\times0.6)+(-50)\times0.4=70$（万元）；开发乙产品每年均可获利80万元。因为乙产品的期望收益大于甲产品的期望收益，所以，开发乙产品比开发甲产品好。

二、概念题

1. 迈克尔·波特的竞争五力模型[南航 2018 年研；中山大学 2015 年研]

答： 参见本章考研真题论述题第 1 题答案。

2. SWOT 分析[同济大学 2015 年研]

答： 参见本章考研真题简答题第 3 题答案。

3. 有限理性决策[北邮 2021 年研；华东师大 2019 年研；华电 2018 年研；中国传媒 2017 年研；中山大学 2015 年研]

答： 有限理性决策是指管理者作出符合逻辑、前后一致的选择以实现价值的最大化。管理者理性地作出决策，但会受到其信息处理能力的限制。因为他们不可能分析所有备选方案的所有信息，结果往往是作出让管理者满意的策略，而非最好的策略。即他们接受了“足够好”的策略，他们在处理信息的能力限制内是理性的。

4. 头脑风暴法[大连理工 2018 年研；北二外 2011 年研；中山大学 2009 年研]

答： 参见本章考研真题简答题第 6 题答案。

5. 德尔菲法[西南林大 2024 年研；中央民大 2019 年研；四川师大 2018 年研；山东大学 2017 年研；四川大学 2016 年研；同济大学 2015 年研；南开大学 2010 年研]

答： 参见本章考研真题简答题第 7 题答案。

三、简答题

1. 组织的一般环境有哪些？[哈工大 2018 年研]

相关试题：

(1) 组织的一般环境及特殊环境。[哈工大 2017 年研]

(2) 企业的一般环境因素有哪些？试举例予以说明。[北科 2014 年研]

答： 一般环境，是指组织的宏观环境(大环境)，是在一定时空内存在于社会中的各类组织均会面对的环境。一般环境对组织当前效率的影响可能不是很明显，但是对组织长远发展的影响很大。一般环境主要包括：

(1) 经济环境。经济环境是影响组织活动，特别是作为经济组织的企业活动的重要环境因素，它包括宏观和微观两个方面。宏观经济环境主要是指一个国家的人口数量及其增长趋势、国民收入、国民生产总值及其变化情况以及通过这些指标能够反映的国民经济发展速度和发展水平。微观经济环境主要是指企业所在地区的收入水平、消费偏好、储蓄情况、就业程度等。

(2) 技术环境。企业必须关注所在领域技术手段的进步和相关动态，以及技术转移、专利保护等。

(3) 社会文化环境，包括一个国家或地区的居民受教育程度、文化水平、宗教信仰、风俗习惯、审美观念、价值观念等。文化水平会影响居民的需求层次；宗教信仰和风俗习惯会禁止或抵制某些活动的进行；价值观念会影响居民对组织目标、组织活动以及组织存在的认可；审美观念则会影响人们对组织活动内容、活动方式以及活动成果的态度。

(4)政治法律环境，包括一个国家的社会制度，执政党的性质，政府的方针、政策、法令等。不同的国家有着不同的社会制度，不同的社会制度对组织活动有着不同的限制和要求。组织必须通过政治环境研究，了解国家和政府目前禁止组织干什么、允许组织干什么、鼓励组织干什么，从而使组织活动符合社会利益，得到政府的保护和支持。

(5)自然环境。主要包括地理位置、气候条件以及资源禀赋状况等自然因素。

2. 构成管理外部环境的内容有哪些?［中山大学2016年研］

相关试题：简述企业外部环境分析的内容。［山东大学2015年研］

答：外部环境是指组织外部影响组织绩效的因素和力量。其组成如下：

(1)经济环境，包含利率、通货膨胀、可支配收入的变化、股市波动和商业周期阶段等。

(2)人口环境，与人口特征的趋势有关，如年龄、种族、性别、教育水平、地理位置、收入和家庭构成等。

(3)政治/法律环境，包括：本国各地区的法律、全球和其他国家的法律、国家的政治情况和稳定性等。

(4)社会文化环境，与社会和文化因素有关，如价值观、态度、趋势、传统、生活方式、信仰、品位和行为模式等。

(5)技术环境，与科学或行业创新有关。

(6)全球化环境，包含与全球化和世界经济有关的主题。

3. 简述SWOT分析模型及其在企业战略选择中的应用。［人大2011年研］

相关试题：

(1)简述SWOT分析方法，并予以评价。［中国海大2023年研］

(2)试述SWOT分析的内容以及在现实中如何应用。［上海大学2018年研］

(3)简要说明什么是SWOT分析。［北科2010年研］

答：(1)SWOT分析模型。SWOT分析是把企业内外环境所形成的机会(Opportunities)、威胁(Threats)、优势(Strengths)、劣势(Weaknesses)四个方面的情况结合起来进行分析，以寻找制定适合本企业实际情况的经营战略和策略的方法。其中，S、W是内部因素；O、T是外部因素。该方法一方面对组织外部环境进行分析，发现环境中的机会与威胁；另一方面对企业内在条件进行分析，找出企业的优势和劣势。该方法是以企业内外环境的分析为两个维度，构成一个二维矩阵，从而寻找内外环境分析中最佳可行战略组合的一种分析工具。

(2)SWOT分析在企业中的应用。进行SWOT分析，一般要经过下列步骤：

①对企业外部环境进行分析，列出企业外部环境中存在的发展机会(O)和威胁(T)。一方面要准确识别、评估并利用现有机遇，另一方面要尽可能地抵制外部竞争者威胁。企业外部环境一般包括法律因素、经济因素、技术因素、社会因素以及企业所处行业中的竞争状况。

②对企业内部环境进行分析，列出企业目前所具有的长处(S)和弱点(W)。管理者应该针对具体情况制定组织战略，保证企业能够充分利用内部优势和既有资源，实现长远

发展。

③进行组合分析，根据外部环境的机会和威胁与内部环境的长处和弱点可产生4种不同的组合。它们分别是长处—机会(SO)组合；长处—威胁(ST)组合；弱点—机会(WO)组合；弱点—威胁(WT)组合。

④对于每一种组合，企业可能采取的一些策略原则如下：

a. 弱点—威胁(WT)组合。企业应尽量避免处于这种状态。当企业处于这样的位置，在制定战略时就要减小威胁和弱点对企业的影响。事实上，这样的企业为了生存下去必须要奋斗，否则可能要面临破产。而要生存下去可以选择合并或缩减生产规模的战略，以期能克服弱点或使威胁随时间的推移而消失。

b. 弱点—机会(WO)组合。企业已经鉴别出外部环境所提供的发展机会，但同时企业本身又存在着限制利用这些机会的组织弱点。在这种情况下，企业应遵循的策略原则是：通过外在方式来弥补企业的弱点，以最大限度地利用外部环境中的机会。如果不采取任何行动，实际是将机会让给了竞争对手。

c. 长处—威胁(ST)组合。在这种情况下，企业应巧妙地利用自身的长处来对付外部环境中的威胁，其目的是发挥优势并减小威胁。但这并非意味着一个强大的企业必须以其自身的实力来正面地回击外部环境中的威胁，合适的策略应当是慎重而有限度地利用企业的优势。

d. 长处—机会(SO)组合。这是一种最理想的组合，任何企业都希望凭借企业的长处和资源来最大限度地利用外部环境所提供的各种发展机会。

4. 请描述理性和有限理性的决策观点。［华东理工 2007 年研］

相关试题：

(1)试比较理性决策和有限理性决策。［人大 2020 年研］

(2)什么是决策中的理性假设？什么是决策中的有限理性假设？在作出决策的时候二者有什么差异性？［对外经贸 2014 年研］

答：(1)理性决策是管理者在具体的约束下作出一致的、价值最大的选择。它建立在"经济人"假说的基础上。其假设有：问题是清楚、不模糊的；要达到的是单一的、清楚定义的目标；所有的方案和结果是已知的；偏好是清晰的；偏好是不变和稳定的；不存在时间和成本约束；最终选择将使回报最大化。其观点主要包括：

①决策者对同一个问题会面临着一种或多种自然状态。它们是不以人的意志为转移的不可控因素，或者可以说决策者的偏好会随着时空的变化而变化。

②决策者会将每一个方案，在不同的自然状态下的收益值(程度)或损失值(程度)计(估)算出来，经过比较后，按照决策者的价值偏好，选出其中最佳者。

(2)有限理性决策是把问题的本质特征抽象为简单的模型，而不是直接处理那些复杂的决策行为。在组织的信息处理限制和约束下，管理者努力在简单的模型参数下采取理性行动，其结果是一个满意的决策而不是一个最优决策，即一个解决方案"足够好"的决策。其主要观点包括：

①手段—目标链的内涵有一定矛盾，简单的手段—目标链分析会导致不准确的结论。

②决策者追求理性，但又不是最大限度地追求理性，他只要求有限理性。

③决策者在决策中追求“满意”标准，而非最优标准。

5. 如何理解直觉决策？直觉主要有哪几种类型？[南开大学2018年研]

相关试题：

(1)直觉决策[概念题，浙江大学2019年研；中南财大2009年研]

(2)什么叫直觉决策？管理者可以凭借哪五种直觉来帮助进行决策？[湘潭大学2017年研]

答：(1)直觉决策是指下意识、不经考虑地对某种方案作出的决策，是基于决策者的经验以及积累所作出的判断。无论是理性决策还是有限理性决策，直觉决策都可以与之相辅相成。经历过类似问题或情况的管理者，往往可以凭借以往经验在获得的信息有限时就迅速行动。在决策时具有强烈感觉和情感的个体实际上实现了更高水平的决策绩效，尤其是当他们在制定决策时能够理解自己的感受时。

(2)管理者可以凭借以下五种直觉来帮助进行决策：

①基于经验的决策——管理者根据其过去的经验制定决策。

②影响发动的决策——根据感觉或情绪制定的决策。

③基于认知的决策——管理者根据技能、知识和训练制定决策。

④潜意识的心理过程的决策——管理者运用潜意识的信息帮助其制定决策。

⑤基于价值观和道德的决策——管理者根据道德价值观或文化制定决策。

6. 简述头脑风暴法的涵义与原则。[安徽师大2018年研]

相关试题：试论述头脑风暴法的定义、目的和原则。[论述题，湖南师大2020年研]

答：头脑风暴法又称集体思考法或智力激励法，是指利用集体思维的方式使思维相互激荡，发生连锁反应，引导创新性思维的方法。头脑风暴法由奥斯本于1939年首先提出，并在1953年将此方法丰富和理论化。头脑风暴法通常采用会议的形式，召集专家征询意见，把专家对过去历史资料的解释以及对未来的分析有条理地组织起来，最终得出统一的结论，在此基础上找出各种问题的症结所在，提出针对具体项目的策划创意。头脑风暴法的原则有：

(1)对别人的建议不作任何评价，将相互讨论限制在最低限度内。

(2)建议越多越好，在这个阶段，参与者不要考虑自己建议的质量，想到什么就应该说出来。

(3)鼓励每个人独立思考，广开思路，想法越新颖越好。

(4)可以补充和完善已有的建议以使它更具说服力。头脑风暴法的目的在于创造一种畅所欲言、自由思考的氛围，诱发创造性思维的共振和连锁反应，产生更多的创造性思维。

7. 德尔菲法的基本过程及其优缺点。[华中农大2018年研]

答：德尔菲法是指听取有关专家对某一问题或机会的意见的决策方法，德尔菲法是兰德公司提出的。

(1)德尔菲法的基本过程：

应用这种技术的基本过程包括设法取得有关专家的合作，把要解决的关键问题分别告诉专家们，请他们单独发表自己的意见，在此基础上管理者收集并综合各位专家的意见，再把综合后的意见反馈给各位专家，让各位专家再次进行分析并发表意见。如果意见的差别很大，则让提供意见的专家集中进行讨论。如此反复多次，最终形成代表专家组意见的方案。主要包括：

①基于决策所涉及的问题或机会性质，选择合适的专家。

②决定适当数量的专家，通常 10 ~ 50 人为佳。

③拟定意见征询表，其质量直接关系到决策有效性。

(2) 德尔菲法的优缺点：

①优点包括：

a. 避免了集体决策中面对面的争论，有利于讲出新的意见和看法。

b. 避免了面对面的集体决策容易形成的崇拜权威、服从权威意见、抑制创造性思维的缺陷，有利于名不见经传的小人物表达新思想、新观念，能够产生有价值的方案。

c. 能较好地使参与决策的每一个专家畅所欲言。

②缺点包括：a. 决策时间较长；b. 信息处理的工作量大；c. 不利于直接交流。

四、论述题

1. 迈克尔·波特从产业的角度，提出了企业竞争的五力模型，请分析其内容及其局限性。［南京大学 2009 年研］

相关试题：

(1) 简述波特行业竞争分析(波特五力模型)。［简答题，人大 2024 年研］

(2) 波特五力模型。［简答题，湘潭大学 2020 年研］

(3) 请简述迈克尔·波特(Michael E. Porter)提出的“五力模型”，并分析叙述其在现代企业组织管理过程中的应用。［人大 2014 年研］

(4) 迈克尔·波特的“五力”模型分析了哪些问题，从什么方面解释了企业的发展？［东财 2014 年研］

(5) 简述“五力”分析模型的主要内容及战略含义。［浙江财大 2014 年研］

(6) 简述波特的竞争战略的五要素理论。［北师 2011 年研］

答：(1) 五力模型是迈克尔·波特于 20 世纪 80 年代提出的，对企业战略的制定产生了深远影响。它是用来分析企业所在行业竞争特征的一种有效的工具(见图 4 - 3)。在模型中涉及的五种力量包括：

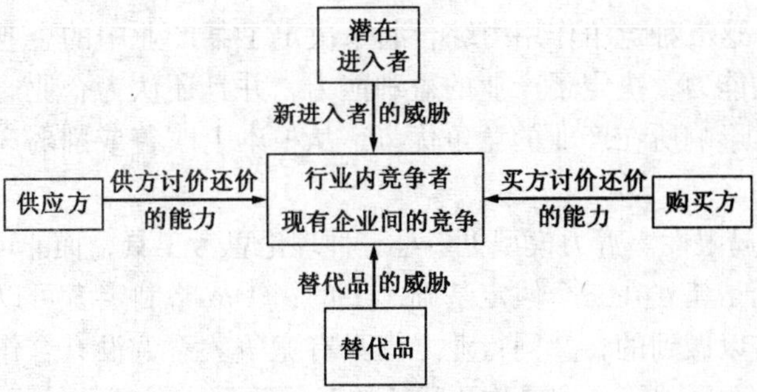

图 4 - 3　五力分析模型

①现有的竞争者。现有大部分行业中企业紧密相连、相互竞争，每个企业都力图在企

业竞争中获取竞争优势。对行业内竞争对手的研究包括竞争对手基本情况研究、主要竞争对手研究、主要竞争对手的发展对象研究。通过竞争对手研究，公司可以找到主要竞争对手。现有企业间的竞争状态取决于现有竞争者的力量和数量、产业增长速度、固定或库存成本、产品特色或转移购买成本、生产能力增加状况、竞争对手类型、战略利益相关性和退出成本等。

②新进入者的威胁。新进入者在给行业带来新生产能力、新资源的同时，还希望能在已被现有企业瓜分完毕的市场中赢得一席之地，这就有可能会与现有企业发生原材料与市场份额的竞争，最终导致行业中现有企业盈利水平降低，甚至可能危及这些企业的生存。因此，企业有必要对入侵者进行研究。一般来说，影响行业进入障碍的因素包括：规模经济、产品差别化、转移成本、资本需求、在位优势和政府政策等。

③替代者的威胁。产品的使用价值或功能相同，能够满足的消费者需要相同，在使用过程中就可以相互替代，生产这些产品的企业间就可能竞争。同时，替代品限定了行业内的厂商可能的最高限价，从而限制了一个行业的潜在收益。一旦替代品生产形成强大的经济规模，定价能力增强，本行业就会受到威胁。因此，加强对替代品的研究，形成替代障碍，对于行业发展来说至关重要。对替代品生产商的分析主要包括判断哪些产品是替代品和判断哪些替代品可能对本企业经营构成威胁。

④购买者的议价能力。消费者在两个方面影响着行业内企业的经营：a. 买方对产品的总需求决定着行业的市场潜力，从而影响行业内所有企业的发展边界；b. 不同买方的讨价还价能力会诱发企业之间的价格竞争，从而影响企业的获利能力。一般情况下，买方的讨价还价能力的影响因素主要有买方是否大批量或集中购买、买方这一业务在其购买额中的份额大小、产品或服务是否具有价格合理的替代品、买方面临的购买转移成本等。

⑤供应商的议价能力。企业生产的很多要素都是从外部获得的，因此，供应商制约着企业的经营。一方面，供应商能否根据企业的需要按时、按质、按量地提供所需生产要素，影响着企业生产规模的维持和扩大；另一方面，供应商提供货物时所要求的价格决定着企业的生产成本，影响着企业的利润水平。供应商讨价还价能力的影响因素主要有要素供应方行业的集中化程度、要素替代品行业的发展状况、本行业是否是供方集团的主要客户、要素是否为该企业的主要投入资源、要素是否存在差别化或其转移成本是否低、要素供应者是否存在采取“前向一体化”的可能。

五力模型认为，这五种竞争作用力综合起来决定了某产业中的企业获取超出资本成本的平均投资收益率的能力，决定了产业的盈利能力，并且还认为企业通过其战略能对这五种作用力施加影响，影响所在产业的竞争优势，从根本上改善或削弱产业吸引力，从而改变本产业的竞争规则。

(2)五力模型的局限性。五力模型更多是一种理论思考工具，而非可以实际操作的战略工具。该模型的理论是建立在三个假定基础之上的：①战略制定者可以了解整个行业的信息，显然现实中是难以做到的；②同行业之间只有竞争关系，没有合作关系。但现实中企业之间存在多种合作关系，不一定是你死我活的竞争关系；③行业的规模是固定的，因此，只有通过夺取对手的份额才能占有更大的资源和市场。但现实中企业之间往往不是通过吃掉对手而是与对手共同做大行业蛋糕来获取更大的资源和市场。同时，市场可以通过不断的开发和创新来增大容量。

因此，要将波特的竞争力模型有效地用于实践操作，以上在现实中并不存在的三项假设就会使操作者要么束手无策，要么头绪万千。另外，五力竞争模型只是考查了外部环境中的行业竞争环境，没有考虑到政府、文化、法律等宏观环境的影响，因而在进行环境分析方面也是不完全的。

波特竞争力模型的重要性在于它蕴含着三类成功的战略思想，即总成本领先战略、差异化战略和集中化战略，通过这些思想，企业可以在市场竞争中获取竞争优势。

2. 决策时为什么遵循满意原则而不是最优原则？［东南大学 2018 年研］

相关试题：

(1) 为什么决策以满意性代替最优性？［湖南大学 2018 年研］

(2) 决策的定义，管理决策应遵循哪些原则？［山东师大 2018 年研］

(3) 在不完全信息条件下，管理者只能寻求满意的决策而不是最佳决策。［辨析题，中山大学 2015 年研］

(4) 请联系实际，论述决策时为何应该遵循满意原则而不是最优原则。［四川师大 2014 年研］

(5) 为什么在决策中经常采用满意原则而不是最优原则？［北科 2011 年研］

答：决策是管理的核心，对于决策方案的选择原则典型的有传统的“最优化原则”和西蒙提出的“满意原则”。选择组织活动的方案，通常根据的是满意原则，而不是最优化原则。

(1) 对决策者来说，要想使决策达到最优，必须具备以下条件：

①决策者了解与组织活动有关的全部信息。

②决策者能正确地辨识全部信息的有用性，了解其价值，并能据此制定出没有疏漏的行动方案。

③决策者能够准确地计算每个方案在未来的执行结果。

④决策者对组织在某段时间内所要达到的结果具有一致而明确的认识。

(2) 决策遵循的是满意原则的原因：

①从广义上说，外部存在的一切对组织当前或未来均会产生或多或少、或直接或间接的影响，然而，组织很难收集到反映外界全部情况的所有信息。

②对于收集到的有限信息，决策者的利用能力也是有限的，这种双重有限性决定了企业只能制定有限数量的行动方案。

③任何方案都需要在未来付诸实施，而人们对未来的认识能力和影响能力是有限度的，目前预测的未来状况与未来的实际情况可能有着非常显著的差别，如此行动必有风险性。

④即便决策方案的实施带来了原来预期的结果，这种结果也不一定就是组织实现其最终的目标所需要的。

因此，在决策中经常采用满意原则而不是最优原则。满意原则是现代决策理论评价各个决策方案的一条适用原则，它也是决策管理学派的主要思想之一。这种“令人满意”的原则就是“适当的市场份额”“适度的利润”和“公平的价格”等。满意原则所依据的假设前提与最优化原则不同，其关注的焦点是可以影响个人决策的组织因素，对于那些复杂和非程序性的决策来说，满意原则更现实可行。

3. 试述管理中理性、有限理性和直觉决策的主要特征，并分析三者之间的关系。[北师 2010 年研]

答：(1)管理中理性、有限理性和直觉决策的主要特征：

①理性决策具有以下特征：a. 问题是清楚的、不模糊的；b. 要达到的目标是单一的、清楚定义的目标；c. 所有的方案和结果是已知的；d. 偏好是清晰、稳定的；e. 不存在时间和成本约束；f. 最终选择将使回报最大化。

②有限理性决策是一个比较现实的模型，它认为人的理性是处于完全理性和完全非理性之间的一种有限理性。其主要观点如下：a. 决策者追求理性，但又不是最大限度地追求理性，只要求有限理性；b. 决策者在决策中追求"满意"标准，而不是最优标准。

③直觉决策，是指在决策过程中会面临诸多的备选方案，管理者基于原有经验和潜在意识，未经过多的考虑而直接下意识进行抉择的过程。直觉决策的优势在于，面对紧急情况能够快速简单地进行决策，并根据原有成功案例所积累的丰富经验进行判断。经验丰富的管理者的直觉决策往往能提高决策结果的正确性。直觉决策可以与理性决策和有限理性决策相辅相成，补充有限理性决策的不足。一个经历过类似问题的管理者，可以凭借以往经验迅速行动。

(2)理性、有限理性和直觉决策之间的关系：

①有限理性决策中，管理者是追求理性的，只是受到决策者能力和组织环境的限制，追求满意而非最优，与理性决策追求理性具有明显的联系。

②直觉决策与理性决策、有限理性相辅相成。一个经历过类似问题或情况的管理者，往往可以凭借以往经验在获得的信息有限时就迅速行动。在决策时具有强烈感觉和情感的个体实际上实现了更高水平的决策绩效，尤其是当他们在制定决策的过程中能够理解自己的感受时。

4. 论述决策理论的主要观点。[华科 2019 年研；北二外 2010 年研]

相关试题：

(1)如何理解决策？[上海交大 2019 年研]

(2)简述决策理论学派的主要观点。[简答题，华南理工 2014 年研]

答：决策理论主要包括古典决策理论、行为决策理论和当代决策理论，其主要观点具体如下：

(1)古典决策理论。又称规范决策理论，是基于"经济人"假设提出来的，主要盛行于 19 世纪 50 年代以前。该理论认为，应该从经济的角度来看待决策问题，即决策的目的在于为组织获取最大的经济利益。古典决策理论的主要观点为：

①决策者必须全面掌握有关决策环境的信息。

②决策者要充分了解有关备选方案的情况。

③决策者应建立一个合理的、自上而下地执行命令的组织体系。

④决策者进行决策的目的始终都是使本组织获得最大的经济利益。

古典决策理论忽视了非经济因素在决策中的作用，不一定能指导实际的决策活动。

(2)行为决策理论。其发展始于 19 世纪 50 年代。赫伯特 · A. 西蒙在《管理行为》中提出"有限理性"标准和"满意度"原则。行为决策理论的主要观点为：

①人的理性介于完全理性和非理性之间，即人是有限理性的，这是因为在高度不确定和极其复杂的现实决策环境中，人的知识、想象力和计算能力都是有限的。

②决策者在识别和发现问题时容易受知觉偏差的影响，而在对未来的状况作出判断时，直觉的运用往往多于逻辑方法的运用。

③由于受决策时间和可利用资源的限制，决策者即使充分了解和掌握有关决策环境的信息情报，也不能了解全部备选方案，决策者选择的理性是相对的。

④在风险型决策中，与经济利益的考虑相比，决策者对待风险的态度起着更为重要的作用。

⑤决策者在决策中往往只求满意的结果，而不愿费力寻求最佳方案。这主要是因为：

a. 决策者不注意发挥自己和别人继续进行研究的积极性，只满足于在现有的可行方案中进行选择。

b. 决策者本身缺乏有关能力，在有些情况下，决策者出于某些个人因素的考虑而作出自己的选择。

c. 评估所有的方案并选择其中的最佳方案，需要花费大量的时间和金钱，这可能得不偿失。

(3)当代决策理论。该理论认为，决策贯穿于整个管理过程，决策程序就是整个管理过程。其代表性理论为回溯决策理论。

回溯决策理论或隐含最爱理论是指把思考重点放在决策制定之后，解释决策者如何努力使自己的决策合理化。该理论是1967年由彼得·索尔伯格提出的。回溯决策理论(或隐含最爱理论)说明，决策只是一个证明已经作出的直觉决策的合理性的过程，说明了直觉在决策中的作用。通过这种方式，个人相信自己是在理性地行动，为某个重要问题制定了逻辑严密的、理性的决策。

五、案例分析题

案例一　大学生阿东的选择

请根据案例，回答以下问题：［浙工大2018年研］

1. 决策的特点有哪些？

答：参见本书第3章课后习题第1题答案。

2. 请用SWOT矩阵分析阿东目前所处的状况，给出一个合理的选择。

答：根据SWOT矩阵分析，即从优势、劣势、机会和挑战四个方面来进行综合考虑，则根据阿东目前所处情况分析如下：

(1)选择维持原有“垃圾街”小吃店：①优势：客源稳定，竞争压力相对较小，运营成本低；②弱势：其他竞争者加入，监管严查；③机会：维持原有市场；④风险：学习压力，无法全身心投入，需要创业资金数额大，投资风险可能难以承受。

(2)选择接收学校超市小吃店：①优势：原有客户基础和经营基础；②弱势：经营品种单一，客户流量目前并不理想；③机会：可开拓新市场；④风险：经营时间不自由，存在投资风险。

(3)综合考虑：

①综合优势和机遇两方面，阿东可以利用手头宽裕的利润购买学校里面的小吃店，校内小吃店客源稳定，竞争不会像垃圾街那样激烈，而且房租、水电等成本费用也比垃圾街便宜。

②综合劣势和机遇两方面，利用竞争少且成本较低的机遇能够吸引大批学生消费者。

③综合挑战和优势两方面，由于经营时间缺乏自由，阿东可以改进产品质量并引入新产品，或与学校超市开展合作。

④综合挑战和劣势两方面，阿东可以选择放弃购置学校里面的小吃店。

综上所述，阿东应利用手头宽裕的利润购买学校里面的小吃店，改进产品质量并引入新产品，或与学校超市开展合作。

3. 如果阿东决定接手校内小吃店，对小吃店的经营应如何定位？请至少拟定三种可行方案供阿东选择并指出各方案的优缺点。

答：对小吃店经营定位的三种可行方案及其优缺点如下：

(1)阿东可以改进现有产品质量并引入新产品。这有利于吸引学生消费，但新产品不一定与学生需求相符合。

(2)与学校超市开展合作，采取买一赠一等促销活动。这能够增加利润，但不一定得到超市同意或与超市的利润分配出现分歧。

(3)可以通过办理会员卡、打折等方式。这能够吸引学生购买，但可能出现优惠活动结束后学生不再消费的情况。

案例二

请问该资料中A市的咨询方法属于预测方法中的哪一种预测方法？该方法的优缺点是什么？[中南财大2008年研]

答：(1)该资料中A市的咨询方法属于德尔菲法。

德尔菲法，又称专家意见法，是依据系统的程序，采用匿名发表意见的方式，即团队成员之间不得互相讨论，不发生横向联系，只能与调查人员发生联系，通过反复填写问卷，集结问卷填写人的共识、搜集各方意见，以应对复杂任务难题的管理技术。德尔菲法的具体实施步骤如下：

①设法取得有关专家的合作，组成专家小组。按照课题所需要的知识范围确定专家，专家数量根据预测课题的大小和涉及面的宽窄而定。案例中的课题确定为A市今后发展急需解决的十大问题，以此确定专家人数为45人。

②向专家提出所要预测的问题及有关要求，并附上有关这个问题的背景材料，询问专家还需要什么材料，由专家做书面答复。在该案例中，A市在调查时应附带的相关资料有该市的经济发展情况、就业率、社会文化及环境保护状况等。

③各个专家根据收到的材料提出预测意见，并说明自己是怎样利用这些材料并提出预测值的。在案例中，专家要按组织规定将问题按轻重缓急顺序写出。

④汇总各位专家的第一次判断意见，进行对比，再分发给各位专家，让专家比较自己同他人的不同意见，修改自己的意见和判断。案例中从归纳的107个问题中整理出20个更具代表性的问题然后进行第二轮咨询，并要求各专家从中选出10个问题。

⑤将所有专家的修改意见汇总后再次分发给各位专家，以便第二次修改。收集意见和信息反馈一般经过三或四轮，反馈次数可根据问题的繁简程度确定。该案例中，经过第二轮咨询已经达到了预测的目标，可以不再进行第二次修改。

⑥对专家的意见进行综合处理，提炼有效信息。

(2)德尔菲法的优点：

①匿名性。专家们在每一轮征询中匿名发表意见，可使被征询的专家不会因迷信权威或因慑于权威而不敢发言，也不需要为顾全面子而固执己见，可将影响决策的心理因素降至最低，鼓励专家们独立思考，充分发表意见。

②反馈性。在调查过程中多次反馈征询意见，对各种不同意见加以修正，有助于提高调查的全面性和可靠性。

③科学性。可根据需要从不同角度对所得结果进行统计处理，提高了调查的科学性。

(3)德尔菲法的缺点：

①调查结果主要凭专家判断，缺乏客观标准，主要适用于缺乏历史资料或不确定因素较多的调查。

②有的专家由于水平不高或不了解别的专家所提供调查资料的依据，可能作出趋于中庸的结论。

③反馈次数较多，反馈时间较长，有的专家可能因工作忙或其他原因中途退出，影响调查的准确性。

(4)德尔菲法的改进措施：

①向专家说明德尔菲法的原理，使他们对这种调查的特点有较清楚的了解。

②尽可能详尽地提供与调查项目有关的背景材料。

③请专家将自己的判断结果分为最高值、一般值、最低值等不同类别，并分别估计其概率，以保证整个判断的可靠性，减少轮回次数。

④在第二轮反馈后，只给出专家意见的极差值，而不反馈中间答案，避免发生简单求同的现象。

第五章　决策的实施与调整

5.1　复习笔记

【知识框架(庖丁解牛)】

- 决策的实施与调整
  - 计划概述
    - 计划的含义、特征
    - 计划的类型、作用
    - 计划的编制过程和方法
  - 计划的实施方法
    - 目标管理
    - PDCA 循环
    - 预算管理
  - 决策追踪与调整
    - 含义、特征
    - 原则
    - 程序和方法

【通关提要(提纲挈领)】

本章主要介绍计划及其实施、决策调整等，比较基础。学习时，要熟悉计划的概念、类型和作用，掌握计划与决策的区别和联系、计划的编制过程，重点掌握计划实施的目标管理法和 PDCA 循环，了解决策追踪与调整的特征、原则、程序等。本章主要考查概念题和简答题，复习时要把握各方法的基本思想和实施过程，同时要能结合具体案例进行分析。

【考点难点归纳(厚积薄发)】

考点一：计划概述(见表 5－1)　★★★

表 5－1　计划概述

要点	主要内容	
含义	动词	指为了实现组织目标，预先进行策划安排
	名词	指包括组织使命、愿景、目标等一系列计划行动的结果
特征	①首要性；②普遍性；③基础性	
类型	综合性程度	战略、战术和作业计划
	时间间隔	长期(5 年以上)、中期和短期(1 年以内)计划
	活动内容	综合、专业和项目计划
	内容明确性	具体性、指导性计划
	程序化程度	程序性计划[例行活动]、非程序性计划[非例行活动]

续表

要点	主要内容
内容	5W1H：What、Why、Who、Where、When、How
作用	①利于管理者指挥；②为管理者提供控制标准；③降低未来不确定性；④提高效率与效益；⑤激励人员士气
编制过程	制定计划目标→估量现状与目标间的差距→预测未来情况→制定计划方案→实施和总结计划方案
编制方法	①滚动计划法；②项目计划技术；③计划评审技术；④甘特图

【真题链接】简述计划的编制过程。[简答题，华南农大2023年研；北邮2020年研]

【拓展】计划的层次体系(孔茨与韦里克，见表5－2)：

表5－2　计划的层次体系

	要点	主要内容
抽象	使命(或目的)	指明组织机构在社会上的作用和地位
↓	目标	指组织使命的具体化
	战略	指为了实现目标而采取的行动和利用资源的总计划
	政策	指组织成员作出决策或处理问题所应遵循的行动方针的一般规定
	程序	指制定处理组织未来活动的一种必需步骤，它规定了某项活动应该按照怎样的时间顺序进行处理，是组织的行动指南
	规则	指执行程序中的每一个步骤时所应遵循的原则和规章[形式最简单的计划]
	方案(或规划)	指综合性的计划。一个主要方案(规划)通常需要很多支持计划
具体	预算	指以数字表示预期结果的一种数字化的特殊计划形式

考点二：推进计划的流程和方法　★★★★

1. 目标管理(见表5－3)

表5－3　目标管理

要点	主要内容
含义	又称成果管理，是指组织中管理人员和所有成员共同制定目标，共同实施目标的一种管理方法。它以目标为导向，以人为中心，以成果为标准
基本思想	①企业通过把任务转化为各级目标，来保证企业总体目标的实现。 ②目标管理是一个目标体系，企业总目标层层分解到个人和部门。 ③个人和部门的分目标是企业总目标实现的基础，同时也是个人和部门对企业总目标的贡献。 ④部门和个人依据设定的目标，进行自我指挥、自我控制。 ⑤部门和个人的目标，是组织进行考核和奖惩的依据
特点	①参与式管理；②成果导向；③强调成员的自我控制；④系统化的目标体系
过程	目标的制定与开展→目标实施→成果评价
优点	①使员工明确所期望的结果。 ②通过目标制定来帮助计划开展。

续表

要点	主要内容
优点	③改善上下级的沟通。 ④使员工更加明了组织目标。 ⑤注意评价具体业绩，使评价过程更为公正合理。 ⑥使员工明白其工作完成状况，直接关系到组织目标的实现
局限性	①具体环节的操作较为困难。 ②容易造成管理者聚焦短期目标，忽略长期目标。 ③需注意目标停滞的危险

【真题链接】

(1)什么是目标管理？[简答题，吉林大学2024年研；桂林理工2018年研]

(2)简述目标管理的基本思想。[简答题，暨南大学2023年研；上政2023年研]

(3)请简述目标管理的思想及过程。[简答题，北邮2023年研；吉林大学2019年研]

2. PDCA循环(见表5-4)

表5-4 PDCA循环

要点	主要内容
内涵	又称戴明环，包括计划、实施、检查和改进[关键]四个阶段
特点	①大环套小环；②上升式循环；③综合性循环
实施步骤	①分析现状，找出问题。 ②分析原因或影响因素。 ③找出问题所在。 ④制定措施，提出行动计划。 ⑤实施行动计划。 ⑥比较预期目标和现实情况，评估结果。 ⑦标准化和进一步推广。 ⑧将尚未解决的问题转入下一个PDCA循环

3. 预算管理(见表5-5)

表5-5 预算管理

要点		主要内容
内涵		①是计划思想的一种体现；②是预测方法的运用；③是一种控制手段
类型	内容	经营、投资、财务预算管理
	控制力度	刚性、弹性预算管理
零基预算法	基本思想	指以零为基础，每个预算年度都从头开始，重新安排并分配资源
	优点	比较科学，有利于资金分配和控制支出
	缺点	预算编制的工作量大，费用高
	程序	①建立目标体系；②逐项审查预算；③确定优先顺序；④编制预算等

考点三：决策追踪与调整(见表5-6) ★★★

表5-6 决策追踪与调整

要点	主要内容
含义	指基于初始决策，持续跟踪和重新调整已从事活动的方向、目标、方针及方案的过程
研究范式	结构化建模、过程追踪
特征	①回溯分析；②非零起点；③双重优化；④心理障碍
原则	①科学性与全面性相结合；②相对性与系统性相结合；③指挥与授权相结合；④可比性与可操作性相结合；⑤任务与关系相结合
程序	①明确内容；②选择方向；③收集资料和数据；④分析差距；⑤设定努力目标；⑥沟通交流；⑦改进；⑧制定具体的调整方案；⑨明确决策调整的职责；⑩循环进行
方法	①组织决策方法：鱼刺图(因果图)、雷达图(蛛网图)和趋势图(统计图)。 ②个体决策方法：鼠标实验室、眼动技术、决策移窗技术。 ③其他方法：脑成像技术

5.2 课后习题详解

1. 如何理解计划与决策的关系？

答：(1)计划与决策的内涵：

①计划作为管理过程中的重要职能，是指为实现组织目标，策划和安排企业行动方案等一系列活动。从动词角度来看，计划是指为实现组织目标而采取的分析、制定、调整等一系列行为；从名词角度来看，计划则是指组织所采取的一系列行为的结果。

②决策是管理工作的本质，其任务是选择做正确的事。狭义的决策是在几种行动方案中作出选择的行为；广义的决策是指为实现一定的目标，在多个备选方案中选择一个方案的分析判断过程。

(2)决策与计划的联系：

①决策是计划的前提，计划是决策的逻辑延续。计划所确定的工作任务基于决策的目标，并为决策的落地提供了组织保障。

②在实际工作中，决策与计划是相互渗透的，有时甚至是不可分割的。决策制定过程中，不论是对内部能力优势或劣势的分析，还是在方案选择时对各方案执行效果或要求的评价，实际上都已经开始孕育着决策的实施计划。反过来，计划的编制过程，既是决策的组织落实过程，也是对决策更为详细的检查和修订过程。

(3)决策与计划的区别。决策是管理的首要职能，指明了组织营运活动的最终目的和方向。计划则基于决策内容，在时间和空间上明确组织如何完成工作任务，以达成工作目标。

2. 计划的类型有哪些？请用实例说明。

答：计划的类型与实例如下：

(1)基于计划的影响程度和影响时长，计划可分为：

①战略计划，是为长期生存和发展而进行的制定正式战略的过程。其特点在于：具有较大的影响范围，较长的时间跨度；计划较为抽象，一般没有直接明确的操作性任务；具有确定组织目标的任务，很少有既定目标框架作为依据展开行动；方案不重复使用，多为一次性的；前提条件和执行结果均表现出较高的不确定性。

例如，诸葛亮依据对曹操、刘备、孙权三方以及其他各方的政治、军事、经济、地理诸种条件的分析，为刘备的生存与发展制定了“联孙抗曹”的总战略计划。

②战术计划，是指规定总体目标如何实现的细节性计划，其需要解决的是组织的具体部门或职能在未来各个较短时期内的行动方案。其特点是：相较于战略计划，具有较窄的影响范围和较短的时间跨度；计划相对明确具体，一般具有可操作性任务；依托于组织总体目标分解形成的具体目标，更为明确；不确定性带来的风险可能性相对较低。

例如，企业制定了建立分公司这一战略计划，为实施这一计划，根据需要达成的财务目标制定的选址计划属于战术计划。

③作业计划，是根据企业年、季度计划的要求和各单位在计划期内的具体情况来编制，是组织企业日常生产经营活动，保证年、季度计划实现的有力工具。其特点为：相较于战略计划和战术计划，更为明确，具有显著的个体特征；针对可重复性行动，具有明显的刚性；多为命令性计划，强调计划执行的强制性。

例如，生产部门流水线作业的操作标准、基层管理人员对员工工作时间的安排等都属于作业计划。

(2)基于计划跨越的时间间隔长短，计划可分为：

①长期计划，指5年以上的计划，侧重于组织长远目标和发展方向所指定的工作纲领式计划，具有明确的长远性和方向性。例如，我国的“十一五”“十二五”国民经济和社会发展计划，企业五年发展规划等。

②中期计划，指1年以上、5年以内的计划。相较于长期计划，更为具体、明确，根据内外部环境变化，侧重于计划的可执行性。

③短期计划，指1年及以内的计划。相较于中长期计划，更为详细，具有明显的操作性，通过分解中长期计划而制定具体的行动方针并落实。比如，企业中的年度利润计划、销售计划、生产计划，季度计划、月计划、周计划等都属于短期计划。

(3)基于所涉及活动的内容，可分为：

①综合计划，指涉及多部门和多环节业务活动的一般性计划，体现了组织计划的总体性特征。例如，企业进入新市场的计划。

②专业计划，指侧重于某方面的特定活动的针对性计划，体现了组织计划的职能性特征。例如，财务计划、生产计划等。

③项目计划，指侧重于某一特定课题的针对性计划，体现了组织计划的事务性特征。例如，某一产品的研发计划、某一工程的建设计划等。

3. 请解析目标管理的过程。

答：目标管理是一种参与的、民主的、自我控制的管理方法，也是一种把个人需求和组织目标结合起来的管理方法。其过程如下：

(1)目标制定与展开。目标管理的第一阶段为目标制定与展开，负责组织任务的协调统一，分级分重点地确定不同层级的目标。具体工作包括三项：

①调查研究。组织要基于内外部环境条件的充分调研，在了解环境变化因素并分析判断未来走势的前提下，制定组织目标。在组织目标制定过程中，组织要充分了解自身的优势和劣势，并分析外部环境的机会和威胁，以组织的使命和愿景为指导，在组织内部进行充分的沟通协调，制定符合组织利益的合理目标。

②目标展开。组织在确定目标之后，需要将目标以此进行逐层分解，具体落实到部门、岗位和组织成员。在目标的展开过程中并不是强行下达计划任务、指标，而是上级与下级充分协商，共同确定目标。目标的展开和落实要根据具体情况具体分析，符合完成目标的主体的实际情况。

③定责授权。组织要充分分析目标的范围、实现难度，明晰所需的责任和权利，并根据实际情况适当给组织成员授权。此外，组织应根据目标的完成情况，设置一定的奖惩措施，激励组织目标的顺利达成。

(2)目标实施。组织制定和展开目标后，需要根据目标制定时间、空间上的具体行为措施。在这一阶段应做好以下工作：

①咨询指导。在目标执行过程中，管理者应适当指导下级部门和下属达成工作任务，通过充分的沟通交流，适当支持和指导下属工作。

②跟踪检查。在目标实施过程中，管理者也能够持续监督和检查工作进度，及时解决工作任务中遭遇的困难，确保组织的正常运行。

③协调平衡。目标的实施需要各部门、各岗位以及组织成员间的相互协调配合，管理者需要将组织资源合理地分配给各个环节，有效平衡人财物，从而推动组织总体目标的实现。

(3)成果评价。目标管理需要根据目标所达成的成果进行评价和奖惩。它主要有三项工作：

①评价工作。管理者需要对比工作结果和预设目标，分析、评价工作任务的完成情况，评价工作主要包括自我评价、上级评价等。公平公正的评价机制有助于提高组织员工的工作积极性。

②实施奖惩。根据对员工工作的评价结果，对组织成员进行相应的奖励或惩罚，有助于提高员工工作的积极性，为新一轮的目标管理奠定良好的基础。

③总结经验教训。管理者应在工作任务完成之后，总结成功经验，分析导致失败的原因，改进不足，避免在新一轮的工作实施过程中出现相似问题。

4. 请用实例说明预算管理在现实中的应用。

答：(1)预算管理的内涵：

预算管理是指为确保国家预算资金规范运行而进行的一系列组织、调节、控制、监督活动的总称。

①预算是一种数字化计划，可以转化为控制标准，用财务数字或非财务数字来表示预期的结果。

②预算管理是预测方法的运用。预算是对未来一个时期内收支情况的预计，确定预算数字的方法包括统计、经验或工程方法。

③预算管理是一种控制手段。编制预算控制过程的第一步是拟定标准。对于协调和改进的贡献是预算管理的最大价值体现。

(2)预算管理的应用。海尔集团的全面预算管理体系包括组织体系、流程体系、编制体系、控制体系和考核体系五大部分。整个预算体系以战略目标为起点，围绕组织和流程，通过层层分解战略目标，设计模型，以 PBC 和 KPI 为衡量标准，逐步完成预算编制、控制、考核，最终回到预算目标的循环过程。

①预算目的：

a. 为实现集团的经营目标，保证决策的最优方案在实际工作中得到贯彻执行。

b. 协调及平衡集团公司下属各子公司经营活动与财务预算。

c. 监督和控制各子公司经济运行和资金运行过程。

d. 分析和考核各子公司及集团公司各部门的经营成果和经济效益。

②预算对象：

a. 集团公司预算的对象包括集团公司本部预算及各子公司预算。集团公司为一级预算单位，各子公司为二级预算单位，各子公司投资的控股或全资子公司为三级预算单位。子公司预算包括子公司本部预算和所属三级预算单位预算。

b. 二级预算单位的确定原则为集团公司本部占有被投资企业表决权资本的50%以上，或者虽然低于50%但对被投资企业具有实际控制权；三级预算单位确定原则为必须占被投资企业50%以上的股权。

③预算管理组织体系。海尔集团本着全球化的战略发展目标，建立了集团预算管理委员会领导的多层级、多维度、全面参与的预算组织体系。在组织体系中，明确界定各级各类组织在流程中的角色，以理顺业务流程端到端的责权关系，并区分 FU 的集团管控和业务支持职能，加强 FU 的预算意识和责任考核，加强 BU 和区域组织的预算管理职能。

5. PDCA 循环的基本主张是什么？请结合管理实例来解析 PDCA 循环过程。

答：PDCA 循环又称戴明环，是美国质量管理专家威廉·戴明博士提出的，已经成为当今管理实践中广为应用的科学程序。

(1)PDCA 循环的基本主张：

①四个基本阶段：

a. 计划，指基于组织发展方向和市场需求，制定组织目标和相应的行动计划。

b. 实施，指组织具体实施计划所采取的一系列行动。

c. 检查，指基于组织目标和要求，监督和测量行为实施过程，根据问题找寻行动的正误，总结并报告行动结果等。

d. 改进，指处理检查结果，总结经验教训，标准化程序进程，并为新一轮的行动提供指导。尚未解决的问题，则转入下一个 PDCA 循环。

②PDCA 循环的特点：

a. 大环套小环。PDCA 强调环环相扣，有序落实。每一个环节相互依存，互为补充，并存在主次关系。

b. 上升式循环。PDCA 的每个环节都存在新的目标，并根据目标产生新的行动方案，管理者持续进行质量管理，通过不同的循环来解决不同的问题。

c. 综合性循环。PDCA 的四个阶段相互对立，但并不能完全割裂，是综合性的循环过程。

d. 改进阶段是 PDCA 循环的关键环节。

(2)PDCA 循环过程及管理实例：

①PDCA 循环的具体步骤：

a. 分析现状，找出存在的问题。包括明确问题，分析数据，明确目标和测量手段。

b. 分析问题产生的各种原因或影响因素。

c. 找出问题所在。通过对比，分清主次，明确影响因素的优先级。

d. 根据问题成因，制定具体的行动计划。根据测试和分析，选择解决方案，并进行资源规划和行动落实。

e. 实施行动计划。它包括执行、跟进和协调行动方案，并注意执行过程中的反馈。

f. 评估结果。基于数据分析等方法，评估现实结果与预期目标之间的差距，深入探讨每个行动环节的有效性和不足，从而为确定新标准和新程序奠定基础。

g. 标准化和进一步推广。为保证行动结果的长期有效性，应注意确定明确的标准化流程，通过经验的分享巩固成果。

h. 判断本次循环未能处理的问题，将其转移到下个循环。

②具体实例。海尔集团运用 PDCA 循环法实施销售任务的计划、组织和控制。PDCA 管理法用于海尔的事务管理，形成了独具海尔特色的 OEC 日清体系。

a. 每年年终集团各产品本部根据本年度的销售额完成情况，结合产品的发展趋势等综合信息，制定下一年度的销售计划。

b. 将这一计划分解到全国的销售事业部，各销售事业部根据下属的各工贸公司上一年度的完成情况及市场分析再分解到各公司，然后再进行分解……各部门有不同的职责及指标，按计划、按要求去执行。

c. 各层的管理部门按计划与要求检查督促，随时找出差距及原因，及时纠偏，提出改进的措施，使后面的工作有较好的进展。

d. 年底进行全面总结，找出不足，肯定成绩，进一步完善经验，为下一年的计划做得更好而工作。

6. 决策追踪与调整有什么现实意义？

答：(1)决策追踪与调整，是在原来方案已经实施，并发现环境发生了重大变化、或与原先认识的环境有重大区别的情况下进行的调整过程。结构化建模和过程追踪是进行决策追踪和调整的主要研究范式。

(2)决策追踪与调整的现实意义：

不同于补充和修正决策过程，决策追踪与调整是不断检查行动方案的执行情况，重新改变原有决策方案的过程。决策追踪与调整并非正常决策的简单重复，也不是对原决策的根本否定，而是根据内外部环境的变化，再次分析原决策过程，及时解决决策中的错误和不足，强调对于原有决策的“取其精华去其糟粕”。其具体特征如下：

①回溯分析。有步骤地进行决策的追踪和调整，包括主客观环境、决策内容、产生机制等，从行动的起点开始有顺序地挖掘问题所在。

②非零起点。基于原有决策对周围造成影响的实际情况而非初始状态。

③双重优化。基于原始决策，进行决策追踪和调整，并优化备选方案。

④心理障碍。改变原始决策的过程中可能会引起利益相关者的消极心理，要根据实际情况进行相应的疏导，并排除障碍。

5.3 考研真题

一、单项选择题

1. 下列项目中不属于计划范畴的是(　　)。[中财2013年研]

A. 课程表　B. 规章制度　C. 统计报表　D. 工作流程

2. 组织所处环境的不确定性越大，越应该采用具有内在灵活性的(　　)。[北科2012年研]

A. 长期计划　B. 具体计划　C. 指令性计划　D. 指导性计划

二、概念题

1. 计划[广工大2024年研；浙江师大2022年研；宁波大学2020年研；暨南大学2017年研；四川大学2017年研；哈工大2016年研；南昌大学2015年研；武大2011年研]

2. 战略性计划[河南大学2023年研；常州大学2022年研；宁波大学2020年研；华南理工2014年研]、战略计划[吉林大学2016年研；华中师大2015年研；东北大学2015年研]

3. 战术性计划[四川师大2014年研；南京财大2012年研]

4. 目标管理[湖北大学2024年研；河南大学2024年研；东财2023年研；广工大2023年研；安徽师大2020年研；武汉理工2019年研；西安交大2017年研；四川大学2017年研；陕西师大2016年研；华南师大2016年研；暨南大学2015年研；首师大2015年研；西北大学2015年研；华东师大2014年研；北科2012年研；中山大学2011年研]

5. 滚动计划法[中央民大2019年研；西安交大2017年研]

6. 零基预算[中国矿大(北京)2021年研；南昌大学2015年研；南开大学2010年研]

7. 追踪决策[武汉工程大学2023年研；东财2010年研；华科2006年研]

三、简答题

1. 为什么要进行计划？[浙大2021年研]

相关试题：为什么领导者事前要进行计划？[浙大2011年研]

2. 简述计划的性质。[宁波大学2017年研；吉林大学2012年研]

相关试题：计划的性质和基本内容。[燕山大学2016年研]

3. 简述计划与决策的关系。[华科2023年研；宁夏大学2018年研]

相关试题：

(1)计划与决策的联系与区别。[暨南大学2023年研]

(2)简述计划与决策的区别。[华科2019年研]

4. 简述计划的编制过程。[华南农大2023年研；安徽师大2023年研；北邮2020年研；中财2019年研]

相关试题：

(1)简述计划制定的基本步骤。[浙江理工2018年研；浙工商2017年研]

(2)计划工作的步骤。[中国地大2018年研]

(3)请阐述组织的计划管理过程包含哪些阶段，各阶段的主要工作是什么？[南航2017年研]

5. 请简述目标管理的思想及过程。[北邮2023年研；吉林大学2019年研]

相关试题：

(1)简述目标管理的基本思想。[暨南大学2023年研；上政2023年研；南昌大学2020年研；宁波大学2017年研；广工大2017年研；山东大学2016年研；吉林大学2015年研；中国海大2014年研]

(2)简述目标管理的思想和实施过程。[东南大学2020年研]

(3)联系实际谈谈目标管理的过程，并分析对目标管理成功实施的影响因素主要有哪些。[山东大学2018年研]

(4)目标管理的基本思想是什么？它要经过哪些过程？[安徽大学2017年研；天津商大2015年研；华侨大学2014年研]

四、论述题

1. 在现代管理活动中，如何理解和评价目标管理？[复旦大学2007年研]

相关试题：

(1)目标管理有何特点？结合实际，论述目标管理的局限性。[广西民大2020年研]

(2)简述目标管理的主要内容。[简答题，浙江财大2020年研]

(3)什么是目标管理？[简答题，吉林大学2024年研；桂林理工2018年研]

(4)目标管理的基本特征。[简答题，中山大学2017年研]

(5)简介目标管理(Management by Objectives)及其构成元素。[简答题，对外经贸2017年研]

2. 论述目标管理的过程及其成功实施的主要决定因素。[山东大学2017年研]

相关试题：

(1)论述目标管理的基本过程。[安徽大学2017年研；天津商大2015年研]

(2)简述目标管理的步骤。[简答题，中国传媒2015年研]

五、案例分析题

案例一

一家电器公司决定在整个公司内实行目标管理。事实上之前他们在为销售部门制定奖金系统时已经用了这个方法。公司通过对比实际销售额与目标销售额，支付给销售人员相应的奖金，这样销售人员的实际薪资就包括基本工资和一定比例的个人销售奖金两部分。销售大幅度提升了，但苦了生产部门，他们很难完成交货计划，销售部抱怨生产部不能按时交货，总经理和高级管理层决定为所有部门和个人、经理以及关键员工建立一个目标设定流程。为了实施这个新的方法，他们需要用绩效评估系统。生产部门的目标包括按时交货和库存成本两个部分，他们请了一家咨询公司指导管理人员设计新的绩效评估系统，并就现有的薪资结构提出改进的建议。他们付给咨询顾问高昂的费用修改基本薪资结构，包括岗位分析和工作描述，还请咨询顾问参与制定奖金系统，该系统与年度目标的实现程度密切联系。他们指导经理们如何设定组织目标和制定绩效评估流程。总经理期待着很快能提高业绩，然而不幸的是，公司业绩不但没有上升，反而下滑了。部门间的矛盾加剧，尤其是销售部和生产部，生产部埋怨销售部预测准确性太差，而销售部埋怨生产部无法按时交货，每个部门都指责其他部门的问题，客户满意度下降，利润也在下滑。[浙工大2018年研]

根据上述资料分析公司为什么推行目标管理但没有取得预期效果，并给出建议。

案例二

B公司张总经理在一次职业培训中学习到很多目标管理的内容。他对于这种理论逻辑上的简单清晰及其预期的收益印象非常深刻。因此，他决定在公司内部实施这种管理方法。首先他需要为公司的各部门制定工作目标。张总认为：由于各部门的目标决定了整个公司的业绩，因此应该由他本人为他们确定较高目标。确定了目标之后，他就把目标下达给各个部门的负责人，要求他们如期完成，并口头说明在计划完成后要按照目标的要求进行考核和奖惩。但是他没有想到的是，中层经理在收到任务书的第二天，就集体上书表示无法接受这些目标，致使目标管理方案无法顺利实施。张总感到很困惑。[杭州师大2017年研]

请回答以下问题：

1. 目标管理法与任务管理法有什么不同？目标管理法的特点有哪些？

2. 根据目标管理的基本思想和目标管理实施的过程，你认为张总的做法存在哪些问题？

3. 张总应该如何更好地实施目标管理？

5.4 考研真题详解

一、单项选择题

1. C 【解析】从名词意义上说，计划是指用文字和指标等形式所表述的，在未来一定时期内组织不同部门和不同成员关于行动方向、内容和方式安排的管理文件。C项，统计报表是按统一规定的表格形式，统一的报送程序和报表时间，自下而上提供基础统计资料，不属于计划范畴。

2. D 【解析】指导性计划只规定某些一般的方针和行动原则，给予行动者较大的自由处置权，它指出重点但不把行动者限定在具体的目标上或特定的行动方案上。指导性计划可以是上级主管部门下达的，也可以是同级部门编制的，它对于计划执行者不具有严格的约束力，是一种参考性的计划。在环境较为不确定时，内部组织比较松散，决策权力分散并下移，权力层级不明确，组织结构设计可以采用柔性灵活的指导性计划。

二、概念题

1. 计划[广工大2024年研；浙江师大2022年研；宁波大学2020年研；暨南大学2017年研；四川大学2017年研；哈工大2016年研；南昌大学2015年研；武大2011年研]

答：(1)计划是指设定目标，确定实现这些目标的战略，并且制订方案以整合和协调各种活动的过程。计划既关注结果(是什么)，也关注手段(怎么做)。其含义有：①从名词意义上说，计划是指用文字和指标等形式所表述的，组织以及组织内不同部门和不同成员，在未来一定时期内，关于行动方向、内容和方式安排的管理文件。②从动词意义上说，计划是指为了实现决策所确定的目标，预先进行的行动安排。

(2)无论在名词意义上还是在动词意义上，计划内容都包括“5W1H”，即：①What——做什么？目标与内容。②Why——为什么做？原因。③Who——谁去做？人员。④Where——何地做？地点。⑤When——何时做？时间。⑥How——怎样做？方式、手段。

2. 战略性计划[河南大学2023年研；常州大学2022年研；宁波大学2020年研；华南理工2014年研]**、战略计划**[吉林大学2016年研；华中师大2015年研；东北大学2015年研]

答：战略性计划是指应用于整体组织的、为组织未来较长时期(通常为5年以上)设立总体目标和寻求组织在环境中的地位的计划。战略计划的任务不在于看清企业目前是什么样子，而在于看清企业将来会成为什么样子。战略计划的内容包括愿景和使命陈述、战略环境分析、战略选择、制定一系列战术计划将战略计划付诸实施。其显著特点是长期性与整体性。长期性是指战略性计划涉及未来较长时期；整体性是指战略性计划是基于组织整体而制订的，强调组织整体的协调。

3. 战术性计划[四川师大2014年研；南京财大2012年研]

答：战术性计划是指规定总体目标如何实现的细节的计划，其需要解决的是组织的具体部门或职能在未来各个较短时期内的行动方案。战略性计划是战术性计划的依据，战术性计划是在战略性计划指导下制定的，是战略性计划的落实。从作用和影响上来看，战术性计划的实施是对已经形成的能力的应用。

4. 目标管理[湖北大学2024年研；河南大学2024年研；东财2023年研；广工大2023年研；安徽师大2020年研；武汉理工2019年研；西安交大2017年研；四川大学2017年研；陕西师大2016年研；华南师大2016年研；暨南大学2015年研；首师大2015年研；西北大学2015年研；华东师大2014年研；北科2012年研；中山大学2011年研]

答：目标管理是一种综合的以工作和人为中心的管理方法，它首先由组织内上下级管理者、员工一起制定组织目标，并由此形成组织内每一成员的分目标，明确规定每个成员的职责范围，最后又用这些目标来进行管理、评价和决定对每一个部门和成员的奖惩。其特点是：①以目标为中心。目标管理强调明确的目标是有效管理的首要前提。确定目标是一切管理活动的前提，也是任务完成情况的考核依据。②强调系统管理。目标管理是一个目标体系，组织总目标层层分解到各个部门和个人，形成协调的目标网络体系，从而保证组织目标的整体性和一致性。③重视人的因素。目标管理是一种参与式的、自我控制的管理，部门和个人依据设定的目标进行自我管理、自我控制，重视人的因素。

5. 滚动计划法[中央民大2019年研；西安交大2017年研]

答：滚动计划法是指保证计划在执行过程中能够根据情况变化适时修正和调整的一种现代计划方法。每次制定计划时，在原有基础上把计划期向前推进一个执行期，并以最近执行期的计划执行情况和对环境因素的分析为依据，修订新一周期计划。其特点有：①由于计划需要定时修正，所以计划的工作量较大；②滚动计划法推迟了对远期计划的决策，增加了计划的准确性，提高了计划工作的质量；③滚动计划法使长、中、短期计划能够相互衔接，这保证了长期计划的指导作用，使得各期计划能够基本保持一致；④滚动计划法保证了计划具有的基本弹性，有助于提高组织的应变能力。

6. 零基预算[中国矿大(北京)2021年研；南昌大学2015年研；南开大学2010年研]

答：零基预算由美国得州仪器公司首创，其基本思想是编制预算时，必须对每项费用都予以重新核查，要以目前的需求和发展趋势作为核查基准。零基预算要求每个项目的预算费用以零为基数，通过仔细分析各项费用开支的合理性，并在“成本—效益”分析的基础上确定预算。零基预算避免了固定预算中只重视前段时期变化的倾向，迫使管理者重新审视每个计划项目及其费用开支，能充分调动人们的积极性和创造性，挣脱某些惯例的束缚，并促使人们精打细算，量力而行。但是零基预算工作量很大，成本比较高，而且在费用估计时有一定的主观性。

7. 追踪决策[武汉工程大学2023年研；东财2010年研；华科2006年研]

答：追踪决策是指当原定决策方案的执行表明决策目标将难以实现时，对目标或者决策方案进行根本性修正的一种决策方式。一般情况下，包括五个步骤：①诊断；②明确改善目标；③拟订经营方案；④经营方案的比较与选择；⑤最终决策。它具有四个特点：回溯分析、非零起点、双重优化和心理效应。

三、简答题

1. 为什么要进行计划？[浙大2021年研]

相关试题：为什么领导者事前要进行计划？[浙大2011年研]

答：计划具有一定的时间跨度，并存在滞后性。计划的实施需要在一定时间后才能产出结果，因此管理者现在制定的计划会影响到企业的未来。领导者事前进行计划，可以达到以下目的：

(1)弥补不确定性和变化带来的问题。计划针对不确定的未来而制定。制定计划的目的就在于如何适应未来的不确定性。因此，需要周密细致的预测，制定相应的补救措施，随时检查计划的落实情况，遇到问题则须重新制定相应的计划措施。即使将来的事情是肯定的，也需根据已知事实的基本数据，计算采用哪种方案能以最低的代价取得预期的结果。

(2)使领导者把注意力集中于目标。计划工作可以使人们的行动对准既定的目标。全面、周密、细致的计划工作统一了部门之间的活动，这使得主管人员从日常的事务中解放出来，将主要精力放在随时检查、修改和扩大计划上来，放在对未来的不确定因素的研究上来。这样，既能保证计划的连续性，又能保证全面地实现组织目标。

(3)使管理更经济。计划工作强调了经营效率和一贯性，这使得组织经营活动的费用降至最低限度。计划工作能细致地组织经营活动，是经济有效地组织经营管理活动的工具。

(4)便于控制。计划和控制是一个事物的两个方面。未经计划的活动无法控制，控制活动是通过纠正脱离计划的偏差来使活动保持既定的方向。

2. 简述计划的性质。[宁波大学2017年研；吉林大学2012年研]

相关试题：计划的性质和基本内容。[燕山大学2016年研]

答：计划的性质具体如下：

(1)计划工作是为实现组织目标服务。决策活动为组织确立了存在的使命和目标，并且进行了实现方式的选择。计划工作是对决策工作在时间和空间两个维度上的进一步地展开和细化。

(2)计划工作是管理活动的基础。计划工作的目的就是使所有的行动保持同一方向，促使组织目标实现。确保组织目标实现的活动内容和活动路径，是实现组织目标的桥梁。

(3)计划工作具有普遍性和秩序性。普遍性是指组织的所有管理人员都需要制订计划；最主要的秩序表现为计划工作的纵向层次性和横向协作性。

(4)计划工作要追求效率。在计划所要完成的目标确定的情况下，同样可以用制订和实施计划的成本及其他连带成本(如计划实施带来的损失、计划执行的风险等)来衡量效率。

3. 简述计划与决策的关系。［华科 2023 年研；宁夏大学 2018 年研］

相关试题：

(1)计划与决策的联系与区别。［暨南大学 2023 年研］

(2)简述计划与决策的区别。［华科 2019 年研］

答：参见本章课后习题第 1 题答案。

4. 简述计划的编制过程。［华南农大 2023 年研；安徽师大 2023 年研；北邮 2020 年研；中财 2019 年研］

相关试题：

(1)简述计划制定的基本步骤。［浙江理工 2018 年研；浙工商 2017 年研］

(2)计划工作的步骤。［中国地大 2018 年研］

(3)请阐述组织的计划管理过程包含哪些阶段，各阶段的主要工作是什么？［南航 2017 年研］

答：计划编制本身也是一个过程。为了保证编制的计划合理，确保能够实现决策的组织落实，计划编制过程中必须采用科学的方法。虽然可以用不同标准把计划分成不同类型，计划的形式也多种多样，但管理人员在编制任何完整的计划时，实质上都遵循相同的逻辑和步骤，具体包括：

(1)确定目标。确定目标是决策工作的主要任务。计划工作的主要任务就是将决策所确立的目标进行分解，以便落实到各个部门、各个活动环节，并将长期目标分解为各个阶段的目标。

(2)认清现在。其目的在于寻求合理有效地实现目标的途径。认清现在不仅需要开放的精神，将组织、部门置于更大的系统中，而且要有动态的精神，考察环境、对手与组织自身随时间的变化及其相互间的动态反应。

(3)研究过去。不仅是从过去发生的事件中得到启示和借鉴，更重要的是探讨过去通向现在的一些规律。其基本方法有两种：①演绎法；②归纳法。

(4)预测并有效地确定计划的重要前提条件。前提条件是关于实现计划环境的假设条件，仅限于那些最影响计划贯彻实施的假设条件。预测并有效地确定计划前提条件的重要性不仅在于，对前提条件认识越清楚、越深刻，计划工作就越有效，而且在于，组织成员越彻底地理解和同意使用一致的计划前提条件，企业计划工作就越协调。最常见的、对重要前提条件进行预测的方法是德尔菲法。

(5)拟订和选择可行性行动计划。具体包括拟订可行性行动计划、评估计划和选定计划。拟订可行性行动计划要求拟订尽可能多的计划。可供选择的行动计划数量越多，被选计划的相对满意程度就越高，行动就越有效。在寻求可供选择的行动计划阶段需要“巧主意”，需要创新性。创新过程具体的方式有头脑风暴法、提喻法。评价行动计划，要注意考虑以下几点：①认真考察每一个计划的制约因素和隐患；②要用总体的效益观点来衡量计划；③既要考虑每一计划的许多有形的可以用数量表示出来的因素，又要考虑到许多无形的不能用数量表示出来的因素；④要动态地考察计划的效果，不仅要考虑计划执行所带来的利益，还要考虑计划执行所带来的损失；⑤按一定原则选择出一个或几个较优计划。

(6)制订主要计划。完成了拟订和选择可行性行动计划后，拟订主要计划就是将所选择的计划用文字形式正式地表达出来，作为一项管理文件。拟订计划要清楚地确定和描述5W1H的内容。

(7)制订派生计划。基本计划需要派生计划的支持。

(8)制订预算，用预算使计划数字化。编制预算，一方面是为了使计划的指标体系更加明确，另一方面使企业更易于对计划执行进行控制。定量计划具有较硬的约束。

5. 请简述目标管理的思想及过程。[北邮2023年研；吉林大学2019年研]

相关试题：

(1)简述目标管理的基本思想。[暨南大学2023年研；上政2023年研；南昌大学2020年研；宁波大学2017年研；广工大2017年研；山东大学2016年研；吉林大学2015年研；中国海大2014年研]

(2)简述目标管理的思想和实施过程。[东南大学2020年研]

(3)联系实际谈谈目标管理的过程，并分析对目标管理成功实施的影响因素主要有哪些。[山东大学2018年研]

(4)目标管理的基本思想是什么？它要经过哪些过程？[安徽大学2017年研；天津商大2015年研；华侨大学2014年研]

答：目标管理又称成果管理，是指组织内部各部门乃至每个人为实现组织目标，自上而下地制定各自的目标并自主地确定行动方针、安排工作进度，有效地组织实现目标以及对成果严格考核的一种系统的管理方法，是管理学家德鲁克于1954年在其著名的《管理实践》中最先提出的。

(1)目标管理的基本思想是让组织的整体目标转换为组织单位和成员的目标，通过层层落实和采取保证措施，有效而又高效地实现目标。具体化展开的组织目标成为组织每个成员、每个层次、部门等行为的方向和激励，同时又成为评价组织每个成员、每个层次、部门等工作绩效的标准，从而使组织能够有效运作。

(2)目标管理的过程，参见本章课后习题第3题答案。

四、论述题

1. 在现代管理活动中，如何理解和评价目标管理？[复旦大学2007年研]

相关试题：

(1)目标管理有何特点？结合实际，论述目标管理的局限性。［广西民大2020年研］

(2)简述目标管理的主要内容。［简答题，浙江财大2020年研］

(3)什么是目标管理？［简答题，吉林大学2024年研；桂林理工2018年研］

(4)目标管理的基本特征。［简答题，中山大学2017年研］

(5)简介目标管理(Management by Objectives)及其构成元素。［简答题，对外经贸2017年研］

答：目标管理是20世纪50年代中期出现于美国，以泰勒的科学管理和行为科学理论为基础形成的一套管理制度。凭借这种制度，可以使组织的成员亲自参与工作目标的制定，实现"自我控制"，并努力完成工作目标。

(1)对目标管理的理解：

①目标管理是参与管理的一种形式。目标的实现者同时也是目标的制定者，即由上级与下级在一起共同确定目标。首先确定出总目标，然后对总目标进行分解，逐级展开，通过上下协商，制定出企业各部门、各车间直至每个员工的目标；用总目标指导分目标，用分目标保证总目标，形成一个"目标—手段"链。

②目标管理强调"自我控制"。目标管理的主旨在于，用"自我控制的管理"代替"压制性的管理"，它使管理人员能够控制自己的成绩。这种自我控制可以成为更强烈的动力，推动他们尽自己最大的力量把工作做好，而不仅仅是"过得去"就行了。

③目标管理促使权力下放。集权和分权的矛盾是组织的基本矛盾之一，唯恐失去控制是阻碍大胆授权的主要原因之一。推行目标管理有助于协调这一对矛盾，促使权力下放，有助于在保持有效控制的前提下，把局面搞得更有生气一些。

④目标管理注重成果第一的方针。采用传统的管理方法，评价员工的表现，往往容易根据印象、本人的思想和对某些问题的态度等主观因素来评价。实行目标管理后，由于有了一套完善的目标考核体系，从而能够按员工的实际贡献大小客观地评价一个人。

⑤目标管理力求组织目标与个人目标更密切地结合在一起，以增强员工在工作中的满足感。这对于调动员工的积极性，增强组织的凝聚力起到了很好的作用。

综上所述，目标管理是指组织的最高领导层根据组织面临的形势和社会需要，制定出一定时期内组织经营活动所要达到的总目标，然后层层落实，要求下属各部门主管人员以至每个员工根据上级制定的目标和保证措施，形成一个目标体系，并把目标完成的情况作为各部门或个人考核依据的一种管理方法。

(2)对目标管理的评价：

①目标管理的优点。在目标管理中，权力被下放，员工拥有目标设置的自主权，也更愿意投入到实现组织目标的过程中。其优点主要体现在：

a. 目标管理使员工知道他们所期望的结果。

b. 目标管理通过使管理人员制定目标及其完成目标的时间来推进计划工作的开展。

c. 目标管理改善了上下级的沟通。

d. 目标管理使员工更加清楚和明白组织的目标。

e. 关注具体业绩的评价，使评价过程更公正合理。

f. 目标管理使员工了解到他们工作的完成情况直接关系到组织目标的实现。

②目标管理的缺点。尽管目标管理有许多优点，在实践中普遍受到重视，但是也存在一些局限性。目标管理的局限性主要表现在：

a. 目标管理看起来简单，实施起来难。在目标管理中，管理者必须向下级详细解释和说明目标管理的理念、制定目标的程序和目标管理的好处等，而且要反复对目标进行讨论，甚至还要对奖惩标准进行争论。特别是在目标的设置上，真正可考核的目标是很难确定的；一些目标会随年度不同而变化，一些目标难以量化，制定上下级都能够满意的目标往往很难；在制定目标时，也经常出现讨价还价的现象。

b. 过于强调短期目标的实现，从而忽视了组织的长期目标。为明确组织目标，管理者多愿意设置不超过一年的短期目标，这便导致员工局限于眼前的利益，产生急功近利的心理，对组织长期目标的实现不利。

c. 目标停滞的危险。在目标管理中，一旦进入目标的实施阶段，改变目标就显得尤为困难。因为改变目标易打乱目标体系，管理人员需重新征求有关部门和员工的意见才能进行；而目标的高低又与奖惩挂钩，涉及部门、下属的切身利益。所以，此时调整目标，困难往往比较大。为了避免纠缠，稳定员工情绪，管理者往往不会作目标调整，而是选择一个较为稳定的目标。

鉴于上述分析，在实际中推行目标管理时，除了掌握具体的方法外，还要特别注意把握工作的性质，分析其分解和量化的可能；提高员工的职业道德水平，培养合作精神，建立健全各项规章制度，注意改进领导作风和工作方法，使目标管理的推行建立在一定的思想基础和科学管理基础上；要逐步推行，长期坚持，不断完善，从而使目标管理发挥预期的作用。

2. 论述目标管理的过程及其成功实施的主要决定因素。[山东大学2017年研]

相关试题：

(1)论述目标管理的基本过程。[安徽大学2017年研；天津商大2015年研]

(2)简述目标管理的步骤。[简答题，中国传媒2015年研]

答：目标管理又称成果管理，20世纪50年代出现于美国，是以泰勒的行为科学理论为基础形成的一套管理制度。它的主要内容是：目标管理是一个程序和过程，是一个全面的管理系统，它用系统的方法，使许多关键管理活动结合起来，将组织的整体目标转换为组织单位和成员的目标，通过层层落实和采取保证措施，高效地实现目标。目标管理能够很好地引导员工参与管理，它由德鲁克提出，逐步成为西方许多国家所普遍采用的一种系统地制定目标并进行管理的有效方法。目标管理是参与管理的一种形式，强调自我控制，促使外放权力，注重组织成果。

(1)目标管理的基本过程，参见本章课后习题第3题答案。

(2)目标管理成功实施的主要决定因素包括：

①短期目标服务于长期目标。组织的长期计划和短期计划之间必须形成一个相互协调的整体关系，才能使计划工作取得成效。短期目标的设定是为了实现长期目标。确定短期目标的过程，也就是为了实现长期目标而对所必须从事的各项工作评定轻重缓急的过程。

②目标要具有可考核性。当计划期结束时，人们能够知道自己是否实现了目标，这就要求目标是具体可量化的，不是抽象的。许多情况下，目标制定得不尽如人意的根源是目

标过于含糊不清，难以实际实施。诸如“极大提高本部门员工的士气”之类的目标是没有意义的，因为到计划期结束时，无法知道这一目标是否已经完成。无法考核往往造成目标流于形式，难以取得实效。

③目标要具有合理性。期望理论指出人们在工作中的积极性或努力程度(激发力量)是效价和期望值的乘积。其中，期望值指人们对自己能够顺利完成这项工作可能性的估计，即对工作目标能够实现的概率的估计。因此，如果一个目标要对其接受者产生激发作用，那么对于接受者来说，这个目标不能太低以至于没有挑战性，也不能过高又使人们失去信心，要具有合理性，即应当是人们经过一定的努力可以实现的。

④注重信息反馈。信息反馈是把目标管理过程中目标的设置、目标实施情况不断地反馈给目标设置和实施的参与者，让他们时时知道组织对自己的要求及自己的贡献情况。在较为理想的信息反馈中，管理者能够及时发现员工在实施过程中与目标的偏移、遇到的问题、展现出的能力上的不足，给予必要的帮助或者纠正，提高目标正确实现的可能性。

五、案例分析题

案例一

根据上述资料分析公司为什么推行目标管理但没有取得预期效果，并给出建议。［浙工大 2018 年研］

答：(1)该电器公司推行目标管理没有取得预期效果的原因：

案例中，电器公司聘请咨询顾问参与设定组织目标和制定绩效评估流程，但对于销售部和生产部两个部门员工的具体工作目标缺乏细化。加之，过于注重专业咨询公司和高层管理者对于目标管理的意见而忽视了员工意见，使得生产部和销售部相互埋怨；同时两个部门之间缺乏必要的沟通和反馈，进而导致各部门工作目标难以实现，推行的目标管理也没有取得预期的效果。

(2)对该电器公司推行目标管理的建议：

①制定目标要相互配合、协调。个人目标服务于部门目标，部门目标服务于总体目标。总目标、部门目标和个人目标之间应相互协调。

②增加沟通的渠道。部门之间的相互抱怨、推诿损害公司的效益，因此，应加强部门之间的沟通，找出问题的所在，并提出具体的解决方法。摒除“部门利益至上”的观念，共同服务于总目标。

③定期进行成果评价。及时的工作反馈有利于员工切实衡量自己目标的实现程度，了解自己的工作对总目标实现的重要性，能够提高员工的工作积极性，增强责任意识。

④制定公平的奖惩制度。保持组织员工的工作热情和积极性需要公平合理的奖惩。

⑤完善目标管理的流程。制定具体的个人目标和部门目标，以确立目标所对应的责任，避免责任不明、互相推诿的现象发生。

案例二

请回答以下问题：［杭州师大 2017 年研］

1. 目标管理法与任务管理法有什么不同？目标管理法的特点有哪些？

答：(1)目标管理法与任务管理法的区别：

①员工的自主程度不同:

a. 任务管理法要求工人完成管理人员经过仔细推敲后设计出来的任务，通过合理运用任务管理法，组织中的工人按分工完成职责要求，充分明确责任。

b. 目标管理法是组织规定总目标，各部门依据总目标规定部门目标，把部门目标分解落实到人，至于如何达到目标则放手让工作人员自己做主，可以充分发挥员工的主动性、积极性。因而，目标管理法与任务管理法相比，赋予了员工更大的选择权，是更为优越的管理方法。

②涉及的范围不同:

a. 任务管理法只是从生产技术过程的角度研究作业管理的具体方法，涉及的范围基本上没有超出车间管理，很少从企业经理人员的角度研究企业经营问题。企业规模越大，任务管理法的不适应性越突出。

b. 目标管理法下，企业每个管理人员和工人的分目标就是企业总目标对他的要求，同时也是员工对企业总目标的贡献。只有每个员工完成个人目标，企业总目标才有完成的希望，而分目标又是各级领导人员对下属人员进行考核的主要依据。

③考虑人的需求不同:

a. 实行任务管理，忽略了人除了经济需求外，还有更复杂的社会和心理方面的需要，忽视了人际关系对于人的行为的影响。在强调人性和个性的现代社会，人并不是只有经济需求的孤立的“经济人”，任务管理法的不适应性也就越发突出。

b. 目标管理以人的积极性和能力为基础，企业各级领导者对下属人员的领导，是运用激励理论引导员工自己制定工作目标，自己决定工作进度和安排并进行自我控制，自主进行评价，不是简单地依靠行政命令强迫员工完成工作任务。目标管理能够激发员工的生产潜能，提高员工的效率，促进企业总体目标的实现。

(2)目标管理法的特点:

①权力责任明确。目标管理通过由上而下或自下而上层层制定目标，在企业内部建立起纵横联结的完整的目标体系，把企业中各部门、各类人员都严密地组织在目标体系之中，明确职责、划清关系，使每个员工的工作直接或间接地同企业总目标联系起来，使员工看清个人工作目标和企业目标的关系，了解自己的工作价值，激发大家关心企业目标的热情。这样，就可以更有效地把全体员工的力量和才能集中起来，提高企业工作成果。

②强调员工参与。目标管理非常重视上下级之间的协商、共同讨论和意见交流。通过协商，加深对目标的了解，消除上下级之间的意见分歧，取得上下目标的统一。目标管理引导企业全体人员参与目标管理实施的全过程，尊重员工的个人意志和愿望，充分发挥员工的自主性，实行自我控制，改变了由上而下摊派工作任务的传统做法，调动了员工的主动性、积极性和创造性。

③注重结果。目标管理追求的目标是企业和每个员工在一定时期应该达到的工作成果。目标管理以实际成果为目的，工作成果对目标管理来说，既是评定目标完成程度的根据，又是考评和奖惩的主要依据。因此目标管理又称成果管理。

2. 根据目标管理的基本思想和目标管理实施的过程，你认为张总的做法存在哪些问题?

答: (1)根据目标管理的基本思想来看，目标管理是一种程序，使一个组织中的上下各级管理人员统一起来制定共同的目标，确定彼此的责任，并将此项责任作为指导业务和衡量各自贡献的准则。然而张经理在制定各个部门的目标时并没有让公司内上下各级管理人员都参与进来，他难以准确预测每个部门、每位员工的合理工作量，甚至可能会超过员工可接受范围来制定工作目标，而这个目标的实现与否又决定了自己的薪酬与奖惩，涉及员工的切身利益。因此，张总建立的目标体系难以被大家接受。

(2)从目标管理的过程来看：

①目标管理是一个全面的管理系统，它用系统的方法把许多关键管理活动结合起来，并且有意识地瞄准以高效率地实现组织目标和个人目标。在理想的情况下，这个过程开始于组织的最高层，总经理给这一过程积极支持，并给组织以指导。但是目标设置开始于最高层并不是必然的，它可以从分公司一级开始，也可以在某职能部门一级甚至更低层开始。但这不代表总经理一人可以独断专行，为所有员工设置目标，尤其是张总经理这样设置不切实际的目标，会打击员工的积极性，目标管理没有员工的参与也无法得到贯彻落实，最终导致该方法无效。

②目标管理工作是企业管理的重要一环，其形式应该具备严谨性和正式性。案例中，张总不仅草率决定公司所有员工的绩效目标，甚至还以口头的方式约定了相应的奖惩方式，缺乏应具备的严谨性和正式性，更加难以服众。

③目标管理工作需要一定的管理基础，强调分权与自我管理。案例中，张总在不确定原有管理基础的前提下盲目开展目标管理，存在目标管理不适应组织当前状况的风险，导致员工的反感与反对。

3. 张总应该如何更好地实施目标管理？

答：为了更好地实施目标管理，张总应做好以下几个方面的工作：

(1)制定目标。包括确定组织的总体目标和各部门的分目标。总体目标是组织在未来从事活动要达到的状况和水平，其实现有赖于全体成员的共同努力。

(2)明确组织的作用。理想的情况是，每个目标和子目标都对应到个人，明确组织内的各级目标。在全体管理者与员工参与制定目标后，根据目标与组织要求确定每个人的责任。

(3)执行目标。组织中各层次、各部门的成员为达成分目标，必须从事一定的活动，活动中必须利用一定的资源。

(4)评价成果。评价成果既是实行奖惩的依据，也是上下左右沟通的机会，同时还是自我控制和自我激励的手段。

(5)实行奖惩。组织对不同成员的奖惩是以上述各种评价的综合结果为依据的。奖惩可以是物质的，也可以是精神的。

(6)制定新目标并开始新的目标管理循环。成果评价与成员行为奖惩，既是对某一阶段组织活动效果以及组织成员贡献的总结，也为下一阶段的工作提供了参考和借鉴。

案例中，张经理在制定目标时应使中下层管理者与员工都参与进来，明确组织中每个人的目标及任务，引导员工形成责任感。在制定目标的同时，也要完善绩效考评制度以及激励制度，依据目标完成情况进行奖惩。

第三篇　组　织

第六章　组织设计

6.1　复习笔记

【知识框架(庖丁解牛)】

- 组织设计
  - 组织设计概述
    - 含义、任务、六要素
    - 影响因素：环境、战略、技术、规模
    - 原则
  - 组织结构
    - 含义、特点
    - 内容、分类
    - 形式
      - 直线制
      - 职能制
      - 直线职能制
      - 事业部制
      - 矩阵制
    - 演变趋势
  - 组织整合
    - 正式与非正式组织的整合：含义、区别、联系、整合
    - 层级整合：管理幅度设计、集权与分权、授权
    - 直线与参谋的整合：含义、区别、联系、整合方法

【通关提要(提纲挈领)】

本章主要介绍组织设计的基本内容，属于重点章节。学习时，要熟悉组织设计的含义和任务，组织结构的含义和特点等；重点掌握组织设计的原则和影响因素，组织结构的形式如直线制、职能制、直线职能制、事业部制和矩阵制等，正式组织与非正式组织的区别，集权与分权以及直线与参谋的整合等。本章各种题型都有可能考查，复习时要整体把握基本概念和具体内容，并重点记忆。

【考点难点归纳(厚积薄发)】

考点一：组织设计概述(见表6－1)　★★★

表 6－1　组织设计概述

要点	主要内容	
含义	指管理者为实现组织目标对组织要素及其连接方式进行的横纵向分工的设计	
任务	设计清晰的组织结构，规划和设计组织的职能和权责，确定组织中职能职权、参谋职权、直线职权的活动范围并编制职务说明书	
内容	静态	组织结构设计，包括职能设计、部门设计和层级设计
	动态	组织运行制度设计，包括沟通系统、管理规范和激励的设计
六要素	①工作专门化；②部门化；③指挥链；④管理跨度；⑤集权与分权；⑥正规化	
影响因素	环境	①一般环境；②任务环境
	战略	①数量扩大阶段；②地区开拓阶段；③纵向联合开拓阶段；④产品多样化阶段
	技术	①单件小批量生产技术；②大批量生产技术；③流程生产技术
	规模	①小规模组织；②大规模组织
	发展阶段	①生成阶段；②成长阶段；③成熟阶段；④衰退阶段；⑤再生阶段
原则	①目标一致原则；②分工协作原则；③权责对等原则；④有效管理幅度原则；⑤柔性经济原则	

【真题链接】

(1) 论述组织设计的影响因素。[论述题，湖南师大 2023 年研]

(2) 组织设计的主要任务和影响因素。[简答题，山东财大 2023 年研]

(3) 简述影响组织设计的因素。[简答题，南京理工 2023 年研]

(4) 简述组织设计的原则。[西南林大 2024 年研；广西民大 2022 年研]

考点二：组织结构(见表 6－2)　★★★

表 6－2　组织结构

要点	主要内容	
含义	指组织内正式的工作安排，分解、组合和协调工作任务	
特点	①体现了组织的内部职能分工。 ②组织规模和管理幅度决定了组织层级	
内容	①工作任务分解；②任务组合；③组织协调	
分类	①机械式组织；②有机式组织	
形式	直线制 [最简单]	所有职位单一直线领导，下级只接受一个上级的指令，管理权力高度集中，实行一元化管理，决策迅速，指挥灵活
	职能制	基于专业化分工，在各级管理人员之下根据业务需要设立职能机构和人员，协助从事职能管理工作
	直线职能制	基于直线制和职能制的特点取长补短，实行主管统一指挥与职能部门参谋、指导相结合
	事业部制	根据产品或服务等业务单元，分设事业部以进行“集中决策、分散经营”
	矩阵制	由纵横两套系统交叉形成的复合结构组织 [纵向：按职能划分的垂直领导系统，横向：按产品或项目划分的项目系统]
演变趋势	①扁平化；②柔性化；③虚拟化；④无边界化	

【真题链接】

(1)简述有机式组织的特点。[简答题，浙大2021年研]

(2)试述矩阵型组织结构的优缺点，举例说明。[论述题，郑大2021年研]

考点三：组织整合 ★★★

1. 正式组织与非正式组织的整合(见表6-3)

表6-3 正式组织与非正式组织的整合

		正式组织	非正式组织
含义		指为实现组织目标，人为设定规章制度等具有一定结构和特定功能的组织系统	指以人际关系和谐为导向，以非理性为行为逻辑，受潜在的不成文规定约束，独立于正式组织的组织系统
区别	目标	有明确目标，以目标为导向	以人际关系和谐为导向
	行为逻辑	理性：非人格化的规章制度	非理性：约定俗成的规则
	结合程度	严格的管理层级和岗位职责，正规化的组织体系	不存在明确的结构和层级，信息传递开放、发散
	权威来源	多来自职位性因素	来自非职位性因素
联系		①非正式组织在正式组织之间或依附于正式组织。 ②二者互为补充，相互影响，但也可能相互对立并冲突	
整合		①重视非正式组织的积极作用：a. 满足成员需求；b. 推进内部沟通；c. 增加工作默契；d. 利于活动有序开展。 ②减少非正式组织的消极作用：a. 提高决策参与度；b. 共享信息、加强沟通；c. 正确引导组织成员；d. 鼓励有益的非正式组织活动；e. 营造整合的组织文化氛围	

【真题链接】

(1)简述正式组织与非正式组织的含义和区别。[简答题，广东财大2023年研]

(2)简述正式组织与非正式组织的区别和联系。[简答题，南华大学2023年研]

(3)非正式组织的存在及其对组织目标的影响。[论述题，南昌大学2020年研]

(4)结合实际，谈谈如何管理非正式组织。[论述题，广西民大2020年研]

2. 层级整合(见表6-4)

表6-4 层级整合

要点		主要内容
管理幅度设计		①与管理层级的关系：组织规模一定时，管理幅度与管理层级成反比。 ②影响因素：a. 管理双方的工作能力；b. 工作内容和性质；c. 工作条件和环境；d. 成员差异性
集权与分权	关系	二者是相对的，是层级设计中的两种相反的权力分配方式
	影响分权的因素	①组织规模；②政策统一性；③组织可控性；④成员自我管理能力；⑤组织发展阶段

续表

要点		主要内容
授权	含义	①工作任务安排；②权力转移；③明确责任
	影响因素	①授权内容；②信息共享程度；③授权者主观态度；④接受方条件；⑤隐含奖励
	原则	①目的性原则；②权责一致原则；③信任原则

【真题链接】

(1)影响管理幅度的因素。[简答题，吉林大学2022年研；华电2018年研]

(2)简述影响集权与分权的因素。[简答题，郑大2021年研；北工商2016年研]

3. 直线与参谋的整合(见表6－5)

表6－5　直线与参谋的整合

		直线关系	参谋关系
含义		指决策、指挥和命令的关系，授予直线人员决策和行动的权力[最普遍]	指服务和协助的关系，授予参谋人员思考、筹划和建议的权力
区别	职权性质	直线职权，不可或缺	参谋职权，依附于直线部门
	设置方式	自上而下逐级设置	按专业需求设置
	决策角色	有决策权	只有建议权
	考核标准待遇	取决于组织层级、职位和绩效	由建议、服务的价值决定
	承担责任	对决策结果负责	不承担决策责任
联系		①直线与参谋均服务于组织目标，承担组织的管理者职能。 ②直线与参谋相结合，突破了管理者的局限性。 ③直线和参谋的角色可以转换	
矛盾原因		①参谋作用受统一指挥的影响；②直线轻视、抵制参谋；③参谋不尽责；④参谋的过高估计	
整合方法		①慎重对待；②明确职责关系；③授予必要的职能职权；④向参谋人员提供必要的条件	

【真题链接】如何正确处理直线人员与参谋人员的矛盾？[论述题，广西大学2020年研]

6.2　课后习题详解

1. 什么是组织设计？组织层级和管理幅度是什么关系？

答：(1)组织设计是指为实现组织目标，基于组织横纵向分工，对组织进行系统化设计、整合等一系列过程，是重要的管理活动。管理者在决策执行过程中必须明确组织的框架系统，而组织流程结构的构成就是组织设计的结构。组织设计确保管理实践的有序开展，对管理活动有着至关重要的影响。

(2)组织层级和管理幅度的关系。组织层级是指组织之间的纵向层级；管理幅度又称管理跨度或控制幅度，是指一个管理人员直接有效地指挥下属人员的数量。管理者在进行组织管理时，必须将所管辖的组织员工控制在合理范围内，以发挥组织管理的最大效能。一般来说，组织规模不变，管理幅度和组织层级存在反向关系，即管理者的管理幅度越大，组织层级则越少，反之亦然。在组织设计过程中，管理者应充分考虑组织规模和管理幅度的大小，确定管理层级的数量，以达到有效管理的目的。

2. 机械式组织与有机式组织分别具有哪些特点？影响组织设计的因素有哪些？

答：(1)机械式组织与有机式组织的特点：

①机械式组织的特点：

a. 基于职能的高度专门化。机械式组织基于专业分工和工作任务特性，将不同的管理问题进行分解和归纳，严格界定各部门、各环节的工作特性。

b. 僵化的职务与权限。机械式组织严格控制专业化分工层级，利用标准化的程序对组织成员的权责进行管控。

c. 信息集中于高层。在机械式组织中，高层管理者集中拥有决策相关信息，并进行决策。

d. 垂直的命令与信息传递。机械式组织总具有明确的垂直指挥链，强调上下级的命令和服务，信息传递过程中往往缺乏同层级的沟通和交流。

e. 强调组织忠诚与绝对服从原则。机械式组织中的组织成员往往需要表现出高度的组织忠诚感和绝对服从，尽可能减少个性化差异。

f. 强调固有知识。在机械式组织中，组织成员往往排斥外界的新知识，呈现墨守成规、死板固化的组织文化。

②有机式组织的特点：

a. 基于知识与经验的专门化。有机式组织基于专业化分工和个人特征，分解、整合管理任务，确保人岗相适应。

b. 柔性的职务与权限。有机式组织强调授权和非程序化决策，具有相对柔性的权责，组织成员具有一定的自主权。

c. 信息的分散与共享。在有机式组织中，高层管理者不再集中管理决策信息资源，而是组织成员共享信息，充分发挥组织成员的主观能动性。

d. 水平的沟通与信息传递。有机式组织侧重于跨部门沟通等组织设计方式，强调灵活的部门、岗位分工，不存在严格界限的各部门层级和永久固定的岗位，有利于信息的跨层级传递。

e. 对工作和技术的忠诚。有机式组织不再强调组织成员对上级的忠诚度和绝对服从，更侧重于工作任务的完成和技术水平的提高，强调自我管控，而非直接监督或烦琐的规章制度。

f. 强调吸收外部智慧。有机式组织强调外部知识的学习和应用，以开放的组织文化接受各种创新观点，更好地为达成组织目标而服务。

(2)影响组织结构的因素：

①环境。环境是管理活动开展的客观条件，根据组织中的环境特征，可具体分为：

a. 一般环境。一般指间接影响组织行为的环境因素，包括政治、经济、社会习俗等。

b. 任务环境。一般指能够直接影响组织行为的环境因素，包括供应商、消费者、竞争者等。

②战略。战略通常表明了企业为实现组织目标所制定的发展方向和业务模式。基于战

略发展阶段可分为：数量扩大阶段、地区开拓阶段、纵向联合开拓阶段和产品多样化阶段四个阶段。

③技术。技术体现了企业的生产能力，表明了将资源转化为产品或服务的效率水平。伍德沃德根据生产技术的复杂程度将生产技术分为三类：

a. 单件小批量生产技术，适用于定制服装、大型发电机组等单件或小批量产品的生产。

b. 大批量生产技术，适用于成衣、汽车以及其他标准产品的制造，可以通过专业流水线实现规模经济。

c. 流程生产技术，适用于炼油厂、发电厂、化工厂等连续不断的生产，比前两种技术更为复杂。

④规模。组织规模反映了企业的组织结构特征、组织层级数量、集权和分权程度等内容。

⑤发展阶段。企业同样存在生命周期，经历生成、成长、成熟、衰退和再生五个阶段。组织在不同周期存在不同的任务，要根据具体情况具体进行组织设计。

3. 基本的组织结构形式有哪些？简要说明各自的优缺点。

答：基本的组织结构形式以及各自的优缺点如下：

(1)直线制组织：

直线制组织结构，又称“军队型”结构，是指组织中的各种职位按垂直系统直线排列，各级行政主管行使统一指挥和管理职能，不设专门职能机构的结构。

①优点：

a. 设置简单。直线制组织在确定管理幅度和组织规模的范围后，直接确定组织层级，并没有涉及复杂烦琐的职能部门和参谋部门，有利于降低管理成本。

b. 权责关系明确。在直线制组织中，上级管理者可能同时负责几个部门的管理工作，但下级只有一位上级，上下级之间具有清晰明确的职权关系。

c. 有利于组织的有序运行。直线制组织是垂直的上下级关系，便于维系组织的秩序和纪律。

②缺点：

a. 专业化水平低。直线制组织的垂直领导特征导致上级管理者需要承担繁重的工作任务，呈现出低水平的专业化程度。

b. 缺乏横向沟通。直线制组织缺乏横向沟通的必要途径，同层级之间的组织成员缺乏信息传递的通道，导致信息沟通不畅。

c. 对管理人员的要求高。直线制组织要求上级管理者承担所负责的全部事务，对管理者素质有较高的要求，容易造成人员配置不足，难以找到合适的管理者。

(2)职能制组织：

职能制组织结构，又称“U形”结构，是指在各级行政主管之下，根据业务活动的相似性来设立拥有相应的管理职责和权力的管理职能部门，在其职能范围内有权直接指挥下级单位的结构。

①优点：

a. 专业化程度高。职能制组织设置参谋岗位，充分发挥专家的专业化作用，能够提高决策的效率和效果，符合大生产过程中分工协作的需求。

b. 减轻管理人员压力。在职能制组织中，参谋角色承担了辅助管理者决策的部分工作，使管理者摆脱日常烦琐的工作事务，将工作重点放在更为紧急或重要的事情上。

c. 有利于降低管理成本。职能制组织减少了重复性职能岗位，进而降低组织管理的成本。

②缺点：

a. 缺乏协调。在职能制组织中，各部门往往侧重于本部门的工作目标，缺乏必要的协作配合和沟通交流，容易造成本位主义和部门间的冲突矛盾，不利于有序达成组织整体目标。

b. 职责不清。在职能制组织中，直线部门和职能部门同时领导一个部门，不利于统一指挥和领导，易造成多头领导、责任不明等问题。

c. 缺乏通才型管理人才。由于职能制组织的管理者专注于某一专业领域，缺乏了解其他领域的培训机会，很难产生通才型管理者。

(3)直线职能制组织：

直线职能制组织结构，是指以直线为基础，在各级行政主管下设置专门从事专业管理的职能部门，作为该级行政主管的助手，实行行政主管统一指挥与职能部门参谋指导相结合的结构。

①优点：

a. 综合了统一指挥与专业化管理两方面的优势。直线职能制组织既发挥了统一指挥的领导优势，同时又展现了专业化管理的分工特征。

b. 能够有效减轻管理者负担。在直线职能制组织中，管理者无须成为全才，同时规避了多头指挥的弊端；管理者可以有重点地处理工作事务，减轻工作压力。

②缺点：

a. 协调难度加大。直线职能制组织在融合两种不同组织制度的同时，往往会由于两种组织部门的工作目标不同而造成矛盾冲突，甚至产生越权等问题。

b. 损害下属的自主性。直线职能制组织会有更多数量的管理岗位需求，容易造成组织集权化，降低下级员工工作的自主性。

c. 降低对环境的适应能力。直线职能制组织对于内外部环境变化，很难作出及时的反应，缺乏组织弹性，不能有效应对外部挑战。

d. 降低决策效率。直线职能制组织会产生相对更多的部门和岗位，不利于信息的传递和沟通协作，不利于高效地作出管理决策。

e. 增加管理成本。直线职能制组织中有较多重复性的部门和岗位，需要更多人、财、物等资源以维系组织运转，增加了管理成本。

(4)事业部制组织：

事业部制组织结构，又称“M形”结构，是指在公司总部领导下设立若干个独立核算的事业部，公司总部主要充当外部监管者角色，对各事业部的活动进行协调和控制，同时提供财务、法律等支援服务的结构。

①优点：

a. 有助于管理者侧重于战略规划和决策。在事业部制组织中，高层管理者将日常行政事务下放给各事业部进行独立处理，便于集中精力进行组织战略决策和规划。

b. 有利于培养通才。在事业部制组织中，每个事业部都需要独立经营、自负盈亏，这就需要加大力度培养全才、通才类型的组织管理者，为组织管理层提供源源不断的人才。

c. 增强组织的环境适应能力。各事业部在独立经营的过程中，需要持续对内外部环境的变化作出反应，以增强风险抵御能力，这极大地提高了组织的积极性、主动性和创造性。

②缺点：

a. 重复性机构设置造成管理成本上升。在事业部制组织中，总部与各事业部都需要相应的职能部门和岗位，这将加大组织的人力成本和管理成本的投入。

b. 容易滋生本位主义。在事业部制组织中，各事业部独立经营，很容易造成事业部的工作目标与组织总目标不一致，在高度分权的情况下产生本位主义，不利于达成企业的总体战略目标。

(5)矩阵制组织结构：

矩阵制组织结构是指将不同职能领域的员工分派到不同的工作项目中，即在横向上设置职能部门来获得专业化分工的优势，而在纵向上依照工作任务的不同设置项目组。

①优点：

a. 机动性强。矩阵制组织通过项目形式开展工作，根据项目的开展抽调各部门人员，项目结束后组织成员重新回到原部门。

b. 目标明确、人员结构合理。在矩阵制组织中，项目组承担工作任务，具有明确的预期工作目标，并根据目标进行人员的选择和配置，确保工作有序进行。

c. 通过异质组合实现创新。在矩阵制组织中，项目组成员来自不同的部门，具有不同的专业特长和工作思路，有利于激发创新思维以更好地完成项目任务。

d. 沟通顺畅。在矩阵制组织中，项目组成员同时有两名上级，形成了横纵向沟通相结合的信息交流渠道，保证了高效率的内部沟通。

②缺点：

a. 稳定性差。在矩阵制组织中，项目组根据工作任务的需求进行组建和解散，流动性较强，但很容易造成较低的工作岗位稳定性，不利于员工产生归属感。

b. 多头指挥。在矩阵制组织中，项目组成员同时接受两名上级的指挥，很容易因为不同上级的工作目标不同而造成多头指挥的问题。

c. 权责不对等。在矩阵制组织中，项目组临时组建，项目组成员对新项目缺乏工作责任感，不利于发挥组织成员的工作积极性。

4. 什么是组织整合？组织整合包括哪些内容？

答：组织整合又称组织内部协调，是指一个组织内上下左右、各部门及其人员都要朝着有利于完成本单位及整个组织目标的方向共同努力，主要包括正式组织与非正式组织的整合、层级整合和直线与参谋的整合。

(1)正式组织和非正式组织的整合：

①正式组织，指为实现组织共同目标，正式组织起来的、具有一定结构和特定功能的

组织系统。

②非正式组织，指基于人际关系等某种联系，组织成员自发形成的独立于正式组织之外，遵循不成文规则和非理性行为逻辑所形成的集合体。

非正式组织对正式组织的影响既有积极的一面，也有消极的一面。因此，非正式组织与正式组织的整合要重视非正式组织积极作用的发挥，减少消极影响，营造有利于二者整合的组织文化环境。具体措施，参见本章考点难点归纳相关内容。

(2)层级整合。指组织根据纵向设计的需要，确定组织层级数量、权力划分、权责范围等内容的一系列活动。

①管理幅度设计：

a. 管理幅度与管理层级的关系：当组织规模一定时，管理幅度与组织层级呈现出反比例关系。

b. 管理幅度设计的影响因素：管理者和被管理者的工作能力、工作内容和性质、工作条件与环境以及成员的差异性等方面。

②组织设计中的集权与分权：

a. 集权是指决策权集中在组织高层的一种权力系统；分权是指决策权分散在组织各部门的权力系统。

b. 集权与分权在组织应用过程中应该注重程度比例，而非绝对的集权和绝对的分权。影响组织分权程度的因素包括：组织规模、政策的统一性、成员的自我管理能力、组织的可控性和组织的发展阶段。

③组织设计中的授权问题：

a. 授权的内涵：工作任务安排、权力转移和明确责任。

b. 影响授权有效性的因素包括：授权信息、共享信息资源、权力原来掌控者的观念与态度、权力被赋予者的能力以及潜在的奖励。

c. 授权的原则包括：目的性原则、信任原则、权责一致原则。

(3)直线与参谋的整合：

①直线与参谋的联系：

a. 直线和参谋均以实现组织目标为根本工作任务，扮演组织管理者的角色。

b. 参谋能够为直线决策提供信息资源，如建议、咨询等服务。

c. 直线和参谋相结合，有利于改善组织结构的弊端，融合普遍决策和专业建议，有利于提高决策效率和效果。

d. 直线和参谋并不是固定的，可以相互转换。

②直线与参谋的区别：

a. 职权性质不同。直线管理者强调垂直的直线权力；参谋人员则侧重于为直线部门提供建议的参谋职权。

b. 设置方式不同。直线部门侧重于上下级等级分明，强调命令和服务的工作关系；参谋则侧重于辅助和建议，不存在明显的等级关系。

c. 在决策中的角色不同。直线管理者强调职权的重要性，会拥有与之相匹配的决策权；参谋人员的工作多为提出建议，很少具有明确的决策权。

d. 考核标准和待遇不同。直线部门有严格的层级、职位划分，并有与之对应的薪酬待遇标准；参谋部门的价值则体现在其所提供的专业化建议和服务上。

e. 所承担的责任不同。直线管理者具有决策权并承担执行后果；参谋人员提出建议，并不对决策和执行结果负责。

③直线与参谋的整合方法：a. 慎重对待参谋的设置；b. 明确职责关系；c. 授予参谋必要的职能职权。

5. 结合中国企业管理实际，说明组织整合的方式和途径。

答：组织整合的方式有三种：正式组织与非正式组织的整合、层级整合和直线与参谋的整合。综合我国企业管理实际，组织整合的方式和途径如下：

(1)非正式组织与正式组织的整合：

正式组织与非正式组织的整合既要发挥非正式组织的积极作用，又要避免其消极影响，营造有利于整合的组织环境。在中国企业管理中，如何发挥人才的作用并留住人才已经成为管理者不能忽略的问题。非正式组织有助于调动员工的积极性，激发员工的组织承诺，提高员工的工作满意度。

①重视非正式组织的作用：a. 满足组织成员的需要；b. 促进组织内的沟通；c. 利于组织成员间默契的增加，提升凝聚力；d. 有利于组织活动有序开展。

②减少非正式组织的消极影响：a. 通过提高组织成员参与决策的程度，避免目标冲突；b. 加强沟通与信息共享，减少小道消息的蔓延；c. 关心成员的工作、生活，正确引导非正式组织；d. 鼓励管理者参与到非正式组织的活动中，树立权威；e. 营造有利于整合的组织文化和氛围。

通过整合正式组织和非正式组织，发挥非正式组织的积极作用，能使企业内部沟通更顺畅，激发员工的工作积极性，保证对员工的有效管理。

(2)层级整合。层级整合包括管理幅度设计、有效集权与分权以及授权。

①在中国企业管理实际中，组织扁平化已成为大趋势。知识管理时代，随着员工能力和素养的提升，减少管理幅度，赋予员工权力，促使他们加入企业决策，对企业管理具有重要意义。由于员工工作能力整体水平的提升，以及成员差异性的增加和员工工作内容的扩大化，中国企业必须探索出适合自己的层级整合方式和程度，要兼顾企业管理效率、发挥员工能力。

②授权在现代企业管理中非常必要。随着企业竞争环境的快速变化，为了提高企业的适应能力和灵活性，对员工适度授权，共享信息，并鼓励员工参与决策、发挥主观能动性、形成对企业的责任感，是很有必要的。中国企业的员工知识结构比例不断变化，高端人才越来越多。此外，随着中国信息技术的高速发展，管理者能吸纳的信息有限。所以，必须对员工授予权力，让员工参与决策能优化决策，提高中国企业的管理效率。

(3)直线与参谋的整合。组织中有直线管理者和参谋两种管理者类型。直线管理人员基于其岗位职权进行决策，参谋人员则侧重提供专业化建议，为决策提供咨询服务。中国企业在不断扩大规模和业务的过程中，其组织形式也变得更加复杂，尤其是很多企业正在实现全球化发展，这种情况下仅有直线管理人员已经不能满足管理需求，必须设置合适的参谋管理人员，为直线管理者提供多方面的信息，协助决策。

6.3 考研真题

一、单项选择题

1. 职能制组织结构形式的优点是实现了(　　)。[中财 2013 年研]

A. 管理现代化　　B. 管理专业化　　C. 统一指挥　　D. 统一领导

2. 组织结构中，既有职能划分的垂直领导系统，又有按项目划分的横向领导系统的结构是(　　)。[中国海大 2018 年研]

A. 职能制组织结构　　B. 矩阵制组织结构

C. 事业部制组织结构　　D. 直线职能制组织结构

3. 下列关于正式和非正式组织的表述正确的是(　　)。[电子科大 2014 年研]

A. 既然有非正式组织，管理者就不应让正式组织存在

B. 非正式组织和正式组织可能存在合作关系，也可能存在竞争关系

C. 既然有正式组织，就不应该存在非正式组织

D. 在管理中，管理者可以忽视非正式组织的作用

二、概念题

1. 组织设计[常州大学 2022 年研；西南财大 2021 年研；四川师大 2018 年研；长安大学 2017 年研；四川大学 2016 年研；东财 2015 年研；华南理工 2013 年研；中财 2011 年研]

2. 组织结构[北邮 2023 年研；宁波大学 2020 年研；湘潭大学 2017 年研；山东大学 2017 年研；中南财大 2015 年研；同济大学 2015 年研]

3. 直线职能制[汕头大学 2022 年研；东北大学 2019 年研；中财 2014 年研；山东大学 2013 年研；北邮 2010 年研；武汉理工 2009 年研]

4. 事业部结构[中南财大 2020 年研]

5. 矩阵型结构[大连理工 2018 年研；华电 2018 年研；长安大学 2017 年研]

相关试题：

(1)组织结构中的矩阵结构[浙江理工 2016 年研]

(2)矩阵型组织结构[大连理工 2021 年研；暨南大学 2011 年研；四川大学 2011 年研]

6. 非正式组织[中国农大 2023 年研；安徽大学 2023 年研；西安交大 2022 年研；汕头大学 2022 年研；社科院 2020 年研；武汉理工 2019 年研；四川师大 2018 年研；华侨大学 2018 年研；吉林大学 2015 年研；同济大学 2013 年研；华南理工 2011 年研；北二外 2010 年研]

7. 管理幅度[安徽大学 2023 年研；天工大 2023 年研；汕头大学 2022 年研；东北大学 2020 年研；山东大学 2017 年研；广工大 2015 年研；北科 2014 年研；深圳大学 2011 年研]

相关试题：管理跨度[大连理工 2021 年研；中南财大 2017 年研；哈工大 2016 年研]

8. 职权(Authority)与授权(Power)[中山大学 2007 年研]

相关试题：授权[东南大学 2020 年研；山东大学 2017 年研；哈工大 2016 年研；东财 2013 年研；武大 2012 年研；华南理工 2011 年研]

9. 参谋职权[中国海大 2018 年研；华电 2014 年研；东财 2009 年研]

三、简答题

1. 组织设计的目的与任务。[昆明理工 2018 年研]

2. 简述组织设计的原则。[西南林大 2024 年研；吉林大学 2017 年研；广工大 2015 年研；电子科大 2013 年研；华南理工 2010 年研]

相关试题：

(1) 论述组织设计的一般原则。[论述题，人大 2023 年研]

(2) 简述组织结构设计的原则。[湖南大学 2023 年研]

3. 事业部制组织结构有何优点？[中山大学 2016 年研]

相关试题：简述事业部制及其优缺点。[山东大学 2017 年研]

4. 正式组织与非正式组织有何区别？[中国海大 2018 年研]

相关试题：

(1) 简述正式组织与非正式组织的区别和联系。[南华大学 2023 年研]

(2) 正式组织与非正式组织的区别。[南昌大学 2017 年研]

5. 简述管理跨度的定义，以及影响管理跨度的相关因素。[上海大学 2018 年研]

相关试题：

(1) 简述管理幅度的影响因素。[湖南师大 2020 年研]

(2) 管理跨度的影响因素。[大连理工 2021 年研]

(3) 影响管理幅度的因素。[吉林大学 2022 年研；华电 2018 年研；北工大 2016 年研；广工大 2016 年研；北科 2013 年研]

(4) 管理幅度问题是如何提出的？如何确定有效的管理幅度和合理的管理层次？[桂林理工 2018 年研]

(5) 简述管理幅度与管理层次的关系及其对组织结构形态的影响。[华南理工 2017 年研]

(6) 请解释管理幅度的概念并简述其管理学启示。[对外经贸 2016 年研]

6. 请阐述“集权”和“分权”的管理重点以及各自可能产生的管理问题。[南航 2017 年研]

7. 简述影响集权与分权的因素。[郑大 2021 年研；北工商 2016 年研]

相关试题：

(1) 影响组织分权程度的因素是什么？[浙大 2020 年研]

(2) 请论述集权与分权的影响因素。[论述题，湘潭大学 2020 年研]

(3) 集权适用的管理情景。[大连理工 2019 年研]

(4) 简述组织分权的主要影响因素。[华侨大学 2018 年研]

四、论述题

1. 论述组织设计的影响因素。[湖南师大 2023 年研]

相关试题：

(1) 简述影响组织设计的因素。[简答题，南京理工 2023 年研]

(2) 简述影响组织结构选择的权变因素。[简答题，湘潭大学 2021 年研；东南大学 2018 年研；哈工大 2018 年研；浙江财大 2018 年研]

(3) 影响组织结构设计的主要因素包括哪些？[社科院 2020 年研；厦门大学 2018 年研；山东大学 2015 年研；大连理工 2014 年研；武大 2011 年研]

(4) 试述影响组织结构设计的关键要素。[论述题，人大 2019 年研]

(5) 组织设计和变革的影响因素。[安徽大学 2018 年研]

(6)影响组织设计的权变变量。[武汉地大2020年研；中山大学2017年研]

(7)组织结构的定义及影响组织结构设计的四个因素。[哈工大2017年研]

(8)影响组织结构的主要权变因素有哪些？简述主要观点。[华中农大2017年研]

2. 钱德勒指出："战略决定结构。"试从战略与结构的角度分析一下机械式组织和有机组织的特点，以及相应的适用条件。[南京大学2015年研]

相关试题：

(1)简述有机式组织的特点。[简答题，浙大2021年研]

(2)试比较机械式组织和有机式组织。[东南大学2018年研；对外经贸2015年研]

(3)机械式组织在什么条件下最为有效？[中国海大2018年研]

(4)你是更愿意在一个机械式组织工作，还是在一个有机式组织中工作？试予以分析、论证。[湘潭大学2017年研]

(5)简述有机式组织和机械式组织的区别。[简答题，浙江财大2016年研；暨南大学2015年研]

3. 为什么科研、设计和项目开发等创新性强的组织比较适合选择矩阵型组织结构？[东财2010年研]

相关试题：

(1)试述矩阵型组织结构的优缺点，举例说明。[郑大2021年研]

(2)试论述矩阵型组织结构的优缺点。[湖南师大2020年研]

(3)简述矩阵型组织结构的优缺点。[简答题，中山大学2016年研；中南大学2013年研]

4. 论述非正式组织对正式组织的影响以及发挥非正式组织作用的措施。[北二外2009年研]

相关试题：

(1)结合实际，谈谈如何管理非正式组织。[广西民大2020年研]

(2)非正式组织的存在及其对组织目标的影响。[南昌大学2020年研]

(3)试分析非正式组织的作用。[华科2017年研]

5. 试论述集权的优势和劣势。[中山大学2015年研]

相关试题：请论述集权与分权的影响因素。[湘潭大学2020年研]

五、案例分析题

案例一

王宏发是宏远纺织品公司的总裁，一份刚送到他办公桌上的问题报告把他搞糊涂了。印染厂的经理张向荣抱怨，那位直接受总裁指挥的总公司的采购部经理赵腾飞买下了不合格的纺织品，并已运货到厂。

张向荣说："我特别关照总公司采购部经理，从那个供应商买来的纺织品把我们的生产工序搞乱了，以后别买它了。"王宏发问："那你为什么不来告诉我呢？"张向荣说："我以为直接对赵腾飞讲了，就不用绕圈子做官样文章了。再说，我让印染车间主任打过电话给那家供应厂商，叫他们以后别再运这种货了。"王宏发说："是吗？我们和那家供应商已订了采购合同，他们对此会特别敏感，你这样做真让我们处境难堪。以后，让采购部经理来决定我们买哪家的，你别直接给供应商打电话，那是采购部经理的责任。"张向荣说："那个电话

不是我打的，是印染车间主任打的。”［暨南大学 2017 年研］

请根据案例所给的内容，回答下述问题：

1. 请用管理学的有关原理说明印染厂经理张向荣的做法和认识有哪些不妥，为什么？

2. 通过上述案例可以看出，科学的组织设计应遵循哪些原则？

案例二 Winter 图书公司的组织变革

Winter 图书公司原是美国一家地方性的图书公司。近 10 年来，这家公司从一个中部小镇的书店发展成为一个跨越 7 个地区，拥有 47 家分店的图书公司。多年来，公司的经营管理基本上是成功的。下属各分店，除 7 个处于市镇的闹区外，其余分店都位于僻静的地区。除了少数分店也兼营一些其他商品外，绝大多数的分店都专营图书。每个分店的年销售量为 26 万美元，纯盈利达 2 万美元。但是近 3 年来，公司的利润开始下降。

2 个月前，公司新聘艾米任该图书公司的总经理。对公司历史和现状经过一段时间的调查了解后，艾米开始与公司的 3 位副总经理和 6 位地区经理共同讨论公司的形势。

艾米认为，她首先要做的是对公司的组织进行改革。目前公司的 6 位地区经理都全权负责各自地区内的所有分店，并且掌握有关资金的借贷、各分店经理的任免、广告宣传和投资等权力。在阐述了自己的观点以后，艾米便提出了改组组织结构的问题。

一位副总经理约翰说道：“我同意你改组的意见。但是，我认为我们需要的是分权而不是集权。就目前的情况来说，我们虽聘任了各分店的经理，但是我们却没有给他们进行控制指挥的权力，我们应该使他成为一个有职有权、名副其实的经理，而不是有名无实、只有经理的虚名而实际上却做销售员的工作。”

另一位副总经理大卫抢着发言：“你们认为应该对组织结构进行改革，这是对的。但是，在如何改的问题上，我有不同的看法。我认为，我们不需要设什么分店的业务经理。我们所需要的是更多的集权。我们公司的规模这么大，应该建立管理资讯系统。我们可以通过资讯系统在总部进行统一的控制指挥，广告工作也应由公司统一规划，而不是让各分店自行处理。如果统一集中的话。就用不着花这么多工夫去聘请这么多的分店经理了。”

“你们两位该不会是忘记我们了吧?”一位地区经理插话说：“如果我们采用第一种计划，那么所有的工作都推到了分店经理的身上；如果采用第二种方案，那么总部就要包揽一切。我认为，如果不设立一些地区性的部门，要管理好这么多的分店是不可能的。”

“我们并不是要让你们失业。”艾米插话说：“我们只是想把公司的工作做得更好。我们要对组织进行改革，并不是要增加人手或是裁员。我们只是认为，如果公司某些部门的组织能安排得更好，工作的效率就会提高。”［东财 2009 年研］

根据上述案例描述回答下列问题：

1. 图示 Winter 公司目前采用的组织结构类型并说明其特点。

2. 艾米应该如何分析两位副总经理有关集权与分权发言的合理性和局限性。

3. 如果公司实行组织变革，两种方案是否真会出现如地区经理所言的结果？请分析原因。

相关试题：［材料同上，山东大学 2016 年研］

1. 分析该图书公司现有的组织形式及优缺点。

2. 有哪些因素促使该图书公司要进行组织变革？

案例三

比特丽公司是美国一家大型联合公司，总部设在芝加哥，下属有450个分公司，经营9000多种产品，其中许多产品，如克拉克棒糖、乔氏中国食品等，都是名牌产品。公司每年的销售额高达90多亿美元。

多年来，比特丽公司一直采用积极的并购战略，取得了快速发展。公司的传统做法是：每当购买一家公司以后，一般都保持其原来的主打产品，使其为联合公司开拓一个新的市场；另一方面，对下属各分公司采用分权的管理形式，允许新并购的分公司保持其原来的生产管理结构，这些都不受总公司的限制和约束。由于实行这种战略，公司变成由许多没有统一目标、彼此又没有什么联系的分公司组成的联合总公司。1976年，原董事长退休以后，德姆就是在这种情况下被任命为新董事长。新董事长德姆的意图是要使公司朝着他新制定的战略方向发展。根据他新制定的战略，德姆卖掉了下属56个分公司，但同时又买下了西北饮料工业公司。

据德姆的说法，公司除了面临发展方向方面的问题外，还面临着另外两个主要问题：一个是下属各分公司都面临着向市场介绍并推销新产品的问题，为了刺激各分公司的工作积极性，德姆决定采用奖金制，对下属干得出色的分公司经理每年奖励5万美元。但是，对于这些收入远远超过5万美元的分公司经理人员来说，5万美元奖金恐怕起不了多大的刺激作用。另一个更严重的问题是，在维持原来的分权制度下，应如何提高对增派参谋人员必要性的认识，应如何发挥直线与参谋人员的作用问题。德姆决定要给下属每个部门增派参谋人员，以更好地帮助各个小组开展工作。但是，有些管理人员认为只增派参谋人员是不够的，有的人则认为，没有必要增派参谋人员，可以采用单一联络人联系几个单位的方法，即集权管理的方法。

德姆还在联合公司总部专门设有一个财务部门，但是这个财务部门根本就无法控制这么多分公司的财务活动，因此造成联合公司总部甚至无法了解并掌握下属部门支付支票的情况等一系列问题。[暨南大学2023年研；山东大学2018年研]

问题：

1. 比特丽公司可以在分权方面做得更好吗？

2. 你对德姆的激励方法有何看法？

3. 参谋人员有何作用？如何协调直线和参谋人员之间的关系？

6.4 考研真题详解

一、单项选择题

1. B 【解析】职能制组织结构，是指以工作方法和技能作为部门划分的依据。组织中设置若干职能专门化的机构，这些职能机构在自己的职责范围内，都有权向下发布命令和指示。职能部门化的优点主要包括：①符合活动专业化的分工要求，避免了组织职能重叠；②部门的职能性被显著凸显，实现了管理的专业化；③相似职能的员工被划分在一起，促进员工之间的相互学习，简化了培训，有助于员工工作技能的熟练和提高，并对专业问题的解决有一定帮助。

2. B 【解析】矩阵制组织是一种由纵横两套系统交叉形成的复合结构组织。矩阵制组织结构既有按职能划分的垂直领导系统，又有按产品或项目划分的横向领导关系，每一名下属同时接受两名上司的领导。

3. B 【解析】非正式组织是指工作性质相近、社会地位相当、对一些具体问题的认识基本一致、观点基本相同，或者在性格、业余爱好以及感情相投的基础上，产生一些被大家所接受并遵守的行为规则，从而逐渐趋向固定的团体。它具有如下积极作用：满足员工加强合作的需求；促进正式组织工作的开展；维护正式组织的秩序。因此非正式组织和正式组织存在合作关系。同时，非正式组织可能存在如下危害：①非正式组织的目标如果与正式组织冲突，则可能对正式组织的工作产生极为不利的影响；②非正式组织要求成员一致性的压力，往往也会束缚成员的个人发展；③非正式组织的压力还会影响正式组织的变革，发展组织的惰性。因此，非正式组织和正式组织又存在一定的竞争关系。

二、概念题

1. 组织设计［常州大学 2022 年研；西南财大 2021 年研；四川师大 2018 年研；长安大学 2017 年研；四川大学 2016 年研；东财 2015 年研；华南理工 2013 年研；中财 2011 年研］

答：组织设计是指以组织结构安排为核心的组织系统的整体设计工作，实质是对管理人员的管理劳动进行横向和纵向的分工。组织设计的目的是发挥整体大于部分之和的优势，使有限的人力资源形成综合效果。组织设计因组织的战略、所处的环境、技术水平以及规模而异。组织设计所遵循的原则有：①因事设职与因人设职相结合的原则；②权责对等的原则；③命令统一的原则。

2. 组织结构［北邮 2023 年研；宁波大学 2020 年研；湘潭大学 2017 年研；山东大学 2017 年研；中南财大 2015 年研；同济大学 2015 年研］

答：组织结构是指组织的基本架构，是对完成组织目标的人员、工作、技术和信息所做的制度性安排。它可以用复杂性、规范性和集权性三种特性来描述。其中，复杂性是指每一个组织内部在专业化分工程度、组织层级、管理幅度以及人员之间、部门之间关系上存在着的巨大差别性。规范性是指组织需要靠规章制度以及程序化、标准化的工作，规范地引导员工的行为。集权性是指组织在决策时正式权力在管理层级中分布与集中的程度。

3. 直线职能制［汕头大学 2022 年研；东北大学 2019 年研；中财 2014 年研；山东大学 2013 年研；北邮 2010 年研；武汉理工 2009 年研］

答：直线职能制是指组织的设计以直线制为基础，在各级直线主管之下设置相应的职能部门，即在保持直线组织统一指挥的原则下，增加了参谋机构。其优点是：①把直线结构和职能结构的优点结合起来，既能保持指挥的统一，又能发挥参谋人员的作用；②分工细密，职责清楚，各个部门只对自己应该做的工作负责，效率比较高；③组织稳定性比较高，在外部环境变化不大的情况下，易于发挥组织的集体效率。其缺点是：①部门间缺乏信息交流，不利于集思广益地作出决策；②直线部门与参谋部门之间目标不一，矛盾较多，上层主管的协调工作量大；③难以从组织内部培养熟悉全面情况的管理人才；④系统刚性大、适应性差，容易因循守旧，对新情况不易作出迅速反应。

4. 事业部结构[中南财大 2020 年研]

答：参见本章考研真题简答题第 3 题答案。

5. 矩阵型结构[大连理工 2018 年研；华电 2018 年研；长安大学 2017 年研]

相关试题：

(1)组织结构中的矩阵结构[浙江理工 2016 年研]

(2)矩阵型组织结构[大连理工 2021 年研；暨南大学 2011 年研；四川大学 2011 年研]

答：矩阵型结构是一种由纵横两套系统交叉形成的复合结构。矩阵型结构采用专业化分工的职能管理者，在组织内部设立各专业的职能部门和职能主管，由他们在其各自负责的业务范围内向组织下级各单位直接下达指标和命令，组织中下级各单位除了要服从上级单位的行政领导外，还要服从上级职能部门在其专业领域内的指挥。矩阵组织具有很大的弹性和适应性，能促进新的观点和设想的产生，还可以促进各个部门间的协调和沟通。但项目组织的成员可能产生临时观念，影响工作责任心，在双重领导下会感到无所适从。

6. 非正式组织[中国农大 2023 年研；安徽大学 2023 年研；西安交大 2022 年研；汕头大学 2022 年研；社科院 2020 年研；武汉理工 2019 年研；四川师大 2018 年研；华侨大学 2018 年研；吉林大学 2015 年研；同济大学 2013 年研；华南理工 2011 年研；北二外 2010 年研]

答：非正式组织是指存在于正式组织之中，由人们在共同工作中所形成的靠感情和非正式规则联结起来的群体。非正式组织是伴随着正式组织的运转而形成的。正式组织中的某些小群体成员，由于工作性质相近、社会地位相当、对一些问题的看法基本一致，或者在性格、业余爱好及感情相投的基础上，形成了一些被其他成员所共同接受并遵守的行为规则，从而使原来松散、随机形成的群体渐渐成为趋向固定的非正式组织。非正式组织的特点包括：①没有明确的组织目标、组织活动，以感情和融洽的关系为主要标准，有不成文的行为规则；②带头人无正式权力，是自然领袖，在团体中有一定的影响力；③维系非正式组织的主要是接受与欢迎、孤立与排斥等感情上的因素。

7. 管理幅度[安徽大学 2023 年研；天工大 2023 年研；汕头大学 2022 年研；东北大学 2020 年研；山东大学 2017 年研；广工大 2015 年研；北科 2014 年研；深圳大学 2011 年研]

相关试题：管理跨度[大连理工 2021 年研；中南财大 2017 年研；哈工大 2016 年研]

答：参见本章考研真题简答题第 5 题答案。

8. 职权(Authority)与授权(Power)[中山大学 2007 年研]

相关试题：授权[东南大学 2020 年研；山东大学 2017 年研；哈工大 2016 年研；东财 2013 年研；武大 2012 年研；华南理工 2011 年研]

答：(1)职权是指某个管理职位本身所具有的发布命令和让命令得到执行的权力。职权可以往下授予更低层级的管理者，在赋予他们某种权力的同时，也需要对这些权力的实施范围施加某种程度的限制。

(2)授权是指在一定的条件下，上级将自己的部分职责和相应的权力授予给下级，最后考核其成果，是提高领导效能的重要手段。至于具体的工作方法、措施、步骤等，上级一般不予干涉，下级有权自行处理。在授权关系中，上级对下级保留有一定的指挥权和监督权，而下级对上级负有报告情况和完成任务的责任。

(3)职权是一种权力，属于静态的名词，而授权更强调一个过程，属于动态的名词。

9. 参谋职权[中国海大2018年研；华电2014年研；东财2009年研]

答：参谋职权是指组织中的参谋人员拥有的某些特定的权力，如建议、审核、对直线职权的评价等，是对直线职权的一种补充。参谋职权是一种有限度的、不完整的辅助性职权。从性质上说，参谋职权是一种顾问性或服务性的职权，拥有参谋职权的管理者可以向直线管理者提出建议或提供服务，但参谋职权本身并不包括指挥权和决策权。参谋的形式包括个人参谋和专业参谋两种。个人参谋是直线人员的参谋和助手，为直线人员提供咨询，协助直线人员执行职责，如管理者的个人助理；专业参谋常常是一个独立的机构或部门，往往聚合了一些专家，为各级直线主管提供专业性建议与服务。

三、简答题

1. 组织设计的目的与任务。[昆明理工2018年研]

答：(1)组织结构的设计是指按照组织目标在对管理活动进行横纵向分工的基础上，通过部门化形成组织框架并进行整合。相较个人活动，集体活动的活动内容复杂且参与人数多，组织结构的设计具有必要性和重要性。

(2)组织设计的根本目的，是保证组织目标的实现，是使目标活动的每项内容都落实到具体的岗位和部门，即“事事有人做”，而且要保证“有能力的人有机会去做他们真正胜任的工作”。

(3)组织设计的任务，即提供组织结构系统图和编制“职务说明书”。职务说明书要能简明地指出：该管理职务的工作内容、职责与权力，该职务在组织中与其他职务之间的区别与联系，职务人员需要具备的专业背景、知识结构、工作经验、管理能力等基本条件。为了达到组织设计的理想效果，组织设计者需要完成以下几项工作：

①职务设计与分析。设计一个全新的组织结构需要从最基层开始。组织首先需将总任务目标进行层层分解，分析并确定完成组织任务究竟需要哪些基本的职能与职务，然后设计和确定组织内从事具体管理工作所需的各类职能部门以及各项管理职务的类别和数量，分析每位职务人员应具备的资格条件、应享有的权利范围和应负的职责。

②部门划分。根据每位职务人员所从事的工作性质以及职务间的区别和联系，按照组织职能相似、活动相似或关系紧密的原则，将各个职务人员聚集在“部门”这一基本管理单位内。

③结构的形成。在职能与职务设计以及部门划分的基础上，必须根据组织内外能够获取的现有人力资源情况，对初步设计的职能和职务进行调整和平衡。同时要根据每项工作的性质和内容确定管理层级并规定相应的职责、权限，通过规范化的制度安排使各个职能部门和各项职务形成一个严密、有序的活动网络。

2. 简述组织设计的原则。[西南林大2024年研；吉林大学2017年研；广工大2015年研；电子科大2013年研；华南理工2010年研]

相关试题：

(1)论述组织设计的一般原则。[论述题，人大2023年研]

(2)简述组织结构设计的原则。[湖南大学2023年研]

答：参见本章考研真题案例分析题一第2题答案。

3．事业部制组织结构有何优点？[中山大学2016年研]

相关试题：简述事业部制及其优缺点。[山东大学2017年研]

答：事业部制组织结构是指按照组织所经营的事业，包括按产品、地区、顾客(市场)等来划分部门，设立若干事业部的组织结构类型。事业部在组织统一领导下，拥有自己的产品和独立的市场，拥有一定的经营自主权，是实行独立经营、独立核算的部门。事业部既是受公司控制的利润中心，具有创造利润和管理的职能，又是产品责任单位或市场责任单位，对产品设计、生产制造及销售活动有统一领导的职能。

事业部制组织结构的主要优点包括：

(1)每个事业部都有自己的产品和市场，能够规划其未来发展，也能灵活自主地适应市场出现的新情况并迅速作出反应。所以，这种组织结构既有高度的稳定性，又有良好的适应性。

(2)有利于最高领导层摆脱日常行政事务，成为坚强有力的决策机构，同时又能使各事业部发挥经营管理的积极性和创造性，从而提高组织的整体效益。

(3)事业部经理虽然只负责领导一个比所属组织小得多的单位，但由于事业部自成系统、独立经营，相当于一个完整的组织，所以他应能经受住组织高层管理者面临的各种考验。显然，这有利于培养全面管理人才，为组织的未来发展储备干部。

(4)事业部作为利润中心，既便于建立衡量事业部及其经理工作效率的标准，进行严格的考核，也便于组织高层领导评价每种产品对组织总利润的贡献大小，用以指导组织发展的战略决策。

(5)按产品划分事业部，便于组织专业化生产，形成经济规模，采用专用设备，并能使个人的技术和专业知识在生产和销售领域得到最大限度的发挥，有利于提高劳动生产率和企业经济效益。

(6)各事业部之间可以有比较、有竞争，由此可以增强组织活力、促进组织发展。

(7)各事业部自主经营，责任明确，使得目标管理和自我控制能有效地进行。在这样的条件下，高层领导的管理幅度便可以适当扩大。

4．正式组织与非正式组织有何区别？[中国海大2018年研]

相关试题：

(1)简述正式组织与非正式组织的区别和联系。[南华大学2023年研]

(2)正式组织与非正式组织的区别。[南昌大学2017年研]

答：参见本章考点难点归纳相关内容。

5．简述管理跨度的定义，以及影响管理跨度的相关因素。[上海大学2018年研]

相关试题：

(1)简述管理幅度的影响因素。[湖南师大2020年研]

(2)管理跨度的影响因素。[大连理工2021年研]

(3) 影响管理幅度的因素。［吉林大学 2022 年研；华电 2018 年研；北工大 2016 年研；广工大 2016 年研；北科 2013 年研］

(4) 管理幅度问题是如何提出的？如何确定有效的管理幅度和合理的管理层次？［桂林理工 2018 年研］

(5) 简述管理幅度与管理层次的关系及其对组织结构形态的影响。［华南理工 2017 年研］

(6) 请解释管理幅度的概念并简述其管理学启示。［对外经贸 2016 年研］

答：(1) 管理跨度即管理幅度，是指管理者直接和有效地控制下属人员的数量。其中，管理幅度决定管理层次，进而影响组织结构基本形态。管理层次是指在职权等级链上所设置的管理职位的级数。一般来讲，组织规模越大，管理层次越多，且在相同规模下，管理幅度越大，管理层次越少，反之亦然。

(2) 影响管理跨度的因素：

①主管和下属的工作能力。如果主管可以在较短时间内，对下属的问题给出适当的指导建议，并使下属理解，则可放宽管理跨度。如果下属完全具备独立完成工作的能力，很少向上司请示，也可适当放宽管理跨度。

②工作的内容和性质。主要包括：a. 主管所处的管理层次。主管的工作在于决策和用人。管理者的决策和用人会由于不同的管理系统层次而分配不同占比。b. 下属工作的相似性。主管对从事相近工作内容和性质的下属的指导大体相似，可适当放宽管理跨度。c. 计划的完善程度。单纯执行计划，且计划本身详尽周到，下属对计划的目的和要求明确，主管指导下属所需的时间就不多；反之，有效管理跨度就会减小。d. 非管理事务的多少。管理层次越高，主管的非管理性事务越多，对管理跨度也会产生消极的影响。

③工作条件。主要包括：a. 助手的配备情况。如果主管有助手的辅助，则可适当放宽管理跨度。b. 信息手段的配备情况。在先进技术的帮助下，主管可以高效地处理信息，从而及时全面地掌握下属的工作情况并给出恰当的建议，有利于主管管理跨度的扩大。c. 工作地点的相近性。在地理位置上，下属的工作岗位相对集中，主管会更容易与下属进行沟通交流，可适当扩大管理跨度。

④工作环境。管理者调整管理内容和政策的幅度和频度要根据组织环境稳定性判断。环境剧烈变化时，会出现越来越多的新问题，下属会频繁向主管请示；而主管此时需用更多精力去关注环境变化并提出应对措施。一般来讲，环境不稳定时，管理者的管理跨度同样受限。

6. 请阐述“集权”和“分权”的管理重点以及各自可能产生的管理问题。［南航 2017 年研］

答：(1) 集权和分权的内涵：

①集权是指决策指挥权在组织层级系统中较高层次上的集中，即下级部门和机构只能依据上级的决定、命令和指示办事，一切行动必须服从上级指挥。

②分权是指决策指挥权在组织层级系统中较低管理层次上的分散。组织高层将其一部分决策指挥权分配给下级组织机构和部门的负责人，使他们充分行使这些权力，支配组织的某些资源，并在其工作职责范围内自主地解决某些问题。一个组织内部要实行专业化分工，就必须分权，否则，组织便无法运转。

在组织管理中，集权和分权是相对的，绝对的集权或绝对的分权都是不可能的。

(2)集权的管理重点以及可能产生的管理问题：

①集权的管理重点：经营决策权大多数集中于高层领导，中下层只有日常的业务决策权限；对下级的控制较多，如下级的决策要经过上级的审核；统一经营，与外界发生关系的经营活动，如市场开发、产品开发、供销关系等，大多由上级控制；统一核算，财务活动一般由上级管理。

②集权的优势：政令统一，标准一致，能够统筹全局，兼顾其他，指挥方便，令行禁止，有利于集中力量，攻克难关；有利于集中领导，协调各部门之间的活动；有利于管理工作实行专业化，提高工作效率；便于指挥和安排统一的财务政策，降低行政管理成本；有利于母公司发挥财务调控功能，完成集团统一财务目标。

③集权可能产生的管理问题：弹性与灵活性差，缺乏应变能力，不能因时因地、因人制宜，不利于发展个性与特色，也不太容易顾及一些特殊情况；不能充分调动下级被领导者的积极性与创造性，有时甚至会造成官僚主义与独断专行等弊端。最终，过分集权会降低决策的质量以及整个组织的适应能力。

(3)分权的管理重点以及可能产生的管理问题：

①分权的管理重点：中下层有较多的决策权；上级的控制较少，往往以完成规定的目标为限；在统一规划下可以独立经营；实行独立核算，有一定的财务收支权力。

②分权的优势：有利于各事业部对所负责的产品或地区从计划、生产到销售进行统一管理，从而调动事业部的主动性、积极性，为基层领导者发挥才干和培养高层管理人员提供了条件；企业最高管理层摆脱了日常经营管理事务，可以集中精力研究企业的重大战略决策问题；各事业部对环境变化反应迅速，信息沟通快，有利于组织决策的合理性，保证决策的科学性，又能从上到下更好地实现分工与协作，使决策和责任明确化；分权有利于培养组织管理专家。

③分权可能产生的管理问题：易产生本位主义，相互协调困难，统一指挥与调度不够灵活；一些职能管理机构重复设置，管理费用增加。

7．简述影响集权与分权的因素。［郑大2021年研；北工商2016年研］

相关试题：

(1)影响组织分权程度的因素是什么？［浙大2020年研］

(2)请论述集权与分权的影响因素。［论述题，湘潭大学2020年研］

(3)集权适用的管理情景。［大连理工2019年研］

(4)简述组织分权的主要影响因素。［华侨大学2018年研］

答：集权是指组织权力集中归属于较高层次的管理者；分权是指组织权力分散于基层管理者。集权和分权相互对立，但互为一体。现实中不存在绝对的集权和分权。确定集权与分权的合理程度，需要考虑以下几个方面的影响因素：

(1)组织的历史。自身独立发展起来的组织倾向集权。

(2)领导的个性。管理者的性格特点和对于权力的追求程度。

(3)政策的统一与行政的效率。集权适用于内部结构相似、政策统一、行政效率高的组织。

(4)组织规模。组织规模越大，管理的层次越多。组织规模越大，管理层级、部门数量、管理人员势必越多，沟通路径和复杂性增加，需要及时分权以分担管理人员的压力，提高决策的速度和质量。

(5) 活动的分散性。组织单元模块在地理位置或业务范围上的分散程度。

(6) 培训管理人员的需要。只有给予低层次管理人员实践权力的机会，组织才能培养出能统御全局的人才，为组织内部高层管理储备力量。

四、论述题

1. 论述组织设计的影响因素。［湖南师大 2023 年研］

相关试题：

(1) 简述影响组织设计的因素。［简答题，南京理工 2023 年研］

(2) 简述影响组织结构选择的权变因素。［简答题，湘潭大学 2021 年研；东南大学 2018 年研；哈工大 2018 年研；浙江财大 2018 年研］

(3) 影响组织结构设计的主要因素包括哪些？［社科院 2020 年研；厦门大学 2018 年研；山东大学 2015 年研；大连理工 2014 年研；武大 2011 年研］

(4) 试述影响组织结构设计的关键要素。［人大 2019 年研］

(5) 组织设计和变革的影响因素。［安徽大学 2018 年研］

(6) 影响组织设计的权变变量。［武汉地大 2020 年研；中山大学 2017 年研］

(7) 组织结构的定义及影响组织结构设计的四个因素。［哈工大 2017 年研］

(8) 影响组织结构的主要权变因素有哪些？简述主要观点。［华中农大 2017 年研］

答：(1) 组织结构设计的内涵：

组织结构的设计是指管理者为实现组织目标，对劳动分工进行的横纵向分工，形成和整合组织部门化。个体劳动者不存在组织结构问题，集体活动较之个体活动，劳动者多且工作内容复杂，具有组织结构设计的必要性和重要性。

(2) 影响组织设计的主要因素：

①外部环境对企业组织设计的影响。组织外部环境直接或间接影响组织业务活动的全部外部环境因素，可分为直接影响组织活动的任务环境和间接影响组织业务的一般环境。环境的复杂性和动态性决定了外部环境具有不确定性的特征。环境变化对企业的影响主要体现在：

a. 对职务和部门设计的影响。组织存在于社会系统之中，与其他社会子系统存在较为紧密的劳动分工关系。要根据不同社会分工方式，具体设立部门职责和岗位职责。

b. 对各部门关系的影响。当产品供过于求时，一般会强化组织营销部门的职能作用；当产品的需求大于供给时，一般会强化生产部门的职能作用。

c. 对组织结构总体特征的影响。基于外部环境稳定程度，组织结构可分为机械式管理系统和灵活管理系统。

②经营战略对企业组织设计的影响：

a. 集权组织通常采取单一经营战略；分权组织通常采取多种经营战略。

b. 刚性结构组织一般采取保守型战略；柔性结构组织一般选择风险型战略；刚柔兼具的组织一般采取介于保守型战略和风险型战略之间的分析型战略。

③技术及其变化对企业组织设计的影响：

a. 生产技术对企业组织的影响，主要有：技术复杂程度的提升有助于企业大批量连续生产代替单件小批量生产；柔性结构组织一般采取单件小批生产和连续生产，刚性结构组织一般采取大批量生产；要根据不同生产技术特点设计适合的组织结构。

b. 信息技术对企业组织的影响，主要有：推进扁平化组织结构的产生；管理者可通过先进技术获取更多信息进行决策，达到集权化；管理通过信息沟通实现信息由上至下和自下而上的快速传递，提高员工参与和工作自主性，达到分权化；推动跨部门沟通和部门内的协调沟通；提供了组织员工更大的工作自主权；提高专业人员比例。

④企业发展阶段对企业组织设计的影响。美国学者坎农提出组织发展五阶段的理论，指出不同的发展阶段要有不同的组织结构形态。

a. 创业阶段。此阶段的组织结构不正规，主要由高层管理者决策，多为非正式沟通。

b. 职能发展阶段。企业不断壮大，基于职能专业化，各部门联系程度加深，结构逐渐正规化。

c. 分权阶段。基于产品或地区事业部，管理者的主要精力放在战略层决策等工作任务上，开始将部分决策权下放。

d. 参谋激增阶段。组织内参谋助手增多，推进组织体系和工作流程的制度化和正规化，但影响统一命令效果和工作效率。

e. 再集权阶段。高层管理者优化和精简组织体系，再次高度集中自身决策权力。

⑤规模对企业组织设计的影响：

a. 规范化。大型组织一般具有严格的规章制度，利用标准化工作程序进行组织活动，考核业务的指标更为具体准确，拥有较高的规范化程度；小型组织多依赖于管理者的能力和管理控制，组织结构较为松散，缺乏规范性。

b. 分权化。面对动态变化的环境和工作任务范围的增大，组织规模越大，分权需求越迫切；在高度集中的分权化组织中，一般由基层管理者作出决策，以提高决策速度和信息反馈及时性。

c. 复杂性。由于横向和纵向关系的复杂性，大型组织一般会采取设置专门部门应对该问题。由于组织部门规模不断扩大，部门管理者控制力相对减弱，会催生新的部门，但部门过多往往造成尾大不掉的格局。此外，组织员工不断增加，这样在一定控制幅度条件下的管理层级数增多，会导致管理成本增加、管理效率降低。

d. 专职管理人员的数量。大型组织具有拥有大量专职管理者和专业人员的特点。随着企业活动规模的扩大，必然增加对直接生产以及直接生产者的需要，进而必然产生对管理者及其管理劳动进行管理的必要。

2. 钱德勒指出："战略决定结构。"试从战略与结构的角度分析一下机械式组织和有机组织的特点，以及相应的适用条件。[南京大学 2015 年研]

相关试题：

(1)简述有机式组织的特点。[简答题，浙大 2021 年研]

(2)试比较机械式组织和有机式组织。[东南大学 2018 年研；对外经贸 2015 年研；江西理工 2015 年研]

(3)机械式组织在什么条件下最为有效?［中国海大2018年研］

(4)你是更愿意在一个机械式组织工作，还是在一个有机式组织中工作？试予以分析、论证。［湘潭大学2017年研］

(5)简述有机式组织和机械式组织的区别。［简答题，浙江财大2016年研；暨南大学2015年研］

答：组织的战略即总目标，涉及一定时期内组织的全局方针、主要政策与任务。战略决定着组织的任务、技术和环境，而这些方面的因素又决定着其本身的组织结构设计。因此，战略决定结构。机械式组织结构和有机式组织结构的特点、适用条件和区别如下：

(1)机械式组织结构又称官僚行政组织结构，是一种稳定的、僵硬的结构形式，追求的目标是稳定运行中的效率。机械式组织注重对任务进行高度的劳动分工和职能分工，以客观且不受个人情感影响的方式挑选符合职务规范要求的合格的任职人员，并对分工后的专业化工作进行严密的层次控制，同时制定出许多程序、规则和标准。

①特点：a. 任务被划分为独立的专业化部分；b. 职责范围受严格精确限定；c. 有明确的职权等级和许多程序规则；d. 有关工作的知识及对任务的监控集中在组织上层；e. 强调上级对下级的纵向沟通；f. 协调和控制倾向于采用严密结构的层级组织(如职能型组织)。

②适用条件：a. 环境相对稳定；b. 任务明确且持久，决策可以程序化；c. 技术相对统一而稳定；d. 适用于常规活动，以效率为主要目标；e. 企业规模相对大。

(2)有机式组织结构又称适应性组织结构，是一种分散、灵活的具有高度适应性的形式。它不具有标准化和规则条例，是一种松散的结构，能根据需要迅速作出调整。

①特点：a. 员工围绕共同的任务开展工作；b. 权责范围在相互作用中不断修正；c. 职权等级和程序规则少；d. 有关工作的知识及对任务的监控分散在组织之中；e. 强调上下级双向的沟通及横向和斜向的沟通；f. 协调和控制经常依靠相互调整和具有较大灵活性的组织系统(如矩阵型组织)。

②适用条件：a. 环境相对不稳定和不确定，企业必须充分对外开放；b. 任务多样化且不断变化，使用探索式决策过程；c. 技术复杂而多变；d. 有许多非常规活动，需要较强的创造力和革新能力；e. 企业规模相对较小。

(3)机械式组织和有机式组织的区别：

①在组织内分工情况上，机械式组织按职能分工，任务被划分为独立的专业化部门；有机式组织强调合作，以任务和顾客为中心组织流程。

②在职责范围上，机械式组织职责范围受到精确和严格的限定；有机式组织的职责范围在相互作用中不断调整，会通过雇员的团队进行重新划分。

③在职权等级和规章制度上，机械式组织多，而有机式组织少。

④在权力的集中与分散程度上，机械式组织有关工作的知识及对任务的监控集中在组织上层；有机式组织则分散在组织中。

⑤在信息沟通上，机械式组织强调上级对下级的纵向沟通，即只有命令和指挥；而有机式组织强调上下级的双向沟通及横向和斜向的沟通。

⑥在协调与沟通系统上，机械式组织倾向于采用严密结构的层级组织；而有机式组织

经常依靠相互调整和具有较大灵活性的组织系统。

⑦适用条件不同，详见上面。

3. 为什么科研、设计和项目开发等创新性强的组织比较适合选择矩阵型组织结构?［东财2010年研］

相关试题：

(1)试述矩阵型组织结构的优缺点，举例说明。［郑大2021年研］

(2)试论述矩阵型组织结构的优缺点。［湖南师大2020年研］

(3)简述矩阵型组织结构的优缺点。［简答题，中山大学2016年研；中南大学2013年研］

答：(1)矩阵型组织结构，是指由纵横两套管理系统组成的组织结构，一套是纵向的职能领导系统，另一套是为完成某一任务而组成的横向项目系统。其是一种既有按职能划分的垂直领导系统，又有按项目划分的横向领导系统的结构。

矩阵型组织结构的优缺点，参见本章课后习题第3题答案。

(2)矩阵型组织适合在需要对环境变化作出迅速而一致反应的组织中使用，科研、设计和项目开发等组织恰好具备这样的特点。矩阵型组织结构适合的情况如下：

①产品线之间存在资源稀缺的压力。该组织通常是中等规模，拥有中等数量的产品线。在不同产品线共同灵活地使用组织人员和设备方面，组织有很大压力。比如，组织不够大，不能为每条产品线安排专职的工程师，于是工程师以兼任的形式被指派为产品或项目服务。

②环境对两种或更多的重要产品存在要求。如对技术质量(职能制结构)和快速产品更新(事业部制结构)的要求。这种双重压力意味着组织的职能和产品之间需要一种权力的平衡。为了保持这种平衡就需要一种双重职权的结构。

③组织的环境条件是复杂和不确定的。频繁的外部变化和部门之间的高度依存，要求组织无论在纵向还是横向方面都要有大量的协调与信息处理工作。

在上述三种条件下，纵向和横向的职权将得到相同的承诺，于是便产生了一种双重职权结构来平衡两者之间的权力。

4. 论述非正式组织对正式组织的影响以及发挥非正式组织作用的措施。［北二外2009年研］

相关试题：

(1)结合实际，谈谈如何管理非正式组织。［广西民大2020年研］

(2)非正式组织的存在及其对组织目标的影响。［南昌大学2020年研］

(3)试分析非正式组织的作用。［华科2017年研］

答：(1)非正式组织是指组织个体基于情感需求和心理特征、以共同情感和经历为纽带、自发形成非规章制度且独立于正式组织之外的组织系统。非正式组织强调感性原则，侧重于心理侧面、非理性侧面，是在组织内部自愿自发形成潜在规则以维系成员关系的无明确结构、可辨识性差的组织形态。

(2)非正式组织对正式组织的影响：

①积极影响：

a. 可以满足组织成员的个体需要。非正式组织是组织成员基于情感和心理需求自愿自发形成的，可以满足组织成员的某项社会需求。

b. 有利于促进组织内部沟通。在非正式组织中，无层级鲜明的组织架构，其参与者的沟通形式为水平交叉，这在一定程度上使得组织信息传递更加有效。

c. 有利于增加组织成员间的默契度，增强凝聚力。非正式组织借助一定的情感连接形成，其参与者的沟通往往较为融洽且无压力，这有利于他们形成默契，进而促进组织氛围的相对和谐，增强了组织的凝聚力，利于促使员工积极投入工作。

d. 有利于组织活动的有序开展。非正式组织的生存离不开正式组织，所以它也会考虑组织发展，抵制影响组织发展的不良行为，并采用自己的方式加以惩戒。这对组织的制度、文化形成有益的补充，有利于组织活动的有序开展。

②消极影响：

a. 当非正式组织的潜在规则与正式组织目标冲突时，不利于正式组织工作的开展，阻碍正式权威的有效管理。

b. 要求组织成员保持一致性，产生个体压力，束缚其发展和创新。非正式组织往往多度追求组织成员的一致和相互认可，如果在守旧型组织中组织成员表现过于突出或积极，则容易不被认可，进而导致员工工作积极性不高。

c. 影响正式组织的变革，形成组织惰性。非正式组织中容易产生阻碍革新的因素，不利于正式组织的变革。

(3)发挥非正式组织作用的措施：

①通过提高组织成员在决策中的参与性，避免目标冲突。决策如果不透明或缺乏参与，容易使组织成员不理解组织目标、产生较低的认同度。如果能将非正式组织代表纳入参与决策的人员范围以增进了解，可以很好地缓和甚至避免正式组织和非正式组织的冲突。

②加强沟通与信息共享，避免小道消息蔓延。组织如果能够加强沟通，使得组织信息在一定程度上共享，可避免小道消息蔓延。

③关心成员的工作、生活状况，对非正式组织进行正确引导。组织成员对工作不认真，反而积极投入非正式组织，往往是因工作无成就感造成的。所以，组织应多给予员工关怀，并对员工参与非正式组织的活动表示尊重，逐渐引导其将主要的精力放在正式组织的工作中。

④鼓励各级管理者参与非正式组织的活动，树立权威。管理者参加非正式组织不仅可以了解到组织成员的真实想法，也可以树立个人亲近民众的形象，提升自身威望。

⑤营造有利于整合的组织文化和氛围。组织及制度的设计者要包容非正式组织，认识到非正式组织与正式组织之间的互补性，进而营造利于二者整合发展的组织文化和氛围，不可一味压制非正式组织。同时，对非正式组织的发展可能带来的风险也要有清醒的认识。

5. 试论述集权的优势和劣势。[中山大学2015年研]

相关试题：请论述集权与分权的影响因素。[湘潭大学2020年研]

答：集权和分权是一个相对的概念。集权是指决策权主要集中在组织系统中的较高层次；分权是指决策权一定程度地分散在组织系统的较低层次中。在组织管理中，集权和分权是相对的，绝对的集权或绝对的分权都是不可能的。

(1)集权的优势。集权至少可以带来两个方面的好处：一是可以保证组织总体政策的统一性；二是可以保证决策执行的速率。具体来说，包括：①政策统一、标准一致、指挥方便，能够统筹全局、兼顾其他，有利于集中力量，攻克难关。②有利于集中领导，协调各部门之间的活动。③有利于管理工作实行专业化，提高工作效率。④便于指挥和安排统一的财务政策，降低行政管理成本。另外，有利于母公司发挥财务调控功能，完成集团统一财务目标。

(2)集权的劣势。集权制的弹性与灵活性差，应变能力不强，不能因时因地因人制宜，不利于发展个性与特色，也不太容易顾及一些特殊情况，不能充分调动下级领导机关与领导者的积极性与创造性，有时甚至会造成官僚主义、独断专行等弊端。过分集权带来了种种弊端，其中最主要的有：

①降低决策的质量。在高度集权的组织中，随着组织规模的扩大，组织的最高管理者远离基层，基层发生的问题经过层层请示汇报后再作决策，影响了决策的正确性和及时性。

②降低组织的适应能力。处在动态环境中的组织必须根据环境中各种因素的变化不断进行调整。过度集权的组织，可能使各个部门失去自我适应和自我调整的能力，从而削弱组织整体的应变能力，最终使企业缺乏适应性和灵活性。

③不利于调动下属积极性。由于实行高度集权，几乎所有的决策权都集中在最高管理层，导致中下层管理者变成了纯粹的执行者，他们没有任何的决策权、发言权和自主权，限制了中下层管理人员主动性和积极性的发挥。长此以往，他们的积极性、创造性和主动性会被磨灭，工作热情消失会减弱其对组织关心的程度。

④信息传递缓慢。在高度集权的组织里，由于决策层即最高管理层与中下层的执行单位之间存在多级管理层次，信息传输路线长，经过环节多，因而信息的交流比较困难，使下情难以上达。它适用于规模不大、经营内容比较单一、地区分布较集中的企业。

五、案例分析题

案例一

请根据案例所给的内容，回答下述问题：［暨南大学2017年研］

1. 请用管理学的有关原理说明印染厂经理张向荣的做法和认识有哪些不妥，为什么？

答：对张向荣的做法和认识的不妥之处分析如下：

(1)越级汇报问题。在发现问题之后，下属有责任根据组织的指挥线和组织的工作程序要求直接向总裁汇报情况，并且要及时、准确、清晰。而张向荣没有向其上级领导王宏发报告，采取了直接向采购部经理赵腾飞说明，采用横向协调的方法去处理，越级汇报违反了该组织的结构框架，导致了采购问题的发生。

(2)推卸责任。张向荣应对自己下属的行为负领导责任，当下属行为影响企业整体形象时，应该勇于承担责任并及时采取纠正措施。在总裁告诉张向荣印染车间主任向采购商打电话不符合逻辑使公司处境难堪时，张向荣非但没有意识到自己应负有的领导责任，还把问题全部推到了下属身上，没有充分履行好领导责任。

2. 通过上述案例可以看出，科学的组织设计应遵循哪些原则？

答：从以上案例中发生的问题，不难看出，科学的组织设计是非常重要的。虽然组织所处的环境、采用的技术、制定的战略、发展的规模不同，所需的职务和部门及其相互关系也不同，但任何组织在进行机构和结构的设计时，都需遵守以下共同原则：

(1)因事设职与因人设职相结合的原则。组织设计的根本目的是保证组织目标的实现，使目标活动的每项内容都落实到具体的岗位和部门，即“事事有人做”，而非“人人有事做”。因而，组织设计时，逻辑性要求首先考虑工作的特点和需要，要求因事设职，因职用人，而非相反。

(2)稳定性与适应性相结合的原则。组织结构及其形式要求相对的稳定性，但又必须随组织内外部条件的变化，根据长远目标作出相应的调整。任何组织都是一个开放的社会子系统，在其活动过程中，都与外部环境发生一定的相互联系和相互影响，并连续接受外来的“投入”而转变为“产出”。一般来说，组织要进行实现目标的有效活动，就必须维持一种相对平衡的状态，组织越稳定，效率也将会越高。

(3)分工与协调相结合的原则。组织结构的设计和组织形式的选择越是能反映目标所必需的各项任务和工作的分工，以及彼此间的协调，委派的职务越是能适合于担任这一职务的人的能力与动机，其组织结构和形式就越是有效的。组织结构中的管理层次的分工、部门的分工及职权的分工，各种分工之间的协调就是分工与协调相结合原理的具体体现。

(4)管理幅度原则。由于管理幅度的大小影响和决定着组织的管理层次以及主管人员的数量等一些重要的组织问题，所以每个主管人员应根据自身管理幅度的各种影响因素慎重地进行选择。

(5)集权与分权相结合的原则。高层主管必须将与下属所承担职责相应的职权授予他们，使下属有职、有责、有权，这样就可以使下属充分发挥他们的聪明才干，调动他们的积极性，以保证管理效率的提高，也可以减轻高层主管的负担，以集中精力抓大事。

(6)精干高效原则。在服从由组织目标所决定的业务活动需要的前提下，力求减少管理层次，精简管理机构和人员，充分发挥组织成员的积极性，提高管理效率，更好地实现组织的目标。

(7)均衡性原则。同一级机构、人员之间在工作量、职责、职权等方面应大致平衡，不宜偏多或偏少。苦乐不均、忙闲不等很容易影响工作效率和人员的积极性。

(8)目标统一性原则。组织结构的设计和组织形式的选择必须有利于组织目标的实现。任何一个组织都有其特定的目标，组织中的每一部分都应该与既定目标有关系，否则它就没有存在的意义。这一原理要求在组织结构设计中要以事为中心，因事设机构、职务，做到人与事高度配合。

(9)权责一致原则。职权和职责必须相等，在进行组织结构设计时，既要明确规定每一管理层次和各个部门的职责范围，又要赋予完成其职责所必需的管理权限。职责与职权必须协调一致，要履行一定的职责，就应该有相应的职权，这就是权责一致原理的要求。

(10)统一指挥原则。组织的各级机构以及个人必须服从一个上级的命令和指挥，只有这样，才能保证命令和指挥的统一，避免多头领导和多头指挥，使组织最高管理部门的决策得以贯彻执行。

案例二　Winter 图书公司的组织变革

根据上述案例描述回答下列问题：［东财 2009 年研］

1. 图示 Winter 公司目前采用的组织结构类型并说明其特点。

答：Winter公司目前采用的组织结构类型是按地区划分的事业部制的组织结构形式。如图6－1所示。事业部制组织结构的基本特征主要有：

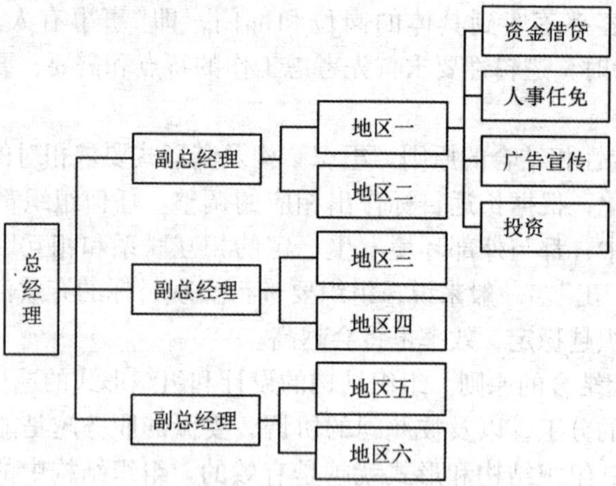

图6－1　Winter公司采用的组织结构类型

(1)按组织的产出将业务活动组合起来成立专业化的生产经营部门，即事业部。每个事业部都有自己的产品或服务的生产经营全过程，为组织创造利润。

(2)在纵向关系上，按照“集中决策，分散经营”的原则，处理组织高层领导与事业部制之间的关系。实行事业部制，组织最高领导层要摆脱日常的行政事务，集中力量研究和制定组织发展的各种经营战略和经营方针，而把最大限度的管理权限下放到各事业部，使他们能够依据企业的政策和制度，自主经营，充分发挥各自的积极性和主动性。

(3)横向关系方面，各事业部均为利润中心，实行独立核算。这就是说，实行事业部制，则意味着把市场机制引入企业内部，各事业部之间的经济往来将遵循等价交换原则，结成商品货币关系。

(4)组织高层和事业部内部，仍然按照职能制结构进行组织设计。从高层组织来说，为了实现集中控制下的分权，提高整个组织管理工作的经济性，要根据具体情况设置一些职能部门。从事业部来说，为了经营自己的事业，也要建立管理机构。因事业部规模较小，产品单一，故一般采用职能制结构。

2. 艾米应该如何分析两位副总经理有关集权与分权发言的合理性和局限性。

答：艾米对两位副总有关集权与分权观点的合理性和局限性分析如下：

(1)副总约翰的分权观点。约翰认为应该给予分店经理进行控制指挥的权力，使他们成为有职有权、名副其实的经理。给予分店经理一定的权力，使他们对某些工作具有一定的决策权，比如分店人员任免、分店图书摆放，这样有利于增强他们工作的灵活性，提高他们工作的积极性。但是，组织不可能彻底地分权。

(2)副总大卫的集权观点。大卫认为应该建立管理资讯系统，通过该系统在总部进行统一指挥控制、统一策划广告，统一集中的管理方式就可以减少分店经理的人数。某些职能，像公司的整体战略、统一的广告策略在总部进行集中可以保证整个公司的目标一致及外部形象一致，但是这并不等于可以减少分店经理的数量。同样，组织不可能彻底地集权。

(3)约翰和大卫的观点都有部分的合理性和局限性。集权化描述了组织高层进行决策制定的集中程度。集权或分权只是一个相对的概念，而不是绝对的两极。即组织不可能是彻底集权的，也不会是彻底分权的。很少有组织能够在所有决策都集中于某一特定的高层管理者团体时，仍能有效地运行；同理，将所有决策都授予最低层员工的组织，也不会是有效的。

3. 如果公司实行组织变革，两种方案是否真会出现如地区经理所言的结果？请分析原因。

答：如果该公司实行组织变革，地区经理所言的结果不会出现，具体分析如下：

(1)公司授权并不意味着所有的职责都要分店经理来承担。而是会根据各个职位所承担的责任授予相应的权力，使权力和责任相一致。地区经理和分店经理承担的责任是不同的，会被授予相应不同的权力。因此，这种方案不会将工作都推到分店经理的身上。

(2)公司的某些职能在总部进行集中，并不意味着总部就要包揽一切。总部负责公司总体的发展方向，同时通过管理资讯系统对各个地区进行监督和协调。因此，这也不会削减地区性的部门，总部会成为各个地区性部门的有力后盾。

案例三

问题：［暨南大学2023年研；山东大学2018年研］

1. 比特丽公司可以在分权方面做得更好吗？

答：比特丽公司可以在分权方面做得更好，如可以引进事业部制组织结构。

(1)事业部制是指满足企业规模扩大和多样化经营而产生的一种组织结构形式，即在总公司领导下把分权管理与独立核算结合在一起，按产品、地区或市场划分经营单位(即事业部)，每个事业部有自己的产品和特定的市场，完成某种产品从生产到销售的全部职能，实行独立核算、自负盈亏。

(2)事业部制的优点：

①每个事业部都有自己的产品和市场，能灵活自主地适应市场的新情况并迅速反应，即有高度的稳定性和良好的适应性。

②权力下放，有利于最高领导层摆脱日常行政事务成为坚强有力的决策机构，又能使各事业部发挥经营管理的积极性和创造性，提高企业的整体效益。

③各事业部自成系统，独立经营，有利于培养全面管理人才。

④事业部作为利润中心，易于评价每种产品对公司总利润的贡献大小，便于衡量并考核事业部及经理工作效率标准，用以指导企业发展的战略决策。

⑤便于组织专业化生产形成经济规模，各事业部门之间的竞争增强企业活力，促进企业的全面发展；各事业部自主经营，责任明确，使得目标管理和自我控制有效进行，高层领导的管理幅度可以适当扩大。

2. 你对德姆的激励方法有何看法？

答：德姆的激励方法过于片面，需要结合各分公司经理个人需求的多样性进行激励。

(1)马斯洛的需要层次理论将人的需求分为五个层次：生理需要、安全需要、社交或情感需要、尊重需要、自我实现需要。只有当人的低层次的需求满足后，高层次的需求才会出现。在特定时候，如果人的所有需求都没有得到满足，则最迫切的是满足最主要的需要。

对于分公司经理而言，基本的生理需要和安全需要已经得到满足，应该加强归属感、地位、自我价值实现等方面，以满足其较高层次的需要。

(2)根据赫茨伯格的双因素理论，影响人们行为的因素主要有保健因素和激励因素。保健因素是那些与人们的不满情绪有关的因素，如公司的政策、管理和监督、人际关系、工作条件等。保健因素处理不好，会引发员工对工作的不满情绪；处理得好，可以预防或消除这种不满。但这类因素并不能对员工起激励的作用，只有激励因素才能真正调动员工工作的积极性。对于分公司经理而言，基本的需要已经得到满足，即使加薪也只能消除不满意，并不能产生激励，所以最好能够给予分公司经理更多的授权或职位晋升，使其感受到被公司所重视。

(3)根据麦克利兰的成就需要理论，成就需要是指争取成功希望做得最好的需要，权力需要是指影响或控制他人且不受他人控制的需要。因此，应当积极调动分公司经理的成就需要和权力需要，不断提升其参与感和成就感。可鼓励分公司经理自行设定工作计划和时间安排，独立承担经营责任，为其创造迅速获得信息反馈与保持适度风险的环境。

管理者制定激励方案时，要根据组织内外部环境和组织员工个体需求来综合判断，采取多样化的激励方式，而不应该固化组织激励管理方式。

3. 参谋人员有何作用？如何协调直线和参谋人员之间的关系？

答：组织的规模越大，活动越复杂，参谋人员的作用就越重要。现实中，企业组织活动过程复杂，而常缺乏具有专门知识的高层主管。企业中很难找到各项业务精通的全才，需要具有专门知识的助手协助高层次主管工作。参谋人员具有不同专门知识。参谋人员作为直线主管的助手进行工作。直线与参谋的矛盾会降低组织的效率。通过采取下列措施处理二者之间的矛盾以正确发挥参谋的作用：

(1)明确职权关系。为防止直线和参谋之间可能出现的矛盾，双方需明确各自的工作性质及职权关系特点。越是明确相互之间的职权关系和自身的工作性质，双方就越会重视对方的价值、尊重对方。

(2)授予必要的职能权力。为使参谋部门具有相应的权力和责任，直线主管需将本属于自己的权力授予给有关部门或人员。

(3)为组织中的参谋人员提供开展工作的必要条件。只有当参谋人员有条件及时地了解直线部门活动的进展情况时，他们才能提出有用的建议。

第七章　人员配备

7.1　复习笔记

【知识框架（庖丁解牛）】

- 人员配备
  - 概述：含义、任务、工作内容、原则
  - 人员选聘
    - 来源：内部、外部
    - 标准：三个匹配
    - 途径与方法：内部招聘、外部招聘
    - 人员录用：方式、流程
  - 人事考评
    - 功能
    - 考评要素
    - 方法
    - 工作程序
  - 人员的培训与发展：功能、任务、分类、方法

【通关提要（提纲挈领）】

本章主要介绍人员配置的相关知识，基础且简单。学习时，要熟悉人员选聘的标准、人事考评的要素及人员培训的方法等，重点掌握内外部招聘及其优缺点。本章主要考查概念题和简答题，复习时应理解记忆，把握重点。

【考点难点归纳（厚积薄发）】

考点一：人员配备概述（见表7－1）★★★

表7－1　人员配备概述

要点	主要内容	
含义	指基于岗位需求，对组织人员进行配备，包括管理岗和非管理岗的人员配备	
任务	组织角度	①促进结构功能的有效发挥，使组织系统正常运转。 ②为岗位物色合适人选，为组织发展准备干部力量。 ③充分开发并挖掘人力资源，维持员工的组织忠诚度
	组织成员角度	促进人的全面、自由发展： ①使每个人的知识和能力得到公正的评价、承认和运用。 ②使每个人的知识和能力不断发展，素质不断提高

续表

要点	主要内容
工作内容	①确定人员需要量；②选配人员；③制定并实施人员培训计划
原则	①任人唯贤原则；②程序化、规范化原则；③因事择人、因材器使原则；④量才使用、用人所长原则；⑤动态平衡原则

【真题链接】

(1)简述人员配备的任务。[简答题，吉林大学2024年研]

(2)试论人员配备的原则。[论述题，湖南师大2023年研]

考点二：人员选聘(见表7-2) ★★★

表7-2 人员选聘

要点		主要内容
来源	内部	①成员晋升；②职位调动；③工作轮换
	外部	①内部推荐；②上门求职；③劳务中介机构；④教育机构
标准		三个匹配：人员技能与岗位职责、人员个性与岗位特性、个人价值观与组织价值观相匹配
内部招聘	途径	①内部人员提升：a. 考查并确定候选人；b. 测试候选人；c. 确定人选。 ②内部职位调动：a. 结构调整需要；b. 成员培养需要；c. 与现任岗位不适应；d. 调动成员积极性；e. 人际关系问题
	方法	①职务选聘海报[常用]；②口头传播；③人员记录；④业绩晋升表等
外部招聘	途径	①公开选聘；②校园招聘；③猎头公司；④职业介绍机构与人才交流市场
	方式	①招聘广告；②网上招聘
	程序	准备筹划→宣传报名→全面考评
人员录用	方式	①多重淘汰式；②补偿式；③结合式
	注意事项	①全面衡量；②减少决策人员；③不求全责备
	流程	录用准备→录用甄选→录用实施→录用评估

【真题链接】

(1)试述内部招聘和外部招聘的优缺点。[论述题，东南大学2020年研]

(2)试论述外部招聘和内部提升有何优缺点。[论述题，湖南师大2020年研]

考点三：人事考评(见表7-3) ★★★

表7-3 人事考评

要点		主要内容
功能		①利于实现组织绩效目标；②利于形成激励机制；③作为反馈机制，可促进员工协同发展
考评要素	基本要素	①职业品德；②工作态度；③工作能力；④工作业绩
	注意事项	①辨别不同类型的考评对象，确定考核要素。 ②按考核要素完善人事考评指标体系

续表

要点	主要内容
方法	①成绩记录法；②情境模拟法；③书面考试法；④直观评估法；⑤实测法；⑥民主测评法；⑦因素评分法
工作程序	确定考核目标→制定考核标准→衡量岗位工作并收集信息→综合评价→考评结果反馈及备案

考点四：人员培训与发展(见表7－4) ★★★

表7－4　人员培训与发展

要点	主要内容
功能	①提高员工综合素质；②利于组织文化建设；③提升组织能力
任务	①为组织战略实施准备人才；②强化组织知识管理和文化建设；③帮助员工成长；④创造良好的组织环境
分类	①岗前培训；②在职培训；③专题培训
方法	①角色扮演法；②讲授法；③讨论法；④案例研讨法；⑤视听技术法；⑥互动小组法；⑦网络培训法；⑧师徒传承法

7.2　课后习题详解

1. 人员配备的任务是什么？

答：人员配备，是指对企业员工进行恰当而有效的选拔、培训和考评，其目的是配备合适的人员去充实组织机构中所规定的各项职务，以保证组织活动的正常进行，进而实现组织的既定目标。其主要任务具体如下：

(1)根据组织岗位需求，挑选最合适的员工。组织基于专业分工进行部门的划分，每个部门都有其特定的工作性质和任务内容，因此，不同部门对组织员工的需求不同。组织需要根据部门的岗位需求为各部门挑选符合的组织成员，对组织成员的专业能力、沟通技巧等进行综合的考量。

(2)有效发挥组织结构的功能。组织是组织成员构成的集合体，组织结构功能的有效发挥需要组织成员共同努力。为实现组织的正常运转，组织应将不同特征的员工恰当地安置到合适的岗位上，以使人岗匹配，这样组织成员能够充分履行岗位职责，发挥组织设计的效率和效果。

(3)充分发掘组织内部的人力资源。组织间的竞争归根到底是人才的竞争。组织通过选拔、配置、培训组织成员，充分发挥组织成员的内在潜力，激发其工作积极性，提高工作效率，做到人尽其才、才尽其用，达到高度开发人力资源的目的。

(4)促进人的全面、自由发展。在配置组织成员的过程，组织在关注人岗匹配的同时，要加强培养员工的主观能动性，提高人员素质，推动员工的全面发展。

2. 试分析员工选聘的主要来源。

答：员工选聘的主要来源如下：

(1)组织内部人员。组织内部选拔是组织通常采取的选聘方式，包括调动、晋升、轮岗等多种方式，有助于达成组织选聘的高效益。

(2)组织外部人员。组织外部选拔通常是面向全社会招聘适合组织内部岗位的组织外部人员，需要选聘的人员来自组织外部。其具体来源有：

①内部人员推荐介绍。该方法保证了外部人员的可靠性，有利于更加全面地掌握员工信息，同时，应聘者可以通过内部人员了解组织信息，正确认知岗位的利弊，从而具有一定的稳定性。

②上门求职者。该方法适用于低技能要求的员工招聘活动。该方法具有较低的招聘成本，但通常缺乏对应聘者的了解，缺乏可靠性和稳定性。

③劳务中介机构。该方法通过人力资源机构获取应聘者的信息，有一定的可靠性，能够减少组织内部烦琐的招聘工作，但一般需要较高的招聘成本预算，且存在人岗不匹配的可能性。

④教育机构。该方法是获取新生人力资源的重要来源。组织成员一般具有较高的组织忠诚度，可以根据岗位需求培养不同特征的组织人才，但一般招聘和培训的成本较高。

3. 试分析人员考评的要素。

答：考评要素是指考核、评价组织成员的具体要素。人员考评的要素如下：

(1)职业品德。其具体内容包括：

①忠诚度。即考核组织成员对组织的认可、价值观的践行、对组织名誉的维护等。

②贯彻执行。即组织成员对工作的完成度、工作积极性等。

(2)工作态度。具体考核内容包括人际关系、组织纪律性、团队合作、工作积极性和主观能动性、责任感、进取心和下级认可度等。

(3)工作能力。工作能力体现了组织成员的专业技能，具体包括：管理统筹、理解执行、专业知识、沟通协调、统筹策划、安排计划、判断决策、培训指导和应变创新等内容。

(4)工作业绩。工作业绩具体体现在工作完成效率和效果上，具体包括：目标达成度、工作品质、工作方法等。

4. 人员培训有哪些方法?

答：人员培训的方法如下：

(1)讲授法。作为最普遍和传统的培训方法，讲授法适用于理念性知识传播，高效便捷，但其信息传递单向，反馈效果往往很差。

(2)视听技术法。应用现代视听技术，视听技术法具有鲜明的视听感知，身临其境，但成本过高，培训素材过于老旧，适用于概念性知识的传播。

(3)讨论法。讨论法通常以主题演讲为主，包括研讨会和一般小组讨论。其通过沟通交流，能提高学员的参与度，多向沟通激发创新思维，且成本较低，但对参与者的能力要求普遍较高。

(4)案例研讨法。案例研讨法通过提供特定案例进行讨论，共同分析、探讨解决方案，有利于学员进行头脑风暴，提高分析和解决问题的能力，且成本较低，反馈效果较好；但对案例资料的要求较高，并需要花费较长的培训时间。

(5)角色扮演法。角色扮演法通过学员扮演某一情境中的角色进行信息的表达。该方法体现了多向信息传递，强调实践，能够激发参与热情，且成本较低，反馈效果较好；但对学员的个性特征要求较为严格，并需要场地布置等一系列烦琐工作。

(6)互动小组法，又称敏感训练法。该方法主要应用于管理者的实训，有利于提高学员的人际交往能力，但很大程度上依赖于培训者的能力水平。

(7)网络培训法。该方法基于现代信息技术，可以灵活、分散地传递新知识和新信息，学员可根据自身实际情况灵活选择培训内容和培训时间，更适合成人学习；但往往需要组织成员具有严格自律性和学习导向。

(8)师徒传承法。该方法通常通过资深的组织员工引导和支持新员工，传授相关的工作经验，使其快速地进入工作角色，有利于新手快速融入团队，避免常规问题和错误，传递良好的组织文化和工作作风，并获取丰富的工作经验；但对资深员工的能力和个人素质要求较高。

7.3 考研真题

一、概念题

1. 工作分析[南航2017年研；东财2015年研；浙大2011年研]

2. 工作轮换[西工大2015年研；东财2009年研]

二、简答题

1. 简述人员配备的任务。[吉林大学2024年研]

相关试题：简述人员配备的任务和原则。[安徽大学2022年研]

2. 简述招聘管理人员的要求。[湖南大学2023年研]

相关试题：

(1)简述管理人员选聘的标准。[青岛大学2019年研]

(2)简述员工招聘中对管理人员的一般要求。[安徽师大2018年研]

3. 概述员工培训的目标与方法。[首师大2013年研]

相关试题：简述管理人员培训方法。[吉林大学2019年研]

三、论述题

试述内部招聘和外部招聘的优缺点。[东南大学2020年研]

相关试题：

(1)简述管理人员选聘的来源及其优缺点。[简答题，华侨大学2021年研]

(2)试论述外部招聘和内部提升有何优缺点。[湖南师大2020年研]

(3)简述外部招聘的优缺点。[简答题，安徽财大2017年研；河南师大2017年研]

(4)怎样看待内部招聘的利弊？[简答题，哈工大2015年研]

7.4 考研真题详解

一、概念题

1. 工作分析[南航2017年研；东财2015年研；浙大2011年研]

答: 工作分析是指对职务工作的性质、内容、责任、方式以及工作人员任职资格等方面进行周密的调查研究，并加以系统准确的描述，形成职位说明书，为职务管理提供客观依据的活动。工作分析的内容包括工作描述和工作要求。工作分析的作用主要包括：①制定有效的人力资源计划；②选拔和任用合格的人员；③设计积极的人员培训和开发方案；④提供考核、晋升和作业标准，提高工作和生产效率；⑤建立先进、合理的工作定额和报酬制度；⑥加强职业咨询和职业指导。

2. 工作轮换[西工大2015年研；东财2009年研]

答: 工作轮换是指把员工从某一工作岗位调换到另外的工作岗位，使其充分了解组织的各个环节。工作轮换包括管理工作轮换与非管理工作轮换。管理工作轮换是在提拔某个管理人员担任较高层次的职务以前，让他先在一些较低层次的部门工作，以积累不同部门的管理经验，了解各管理部门在整个公司中的地位、作用及其相互关系；非管理工作轮换是根据受培训者的个人经历，让他们轮流在公司生产经营的不同环节工作，帮助他们取得各种工作的知识，熟悉公司的各种业务。作为管理技能培养的一种重要方法，工作轮换能够提高受训人的技术知识和管理能力，培养受训人的合作精神和系统观念，使他们明确系统的各部分在整体运行和发展中的作用，从而在遇到问题时，能从系统的角度思考问题、解决问题。

二、简答题

1. 简述人员配备的任务。[吉林大学2024年研]

相关试题：简述人员配备的任务和原则。[安徽大学2022年研]

答: 参见本章课后习题第1题答案。

2. 简述招聘管理人员的要求。[湖南大学2023年研]

相关试题:

(1)简述管理人员选聘的标准。[青岛大学2019年研]

(2)简述员工招聘中对管理人员的一般要求。[安徽师大2018年研]

答: 管理的本质特征是组织和协调他人的工作。对管理人员的一般要求包括：

(1)强烈的管理欲望。这是有效地进行管理工作的前提。担任管理工作，不仅能获得较高的地位、声望和报酬，而且能获得心理上的满足。

(2)正直、诚信。正直、诚信是管理人员应该具备的基本品质。具有正直、诚信品质的管理人员能够脚踏实地地工作，不拉帮派，不哗众取宠，不做表面文章。当然，只具备这种品质而没有工作知识和能力也不能成为合格的管理人员。但是，缺乏正直诚信品质的管理者会给组织带来更大的破坏。

(3)冒险精神。管理的任务不仅需要执行上级的命令，还需要在工作中不断创新。创新既有可能成功又有可能失败，因为创新无规律可循。因此，要创新就要敢于冒风险。

(4)良好的决策能力。管理人员要组织和协调好下属的工作。管理过程中充满了决策。管理人员要拥有分析问题的能力，需要善于观察，透过现象看本质，预估事物的发展趋势，并制定出相应的解决方案；还要有比较各种备选方案后迅速选择并采取行动的果断决策的能力。

(5)善于沟通。组织成员之间相互理解是组织成功的基本保证。理解要借助信息的沟通来完成。管理人员要具备良好的沟通能力和表达能力，协调好与上下级之间的关系，以促进组织目标的实现。

3. 概述员工培训的目标与方法。[首师大2013年研]

相关试题：简述管理人员培训方法。[吉林大学2019年研]

答：(1)培训是指组织通过对员工有计划、有针对性的教育和训练，使其能够充实知识、提升能力的一项连续而有效的工作。培训旨在提高员工队伍的素质，促进组织的发展。培训的具体目标有：

①补充知识。随着科学技术的加速发展，人们原先拥有的知识与技能在不断老化。为了防止组织中各层级人员工作技能的衰退，组织必须对员工进行不断的培训，使其掌握与工作有关的最新知识和技能。

②发展能力。员工培训的一个主要目的是根据工作要求，努力提高其在决策、用人、激励、沟通、创新等各方面的综合能力。

③转变观念。员工培训的重要目标是通过对组织中各个成员特别是对新聘管理人员的培训，使他们能够根据环境和组织的要求转变观念，逐步了解并融入组织文化之中，形成统一的价值观念，按照组织中普遍的行动准则来从事管理工作，与组织目标同步。

④交流信息。组织培训员工的基本要求是通过培训加强员工之间的信息交流，特别是使新员工能够及时了解组织在一定时期内的政策变化、技术发展、经营环境、绩效水平、市场状况等方面的情况，熟悉未来的合作伙伴，准确而及时地定位。

(2)员工培训的方法有多种，依据所在职位的不同，可以分为对新员工的培训(导入培训)、在职培训和离岗培训三种形式。

①导入培训。应聘者一旦决定被录用之后，组织中的人事部门就应该对其将要从事的工作和组织的情况给予必要的介绍和引导，西方国家称之为职前引导。

职前引导的目的在于减少新来人员在新工作开始之前的担忧和焦虑，使他们能够尽快熟悉所从事的本职工作以及组织的基本情况，如组织的历史、现状、未来目标、使命、理念、工作程序及相关规定等，并充分了解其应尽的义务和职责以及绩效评估制度和奖惩制度等，如人事政策、福利政策以及工作时数、加班规定、工资状况等。这样做一方面可以消除新员工一些不切实际的期望，使其充分预计到今后工作中可能遇到的各种困难和问题，了解克服和解决这些困难和问题的渠道；另一方面可以引导新员工了解工作单位的远景目标、工作中的同事以及如何进行合作等。组织有义务把新员工的不适应感降至最低，并应使其尽快地调整自我，尽早地适应工作环境。

②在职培训。对员工进行在职培训是为了使员工通过不断学习掌握新技术和新方法，从而达到新的工作目标要求所进行的不脱产培训。工作轮换和实习是两种最常见的在职培训。工作轮换是指让员工在横向层级上进行工作调整，其目的是让员工学习多种工作技术，使他们对各种工作之间的依存性和整个组织的活动有更深刻的体验和更加开阔的视野；实习是让新来人员向优秀的老员工学习以提升自己的知识与技能的一种培训方式。

③离岗培训。指为了使员工能够适应新的工作岗位要求而让员工离开工作岗位一段时

间，专心致志参与一些职外培训。最常见的离岗培训方式包括教室教学、影片教学以及模拟演练等。教室教学比较适合于给员工们集中灌输一些特殊的信息、知识，可以有效地增进员工在管理和技术方面的认知。

三、论述题

试述内部招聘和外部招聘的优缺点。[东南大学 2020 年研]

相关试题：

(1)简述管理人员选聘的来源及其优缺点。[简答题，华侨大学 2021 年研]

(2)试论述外部招聘和内部提升有何优缺点。[湖南师大 2020 年研]

(3)简述外部招聘的优缺点。[简答题，安徽财大 2017 年研；河南师大 2017 年研]

(4)怎样看待内部招聘的利弊？[简答题，哈工大 2015 年研]

答：(1)内部招聘又称内部提升，是指从组织内部提拔能够胜任的人员来填补组织中的空缺位置。

①优点：

a. 为员工发展和晋升提供平等的机会，有利于在组织中营造一个更加开放、更为宽松的环境。

b. 企业和被选人之间的信息是对称的，企业对被选人的工作态度、素质能力以及发展潜能等方面有比较准确的认识和把握，不会存在道德风险等问题。

c. 内部员工对企业文化有较高的认可度。现有员工对企业的历史、文化以及业务状况等非常了解，与企业具有共同的价值观与使命感，相互之间能充分地了解和信任，员工的忠诚度较高。

d. 与外部招聘相比，现有的员工由于熟悉企业业务、管理方式以及企业文化，因此更容易接受指挥和领导，易于沟通和协调，易于贯彻执行方针决策，易于发挥组织效能。

e. 内部晋升的机制一旦形成，有助于激励被提升者更加努力、提高工作效率；同时，也可以激励和鼓舞其他员工，提高工作士气。

f. 内部选拔可以节约包括时间成本和费用等招聘成本。内部候选人认可企业现有的薪酬体系，其工资待遇要求会更符合企业的现状。

②缺点：

a. 内部提升会失去从外部获得更合适、更优秀的人才的机会。

b. 提升的数量有限，容易挫伤未被提升人员的积极性，甚至出现恶性竞争或不正当竞争，影响组织的内部团结。

c. 易造成“近亲繁殖”，可能会出现“裙带关系”，滋生组织中的“小帮派”“小团体”，削弱组织效能。

d. 必须配备完善的培训发展计划，否则内部晋升者不会在短期内达到预期要求。内部发展计划的成本比直接雇用外部适合需要的人才要高，且内部晋升引起的联动变化会由于多个被提升人员短期内可能难以胜任工作而影响组织整体的工作效率和绩效。

(2)外部招聘是指从组织外部得到人才，尤其是那些起关键作用的主管人员。

①优点：

a. 外部招聘是一种有效地与外部信息交流的方式，企业可借此树立良好的外部形象。

b. 能够为组织输送新鲜血液。新员工的加入，会给企业带来不同的价值观和新观点、新思想和新方法，有利于企业经营管理和技术创新，防止僵化。将新鲜的理念和技术经验引入封闭的组织，能给组织带来更多的创新机会。

c. 根据“鲶鱼效应”，外聘人才的进入给内部员工带来无形的压力，造成危机感，可激发其斗志和潜能。

d. 外部招聘可以缓解内部竞争者之间的紧张关系。由于空缺职位有限，企业内可能有几个候选人，他们之间的不良竞争可能导致勾心斗角、相互拆台等问题发生；一旦某员工被提升，其他候选人可能会出现不满、消极懈怠、不服管理等状况。外部招聘可以使内部竞争者得到某种心理平衡，避免组织内部成员间的不团结。

e. 外部招聘的人才来源广，挑选余地大，能招聘到许多优秀人才，尤其是一些较为稀缺的复合型人才，这样还可以节省内部培养和业务培训的费用。

②缺点：

a. 由于信息不对称，往往造成筛选难度大、成本高，容易被应聘者的表面现象(如学历、资历等)所蒙蔽，而无法清楚了解其真实能力。

b. 外聘员工需要花费较长时间来进行培训和定位，对组织的了解需要一个过程，可能会影响组织的整体绩效。

c. 外部招聘可能费时费力。与内部招聘相比，无论是引进高层人才还是中低层人才，都需要相当高的招聘费用。

d. “外聘人员”有可能出现“水土不服”的现象，无法接受企业文化。

e. 招聘企业可能成为外聘员工的“培训基地”“中转站”。

f. 外聘对内部员工的积极性造成打击。若组织内部有能胜任的人而未被选用，外部招聘就可能会使其感到不公平，从而使其产生与外聘者不合作的态度。

第八章 组织文化

8.1 复习笔记

【知识框架(庖丁解牛)】

- 组织文化
  - 组织文化概述
    - 含义、特征、分类
    - 了解途径
    - 影响因素：内部、外部
  - 组织文化的构成与功能
    - 构成
      - 显现层：物质层
      - 表层：制度层
      - 潜层次：精神层
    - 功能：正面、负面功能
  - 组织文化的形成与塑造
    - 形成
    - 塑造
      - 选择价值观
      - 强化认同
      - 提炼定格
      - 巩固完善

【通关提要(提纲挈领)】

本章主要介绍组织文化的相关知识。学习时，要熟悉组织文化的含义、分类，掌握组织文化的功能和影响因素、组织文化的塑造等。本章主要考查概念题和简答题，复习时要重点记忆，具体把握。

【考点难点归纳(厚积薄发)】

考点一：组织文化概述(见表8－1) ★★★

表8－1 组织文化概述

要点	主要内容
含义	指组织在长期的实践活动中所形成的，并且为组织成员普遍认可和遵循的，具有本组织特色的价值观念和行为准则
特征	①独特性；②可塑性；③长期性；④精神性；⑤系统性；⑥相对稳定性；⑦融合性
七个维度	①关注细节；②结果导向；③人本导向；④团队导向；⑤进取心；⑥稳定性；⑦创新和风险承担

续表

要点	主要内容	
分类［标准］	内在特征	学院型、俱乐部型、棒球队型、堡垒型
	对成员的影响力	强力型、策略合理型、灵活适应型
	涵盖范围	主文化、亚文化
	权力集中度	权力型、作用型、使命型、个性型
	文化、战略与环境的配置	适应型、愿景型、小团体型、官僚制型
影响因素	①外部：a. 民族文化；b. 制度文化；c. 外来文化。 ②内部：a. 领导者素质；b. 员工素质；c. 组织发展阶段	

【真题链接】

(1)组织文化［概念题，中国农大2023年研；华东师大2023年研；中南财大2023年研］

(2)简述组织文化的特征。［简答题，东北大学2021年研；华科2019年研］

考点二：组织文化的构成与功能(见表8－2) ★★★

表8－2 组织文化的构成与功能

要点	主要内容	
构成	物质层［表层文化］	以物质形态存在，涵盖组织外在表现形式和实体性文化设备等，为组织文化的制度层和精神层提供载体
	制度层［中层文化］	指对组织和员工的行为产生规范性、约束性影响的部分，由具有组织特色的规章制度、道德规范和行为准则组成
	精神层［核心文化］	在组织长期实践中所形成的员工群体心理定式和共同价值取向，是组织道德观、价值观和组织哲学的总体体现和高度概括
内容	组织价值观	指指导组织内管理经营等活动的基本原则和观点
	组织精神	指组织经过共同努力奋斗和长期培养所逐步形成的，认识和看待事物的共同心理趋势、价值取向和主导意识，是组织的精神支柱
	伦理规范	指以道德规范为基础，由社会提出并应遵守的行为准则
功能	正面功能	①导向功能；②凝聚功能；③激励功能；④约束功能；⑤辐射功能；⑥调适功能
	负面功能	①变革障碍；②多样化障碍；③并购障碍

【真题链接】组织文化包括哪三个基本层次？各层次又包括哪些内容？［简答题，广西民大2020年研］

考点三：组织文化的形成与塑造(见表8－3) ★★★

表8－3 组织文化的形成与塑造

要点	主要内容		
形成	管理者倡导	①在日常工作中，言传身教。 ②通过关键性成功事件，使组织成员将组织价值观和行为准则内在化	
	组织成员接受	社会化	指组织通过培训、言传身教等方式不断向员工传达组织文化
		预社会化	指组织招募员工时，观察其行为是否与组织文化相匹配

续表

要点	主要内容	
塑造	选择价值观	①体现组织的使命和战略发展方向。 ②与各组织文化要素相互协调。 ③具有较高的员工和社会认可度
	强化认同	①广泛宣传；②培养和树立典型；③加强培训和教育
	提炼定格	①精心分析；②全面归纳；③精炼定格
	巩固完善	①建立规章制度；②领导者率先垂范

【真题链接】

(1)请结合实际，论述组织文化是如何塑造的。[论述题，山东财大2023年研]

(2)简述组织文化的塑造途径。[简答题，武汉工程大学2023年研]

8.2 课后习题详解

1. 什么是组织文化？组织文化具有哪些特征？

答：(1)组织文化是指组织在长期实践过程中形成的区别于其他组织的特征的集合，能够体现组织成员的整体价值观念和行为准则。组织文化是组织精神层面的具体体现，是经长期发展而形成的文化标志，涵盖了组织的精神财富和物质形态，能够渗透在组织行为的方方面面。

(2)组织文化的特征：

①独特性。指不同的组织具有各自特定的价值观、精神取向和群体意识，形成有别于其他组织的自身文化特征。

②长期性。组织文化的长期性体现了组织文化是组织长期实践的结果，体现了长期且复杂的过程。

③可塑性。组织文化是在组织实践过程中不断建立和完善的，并非与生俱来。组织文化的可塑性体现了文化具有一定弹性，可以进行一定的调整和更新。

④精神性。组织文化具有抽象化的特征，涵盖组织群体意识、精神观念等，是意识集合体。因此组织文化经常被认为是组织的一种无形资源或无形资产。

⑤系统性。组织文化具有共享性、集体化的特征，是组织成员相互联系、相互依存所形成的有机系统。

⑥相对稳定性。固化的组织文化具有一定程度的稳定性，不会因战略方向、组织结构或组织成员的变更而发生巨大改变。但组织文化并不是一成不变的。从长期的发展视角来看，社会环境的变革、组织历史和重大变革等都会影响组织文化。

⑦融合性。组织文化存在于社会环境之中，会受到社会文化和价值体系的持续影响。因此，处于全球化趋势下的组织不仅需要发展本国的优秀文化，同样需要借鉴全球的优秀文化。

2. 怎样把握组织文化的本质？

答：对组织文化的考察应从一个全面的视角，并结合形成文化的业务情境去思考，可以从以下五方面来把握组织文化的本质：

(1)识别、分析组织的使命、愿景、价值观念、行为准则等内容。组织深层次的思想原则会影响组织的行为方式，是识别组织内涵的重要途径。

(2)理解组织的边界。组织文化限定了组织的行为范畴，明确了有价值的组织行为，表明组织期望，引导组织成员重点关注组织目标的重要事项。

(3)理解组织的权力结构。组织文化体现了组织中权力的产生、变更、剥夺等相关制度，明确规定了组织行为的正确与否。

(4)明晰组织实践规范和惯例。组织文化蕴含组织的价值观念和各类实践规范，通过对组织成员传递组织所重视的工作行为，严格规范工作任务的重要程度，推动工作高效率开展，提高组织绩效。

(5)考察组织的奖惩机制。通过奖励和惩罚机制来评估组织的核心价值观等，为理解组织文化提供观察视角。

3. 组织文化有哪些类型？

答：根据不同的标准，组织文化可分为不同类型：

(1)按组织文化的内在特征分：

①学院型组织文化，侧重于新手大学生的招聘和专业培训，将其安排在特定领域的专业化岗位，重视组织成员的职业生涯规划和专业能力塑造。

②俱乐部型组织文化，强调组织成员的忠诚度和责任感，致力于将其培养成通用型人才。资历是该种类型组织文化的重要因素，包括经验、阅历、年龄等。

③棒球队型组织文化，侧重于改革创新的氛围，强调以薪酬为标准的奖酬制度，聘用具有一定才能的组织成员，并给予其丰富的奖励和较大的工作自由度。

④堡垒型组织文化，着眼于组织生存，具有一定的流动性和挑战性，但在一定程度上缺乏工作安全保障。

(2)按组织文化对员工的影响力分：

①强力型组织文化。为提高组织绩效，其搭建必要的组织结构和规章制度，降低了对官僚体系的依赖。该类组织文化侧重于共同的价值观念，引导组织成员与组织目标相一致，鼓励工作的责任心和贡献度，提高组织成员的工作积极性。

②策略合理型组织文化，基于组织内外部环境，强调组织的共同文化应该符合环境变化的要求。适用并服务于组织的组织文化才是良好、有效率的。组织文化要根据具体条件产生变化，并不存在放之四海而皆准的组织文化。

③灵活适应型组织文化，侧重于组织和组织成员相互依赖、相互支持，朝着组织目标解决组织问题。该组织文化注重培养组织成员对组织的信任和依赖、高度的工作热情和组织奉献，并表现出高度的市场适应性。

(3)按组织文化的范围分：

①主文化。主文化体现了被组织成员所共同认可的核心价值观，通常是组织宏观或整体层面的独特文化。

②亚文化。亚文化是主文化的补充或相悖的一小部分，在某些情况下可替代主文化对组织的作用。亚文化一般是存在于组织小群体中的独特文化。

(4)按权力集中度分：

①权力型组织文化，又称独裁文化，强调个人或小部分的人来领导组织，并不重视正式的组织结构和规章制度，并不能适应组织规模不断扩大的需要。

②作用型组织文化，侧重于健全的规章制度，是具有一定官僚性质的角色型组织文化。该组织文化具有严格的等级制度，坚持分工和专职专责等原则，沟通交流需要逐级汇报，有助于提高组织成员的忠诚度，降低离职率，是一种相对稳定、安全的文化形式。

③使命型组织文化，又称任务文化，侧重于设置组织目标，强调组织成员间平等的地位，只需要服务工作任务，而非领导者。该组织文化关注公平竞争机制，但很容易产生为争夺资源所造成的恶性竞争。

④个性型组织文化，融合以人为本和组织成员平等的观点，尊重个人意愿，鼓励组织成员进行创新，基于自身兴趣选择工作岗位，提高了组织成员的工作积极性。

(5)按文化、战略与环境的配置分：

①适应型组织文化，强调灵活、适应内外部环境的企业家精神型组织文化。该组织文化具有强反应能力，能够找寻、解释环境信息并有效将其转化为创造性的组织行为，鼓励组织成员参与组织变革和创新活动。

②愿景型组织文化，通过建立组织成员所共同努力的愿景，以实现组织目标。该组织文化适用于具有特定目标群体且短期内不改变发展方向的组织。

③小团体型组织文化，强调组织成员的参与和共享，能够对外部环境变化进行快速的反应，依赖组织成员的组织行为。

④官僚制型组织文化。它具有一致性、内向性、程序化等特征，强调遵循传统和组织规章制度的文化形式，适用于环境相对稳定的组织。

4. 组织文化是由哪些层次构成的？

答：组织文化包括三个基本层次：

(1)物质层的组织文化。即以物质形态为存在方式的文化构件，包括了组织实践活动等外在形式和组织设备等实体资源。位于物质层的组织文化为制度层和精神层奠定了物质载体和基础。

(2)制度层的组织文化。即处于物质层和精神层之间的中介文化，侧重于制定规章制度、行为规范、价值准则等，规定了组织及其成员的实践范畴，能够为组织行为提供可供执行的规范和约束。

(3)精神层的组织文化。即处于组织文化的核心地位，是组织自产生以来便逐渐形成和发展而来的集合体。精神层涵盖组织哲学、职业精神、价值观念、使命、战略方向等内容，体现了组织文化的支柱和灵魂。

5. 组织文化的形成主要受哪些因素的影响？

答：组织文化的形成主要受到内外两方面因素的影响：

(1)外部因素：

①民族文化。民族文化体现了各民族在发展过程中所积累形成的，具有自身特色的文化。受民族文化影响的组织文化能够很好地融入本地，得到社会和组织成员的理解和支持。

②制度文化。制度文化集中于规范体系的建立，围绕社会发展和国家法律法规等内容，塑造介于物质和精神之间的规章制度的集合体。制度文化既是物质文化的反映形式，又是精神文化的物化形态。

③外来文化。指本民族或本地区之外的其他组织文化。在面对外来文化的冲击时，组织应以开放的态度，在巩固和发展自身文化的同时，借鉴和融合优秀的文化，取其精华、去其糟粕，不断提高环境适应能力，持续完善组织文化。

(2)内部因素：

①领导者的素质。领导者的素质直接影响组织文化，特别是在组织的创立期和成长期。领导者的价值观念、管理方法和为人处世风格将显著作用于组织的实践过程。

②组织成员的素质。组织成员的素质会影响组织文化的层次和水平。组织成员是组织文化的践行者和传播者，体现了组织文化的个体表现状态。

③组织发展的不同阶段。组织发展的不同阶段会产生不同的工作目标和任务方向，进而影响组织文化。组织在生命周期的不同状态下面临不同的环境和挑战，需要根据实际情况持续完善和更新组织文化；在巩固原有优秀组织文化的同时，要摒弃不利于组织发展的文化糟粕。

6. 组织文化具有哪些功能？

答：组织文化具有以下功能：

(1)正面功能：

①导向功能。组织文化能够塑造组织成员的共同价值观，引导组织成员的实践行为，不断调节和控制组织成员的工作取向，使之与组织目标相一致。

②凝聚功能。组织文化的凝聚功能强调组织应该通过信念、愿景、使命等共同的组织观念，不断加强组织成员的情感联系，激发组织成员的群体意识和归属感，形成相互依赖、相互联系的工作氛围，提高组织成员的工作积极性，以达成组织的工作目标。

③激励和约束功能。组织文化的激励功能表现在，通过组织文化的塑造和内在引导，能在组织成员心中形成某种潜意识来激发工作的主动性和创造性。组织文化的约束功能，是指组织文化作为一种软约束，对员工具有很强的约束和规范作用，能指导员工的言行，便于组织更好、更快地发展。

④辐射功能。组织文化可以对组织外部的社会环境和组织内部产生影响。优秀的组织文化将会得到社会的认可，并受到公众的认可和传播。

⑤调适功能。组织文化的调适功能体现为加速新的组织成员融入集体，推动其个人价值观与组织目标相一致，在组织变革过程中有效缓解组织成员的不适和悲观消极。

(2)负面功能：

①变革的障碍。组织文化作为一种软约束，更易形成思维定式。固化的组织文化处于相对稳定的状态，且过度强调行为一致性将束缚组织因环境动态变化所产生的行动。定性思维模式很难及时对外部环境的重大变化作出及时的反应，具有迟滞性，甚至会阻碍组织的变革。

②多样化的障碍。由于社会环境中存在民族、习俗等多样化因素，组织文化往往是集中在某一或某几个环境条件下所产生的，并不能完全体现全球化特征的各类文化特征。强

文化的组织通常会降低组织中的多元化以谋求价值观念和组织实践行为的一致性，这类的组织文化往往受限于文化单调性，很难被开放的环境所接受，容易丧失发展和创新的契机。

③并购的障碍。组织并购是组织扩大规模和业务范围的有效方式。但由于各组织存在不同甚至相悖的组织文化，可能会阻碍兼并后不同组织之间的融合。

7. 怎样塑造组织文化?

答：有效的管理者塑造组织文化，具体可分为以下步骤：

(1)选择价值观。组织价值观体现了组织文化中的核心内容，对达成组织目标和指明发展方向具有重大战略意义。选择正确的组织价值观有三点要求：

①明确组织宗旨、使命、战略方向等。组织价值观需要体现组织的共同愿景和目标，为其发展指明前进的方向。组织要基于内外部环境条件，从实际出发，确定并发展适合组织自身的价值观念，明确组织宗旨、使命、战略方向等。

②组织价值观要与各组织文化要素相互协调。组织价值观的形成实际上是组织长期积淀的成果，需要体现组织文化中的其他文化要素，并相互联系、相互协调、相互促进。融合各要素的价值观能够发挥其系统性、整体性和科学性的优势。

③组织价值观须被全体成员和社会所认可和接受。组织价值观需要体现组织的共同信念和目标，鼓励组织成员做出有利于组织的行动，成为组织成员积极行为的精神动力。在塑造组织核心价值观的过程中，应充分掌握组织成员的建议，进行多层次、全方位的有效信息沟通，这样组织价值观既能够反映组织成员的观点，又能够对社会环境作出反馈，提高公众认可度。

(2)强化认同。指组织采取有效措施对组织文化进行有效的强化灌输的过程，具体做法为：

①广泛宣传。运用组织可利用的宣传媒介进行组织文化内容传播，包括电视、网络、报纸等。

②培养和树立典型。组织文化的典型可以为组织成员提供人格化的榜样，通过对典型人物施加表扬和奖励，提高组织成员践行组织文化的主动性和积极性。

③加强培训和教育。组织开展培训或教育可以有效讲解组织文化的深层含义，使组织成员系统化、全面地了解组织文化并进行应用。

(3)提炼定格。指组织通过分析、归纳、精炼组织所积累的文化集合体来塑造组织文化。

①精心分析。组织文化的塑造需要深层次分析组织内在细节，找寻体现组织特征的文化因素，在结合组织内外观点的基础上，对组织认同的文化进行细致的分析。

②全面归纳。组织文化的塑造需要总结归纳文化因素，取其精华、去其糟粕，保留符合组织发展的有利文化，去除不符合组织发展的文化，充分体现组织核心价值观。

③精炼定格。组织文化的塑造要充分利用科学工具，条理化、格式化代表各文化要素的组织文化，通过有形和无形的表达形式体现组织文化特征。

(4)巩固完善：

①建立规章制度。建立规章制度有利于巩固组织文化成果，使其成为组织成员的内在观念和行为方式；组织也可以借助奖惩制度来潜移默化地传播组织文化。

②领导者率先垂范。组织文化应充分利用领导者的率先垂范作用，采取与组织文化相一致的实践活动，发挥上行下效的作用，以领导的模范作用带动组织成员践行组织文化，使组织文化更具强导向性和感染力。

8.3　考研真题

一、概念题

组织文化[中国农大 2023 年研；华东师大 2023 年研；中南财大 2023 年研；浙大 2022 年研；西南财大 2021 年研；宁波大学 2020 年研；湖南师大 2020 年研；东南大学 2019 年研；河北大学 2018 年研；青岛大学 2018 年研；中财 2017 年研；湘潭大学 2017 年研；广东财大 2017 年研；安徽大学 2017 年研；湖南农大 2017 年研；暨南大学 2016 年研；中山大学 2015 年研；南昌大学 2015 年研；华科 2013 年研；电子科大 2013 年研；深圳大学 2013 年研；武大 2012 年研；厦门大学 2012 年研；首师大 2011 年研]

二、简答题

1. 简述组织文化的特征。[东北大学 2021 年研；华科 2019 年研；大连海大 2017 年研]

相关试题：简述组织文化的含义和特征。[湖南大学 2023 年研]

2. 组织文化的结构和功能。[青岛大学 2017 年研]

相关试题：

(1) 组织文化包括哪三个基本层次？各层次又包括哪些内容？[广西民大 2020 年研]

(2) 组织文化的维度。[中山大学 2017 年研]

(3) 简述组织文化的内容。[中财 2012 年研]

3. 什么是组织文化？如何塑造组织文化？[浙江财大 2018 年研]

相关试题：

(1) 请结合实际，论述组织文化是如何塑造的。[论述题，山东财大 2023 年研]

(2) 简述组织文化的塑造途径。[武汉工程大学 2023 年研]

(3) 什么是组织文化？组织文化的传承方式有哪些？[论述题，人大 2019 年研]

(4) 试述塑造组织文化的途径。[浙工大 2018 年研]

(5) 组织文化的塑造途径。[中国海大 2018 年研；华科 2016 年研]

(6) 什么是组织文化？员工通过何种方法“学习”组织文化？[安徽师大 2018 年研]

(7) 组织文化的含义及组织文化是如何形成的。[论述题，哈工大 2017 年研]

4. 简述组织文化对管理活动的影响。[中南财大 2022 年研]

相关试题：

(1) 论述组织文化会如何影响管理者的行为。[论述题，广东财大 2022 年研]

(2) 简述组织文化如何影响管理事项。[中南财大 2017 年研]

(3) 讨论组织文化及其对管理者行为的影响。[广工大 2017 年研]

三、案例分析题

案例一

CD 公司是一家投资近 3 亿美元的中外合资企业，坐落于上海浦东高新技术开发区。整个厂区宽敞、漂亮，整片的绿地与现代化的厂房交相辉映。CD公司是一个年销售收入高达10亿元人民币的企业。

CD公司的张总经理是中方选派的。张总经理对自己的企业发展与管理颇有自己的想法："我们公司技术设备先进，产品先进。作为一个高科技企业，作为一个新成立的企业，我们并不担心技术与市场的问题，而担心文化的冲突，担心新员工进入企业后能否迅速整合"。"中外合资企业中通常拥有不同投资方所在国文化的背景，来自不同国家的员工具有不大一致的价值观、思维方式、行为习惯。这些不一致可能导致一个企业内存在文化的冲突。我以为解决这个问题的关键在于迅速建立本公司的特定文化"。"我设想的本公司的企业文化要有一个核心理念，要有一整套将核心理念层层演化于各部门、各员工的具体表述。但是我反对形式化、千篇一律。企业文化活动应丰富多彩，应以员工为中心"。

张总经理不久便在公司成立了企业文化建设委员会，希望在不久的将来建立CD公司自己的文化，企业文化建设包括以下活动：

(1)开展员工座右铭活动

员工座右铭活动是这样展开的：每个新入公司的员工应自己掏钱买一棵公司指定范围内的树，然后亲手种在公司的地域之内。这棵树上挂上种植人的姓名，并由种植人负责照看，意即"十年树木，百年树人"，员工与公司一起成长。与此同时，每个员工在经过公司的新员工培训后，提出自己的人生座右铭。公司希望每个员工的人生座右铭能够成为他们各自生活、工作的准则。当你的座右铭确定后，也可以修改，但公司要组织评选，看一看哪一位员工的座右铭最好、最有意义。

(2)开展集思广益活动

集思广益活动是指全体员工为了把生产、经营、管理等诸方面的工作做得更好而出主意、想办法、提建议。员工有建议有设想，就可把这些写出来贴在公司各处安放的集思广益招贴板上。如果其他人对这些意见有不同看法或更进一步的想法，可以把自己的意见贴在旁边，以期讨论。每周五，部门、车间等安排一个小时的时间讨论本周内尤其是本部门内的各项建议，以期取得一致意见，安排具体改进的人员和任务；如果本周无甚建议，则可研究下周的工作安排等事项。

(3)开展文化活动

公司开展了一系列文化活动，如摄影比赛、体育比赛、书画活动等，让每个员工都参与活动，充分展示他们各自的才能，同时让每个员工参加这些活动并评奖。例如，摄影比赛可评出一等奖、二等奖，但评选方法并不是去找几位领导和专家来打分决定，而是把选票放在展品旁边，每个人都可以去投一票，投票给自认为最佳或最差的作品。

更有意思的是，公司将食堂的桌椅都设计得富有变化，如桌子的形状有三角形、六角形、长方形、正方形、圆形等，椅子的色彩也富有变化。

一段时间后，上述这些活动变得难以深入开展了，因为老是这些活动，搞几次便成了形式化，员工们也开始厌倦。怎么办？是公司的理念未定，还是企业文化本身就很难从变化中建立？张总经理也陷入深思，他希望从更高层次上来看待企业文化的问题，但从何处着手呢？[电子科大2011年研]

请回答下列问题：

1. 什么是组织文化？包括哪些要素、内容及形式？

2. CD 公司企业文化建设存在哪些问题？你认为应该如何进行文化建设？

3. 中外合资企业的文化冲突有哪些解决的思路与方法？

案例二 时代·华纳公司的组织文化碰撞

公司兼并的成功与失败，和公司文化的相容性密切相关。也许收购对象在财务状况和产品方面很有吸引力，但购并结果如何往往取决于这两个公司的文化是否相容，时代·华纳公司的例子正说明了这一点。

时代·华纳公司是世界上最大的大众传播媒介公司之一，每年总收入为 145 亿美元。公司是在 1989 年时代公司收购了华纳通讯公司的基础上建立的。时代公司当时拥有多家知名的宣传出版物，如《运动天地》《人物》《时代》《财富》等，这是他们兼并的资本。华纳公司当时主要经营电影、有线电视、音乐唱片等项目。时代与华纳两大巨人联手的目的，就是创造一个综合性的传播媒介企业集团。

收购后的头 5 年中，管理人员和股民所期望的大好局面并没有出现。1990 年，公司亏损 2.27 亿美元，1993 年仍亏损 1.64 亿美元。当然，导致这种状况的原因很多，尤其是在收购产权时，公司付出了很大代价，支付债务利息成了一项沉重的负担。但主要问题是，两种差异很大的组织文化难以很快融合。

从亨利·路斯(Henry Luce)创建时代公司之日起，时代公司就把编辑出版事务同商业事务相分离，并得到了长足的发展。时代公司的文化保守、家长制作风浓重，与其新闻价值观相一致，公司培养了一种强烈的整体观念。公司给员工提供稳定的工作环境，提供一种家庭感，实行终身雇佣制，这在美国公司中是比较难得的。但华纳公司则相反，作为一个商业经营气氛很浓的公司，它的产品——音乐唱片、电视系列剧等在不断变化，要求公司不断地参与市场交易。好莱坞及其他一些娱乐行业的价值观影响了华纳公司的文化。华纳公司员工流动率很高，这里的环境中充满着“高风险—高报酬”的气氛。时代公司的老员工谈到华纳公司在好莱坞的交易商时，常不屑一顾使用“品质低劣”这个词来描绘他们。时代公司的员工在一个鼓励人们谨慎从事的环境中成长，而华纳公司的员工则生活在快节奏与冒险之中。以后这两种文化能够和谐共处吗？用句双关语来说，时间(Time，时代公司的英文原意)会告诉我们！[华中农大 2018 年研]

问题：

1. 结合案例，谈谈组织文化对企业的发展有什么样的作用。

2. 时代和华纳公司在组织文化方面有哪些显著差异？你认为合并后的企业应形成怎样的组织文化才能更好地发展？

3. 企业合并时怎样做到(多种)组织文化的兼容和创新？

8.4 考研真题详解

一、概念题

组织文化[中国农大 2023 年研；华东师大 2023 年研；中南财大 2023 年研；浙大 2022 年研；西南财大 2021 年研；宁波大学 2020 年研；湖南师大 2020 年研；东南大学 2019 年

研；河北大学2018年研；青岛大学2018年研；中财2017年研；湘潭大学2017年研；广东财大2017年研；安徽大学2017年研；湖南农大2017年研；暨南大学2016年研；中山大学2015年研；南昌大学2015年研；华科2013年研；电子科大2013年研；深圳大学2013年研；武大2012年研；厦门大学2012年研；首师大2011年研]

答： 参见本章考点难点归纳相关内容。

二、简答题

1. 简述组织文化的特征。［东北大学2021年研；华科2019年研；大连海大2017年研］

相关试题：简述组织文化的含义和特征。［湖南大学2023年研］

答： 参见本章课后习题第1题答案。

2. 组织文化的结构和功能。［青岛大学2017年研］

相关试题：

(1)组织文化包括哪三个基本层次？各层次又包括哪些内容？［广西民大2020年研］

(2)组织文化的维度。［中山大学2017年研］

(3)简述组织文化的内容。［中财2012年研］

答： (1)组织文化的层次/结构，参见本章课后习题第4题答案。

(2)组织文化的内容：

①组织的价值观。即组织内部管理层和全体员工对该组织的生产、经营、服务等活动以及如何指导这些活动的一般看法或基本观点。它包括组织存在的意义和目的、组织中各项规章制度的必要性与作用、组织中各层级和各部门的各种不同岗位上的人们的行为与组织利益之间的关系等。

②组织精神。即组织经过共同努力奋斗和长期培养所逐步形成的，认识和看待事物的共同心理趋势、价值取向和主导意识。组织精神是一个组织的精神支柱，是组织文化的核心，反映了组织成员对组织特征、形象、地位等的理解和认同，也包含了对组织未来发展和命运所抱有的理想和希望。

③伦理规范。即从道德意义上考虑的、由社会向人们提出并应当遵守的行为准则，它通过社会公众舆论规范人们的行为。它既体现组织自下而上环境中社会文化的一般性要求，又体现着本组织各项管理的特殊需求。

(3)组织文化的七个维度：

①关注细节：期望员工展示精确性、分析和注重细节的程度。

②结果导向：管理者关注结果而不是过程的程度。

③人本导向：管理决策考虑对组织中人的影响的程度。

④团队导向：将工作安排给团队而不是个人的程度。

⑤进取心：员工有进取性和竞争性而不是合作的程度。

⑥稳定性：组织决策和行为强调维持现状的程度。

⑦创新和风险承担：鼓励员工创新并承担风险的程度。

在不同的组织中，七个文化维度的高低程度不同，可分为非典型的文化(低)和典型的文化(高)。在很多组织中，某个文化维度常常比其他维度表现得更突出，并从根本上塑造了组织的人格和组织成员工作的方式。

(4)组织文化的功能，参见本章课后习题第6题答案。

3. 什么是组织文化？如何塑造组织文化？［浙江财大2018年研］

相关试题：

(1)请结合实际，论述组织文化是如何塑造的。［论述题，山东财大2023年研］

(2)简述组织文化的塑造途径。［武汉工程大学2023年研］

(3)什么是组织文化？组织文化的传承方式有哪些？［论述题，人大2019年研］

(4)试述塑造组织文化的途径。［浙工大2018年研］

(5)组织文化的塑造途径。［中国海大2018年研；华科2016年研］

(6)什么是组织文化？员工通过何种方法"学习"组织文化？［安徽师大2018年研］

(7)组织文化的含义及组织文化是如何形成的。［论述题，哈工大2017年研］

答：(1)组织文化的概念，参见本章考点难点归纳相关内容。

(2)组织文化的塑造，参见本章课后习题第7题答案。

4. 简述组织文化对管理活动的影响。［中南财大2022年研］

相关试题：

(1)论述组织文化会如何影响管理者的行为。［论述题，广东财大2022年研］

(2)简述组织文化如何影响管理事项。［中南财大2017年研］

(3)讨论组织文化及其对管理者行为的影响。［广工大2017年研］

答：组织文化对各项管理活动的影响具体如下：

(1)凝聚员工。组织中最重要、最活跃的因素是人，而人在一个组织中是否结合成一个有机的整体，不仅需要组织化的制度分工对全体成员进行制度化的安排，而且还需要员工具有共同的价值观、共同的行为准则和行为方式，能够认同自己工作的组织，能够与组织同呼吸、共命运，能够自觉地为实现组织目标而努力，这些是制度和规则难以发挥作用的。优秀的组织文化能够统一员工的价值观、行为准则和利益指向，将员工凝聚为一个团结整体，这就是组织文化所发挥的凝聚作用。

(2)激励员工。优秀组织文化的形成，有助于员工获得较高的心理满足。在拥有优秀组织文化的组织中工作，员工能够感受到温暖，能够进行深度的沟通，并获得多方面的满足。优秀的组织文化所树立的良好的组织形象会使员工感到自豪，从而愿意为这样的集体努力工作，贡献自己的力量。

(3)规范行为。价值观是组织文化的核心。一旦这样的价值观深入人心，人们就会自觉将其作为自己的行为准则，约束自己的行为。优秀的组织文化运用教育使人们在内心形成强有力的内在约束机制，这个约束机制可以强有力地规范员工行为，使全体员工的行为与组织的要求保持高度的一致。

(4)树立良好形象。组织同个人一样，都应有自己的形象，企业形象是提高企业竞争力的重要手段。塑造企业形象，离不开优秀的组织文化。一种优秀的组织文化会通过企业的外在物质特征和员工的行为展示给社会。好的组织文化能够提高员工与社会的融合程度，容易为社会所接受，能够为企业更好地取得社会的支持提供帮助。

三、案例分析题

案例一

请回答下列问题：[电子科大2011年研]

1. 什么是组织文化？包括哪些要素、内容及形式？

答：(1)组织文化是指组织的最高管理者倡导的，组织在长期的实践活动中所形成的并为组织成员普遍认可和遵守的具有本组织特色的价值观念、团队意识、行为规范和思维模式的总和。

(2)组织文化的要素有结构、体制、作风、人员、技能、战略等，其核心是价值观。

(3)组织文化的层次和内容主要有：

①组织精神，往往以简洁而富有哲理的语言形式加以概括。

②组织价值观，是组织评判事物和指导行为的基本信念、总体观点和选择方针，最突出的特征是以人为本。

③组织形象，是社会公众和组织成员对组织、组织行为与组织各种活动成果的总体印象和评价，反映的是社会公众对组织的承认程度，体现了组织的声誉和知名度。

2. CD公司企业文化建设存在哪些问题？你认为应该如何进行文化建设？

答：(1)CD公司企业文化建设存在的问题主要包括：

①没有达成文化建设的共识。不可否认，张总经理对企业文化建设起着关键性的作用，但如果没有其他高层主管、中层主管、基层主管和全体员工的支持配合，文化建设很难做下去。

②缺乏系统的文化建设方案，没计划、没步骤，没人员，有点随心所欲。

③没有明确责任，没有提出CD公司的核心价值观到底是什么。提炼出核心价值观，文化建设才能跟上。从案例看，它的核心理念应该是“以人为本、创新”，遗憾的是企业没有很好地提炼。

④把文化建设仅仅停留在理念上是远远不够的，还要落实在各项制度中，体现在员工和企业的具体行为上，而不是简单地走形式。

⑤文化活动的开展很重要，但应围绕核心理念进行，不能为了活动而开展活动。

(2)针对这些问题，应该采取以下措施：

①选择正确的价值观。价值观要立足于本组织的特点，体现出组织的宗旨、管理战略和发展方向，认真听取员工意见，被员工认可和接纳。组织价值观与组织文化各要素要相互协调，实现系统优化。

②强化员工认同。充分利用一切宣传工具和手段，宣传组织文化的内容和要求，使人人皆知，营造浓厚的氛围，树立榜样人物并对员工进行培训教育。

③提炼定格。在经过群众性初步认同实践之后，详细分析，全面归纳，把价值观、组织精神条理化、完善化和格式化。

④巩固落实。建立必要的制度使员工、企业的行为习惯符合文化建设的要求。同时领导也要率先垂范，起带头作用。

⑤丰富发展。不断地调整、丰富和发展。

3. 中外合资企业的文化冲突有哪些解决的思路与方法?

答:中外合资企业文化冲突解决的思路与方法主要包括:

(1)选择合适的跨文化管理人员。企业中的领导人员对于企业的经营管理和经济效益有着至关重要的作用,特别是合资企业,领导人员对于调和冲突、增强管理有效性的作用更为明显,选择合适的跨文化管理人员是解决中外合资企业冲突的主要方法。合格的外方上司应该得到中方下属的尊重和信任。

(2)完善培训过程和内容。企业跨文化管理中需要解决的一些基本问题包括:学习国际通用语言和合作知识,在合作中把文化冲突缩小到最低限度,谨慎度过"磨合期"。这些可以通过培训来解决。

(3)进行有效的组织沟通。跨文化沟通是中外合资企业面临的问题之一。没有有效的沟通和理解,也便没有中外合资企业跨文化合作的必要。通过正式或非正式的交流,增加双方沟通的机会,创造一种融洽、和谐、愉悦的氛围。

案例二 时代·华纳公司的组织文化碰撞

问题:[华中农大2018年研]

1. 结合案例,谈谈组织文化对企业的发展有什么样的作用。

答:组织文化包括组织愿景、价值观等内容。受组织所在的时代、民族、地域等因素的影响,组织文化在组织发展的过程中不断被优化完善,并逐渐形成统一的价值标准、基本信念、行为规范等,这些内容受到全体组织成员的认可与遵循。结合案例,组织文化的作用包括以下方面:

(1)整合功能。组织文化通过外显的环境和内隐的一些精神传达,潜移默化着组织成员的思维和行为方式,使员工对组织产生认同感和归属感,例如时代公司文化保守、家长制作风浓重,培育了一种强烈的整体观念,给员工提供了一种家庭感。

(2)调适功能。组织文化能帮助员工建立起新的价值观念,使组织成员适应外部变化,从而推动组织与社会协同发展。具体地说,通过文化建设,企业尽可能调整自己,以便适应公众的情绪,满足顾客不断变化的需要。如一方面,华纳公司的组织文化会受到好莱坞以及其他娱乐公司价值观的影响;另一方面,员工们在冒险、快节奏的文化气氛中,调整产品不断适应商业需求的变化。

(3)导向功能。组织文化是一种软性的约束,通过外显的环境和内隐的工作方式、风格等不断影响着组织成员的价值取向、行为取向。如在时代公司,员工谨慎从事,与新闻行业的价值观和目标一致;而华纳公司的员工敢于冒险创新,与其追求新颖的商业目标相符。

(4)持续功能。组织文化往往非常稳定、牢固,具有持续性,不会轻易受组织的结构等变动和外界环境变动的影响而变动或消失。如时代公司和华纳公司哪怕是发生并购,组织进行了变革,其组织文化也几乎没有发生改变。

2. 时代和华纳公司在组织文化方面有哪些显著差异?你认为合并后的企业应形成怎样的组织文化才能更好地发展?

答:(1)时代和华纳公司在组织文化上的差异:

①组织价值观。组织价值观是指导组织内管理经营等活动的基本原则和观点,价值观

的指导性作用使其在组织文化中占领核心地位，它代表了企业认同什么样的价值、什么样的工作方式等。时代公司的文化保守、家长制作风浓重；而华纳公司的文化趋向变革和创新。在公司业务处理上，时代公司把编辑出版事务同商业事务相分离；而华纳公司要求不断参与市场交易。

②组织精神。即组织成员在组织活动过程中逐步形成的对组织生活和活动过程的固定看法。时代公司培养了一种强烈的整体观念，公司给员工提供稳定的工作环境，提供一种家庭感，实行终身雇佣制；而华纳公司的员工生活在快节奏与冒险之中，流动率高，员工之间多存在竞争。

③伦理规范。即从道德意义上考虑的，处理人与人、人与社会相互关系时应遵循的道理和准则，是以社会舆论为主要约束力的一系列指导行为的观念规范。时代公司的员工在一个鼓励人们谨慎从事的环境中成长，通过给员工提供一种家庭感进行激励；而华纳公司主要是以高报酬的方式对员工进行激励。

(2)合并后的组织文化走向。时代和华纳的并购属于强强联合，因此应采取多元化型的文化整合模式。为了避免文化冲突造成内耗，以及维持各自优势，合并后应在相当长的一段时间内允许双方在极其有限的文化接触、交流的前提下，彼此保持各自文化的独立。

3. 企业合并时怎样做到(多种)组织文化的兼容和创新?

答：组织文化整合是指企业在并购过程中将相异或矛盾的文化特质在相互适应、认同后形成的一种和谐、协调的文化体系。以该案例为例，企业并购的文化整合路径的基本步骤包括：

(1)并购双方文化的识别与评估。文化识别是指通过掌握和比较并购双方在经营理念、价值观和行为模式等方面的差异，借以鉴别两者相互冲突以及可融合的领域。文化评估则是在分析文化差异的基础上，依据一定的指标体系对双方文化因素进行精确的评价和估量。文化差异往往会成为并购后组织文化冲突的主要成因，因此并购双方的文化识别与评估是消除文化冲突的前提条件，以便增强并购双方文化的吸引力，为组织文化的融合和重建创造必要条件。

(2)文化整合模式的确定与实施。依据双方企业的不同特点、并购类型等因素，确定适宜的文化整合模式，充分考虑和分析文化整合中存在的风险问题，确立文化整合的方法和时机，继而实施已经确定的文化整合方案。根据并购类型和双方的文化包容度，可将文化整合模式分为同化型、转化型、多元化型三种类型。

(3)并购文化的融合与管理：

文化整合是一个长期的过程，其中文化的融合和重建都极其重要。融合并非两种文化的相互适应和叠加，而是不同文化之间的接触、交流、渗透、内化的一体化过程，涉及对异质文化的科学“扬弃”，保留并弘扬两种文化中优质、科学的成分，从而塑造出新的组织文化。本案例中，时代与华纳两种具有显著差异的文化由于缺乏对彼此的包容和认同，使得文化整合一直难以达到预期目标，文化重塑更无从谈起。

基于融合之上的文化重塑应特别注意对弱势文化的识别与评估，从中萃取优秀的文化成分加以创新、吸收，同时对强势文化的复杂成分科学甄别，不可强行推行。因此，对于融合后的文化成果要进行持续的管理，及时应对外部环境的变化，进一步巩固文化成果。

第四篇　领　导

第九章　领导的一般理论

9.1　复习笔记

【知识框架(庖丁解牛)】

- 领导的一般理论
  - 领导概述
    - 领导的含义、作用
    - 领导与管理的比较
    - 领导权力的来源
    - 领导三要素：领导者、被领导者、情境
  - 领导与领导者
    - 领导者特质理论
    - 领导者行为理论
      - 艾奥瓦大学的研究
      - 俄亥俄州立大学的研究
      - 密歇根州立大学的研究
      - 管理方格理论
    - 领导者团队理论
  - 领导与被领导者
    - 情境领导模型[生命周期理论]
    - 领导—成员交换理论
    - 领导者角色理论[明茨伯格]
  - 领导与情境
    - 费德勒的权变领导理论
    - 豪斯的路径—目标领导理论
    - 文化背景与领导

【通关提要(提纲挈领)】

本章主要介绍领导的一般理论，属于重点章节。学习时，要熟知领导的含义和作用，重点掌握不同理论下的各种领导方式及其影响因素，特别是管理方格理论、情境领导模型和费德勒的权变领导理论，要能结合具体案例具体分析。本章各种题型都有可能考查，要准确记忆各理论的主要观点、分析维度和适用情境，并灵活运用。

【考点难点归纳(厚积薄发)】

考点一：领导概述(见表9-1) ★★★

表9-1 领导概述

要点	主要内容		
含义	指带领、引导下属在一定条件下实现组织目标的过程。 领导与管理的区别见表9-2		
作用	①指挥作用；②协调作用；③激励作用		
三要素	领导者	领导行为的主体，是权威和影响力的主要来源	
	被领导者	领导行为的客体，会影响领导行为的效果	
	情境	①内部环境，包括任务结构、职位权力、工作特征等。 ②外部环境，如社会文化等	
权力来源	职位权力	奖赏权力	包括奖金、提升职位等
		强制权力	是惩罚性权力
		法定权力	是特定职位和角色法定的、公认的正式权力
	个人权力	参照权力	源于领导者的个人特征
		专家权力	源于领导者个人的专业知识或技能

表9-2 领导与管理的区别

		领导	管理
职能范围		是管理的一部分	除领导职能外，还包括决策、组织和控制
权力来源		职位权力+个人权力	组织结构：合法+强制权力
主要功能		能促进变革和创新	维持秩序，实现组织目标
发挥功能途径	目标制定过程	注重宏观，关注长远目标	强调微观，注重短期目标
	人力资源配备	通过愿景目标和战略影响员工	按计划需要构建组织、安排人员
	计划执行方式	通过授权和激励等方式鼓励组织成员	侧重通过详细的监督、控制解决问题

【真题链接】

(1)简述领导权力的来源。[简答题，北邮2020年研；南京师大2020年研]

(2)结合企业的实际情况，谈谈管理和领导的区别。[简答题，浙工商2019年研]

(3)简单分析领导者与管理者的联系与区别。[简答题，浙工大2020年研]

考点二：领导与领导者 ★★★

1. 领导者特质理论和领导者团队理论(见表9-3)

表9-3 领导者特质理论和领导者团队理论

理论			主要内容
领导者特质理论	主要观点		成功的领导源于领导者个人特质[先天遗传或后天习得]
	理论研究	蒂姆西·贾吉	以五大人格特质理论为框架测量了个体特性和领导的关系，具体包括：①外向性；②情绪稳定性；③经验开放性；④随和性；⑤责任感
		柯克帕特里克和洛克	成功领导的六个关键特质：①内在驱动力；②领导动机；③诚实与正直；④自信；⑤认知能力；⑥工作相关知识
	评价		①拥有上述特质只能说明个体具有成为有效领导者的潜质。 ②忽视了领导者与组织成员的互动和情景因素，不能充分识别有效领导者
领导者团队理论			“高阶理论”认为： ①高层管理者在决策和采取行动时会受到自身因素的影响。 ②要了解整个高层管理团队的特征，以更好地预测组织绩效。 ③运用人口统计学变量是可行且有效的方法，但还需完善

【真题链接】领导特质理论认为，领导者特质有哪些？[简答题，大连理工2021年研]

2. 领导者行为理论(见表9-4)

表9-4 领导者行为理论

要点			主要内容
艾奥瓦大学的三种领导风格			①三种领导风格：独裁型、民主型和放任型风格。 ②民主型的领导风格最为有效
领导方式的连续统一体理论			美国学者坦南鲍姆和施米特认为，领导行为可以是一个连续统一体，在民主和独裁两种极端情况之间存在着多种过渡类型的领导方式
俄亥俄州立大学的研究	两个维度		①定规维度：以工作任务为中心，标准界定上下级关系。 ②关怀维度：指以人为中心，充分考虑下级的个体感受
	四种组合		①高定规—高关怀；②高定规—低关怀；③低定规—低关怀；④低定规—高关怀
	结论		高定规—高关怀的领导者能够实现较高的员工绩效和满意度，但并非总是如此
密歇根州立大学的研究	两个维度		①员工导向：强调人际关系，关心下属的需求。 ②生产导向：强调工作技术和任务层面
	结论		员工导向能带来高产出[生产率、员工满意度]
管理方格理论	理论概述		由布莱克和穆顿提出，基于“关心员工”[纵坐标]和“关心生产”[横坐标]两个维度，并利用从1(低)到9(高)的量表来评估领导行为类型，见图9-1
	五种典型的领导方式	1.1贫乏型	低度关心生产，低度关心员工
		9.1任务型	高度关心生产，低度关心员工
		5.5中庸型	中度关心生产，中度关心员工
		1.9乡村俱乐部型	低度关心生产，高度关心员工
		9.9团队型	高度关心生产，高度关心员工
	评论		团队型管理最有效，但缺乏实证研究

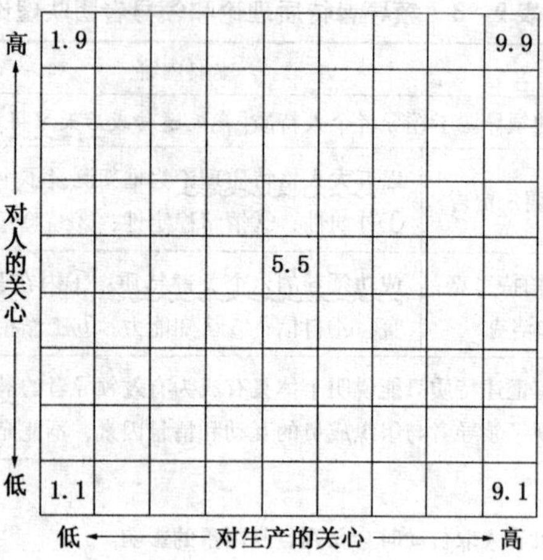

图9-1 管理方格图

【真题链接】简述管理方格理论以及作用。[简答题，上海大学2018年研]

考点三：领导与被领导者(见表9-5) ★★★

表9-5 领导与被领导者

<table>
<tr><th>要点</th><th colspan="3">主要内容</th></tr>
<tr><td rowspan="8">情境领导模型[又称生命周期理论，赫塞和布兰查德]</td><td>主要观点</td><td colspan="2">领导是领导者行为和实施情境的匹配。有效的领导应根据下属成熟度去匹配相应的领导者行为，见图9-2</td></tr>
<tr><td>行为维度</td><td colspan="2">①任务行为；②关系行为</td></tr>
<tr><td rowspan="4">领导风格</td><td>告知型</td><td>标准化员工的任务要求、岗位职责、绩效评估等[高任务、低关系]</td></tr>
<tr><td>推销型</td><td>指挥和支持组织员工的工作行为[高任务、高关系]</td></tr>
<tr><td>参与型</td><td>下属参与组织决策制定，强调群体沟通[低任务、高关系]</td></tr>
<tr><td>授权型</td><td>给予下属充分的自主权，较少提供支持[低任务、低关系]</td></tr>
<tr><td rowspan="2">评价</td><td colspan="2">①领导者可以弥补下属在能力和积极性上的不足，肯定了员工重要性。</td></tr>
<tr><td colspan="2">②存在内在模糊性和不一致性，实践效果的可靠性有待商榷</td></tr>
<tr><td>领导—成员交换理论</td><td colspan="3">①领导者根据下属特点采取不同的领导方式，将下属分为圈内人[建立亲密关系的员工]和圈外人[不想亲近的员工]，会奖励圈内人、惩罚圈外人。
②圈内人拥有更高的工作绩效和工作满意度，并采取高忠诚等行动。
③要发展成熟的领导者和下属关系，以促进有效领导</td></tr>
<tr><td>领导者角色理论[明茨伯格]</td><td colspan="3">①人际关系角色：挂名首脑、领导者、联络者。
②信息传递角色：监听者、传播者、发言人。
③决策制定角色：企业家、故障排除者、资源分配者、谈判者</td></tr>
</table>

【真题链接】

(1)简述赫塞和布兰查德的情境领导理论。[简答题，中国传媒2017年研]

(2)简述管理者的角色。[简答题，南昌大学2023年研；华东师大2021年研]

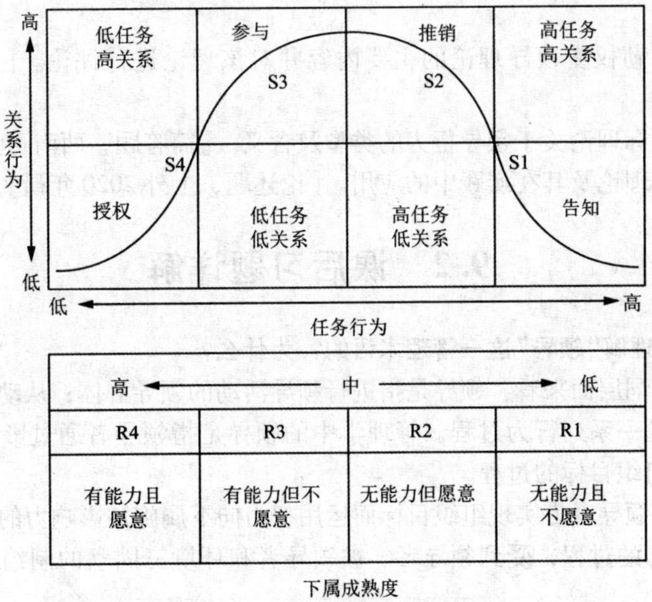

图 9－2　领导的情境模型

考点四：领导与情境（见表 9－6）★★★

表 9－6　领导与情境

要点			主要内容
费德勒权变领导理论	主要观点		组织效率取决于领导者风格和情境有利性的相互作用
	衡量变量	领导者风格	通过最难共事者问卷（LPC 问卷）确定领导风格，具体包括：①任务导向型；②关系导向型
		情境有利性	三大权变维度：①领导者—成员关系；②任务结构；③职位权力
	结论		①任务导向型适用于非常有利和非常不利的情境，关系导向型适用于适度有利的情境。②领导风格固定不变，只能通过更换领导者或改变情境来提高领导效率
	缺陷		①领导者可根据情境改变个人领导风格；②LPC 问卷实践性不强；③情境变量很难量化、评估
豪斯路径—目标理论	主要观点		领导者的工作是提供必要的帮助与指导，激励下属达成目标
	基本原理		①领导者乐于接受并积极回应下属的需求。②领导方式有激励性，指导和支持下属完成工作任务以促成绩效
	行为类型		①指示型；②支持型；③参与型；④成就导向型
	结论		领导者可根据情境灵活调整领导风格。正式权力关系清晰的情境下，应减少指挥型领导，偏于支持型领导
	评价		恰当的领导风格可弥补员工或工作环境的不足，提高员工的工作绩效和工作满意度
文化背景与领导	文化层次		表层、中层和核心层
	五个维度		霍夫斯泰德将文化分为：①权力距离倾向；②个人主义—集体主义倾向；③不确定性回避倾向；④阳刚—娇柔倾向；⑤长期—短期倾向

【真题链接】

(1)试述费德勒权变领导理论的主要内容并对该理论进行评论。[论述题，广西民大2020年研]

(2)路径—目标理论关于领导行为的类型及含义。[简答题，西南财大2021年研]

(3)领导权变理论及其在实践中的应用。[论述题，上外2020年研]

9.2 课后习题详解

1. 你是如何理解“领导”这一管理术语的？为什么？

答：(1)从名词层面来看，领导是指进行领导活动的领导群体；从动词层面来看，领导是领导群体采取的一系列行为过程。管理学中的领导是指领导者通过影响在特定情境中的组织群体以达成组织目标的过程。

(2)领导是指领导者为实现组织目标而运用权力向下属施加影响力的一种行为或行为过程。它是一个动态的过程，受到领导者、被领导者和环境三因素的制约。其定义包含三个要素：

①领导者必须有下属或追随者。

②领导者拥有影响追随者的能力或力量。这种能力或力量既包括由组织赋予领导者的职位和权力，也包括领导者个人所具有的影响力。

③领导者的目的是凭借自身影响力，通过影响下属来实现组织目标。

综上所述，领导是指挥、带领、引导和鼓励下属为实现目标而努力的过程。领导者的本质就是被领导者的追随和服从，它完全取决于追随者的意愿，而并不完全取决于领导者的职位与权力。被领导者追随和服从的意愿并非全部来自制度权，更多的是建立在领导者个人影响力、专长权以及模范作用的基础上。

2. 简述领导和管理的异同。

答：(1)领导和管理的内涵：

①领导是指领导者运用各种影响力，指挥、带领、引导和鼓励下属为实现组织目标而努力的过程。

②管理是指在特定环境下，对组织所拥有的资源进行有效的计划、组织、领导和控制，以便达成既定组织目标的过程。

(2)领导与管理的联系：

①领导是从管理中分化出来的。就领导活动自身发展的历史而言，决策与执行的分离、领导权与管理权的分离，是领导科学发展进程中的重要变革，这一具有里程碑意义的变革同样证明了领导是从管理中分化而来的。

②领导是一个在特定情境中，通过影响个体或群体的行为来努力实现目标的过程。管理过程中需要协调组织成员，实现组织目标。

③领导和管理无论是在社会活动的实践方面，还是在社会科学的理论方面，都具有较强的相容性和交叉性。

(3)领导与管理的区别：

①职能范围不同。管理包括一系列系统化行为；领导可以视为是管理的一个环节。

②权力来源不同。管理的权力基于强制性和合法性；领导的权力既可以来源于组织职位，又可以产生于个人能力。

③主要功能不同。管理侧重于维系组织有效运转，保持组织秩序并实现预期目标；领导则关注组织变革，进行战略方向层面的创新举措。

④管理和领导发挥功能的实现途径也存在差异，具体如下：

a. 目标制定过程。管理侧重于预算、详细计划、具体实施方案等微观层面的短期行为；领导则侧重于远期目标、战略方向等宏观层面的长期行为，具有更强的风险性。

b. 人力资源配备。管理根据组织结构和岗位需求，进行人员匹配，包括招聘、培训、轮岗等；领导则基于组织的愿景目标和战略方向，强调组织群体的人才储备策略等，确保人才发展与组织发展相适应。

c. 计划执行方式。管理强调计划的落地和执行，通过监督和控制等手段对组织行为进行细致的把控；领导则侧重于利用授权、激励等方式提高组织成员的工作积极性，迎难而上，完成工作任务。

3. 简述领导者权力体系的来源及构成。

答：根据约翰·弗兰奇和伯特伦·瑞文的观点，权力由职位权力与个人权力两种权力构成。

(1)职位权力是组织岗位赋予领导者的法定的、直接的权力，具体包括：

①奖赏权力。指领导者根据组织成员的行为表现，满足其某种需求的奖赏措施。奖赏权力的强弱受到组织成员对于奖赏需求的迫切程度影响。一般而言，组织成员越认可某种奖赏，奖赏权力越能发挥更高的效用。

②强制权力。指领导者对组织成员无法完成工作任务的表现进行惩罚的权力。强制权力的强弱受到组织成员对于惩罚措施的厌恶程度的影响。一般而言，组织成员越厌恶某种惩罚，强制权力的威慑力越强；但过度使用强制权力很容易造成组织成员的不满和反抗。

③法定权力。指具有法定、公认的职权或角色权力。法定权力的形成基础包括合法化任命、价值观念和社会结构接受程度。

(2)个人权力依赖于领导者个人能力或品德魅力，与职位无关，具体包括：

①参照权力。参照权力基于领导者的个性特质，主要体现在组织成员对其工作经历、专业技术、个性品质等的认可。一般而言，领导者的某种特质越吸引组织成员，领导者的影响力则越强，组织成员的认可程度越高，则参照权力的影响就越大。

②专家权力。专家权力来源于领导者的专业知识或技术能力。领导者对于知识的掌握程度以及组织成员对其知识储备的感知程度决定了专家权力的影响力。一般而言，领导者担任某一领域的专家，并表现出丰富的知识储备和工作经验，组织成员往往更愿意听从其的指挥和安排。

4. 什么是领导者和被领导者？在组织中，是否上级就是领导者，下级就是被领导者？为什么？

答：(1)领导者是指担负领导职责，负责实施领导过程的主管人员，他们担负着管理者和领导者双重角色。现代领导者在组织中担负起引导和服务两个方面的职责：①引导职责是指领导者有责任指导各项活动的开展和协调；②服务职责是指领导者有责任为各项活动的开展提供条件和帮助。

(2)被领导者是相对于领导者来说的，是指在领导活动中执行具体决策方案、命令、任务，实现组织目标的具体执行者，是在社会共同活动中处于被领导地位的人员。被领导者的本质是被领导者在领导活动中表现出来的内在属性，是由被领导者在社会中的政治、经济、文化地位决定的。

(3)在组织中，上级不一定是领导者，下级不一定是被领导者，具体分析如下：

组织中上级是指在行政级别上较高，指挥、引导下级工作的人。

①从一般的意义上说，上级的管理范围要大一些，而领导者的范围相对要小一些。上级的作用是为组织活动选择方法、建立秩序、维持运转等活动，领导在组织中的作用表现在为组织活动指出方向、设置目标，创造态势、开拓局面等方面。

②从层次上来说，领导具有战略性、较强的综合性，贯穿在管理的各个阶段。

③从整个管理过程来看，如果把管理过程划分为计划、执行和控制三个主要的阶段，领导活动处在不同阶段之中，集中起来就表现为独立的职能，即为了实现组织目标，使计划得以实施，使建立起来的组织能够有效运转，组织和配备人员，并对各个过程结果进行监督检查。

综上，上级与领导者两个概念并不等同。同时由于被领导者也给领导者以信息来修正领导者现在和未来的行为，由此可见，下级与被领导者两个概念也并不等同。

9.3 考研真题

一、单项选择题

1. 来源于组织职位的权力属于(　　)。[北科 2014 年研]

A. 法定权　　B. 专长权　　C. 强制权　　D. 奖赏权

2. 在管理方格理论中，最贫乏的领导模式为(　　)。[中财 2012 年研]

A. 1.1 型　　B. 5.5 型　　C. 9.1 型　　D. 9.9 型

3. 根据领导生命周期理论，随着下属从不成熟趋于成熟，领导方式的变化顺序应该是(　　)。[北科 2009 年研]

A. 高工作低关系→高工作高关系→低工作高关系→低工作低关系

B. 高工作高关系→高工作低关系→低工作高关系→低工作低关系

C. 低工作低关系→高工作低关系→低工作高关系→高工作高关系

D. 低工作高关系→高工作低关系→低工作低关系→高工作高关系

4. 根据费德勒的权变理论，对一个管理者的工作最有影响的因素不包括(　　)。[暨南大学 2023 年研；中国海大 2018 年研]

A. 职位权力　　B. 任务结构

C. 领导者与下级关系　　D. 个人特质

5. 在组织的运行过程中，遇到冲突或问题时，管理者必须善于处理冲突和解决问题，

这时，管理者扮演的角色是(　　)。[北科2014年研]

A. 决策角色　　B. 信息角色　　C. 人际角色　　D. 联络角色

6. 根据领导的权变理论，影响领导有效的情景因素中不包括(　　)。[北京交大2013年研]

A. 上、下级关系　　B. 任务结构　　C. 职务权力　　D. 外部经营环境

二、多项选择题

领导行为理论包括(　　)。[中财2013年研]

A. 管理方格理论　　B. 领导风格理论

C. 领导生命周期理论　　D. 领导系统理论

E. 领导权变理论

三、概念题

1. 领导[浙江理工2019年研；山东大学2018年研；华侨大学2018年研；河北工程2018年研；青岛大学2017年研；四川大学2017年研；中财2015年研；华南理工2015年研；东北大学2015年研；华中农大2013年研；武大2011年研；中山大学2011年研]

2. 管理方格理论[华东理工2019年研；宁夏大学2018年研；安徽师大2017年研；河北大学2017年研；山东大学2015年研；深圳大学2007年研]

3. 路径—目标理论[湘潭大学2021年研；山东大学2015年研]

四、简答题

1. 简单分析领导者与管理者的联系与区别。[浙工大2020年研]

相关试题：

(1)管理者与领导者[概念题，华东理工2019年研；中山大学2015年研]

(2)你是否同意“所有的管理者都应该是领导者，但并不是所有的领导者都是管理者”呢？请说明你的理由。[华中农大2018年研]

(3)简述管理者与领导者的共性与区别。[首师大2014年研]

(4)简析领导者与管理者的区别。[哈工大2014年研；吉林大学2012年研；北科2011年研]

2. 简述领导权力的来源。[北邮2020年研；南京师大2020年研；宁波大学2020年研；河北师大2020年研；北京地大2019年研；华电2018年研；南昌大学2015年研；北邮2013年研；首师大2012年研；武大2011年研]

相关试题：

(1)领导者权力的来源。[厦门大学2020年研；华侨大学2014年研]

(2)领导者五种权力来源。[湘潭大学2020年研]

(3)领导者有哪些主要权力来源？[陕西师大2015年研；浙大2007年研]

3. 简述领导方式的连续统一体理论。[华东师大2021年研]

相关试题：美国学者坦南鲍姆和施密特提出了“领导方式的连续统一体理论”，请论述这种理论的基本内容和观点。[论述题，电子科大2011年研]

4. 简述管理方格理论。[中国地大2018年研；首经贸2014年研]

相关试题:

(1)简述管理方格理论以及作用。[上海大学2018年研]

(2)管理方格理论提出的典型的管理风格有哪些?[中山大学2013年研]

(3)画图说明布莱克、穆顿的管理方格理论的主要内容。[中财2011年研]

5. 情境领导理论认为领导方式与下属成熟度应如何匹配?[中南财大2009年研]

相关试题:

(1)简述赫塞和布兰查德的情境领导理论。[中国传媒2017年研]

(2)赫塞-布兰查德的情境领导理论的主要内容。[中山大学2014年研]

(3)试述下属成熟度和领导方式类型之间的关系。[暨南大学2010年研]

6. 根据明茨伯格的观点,管理者扮演的角色有哪些?[宁波大学2017年研;浙江理工2016年;杭州师大2016年研]各角色的关键工作是什么?[南航2017年研]

相关试题:

(1)简述管理者的角色。[南昌大学2023年研;华东师大2021年研]

(2)何为管理者决策制定角色?试描述管理者扮演的决策制定角色。[浙大2020年研]

(3)明茨伯格把管理者的角色分为哪三大类角色,各有何特点?[浙工大2018年研]

(4)论述明茨伯格的管理者角色理论的内容以及对现代管理的启发。[论述题,中南大学2018年研]

(5)企业管理过程中存有一种现象,即"管理者管了一些不该管的事情,一些该管的事情却没管好"。请根据亨利·明茨伯格的观点,简述管理者在组织中的角色。[首师大2014年研]

(6)什么是管理角色理论中的信息传递角色?信息传递角色具体包括哪些?[浙大2012年研]

(7)简述明茨伯格的十种管理角色,指出大组织和小组织中管理者扮演的角色有何不同。[复旦大学2007年研;北邮2006年研]

7. 简述费德勒的权变领导理论。[湖南师大2020年研]

相关试题:

(1)试述费德勒权变领导理论的主要内容并对该理论进行评论。[论述题,广西民大2020年研]

(2)详述费德勒的领导权变模型的内容。[浙工商2019年研]

(3)请解释费德勒的权变模型。[对外经贸2016年研]

(4)用费德勒的权变领导理论说明权变理论。[同济大学2016年研]

(5)简述费德勒关于领导工作的权变理论。[电子科大2014年研]

8. 简述路径—目标理论的主要内容。[安徽师大2020年研]

相关试题:

(1)路径—目标理论关于领导行为的类型及含义。[简答题,西南财大2021年研]

(2)路径—目标理论主要包含哪四种领导行为?[广东财大2015年研]

(3)论述路径—目标模型及其领导行为。[论述题,电子科大2014年研]

(4)豪斯的路径—目标理论中的四种领导方式是什么,在选择领导方式时主要考虑何种

因素？[中南大学2011年研]

(5)路径—目标模型认为领导方式与工作情景是如何匹配的？[中南财大2010年研]

五、论述题

领导权变理论的内容。[中南大学2018年研]

相关试题：

(1)领导权变理论及其在实践中的应用。[上外2020年研]

(2)权变管理理论及其特点。[简答题，中央民大2019年研]

(3)简述权变理论的主要观点。[简答题，东华大学2019年研]

六、案例分析题

案例一 领导风格及其有效性

Kelly Johnson和Ben Rich是洛克希德马丁公司高科技研发项目部门“臭鼬工厂”的两位前任领导，在业界享有极高的声誉。两人的领导风格虽然迥然不同，却都在任职期间创造了臭鼬工厂项目研发的诸多奇迹。

Kelly Johnson(1910—1990年)出生于密执安州一个瑞典移民家庭。他13岁时就曾赢得他的第一个飞机设计奖。在密执安大学读书期间，他曾解决了洛克希德公司Model 10飞机的气动稳定性问题。Kelly Johnson是航空业的传奇人物，一生领导完成了40多架飞机项目，其中包括U2侦察机、SR-71黑鸟飞机等。鉴于他的贡献，Kelly Johnson于2003年荣登世界航空100年最重要最具贡献的航空人物第八名。

创立臭鼬工厂之后，Kelly Johnson显示了极为强势和雷厉风行的领导风格。他把自己的领导风格称为“down-to-brass-tacks”(触及本质)，主张对下属严格管理，要求下属在任何时候都要做到“Be quick，be quiet，and be on time”(迅速、安静、准时)。他的技术专长和领导风格使得下属对他既“敬”又“畏”。然而，每当出现艰难而富有挑战性的项目时，公司和军方都会不约而同地选择他。因为这位坏脾气的科学家总是能一眼看出问题的所在，按时高质量地完成项目。在Kelly Johnson以高龄退休时，他却选择了与其性格迥然不同的Ben Rich作为自己的接班人。

Ben Rich深知自己不是像Kelly Johnson那样的科学天才，因此在决策时他总是依靠自己的团队。上任后他的第一个行动就是放松管制，让手下自己决定具体的工作程序和方法，而他自己总是用幽默的俏皮话在一旁做啦啦队。尽管Ben Rich并不回避批评他人，但他更多的则是依靠称赞来激励士气。员工们对他的评价是——完美的管理者：善于应付艰难的局面，保护自己的团队，争取更多的项目和资金，充分显示团队的价值。

下属们对上述两位前任领导的评价是：“Kelly用他的坏脾气来管理，而Ben则用他糟糕的俏皮话来管理”。[南航2018年研]

请回答以下问题：

1. 领导的本质是什么？领导的权力有哪些类别？

2. Kelly Johnson和Ben Rich是成功的领导人吗？他们在权力运用中各有什么特点？

3. 通过本案例，你认为怎样才能成为一名有效的管理者？

案例二　哪种领导类型最有效

ABC公司是一家中等规模的汽车配件生产集团。最近，对该公司的三个重要部门经理进行了一次有关领导类型的调查。

(1)安西尔

安西尔对他本部门的产出感到自豪。他总是强调对生产过程、产出产量控制的必要性，坚持下属人员必须很好地理解生产指令以得到迅速、完整、准确的反馈。安西尔遇到小问题时，会放手交给下级去处理，当问题很严重时，他则委派几个有能力的下属人员去解决。通常情况下，他只是大致规定下属人员的工作方针、完成怎样的报告及完成期限。安西尔认为只有这样才能实现更好的合作，避免重复工作。

安西尔认为对下属人员采取敬而远之的态度对一个经理来说是最好的行为方式，所谓的“亲密无间”会松懈纪律。他不主张公开谴责或表扬某个员工，相信他的每一个下属人员都有自知之明。

据安西尔说，在管理中的最大问题是下级不愿意接受责任。他讲道，他的下属人员可以有机会做许多事情，但他们并不是很努力地去做。

他表示不能理解在以前他的下属人员如何能与一个毫无能力的前任经理相处。他说，他的上司对他们现在的工作运转情况非常满意。

(2)鲍勃

鲍勃认为每个员工都有人权，他偏重管理者有义务和责任去满足员工需要的学说。他说，他常为他的员工做一些小事，如给员工两张下月在伽利略城举行的艺术展览的入场券。他认为，每张门票才15美元，但对员工和他的妻子来说却远远超过15美元。通过这种方式，也是对员工过去几个月工作的肯定。

鲍勃说，他每天都要到工厂去一趟，与至少25%的员工交谈。鲍勃不愿意为难别人，他认为安西尔的管理方式过于死板，安西尔的员工也许并不那么满意，但除了忍耐别无他法。

鲍勃说，他已经意识到在管理中有不利因素，但大都是由于生产压力造成的。他的想法是以一个友好、粗线条的管理方式对待员工。他承认尽管在生产率上不如其他单位，但他相信他的雇员有高度的忠诚与士气，并坚信他们会因他的开明领导而努力工作。

(3)查理

查理说他面临的基本问题是与其他部门的职责分工不清。他认为不论是否属于他们的任务都安排在他的部门，似乎上级并不清楚这些工作应该谁做。

查理承认他没有提出异议，他说这样做会使其他部门的经理产生反感。他们把查理看成是朋友，而查理却不这样认为。查理说过去在不平等的分工会议上，他感到很窘迫，但现在适应了，其他部门的领导也不以为然了。

查理认为纪律就是使每个员工不停地工作，预测各种问题的发生。他认为作为一个好的管理者，没有时间像鲍勃那样握紧每一个员工的手，告诉他们正在从事一项伟大的工作。他相信如果一个经理声称为了决定将来的提薪与晋职而对员工的工作进行考核，那么，员工则会更多地考虑他们自己，由此而产生很多问题。

他主张，一旦给一个员工分配了工作，就让他以自己的方式去做，取消工作检查。他相信大多数员工知道自己把工作做得怎么样。

如果说存在问题，那就是他的工作范围和职责在生产过程中发生的混淆。查理的确想过，希望公司领导叫他到办公室听听他对某些工作的意见。然而，他并不能保证这样做不会引起风波而使情况有所改变。他说他正在考虑这些问题。[中南财大2009年研]

请回答以下问题：

1. 你认为这三个部门经理各采取什么领导方式？

2. 是否每一种领导方式在特定的环境下都有效？为什么？

9.4 考研真题详解

一、单项选择题

1. A 【解析】领导权力有五种来源：①法定性权力，是由个人在组织中的职位决定的。个人由于被任命担任某一职位，而获得了相应的法定权力和权威地位。②奖赏性权力，是指个人控制着对方所重视的资源而对其施加影响的能力。③惩罚性权力，是指通过强制性的处罚或剥夺而影响他人的能力。④感召性权力，是由于领导者拥有吸引他人的个性、品德、作风而引起人们的认同、赞赏、钦佩、羡慕而自愿地追随和服从他。⑤专长性权力，即知识的权力，是指基于个人在某一领域所特有的专长而影响他人的能力。

2. A 【解析】根据管理方格理论，有代表性的领导行为包括：①(1，1)型，又称贫乏型管理，表示领导者不愿努力工作，对工作绩效和对人员的关心都很少，很难维持组织成员的关系，也很难有良好的工作绩效；②(1，9)型，又称乡村俱乐部型管理，表示领导者只注重支持和关怀下属而不关心任务和效率；③(5，5)型，又称中庸型管理，表示领导者维持足够的任务效率和令人满意的士气；④(9，1)型，又称任务型管理，表示领导者只重视任务效果而不重视下属的发展和士气；⑤(9，9)型，又称团队型管理，表示领导者通过协调和综合工作的相关活动以提高任务效率和员工士气。

3. A 【解析】根据赫塞和布兰查德的领导生命周期理论，随着下属从不成熟趋于成熟，领导方式的变化可分为四个阶段，分别是：①第一阶段(高工作—低关系)。这些人对于执行某任务既无能力又不情愿，他们既不胜任工作又不能被信任。②第二阶段(高工作—高关系)。这些人缺乏能力，但愿意执行必要的工作任务，他们有积极性，但目前尚缺足够的技能。③第三阶段(低工作—高关系)。这些人有能力，却不愿意干领导者希望他们做的工作。④第四阶段(低工作—低关系)。这些人既有能力又愿意干领导者让他们做的工作。

4. D 【解析】费德勒将领导环境具体化为三个方面：①职位权力。即领导者所处的职位具有的权威和权力的大小，或者说领导的法定权、强制权、奖励权的大小。②任务结构。即任务的明确程度和下属对这些任务的负责程度。③上下级关系。即群众和下属乐于追随的程度。

5. A 【解析】亨利·明茨伯格提出，管理者扮演着十种不同、但却高度相关的角色。这10种角色可以进一步组合成三个方面：人际关系角色、信息传递角色和决策制定角色。

其中，决策制定角色包括：①企业家。管理者充分利用发现的机会，并对其进行投资。②冲突协调者。管理者必须善于处理冲突或解决问题。③资源分配者。管理者承担组织资源的划分工作。④谈判者。管理者会与员工、客户、供应商等相关利益者进行谈判。

6. D 【解析】领导的权变模型认为，影响领导有效性的情境因素有：①领导者与下属的关系。如果下级对上级越尊重，并且乐于追随，则上下级关系越好，领导环境也越好；反之，则越差。②任务结构。如果这些任务越明确，而且下属责任心越强，则领导环境越好；反之，则越差。③职位权力。权力越大，群体成员遵从指导的程度越高，领导的环境也就越好；反之，则越差。

二、多项选择题

ABD 【解析】领导行为论试图从研究领导者行为的特点、与绩效的关系来寻找最有效的领导风格。领导行为理论包括以下四种：①领导风格理论。不同风格的领导者会采用不同的领导方式，这将会影响组织的气氛，进而影响员工的行为和生产效率。这一理论以“权力定位于谁”为基本变量，将领导者在领导过程中表现出来的领导风格划分为专制型、民主型和放任型三种，并试图寻求最佳的领导风格。②领导行为四分图理论。将所测结果进行因素分析，得到两个基本的领导行为维度，分别称为“关心人”和“关心组织”。③管理方格理论。这一理论用一张九等分的方格图表示，横坐标为领导者对生产的关心程度，纵坐标为领导者对人的关心程度。④领导系统理论。将领导方式分为四类系统，即剥削式的集权领导、仁慈式的集权领导、协商式的民主领导和参与式的民主领导。

三、概念题

1. 领导[浙江理工 2019 年研；山东大学 2018 年研；华侨大学 2018 年研；河北工程 2018 年研；青岛大学 2017 年研；四川大学 2017 年研；中财 2015 年研；华南理工 2015 年研；东北大学 2015 年研；华中农大 2013 年研；武大 2011 年研；中山大学 2011 年研]

答：领导是指领导者运用各种影响力，使其他个人或某个组织服从、接受和实现某个或某些目标的过程。领导是一种人际关系，是一个动态的管理过程。之所以说领导是一种人际关系，是因为领导意味着领导者和被领导者的相互影响、相互作用，意味着指挥与服从的对立统一。领导是一个动态的管理过程，即领导从制定目标开始，直到实现目标，贯穿于计划、组织、激励、控制全过程。领导的概念包括三个要素：①领导者必须有下属或追随者。没有下属的领导者谈不上领导。②领导者拥有影响追随者的能力或力量。这些能力或力量包括由组织赋予领导者的职位和权力，也包括领导者个人所具有的影响力。③领导的目的是通过影响下属来达到企业的目标。

2. 管理方格理论[华东理工 2019 年研；宁夏大学 2018 年研；安徽师大 2017 年研；河北大学 2017 年研；山东大学 2015 年研；深圳大学 2007 年研]

答：参见本章考研真题简答题第 4 题答案。

3. 路径—目标理论[湘潭大学 2021 年研；山东大学 2015 年研]

答：路径—目标理论是罗伯特·豪斯发展的一种领导权变理论。该理论认为，领导者的工作是帮助下属达到他们的目标，并提供必要的指导和支持，以确保各自的目标与群体或组织的总体目标一致。“路径—目标”是指有效的领导者既要帮助下属充分理解工作目标，又要指明实现目标所应遵守的路径。根据路径—目标理论，领导者的行为被下属接受的程度，取决于下属是将这种行为视为获得当前满足的源泉，还是作为未来满足的手段。

四、简答题

1. 简单分析领导者与管理者的联系与区别。［浙工大 2020 年研］

相关试题：

(1) 管理者与领导者［概念题，华东理工 2019 年研；中山大学 2015 年研］

(2) 你是否同意“所有的管理者都应该是领导者，但并不是所有的领导者都是管理者”呢？请说明你的理由。［华中农大 2018 年研］

(3) 简述管理者与领导者的共性与区别。［首师大 2014 年研］

(4) 简析领导者与管理者的区别。［哈工大 2014 年研；吉林大学 2012 年研；北科 2011 年研］

答：(1) 领导者，是指组织中发挥领导作用的人，对正式组织来说，是指具有一名以上下属的各级主管。在企业内，下至班组长、车间主任，上至厂长、经理，都是领导者，分别称为班组领导、车间领导、厂领导。

(2) 管理者，是指组织中从事管理活动的人员。管理者有广义和狭义之分，广义上是指企业生产经营活动的组织者、指挥者、协调者和监督者；狭义上是指经营者，即企业生产经营活动的决策者。

(3) 领导者与管理者的区别具体如下：

①作用范围不同。从一般意义上说，管理者的作用范围要大一些，而领导者的作用范围相对小一些。

②作用不同。管理者可帮助组织选择活动方法、建立秩序、维持运转等，而领导者在组织中的作用表现在为组织活动指明方向、设置目标、创造态势、开拓局面等方面。

③权力基础不同。管理者建立在正式职权的基础之上，而领导者则不一定。领导者不一定是管理者，也可以是组织中非正式权力任命的领导者。

④功能不同。管理者的主要功能是提高组织运行的效率，而领导者的主要功能是强化组织活动的效果。

⑤角度不同。在理想状态下，所有的管理者都应当成为领导者，但并非所有的领导者都一定具备完成其他管理职能的潜能，好的管理者不一定是个好的领导者，好的领导者也并非一定是好的管理者。

2. 简述领导权力的来源。［北邮 2020 年研；南京师大 2020 年研；宁波大学 2020 年研；河北师大 2020 年研；北京地大 2019 年研；华电 2018 年研；南昌大学 2015 年研；北邮 2013 年研；首师大 2012 年研；武大 2011 年研］

相关试题：

(1) 领导者权力的来源。［厦门大学 2020 年研；华侨大学 2014 年研］

(2) 领导者五种权力来源。［湘潭大学 2020 年研］

(3)领导者有哪些主要权力来源?[陕西师大2015年研;浙大2007年研]

答:领导者的权力即他们影响工作行动或决策的权利和能力。大部分有效领导者都会依靠一些不同形式的权力来影响下属的行为和绩效。领导权力的主要来源主要有:

(1)法定权力(即权威)。即领导者所拥有的由其在组织中的职位所带来的权力。

(2)强制权力。即领导者实施惩罚和控制的权力。对于领导者的强制权,下属会害怕由于不服从而导致的不良后果。

(3)奖赏权力。即给予正面奖赏的权力。奖赏可以是个人认为有价值的任何东西。

(4)专家权力。即基于专业技术、特殊技能或知识而拥有的权力。如果一个员工具备对于组织而言关键性的技能、知识或专业技术,那么该员工的专家权力就会有所提升。

(5)参照权力。即由于个体拥有令人羡慕的资源或个人特质而产生的权力。

3. 简述领导方式的连续统一体理论。[华东师大2021年研]

相关试题:美国学者坦南鲍姆和施密特提出了"领导方式的连续统一体理论",请论述这种理论的基本内容和观点。[论述题,电子科大2011年研]

答:领导方式的连续统一体理论由美国学者坦南鲍姆和施米特提出,认为在专权和放任两种极端情况之间存在着多种过渡类型的领导方式,它们构成了一个连续的统一体。这种理论包括七种典型的领导方式:

(1)领导者作出决定并宣布实施。在这种模式中,领导者确定一个问题,并考虑各种可供选择的方案,从中选择一种,然后向下属宣布执行,不给下属直接参与决策的机会。

(2)领导者提出计划并征求下属的意见。领导者提出了一个决策,并希望下属接受这个决策,他向下属提出一个有关自己计划的详细说明,并允许下属提出问题。这样,下属就能更好地理解领导者的计划和意图,领导者和下属能够共同讨论决策的意义和作用。

(3)领导者说服下属执行决策。在这种模式中,领导者承担确认问题和作出决策的责任。但他不是简单地宣布实施这个决策,而是认识到下属中可能会存在反对意见,于是试图通过阐明这个决策可能给下属带来的利益来说服下属接受这个决策,消除下属的反对意见。

(4)领导者提出可修改的计划。在这种模式中,下属可以对决策发挥某些影响作用,但确认和分析问题的主动权仍在领导者手中。领导者先对问题进行思考,提出一个暂定的可修改计划,并把这个暂定的计划交给有关人员征求意见。

(5)领导者提出问题,征求意见做决策。在以上几种模式中,领导者在征求下属意见之前就提出了自己的解决方案,而在这个模式中,下属有机会在决策作出以前就提出自己的建议。领导者的主动作用体现在确定问题上,下属的作用在于提出各种解决方案。最后,领导者从他们自己和下属所提出的解决方案中选择一种他认为最好的解决方案。

(6)领导者界定范围,集体决策。在这种模式中,领导者已经将决策权交给了下属的群体。领导者的工作是弄清所要解决的问题,并为下属提出做决策的条件和要求,下属按照领导者界定的问题范围进行决策。

(7)领导者允许下属在规定的范围内发挥作用。这种模式表示了极度的团体自由。如果领导者参加了决策的过程,他应力图使自己与团队中的其他成员处于平等的地位,并事先声明遵守团体所作出的任何决策。

很难说哪种领导方式是正确的，领导者应当根据具体情况，考虑各种因素选择领导方式。

4. 简述管理方格理论。［中国地大 2018 年研；首经贸 2014 年研］

相关试题：

(1) 简述管理方格理论以及作用。［上海大学 2018 年研］

(2) 管理方格理论提出的典型的管理风格有哪些？［中山大学 2013 年研］

(3) 画图说明布莱克、穆顿的管理方格理论的主要内容。［中财 2011 年研］

答：管理方格理论是美国得克萨斯大学的布莱克和穆顿提出的。这一理论充分概括了密歇根大学和俄亥俄州立大学两项研究所提炼的员工导向和生产导向维度。在这种领导理论中，首先把管理人员按他们的绩效导向行为(对生产的关心)和维护导向行为(对人员的关心)进行评估，给出等级分值。以此为基础，把分值标注在两个维度坐标界面上，并在这两个维度坐标轴上分别划出 9 个等级，从而生成 81 种不同的领导类型(见本章复习笔记部分图 9－1)。

(1)两个维度：

①关心员工：用 1～9(由低到高)的量表来评估领导者对员工的关心程度。

②关心生产：用 1～9(由低到高)的量表来评估领导者对完成工作的关心程度。

(2)五种主要的领导风格：

①贫乏型管理(1，1)，即低度关心生产，低度关心员工。

②任务型管理(9，1)，即高度关心生产，低度关心员工。

③中庸型管理(5，5)，即中度关心生产，中度关心员工。

④乡村俱乐部管理(1，9)，即低度关心生产，高度关心员工。

⑤团队型管理(9，9)，即高度关心生产和员工。

5. 情境领导理论认为领导方式与下属成熟度应如何匹配？［中南财大 2009 年研］

相关试题：

(1) 简述赫塞和布兰查德的情境领导理论。［中国传媒 2017 年研］

(2) 赫塞-布兰查德的情境领导理论的主要内容。［中山大学 2014 年研］

(3) 试述下属成熟度和领导方式类型之间的关系。［暨南大学 2010 年研］

答：情境领导理论是由美国管理学家科曼于 1966 年提出，并由美国管理学家保罗·赫塞和肯·布兰查德加以发展的一个关注下属成熟度的权变领导理论。情景领导理论认为，领导者的领导方式与下属的成熟程度紧密相关，在下属渐趋成熟时，员工的行为将决定组织效率。可见本章复习笔记部分图 9－2。

(1)理论要点：

①情境领导理论是聚焦于下属成熟度的权变理论。成熟度是指员工完成特定任务的能力和意愿的程度。下属会认可或反对领导者。不管领导者做了什么，团队的效率取决于下属的行为。

②情境领导理论运用了任务和关系行为两个领导维度，并且为两个维度分别设定了高、低两种水平，组合到一起构成了四种特定的领导风格：

a. 告知型(高任务水平—低关系水平)：领导者设定工作角色，对于不同的任务，领导告知员工做什么、怎么做和在哪里做。

b. 推销型(高任务水平—高关系水平)：领导者同时表现出指挥性和支持性的行为。

c. 参与型(低任务水平—高关系水平)：领导者和下属共同进行决策制定，领导者的主要角色是促进和沟通。

d. 授权型(低任务水平—低关系水平)：领导者很少提供指导和支持。

(2)研究结论。下属成熟度的四个水平阶段及应采取的领导风格：

①R1 阶段：下属无能力且不愿意完成任务。领导者应采用告知型领导风格。

②R2 阶段：下属无能力但愿意完成任务。领导者应采用推销型领导风格。

③R3 阶段：下属有能力但不愿意完成任务。领导者应采用参与型领导风格。

④R4 阶段：下属既有能力又愿意完成任务。领导者采用授权型领导风格。

(3)评价。情境领导理论确立了下属的重要性，其构建基础是领导者可以弥补下属在能力和积极性上的不足。但由于理论模型内部的不一致性或研究方法的问题，试图检验和支持该理论的研究结果并不理想。

6. 根据明茨伯格的观点，管理者扮演的角色有哪些？［宁波大学 2017 年研；浙江理工 2016 年；杭州师大 2016 年研］**各角色的关键工作是什么？**［南航 2017 年研］

相关试题：

(1)简述管理者的角色。［南昌大学 2023 年研；华东师大 2021 年研］

(2)何为管理者决策制定角色？试描述管理者扮演的决策制定角色。［浙大 2020 年研］

(3)明茨伯格把管理者的角色分为哪三大类角色，各有何特点？［浙工大 2018 年研］

(4)论述明茨伯格的管理者角色理论的内容以及对现代管理的启发。［论述题，中南大学 2018 年研］

(5)企业管理过程中存有一种现象，即“管理者管了一些不该管的事情，一些该管的事情却没管好”。请根据亨利·明茨伯格的观点，简述管理者在组织中的角色。［首师大 2014 年研］

(6)什么是管理角色理论中的信息传递角色？信息传递角色具体包括哪些？［浙大 2012 年研］

(7)简述明茨伯格的十种管理角色，指出大组织和小组织中管理者扮演的角色有何不同。［复旦大学 2007 年研；北邮 2006 年研］

答：(1)根据明茨伯格的管理者角色理论，管理者扮演着十种角色，这十种角色可分为三大类：

①人际关系角色，指所有的管理者都要在组织中履行礼仪性和象征性的义务，包括代表人、领导者和联络者这三种具体角色。管理者在人际关系方面所扮演的这三种具体角色，是管理者必须要扮演的、是其工作范畴之内的工作。这三种角色的扮演在实践中有时可能是合为一体的。例如，当管理者代表组织出席其他组织安排的会议时，管理者既是组织的代表人，同时也是人群中的联络员，要为自己的组织开发关系资源。

②信息传递角色，包括三种：

a. 监督者，即用各种办法从不同渠道接收信息、了解信息和掌握信息。

b. 传播者，即把组织的信息、自己所收集加工的信息等，向组织成员宣布、传递，以便组织成员共享信息，从而更好地工作。

c. 发言人，即管理者有时必须代表组织，向外界公布态度、决定、报表、报告、进行演讲等，这有时可能是组织运作的需要，有时则可能是外界压力的结果。

③决策制定角色。明茨伯格将决策制定分解为四个方面的工作，形成了决策方面的四种角色：

a. 企业家，寻求组织和环境中的机会，制定改进方案以发起变革。此处，企业家是指具有捕捉发展机会的能力、进行战略决策并承担责任的管理者。

b. 冲突协调者，处理组织冲突或解决问题。

c. 资源分配者。根据组织目标针对的内容，对组织的有限资源进行分解，实际上就是组织资源配置的一个方面，而且是决策的内容之一。

d. 谈判者。当管理者在为了组织的利益，与其他组织商定合作和成交的条件时，他们就在扮演谈判者的角色。

(2)组织规模不同，其内部的管理者角色的重要性也有所不同。小组织和大组织中，管理者角色的重要性如图 9－3 所示。

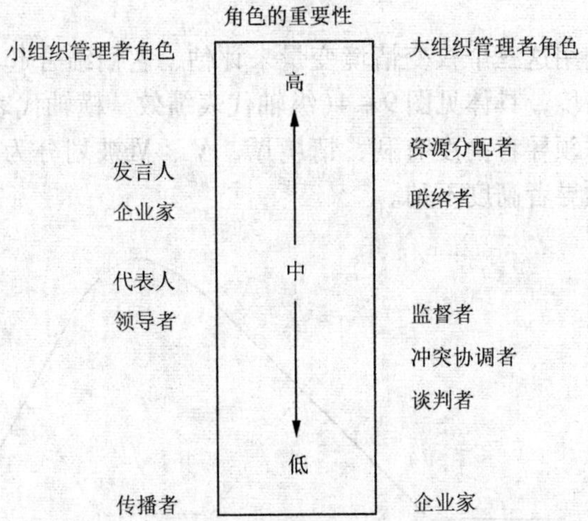

图 9－3　小组织和大组织中管理者角色的重要性

①小组织的管理者最重要的角色是发言人，这是因为小组织的管理者要花大量时间让他人认识本组织、筹措资源，以寻找新的机会促进发展。与大组织的管理者相比，小组织的管理者更可能是一个多面手，其工作内容可能上至最高领导的必要工作，下至基层管理者的必要工作。

②大组织的管理者，其主要工作是对组织资源进行有效配置以获得最佳的资源配置效果。

7. 简述费德勒的权变领导理论。［湖南师大 2020 年研］

相关试题：

(1)试述费德勒权变领导理论的主要内容并对该理论进行评论。［论述题，广西民大 2020 年研］

(2)详述费德勒的领导权变模型的内容。[浙工商2019年研]

(3)请解释费德勒的权变模型。[对外经贸2016年研]

(4)用费德勒的权变领导理论说明权变理论。[同济大学2016年研]

(5)简述费德勒关于领导工作的权变理论。[电子科大2014年研]

答：(1)理论内容：

不同领导风格适用于不同情境，有效的团队绩效依赖领导风格与情境中控制力、影响力的合理匹配。关键点在于：界定领导风格和不同的情境种类，识别出领导风格和情境的匹配组合。

①通过最难共事者问卷(LPC问卷)确定个人领导风格。该问卷包括18对反义形容词，根据受访者的回答，即可确定一个人的基本领导风格(关系导向型或任务导向型)。

②评估情境以便对领导风格和情境进行匹配。费德勒的实验揭示了三大权变维度，用以界定领导者效力的关键情境因素。三大权变维度具体如下：

a. 领导者—成员关系。员工对其领导者的信心、信任和尊重程度，用好或差衡量。

b. 任务结构。工作任务正式化和结构化的程度，用高或低来衡量。

c. 职位权力。领导者对某些工作活动的影响力程度，如招聘、解聘、惩处、晋升、加薪，用强或弱来衡量。

任何领导情境都是用这三个权变情境变量来评估，它们结合起来构成了对领导者有利或不利的八类可能的情境，具体见图9－4(纵轴代表绩效，横轴代表情境有利程度)。情境Ⅰ、Ⅱ、Ⅲ被划分为对领导者高度有利，情境Ⅳ、Ⅴ、Ⅵ被划分为对领导者适度有利，情境Ⅶ、Ⅷ被划分为对领导者高度不利。

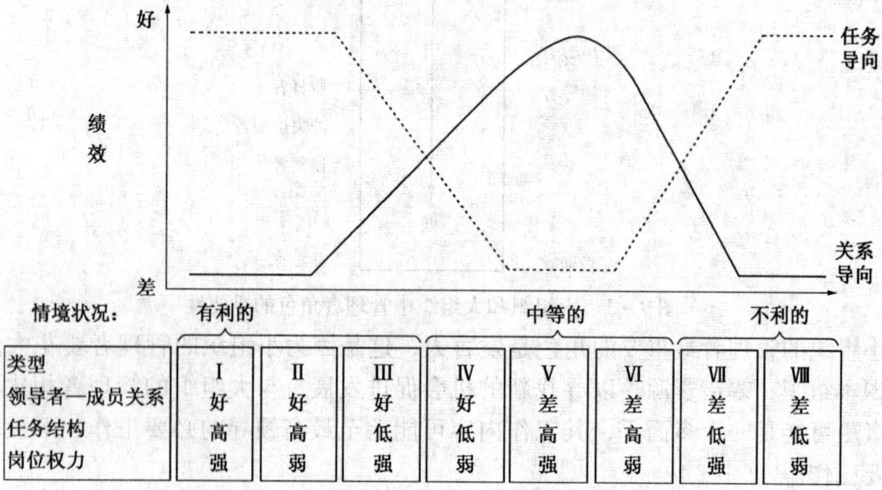

图9－4 费德勒权变模型

(2)主要研究结论：

①任务导向型的领导者在非常有利和非常不利的情境中有较好的表现，而关系导向型的领导者在适度有利的情境中表现较好。

②个人领导风格是固定不变的，仅有两个途径可以提升领导效率：a. 找到一个能与情境更好地匹配的新领导者；b. 改变环境以适应领导者。

(3)理论评价。费德勒模型表明，有效的领导风格需要反映情境因素。该模型的有效性得到了强有力的证据支持，但仍存在一些不足：①假设个人不能改变其领导风格来适应情境是不切实际的，高效领导者可以并且正在改变他们的领导风格；②LPC 问卷的实践性不强；③情境变量很难评估。

8. 简述路径—目标理论的主要内容。［安徽师大 2020 年研］

相关试题：

(1)路径—目标理论关于领导行为的类型及含义。［简答题，西南财大 2021 年研］

(2)路径—目标理论主要包含哪四种领导行为？［广东财大 2015 年研］

(3)论述路径—目标模型及其领导行为。［论述题，电子科大 2014 年研］

(4)豪斯的路径—目标理论中的四种领导方式是什么，在选择领导方式时主要考虑何种因素？［中南大学 2011 年研］

(5)路径—目标模型认为领导方式与工作情景是如何匹配的？［中南财大 2010 年研］

答：豪斯的路径—目标理论认为，领导者的任务是协助下属实现他们的目标，并提供其所需的指导和支持，以确保他们的目标与团队或组织目标相契合。“路径—目标”是指有效的领导者既要帮助下属充分理解工作目标，又要指明实现目标所应遵循的路径。

(1)四种领导行为：

①指导型领导。让下属知道领导对他们的期望是什么，以及他们完成工作的时间安排，并对如何完成任务给予具体指导。

②支持型领导。支持型领导十分友善，表现出对下属需要的关怀。

③参与型领导。参与型领导与下属共同磋商，并在决策之前充分考虑下属的建议。

④成就导向型领导。设定富有挑战性的目标，并期望下属发挥自己的最佳水平。

(2)影响领导行为—绩效关系的两个情景变量：

①在下属可控范围之外的环境变量，包括任务结构、正式权力系统和工作团队。

②下属的部分个人特质变量，包括控制力、经验和理解能力。下属的个人特质决定如何理解工作环境和领导行为。

(3)预测结果。当任务模糊不清或者更有压力时，指挥型领导的效果更好；当下属从事结构化的任务时，支持型领导的效果更好；对于理解能力好或者经验丰富的员工，则不需要指挥型领导；当工作团队中存在重大冲突时，指挥型领导可以带来更高的员工满意度；内控型的下属对参与型领导的满意度更高；外控型的下属对指挥型领导的满意度更高。

五、论述题

领导权变理论的内容。［中南大学 2018 年研］

相关试题：

(1)领导权变理论及其在实践中的应用。［上外 2020 年研］

(2)权变管理理论及其特点。［简答题，中央民大 2019 年研］

(3)简述权变理论的主要观点。［简答题，东华大学 2019 年研］

答：领导的权变理论关注的是领导者和被领导者的行为与环境的相互影响。权变理论强调没有一种领导方式是适用于所有管理情境的，领导工作、领导方式受到内外部环境的多种因素影响。领导权变理论包括：

(1)费德勒的权变领导理论：

该理论认为，不同领导风格适用于不同情境，有效的团队绩效依赖领导风格与情境中控制力、影响力的合理匹配。关键点在于：界定领导风格和不同的情境种类，识别出领导风格和情境的匹配组合。费德勒提出个人的基本领导风格是成功领导的关键要素之一，这一基本风格可以是任务导向型或者关系导向型。

该理论表明，有效的领导风格需要反映情境因素。该模型的有效性得到了强有力的证据支持，但仍存在一些不足：①假设个人不能改变其领导风格来适应情境是不切实际的，高效领导者可以并且正在改变他们的领导风格；②最难共事者问卷(LPC 问卷)的实践性不强；③情境变量很难评估。

(2)赫塞和布兰查德的情境领导理论(SLT)：

情境领导理论是聚焦于下属成熟度的权变理论。成熟度是指员工完成特定任务的能力和意愿的程度。下属会认可或反对领导者。不管领导者做了什么，团队的效率取决于下属的行为。本质上，SLT 将领导者—下属的关系看作父母与孩子的关系。就像当孩子变得更成熟和更负责任后父母应该放手一样，领导者也应该这样做。当下属达到更高的成熟度后，领导者的反馈不仅应该降低对他们行为的控制度，更应该减少关系型行为。

情境领导理论确立了下属的重要性，其构建基础是领导者可以弥补下属在能力和积极性上的不足。但由于理论模型内部的不一致性或研究方法的问题，试图检验和支持该理论的研究结果并不理想。

(3)豪斯的路径—目标理论：

该理论认为，领导者的任务是协助下属实现他们的目标，并提供所需的指导和支持，以确保他们的目标与团队或组织目标相契合。豪斯认为，领导者具有灵活性，可以根据情境呈现任何或者全部的领导风格。该理论提出了领导行为—绩效关系的两个情境或权变的调节变量：

①在下属可控范围之外的环境变量，包括任务结构、正式权力系统和工作团队。环境要素决定在确保下属绩效最大化时的领导行为类型。

②下属的部分个人特质变量，包括控制力、经验和理解能力。下属的个人特质决定如何理解工作环境和领导行为。

该理论认为，如果领导者的行为与环境结构提供的资源重合或者与下属的特质不协调，就是无效的领导行为。虽然对路径—目标理论进行的相关研究的结果并不一致，但大致总结该模型可以得出，当领导者选择能弥补员工或工作环境不足的领导风格时，能正向影响员工的工作绩效和工作满意度。

六、案例分析题

案例一　领导风格及其有效性

请回答以下问题：[南航 2018 年研]

1. 领导的本质是什么？领导的权力有哪些类别？

答：(1)领导的本质。领导是指带领、引导下属在一定条件下实现组织目标的过程。领导的本质是被领导者的追随和服从，取决于追随者的意愿。

(2)领导的权力类别，参见本章课后习题第3题答案。

2. Kelly Johnson 和 Ben Rich 是成功的领导人吗？他们在权力运用中各有什么特点？

答：Kelly Johnson 和 Ben Rich 都是成功的领导人。他们在权力运用中的特点分别如下：

(1)Kelly Johnson 属于专权型的领导。这种类型的领导者在管理中一个人做决策，更加集权。Kelly Johnson 的专业能力极强，能够单独应对问题，一眼看出关键所在，比任何其他团队的决策都要有效，因此他往往单独作出决策，命令下属执行其决策和安排，在这个过程中，下属不参与决策的制定。此时，下属只要听从 Kelly Johnson 的工作安排，完成工作任务，就能够实现工作目标，当组织遇到巨大的危机、需要进行重大变革时，这种领导方式效果也会更好。

(2)Ben Rich 属于放任型的领导。这种类型的领导者给予员工极大程度的自由，完全让员工自己根据情况作出决策和行动方案并实施。Ben Rich 在专业方面不如 Kelly Johnson，但他的管理、个人魅力等是比较有优势的，同时，在 Kelly Johnson 结束他的领导后，下属团队已经具备了一定的工作经验与较高的能力，领导者仅仅需要为员工提供充分的决策信息，做好对外联系工作。

3. 通过本案例，你认为怎样才能成为一名有效的管理者？

答：本案例中，Ben Rich 和 Kelly Johnson 具有不同的领导风格和领导方式，领导者应该结合自己的所长选择适合自己的领导方式，明白如何才能实现最好的管理效果。同时，在两位领导者身上，我们都能看到他们的专注性、智慧性，因此，要想成为一名有效的管理者，应该具备以下习惯：

(1)懂得时间的合理分配。每位领导者管理众多的组织事项，需要对任务做重点分类，对于 Kelly Johnson 来说，他的专业能力极强，在专业上创造的价值无人可以替代，因此希望在管理上通过严格的风格来减少管理工作耗费的精力，有效地利用了有限的时间。

(2)关注外部作用，不要仅机械地关注工作本身，忽略工作目标，而应把有限的时间和精力用在最关键的事项上，用在能够看到结果的事情上。对于 Ben Rich 来说，虽然他本身的工作目标是要解决专业问题，但是他在专业上并不像他的上一任一样优秀，因此他转移注意，不再把重心放在专业问题上，而是鼓励、借助团队的力量，以结果为导向安排自己的领导工作。

(3)有效的领导者把工作建立在优势上，包括自身优势、上下级的优势、同事的优势、趋势优势等，即建立在领导者优势能力的基础之上，而非弱点之上。Kelly Johnson 和 Ben Rich 各有所长，前者运用自己的专业能力优势，后者利用自己的沟通管理能力优势，各发挥其长，提高管理的效率，正向影响团队绩效。

(4)有效的领导者把精力集中于少数主要领域，坚持重点优先的原则。在这些领域里，优异的工作将产生杰出的成果。

案例二 哪种领导类型最有效

请回答以下问题：[中南财大2009年研]

1. 你认为这三个部门经理各采取什么领导方式？

答：领导方式是一个回答怎样领导的问题。三位部门经理的领导方式分别为：

(1)安西尔的领导是专制和放任综合的领导方式，规定工作方法、独立决策并限制员工参与的领导风格。既不是用命令的方式采取单边决策，也不是放任下属按照自己的意愿去做。但是他绝对不属于民主型的领导，因为他认为和下属“亲密无间”会松懈纪律。

(2)鲍勃的领导方式属于民主型，向员工授权，鼓励群体决策并给予积极反馈的领导风格。领导者发动下属讨论，共同商量，集思广益，然后决策，要求上下融洽、合作一致地工作。鲍勃的职权仅仅是为下属提供信息并与企业外部进行联系，以此有利于下属的工作。

(3)查理的领导方式属于放任型，指采取灵活工作方式，团队自主决策的领导风格，组织成员按照他们认为合适的做法完成工作。查理作为领导者，将工作分配后放任员工根据自己的工作方式完成任务，并不进行工作检查。他相信大多数员工知道自己把工作做得怎么样。

2．是否每一种领导方式在特定的环境下都有效？为什么？

答：每一种领导方式都有其发挥作用的特定环境，其适用的环境及原因如下：

(1)专制型的领导倾向集权管理，采用命令方式告知下属使用什么样的工作方法，采取单边决策方式，限制员工参与。若组织处于一个稳定的内外部环境中，对于重复性和程序性工作的员工，只要他们遵守工作纪律，按照工作要求就可以有效地完成工作。在这种情境下，不需要下属参与决策，专制型领导会是一种有效的领导方式。在组织受到外部环境的强大威胁、内部组织结构发生重大变革等情境下，专制型的领导方式也很适用。

(2)民主型的领导充分向员工授权，鼓励群体决策并给予积极反馈。研究结果表明，这种领导风格更有利于提高工作质量和工作数量。在提高员工的忠诚度和士气方面，该种领导方式可以拉近和员工之间的距离，增强员工的归属感。

(3)放任型的领导会给员工充分的自由，组织员工自行决策，并按照他们认为合适的做法完成工作。当下属完全有能力做好所分配的工作时，领导完全可以放手让他们去做。

总之，领导的领导方式并不是一成不变的，而要随着情境的变化而变化。领导者可以根据情境灵活调整领导风格，正式权力关系清晰的情境下，应减少指挥型领导，偏于支持型领导。恰当的领导风格可以弥补员工或工作环境的不足，提高员工的工作绩效和工作满意度。

第十章　激　励

10.1　复习笔记

【知识框架(庖丁解牛)】

- 激励
  - 激励概述
    - 激励的含义、特点、作用
    - 人性假设及发展
  - 激励理论
    - 行为基础理论
      - 马斯洛的需要层次理论
      - 赫茨伯格的双因素理论
      - 麦克利兰的成就需要层次理论
    - 过程激励理论
      - 亚当斯的公平理论
      - 弗鲁姆的期望理论
      - 洛克的目标设置理论
    - 行为强化理论[斯金纳]
  - 激励方法
    - 工作激励
      - 工作扩大法：横向、纵向
      - 工作丰富法
      - 岗位轮换法
    - 成果激励：物质激励、精神激励
    - 综合激励

【通关提要(提纲挈领)】

本章主要介绍激励的相关知识，属于重点章节。学习时，要重点掌握激励理论特别是需要层次理论、期望理论、公平理论、强化理论等的主要观点及其应用，熟悉激励的作用原理、激励方法。本章各种题型都有可能考查，特别是简答题和案例分析题，需要整体把握、理解记忆，并能运用激励理论分析具体案例。

【考点难点归纳(厚积薄发)】

考点一：激励概述(见表10－1)　★★

表10－1　激励概述

要点	主要内容
定义	指组织通过设计奖惩等方式，影响员工的内在需求或动机，激发、引导组织成员行为的过程 [调动人的积极性的过程]

续表

要点	主要内容
特点	①相容性；②奖惩性；③过程性；④可变性；⑤时效性
作用	①激发和调动人的积极性。 ②促进员工个人目标与组织目标的有机统一。 ③增强组织凝聚力和部门间的协调性，营造组织良好氛围。 ④促进组织目标的实现，提高管理绩效

考点二：人性假设及其发展(见表10－2) ★★★

表10－2 人性假设及其发展

要点	主要内容	
经济人假设 [X理论]	假设	人是经济人，追求个人利益最大化
	主要观点	①多数人天性懒惰，总想方设法逃避工作。 ②多数人缺少主观能动性，甘愿听从别人的指导。 ③多数人不喜欢工作，要采取强制措施或惩罚办法。 ④多数人为了满足基本需要而工作，如金钱、地位等。 ⑤少数人为了实现更高的需求而工作，能够自我鼓励和自我管理
社会人假设 [人际关系理论]	假设	人不仅有经济性需求，更有社会性需求
	基本观点	①劳动者因社会需求而导致工作动机，并通过同事关系获得认同。 ②劳动者只能从工作上的社会关系寻求工作意义。 ③与经济利益相比，劳动者更重视对同事的社会影响力。 ④劳动者的工作效率随其社会需求被满足的程度而变
自我实现人假设 [Y理论]	假设	又称自动人假设，人具有发挥潜能、追求自我完美的需要
	主要观点	①大多数人是勤奋的，乐于工作。 ②人具有主观能动性，能够自我指导和自我控制。 ③大多数人会接受任务，并主动寻求责任。 ④大多数人都有相当程度的想象力、智谋和创造力。 ⑤人具有极大潜力，但在现代条件下只能发挥一部分潜力。 ⑥员工通过实现组织目标来实现个人需求
复杂人假设 [超Y理论]	假设	人是复杂人，既不是单纯的经济人，也不完全是社会人，更不是纯粹的自我实现人
	主要观点	①主体需要的差异性；②组织方式的相异性；③控制程度的应变性；④目标确立的递进性

【真题链接】请论述主要的人性假设以及与之相对应的管理方式。[论述题，首经贸2018年研]

考点三：激励理论 ★★★★

1. 行为基础理论(见表10－3)

表 10－3　行为基础理论

要点	主要内容		
需要层次理论［马斯洛］	五个层次		①生理需要；②安全需要；③社交需要；④尊重需要；⑤自我实现需要 ［重要程度由低到高，前三为低层次需要］
	主要观点		①个体需要取决于需要现状，尚未满足的需要影响个体行为。 ②需要有高低之分，低层次需要被满足后，高层次需要才会占主导
双因素理论［赫茨伯格］	主要观点		激励因素［内在］→工作满意、保健因素［外在］→工作不满意
	要素	保健因素	指导致工作不满意、与工作内容和环境有关的外部因素，包括：公司政策、工资、工作条件、地位等
		激励因素	指增加员工满意度、与工作内容和环境有关的内在因素，包括：成就、认可、工作本身、责任、晋升、成长等
	应用		①要设法消除带来工作不满意的保健因素。 ②强化激励因素以增加使员工满意的内在因素
成就需要理论［麦克利兰］	三种需要		①人的高层次需要包括：成就需要、权力需要和亲和需要。 ②高成就需要者的主要特征有：a. 强事业心和责任心；b. 倾向于挑战性目标；c. 注重变化和反馈；d. 重成就、轻报酬
	应用		①高成就需要可以通过培训产生，并非天生。 ②成就需要侧重于内化需要，是高绩效的重要动因。 ③优秀管理者拥有较高的权力需要和较低的亲和需要

【真题链接】

(1)马斯洛需要层次理论的主要内容及主要观点。［论述题，西南财大 2021 年研］

(2)简述赫茨伯格的双因素理论。［简答题，湘潭大学 2021 年研］

2. 过程激励理论(见表 10－4)

表 10－4　过程激励理论

要点	主要内容		
公平理论［亚当斯］	观点		组织中员工不仅关心从自己的工作努力中所得的绝对报酬，而且还关心自己的报酬与他人报酬之间的关系，通过比较来判断组织公平性
	比较	横向比较	指将自己与他人比较来判断所获报酬的公平性
		纵向比较	指把自己目前的状况与过去的状况进行比较
	研究方向	分配公平	指报酬数量和分配方式的公正程度，更倾向对个体工作满意度的影响
		程序公平	指确定及分配报酬的程序所具有的公正程度，更倾向对员工的组织承诺、忠诚度、离职率等的影响
期望理论［弗鲁姆］	激励力 M = 效价 $V\times$ 期望值 E ①当预期行为会带来有吸引力的结果时，个体往往会采取这种行为。 ②人们对待工作的态度取决于对下述三种联系的判断：a. 努力—绩效的关系；b. 绩效—奖赏的关系；c. 奖赏—满足需要的关系。 ③强调报酬和奖励，基于员工动机，以员工重视的东西来奖励才具有激励力		

续表

要点	主要内容
目标设置理论［洛克］	具体的工作目标会提高工作绩效，被员工接受的困难目标可产生更高的工作绩效。 ①目标对人们努力程度的影响取决于四个方面：a. 目标明确性；b. 目标难易性；c. 目标责任清晰度；d. 目标接受度。 ②明确而富有挑战性的目标能够激励员工，并提高组织绩效。 ③员工积极参与、反馈目标设置，有助于产生较大的激励力量

【真题链接】

(1)公平理论及其应用。[简答题，人大2024年研]

(2)论述管理者应如何运用亚当斯的公平理论。[论述题，西南财大2020年研]

(3)简述期望理论的主要观点。[简答题，浙大2020年研]

3. 行为强化理论(见表10－5)

表10－5　行为强化理论

要点		主要内容
观点		人的行为是其所获刺激的函数，主张对激励进行针对性的刺激。要通过适当运用及时的奖惩手段，集中改变或修正员工的工作行为
分类	按目的分	①正强化；②负强化；③惩罚；④自然消退
	按方式分	①连续强化；②间断强化
应用原则		①根据强化的对象不同，采用不同的强化措施。 ②明确规定和表述所期望的工作业绩，并及时反馈。 ③管理者应正强化以激励员工达成组织目标；对于达不到期望的行为，管理者应忽略而不是惩罚

考点四：激励方法(见表10－6)★★★

表10－6　激励方法

类别		主要内容
工作激励	工作扩大法	①横向扩大工作，指员工从事同一层级更广范围的工作任务。 ②纵向扩大工作，指将经营管理人员的部分职能转由生产者承担
	工作丰富法	①工作整体性；②技术多样化；③参与管理与决策；④赋予必要的自主权；⑤注重信息的沟通与反馈
	岗位轮换法	①确定工作岗位的新员工轮换；②培养多面手的老员工轮换；③培养经营骨干的管理人员轮换
成果激励	物质激励	①工资；②福利；③员工持股计划
	精神激励	①情感激励；②信任激励；③荣誉激励
其他		①榜样激励；②培训激励；③危机激励；④环境激励

【真题链接】简述激励方法。[简答题，湖南师大2020年研]

10.2 课后习题详解

1. 激励有哪些特征？试作简单说明。

答：激励是激发人的动机，诱导人的行为，使其发挥内在潜力，为实现所追求的目标而努力的过程。管理学中的激励主要是组织管理中的激励，即协调组织成员个人动机与组织目标之间的关系，激发、鼓励、保持与强化有利于实现组织目标的个人动机，调动和发挥组织成员的工作积极性。其特征如下：

(1)相容性。激励以组织成员的心理作为出发点，旨在满足组织成员的各种需求，即通过设计适当的奖酬形式和工作环境来满足其需求。

(2)奖惩性。在组织管理过程中，既需要通过适当的奖酬形式对个体表现出来的符合组织期望的进行奖励，又要通过明确的行为规范和惩罚性措施，对不符合组织期望的行为进行惩罚。

(3)过程性。激励贯穿组织成员工作的全过程，包括对组织成员个人需求的了解、个性的把握、行为过程的控制和行为结果的评价。

(4)可变性。同一种激励产生的行为表现在某一组织成员身上不是固定不变的，因为其行为会受到多种主观因素的影响。同样，同一种激励方法导致的行为表现在不同的人身上也会有所不同。

(5)时效性。每一种激励手段的作用都有一定的时间限度，超过时限就会失效。因此，激励不能一劳永逸，需要持续进行。

2. 当下主要的激励理论有哪些？

答：基于研究侧重点，激励理论主要有：

(1)行为基础理论。它侧重于个体需求，集中回答激励个体主观能动性的基础，具体包括：

①需要层次理论：

a. 个体需求从低到高依次是：生理需要、安全需要、社交需要、尊重需要和自我实现需要。

b. 个体需要有高、低两个层次，其中，低层次需要包括生理需要、安全需要以及社交需要，它们通过外部条件来满足；高层次需要包括尊重需要和自我实现需要，它们则需通过内部因素来满足。

c. 个体需要呈现从低到高依次出现的趋势。当较低层次需要基本得到满足后，更高层次需要才会出现。

d. 任何需要都不会因为相对更高需要的产生而消失。不同需要相互依存、相互影响，并呈现重叠波浪的演进形式。

e. 具有激励作用的需要主要集中于未被满足的需要，已被满足的需要很难对个体产生激励效果。

②双因素理论：

双因素理论(又称激励—保健理论)认为，内在因素(激励因素)与工作满意度相关，而外在因素(保健因素)与工作不满意度相关。

a. 保健因素，指导致工作不满意的、与工作内容和工作环境有关的外部因素，包括：监督、公司政策、工资、工作条件、个人生活、地位以及工作保障等。

b. 激励因素，指增加员工满意度的、与工作内容和工作环境有关的内在因素，包括：成就、认可、工作本身、责任、晋升、成长等。

导致工作满意和不满意的因素是彼此分离的。满意的反面不是不满意，消除工作中的不满意特征不一定会使个体对工作更加满意(或者受到激励)。“满意”的反面是“没有满意”，而“不满意”的反面是“没有不满意”。管理者应设法消除带来工作不满意的保健因素，并加强激励因素来增加员工满意度的内在因素。

③成就需要理论：

a. 个体的高层次需要有：成就需要、权力需要及亲和的需要。

b. 当组织成员具有较高的成就需求，将会表现出较强的事业心、责任心和勇气，创新解决问题；喜欢挑战性工作和目标，强调行为实践、脚踏实地；能够实时监控内外部环境和变化，及时反馈；重成就、轻报酬。

c. 成就需求并非天生就有的，而是教育、经验、环境等综合作用形成的。

d. 成就需要侧重于内化需要，对于组织高绩效，甚至是国家发展将产生重要影响。

(2)过程激励理论。它侧重于行为产生机制，集中回答动机、行为、目标之间关系等问题，具体包括：

①公平理论：

a. 个体通过比较相对报酬判断对薪酬的满意程度，而非由绝对报酬决定满意程度。

b. 个体薪酬的社会比较包括横向比较和纵向比较两个方面。横向比较侧重于自身与他人之间的报酬比较；纵向比较侧重于自身过去与现在的薪酬比较。

c. 通过比较相对报酬，个体会感知薪酬的公平与否；不公平感会使个体产生消极的工作状态。

d. 公平感体现了个体直接的心理满足感，公平感的影响因素包括分配政策和组织成员公平标准两个类别。

e. 组织成员在实际工作环节会高估自身的工作投入和其他成员的收入，低估自身的收入和其他组织成员的工作投入。这是导致横向比较失衡的重要原因。

②期望理论：

a. 个体认为其行为将带来具有吸引力的预期结果时，更倾向于从事组织所制定的工作任务、达成组织的工作目标。

b. 基于期望公式，只有当效价和期望值处于高值时，激励力才会提高。

c. 在激励过程中，要处理好努力与绩效、绩效与奖励以及奖励与满足需要这三种关系。

③目标设置理论：

a. 目标影响个体努力程度，主要影响因素：一是目标明确性，即目标具体，而非空泛的；二是目标难易，具有适当难度的目标往往比过于简单的目标能产生更好的效果；三是目标责任清晰度，权责明确的目标所产生的效果优于模糊不清的目标；四是目标接受度，个体的目标接受度越高，个体的工作积极性越高。

b. 在工作任务进行时，组织的支持度和组织成员特性决定组织绩效水平。

c. 组织应在个体实现目标后，给予员工满意的内在报酬和外在报酬。

(3)行为强化理论：

①它侧重于修正和固化个体行为的研究，集中回答了巩固积极行为、转化消极行为的问题。

②强化理论强调个体由于某种动机，会采取一些行为作用于环境。行为结果有利，这种行为就会重复出现；反之，行为结果不利，这种行为就会减少或消失。因此，行为结果很大程度上会影响人的动机，从而使行为在后续得以增加、减少或消失。

3. 不同激励方式在管理实践中有哪些优缺点？

【真题链接】简述激励方法。[湖南师大 2020 年研]

答：在管理实践中，激励方法主要有工作激励、成果激励和综合激励三类，其优缺点如下：

(1)工作激励。指通过分配适当的工作来激发员工内在的工作热情。工作激励包括工作扩大法、工作丰富法和岗位轮换法。

①优点：推动横向交流，提高同层次间相互联系的程度，形成系统化、全面化的组织认知。

②缺点：成本相对较高，对人力资源管理的要求加大，有时员工无法适应。

(2)成果激励。指利用员工完成工作任务后所得到的组织奖励来激励员工。常见的成果激励主要包括物质激励和精神激励两类。

①实行成果激励的最大优势：能够激励员工，使其树立主人翁意识。在员工和企业的资产有所联系时，员工的个人努力会与企业的资产增值产生联系；员工能够分享资产增值带来的个人收益，从而增加主动、自觉参与企业生产经营活动的意愿。

②缺点：维持的时间较短。

(3)综合激励，包括环境激励、榜样激励、物质激励等。

①优点：能满足员工成长需要，使组织成员奋发进取，拼搏向上；能够激发员工的积极性和主动性。

②缺点：员工容易感到焦虑。

4. 如何提高激励在管理实践中的作用？试举例说明。

答：激励措施要基于个体和时空特征，有针对性地提供不同的激励刺激。要提高激励在管理实践中的作用，可以采取以下措施：

(1)按需激励。员工的需要是分层次的，应找出各层次的一般激励因素，并采取相应的组织措施，做到对症下药、有的放矢。

(2)多种激励方式相结合。要综合运用物质激励和精神激励。物质激励是基础，精神激励是升华和发展。必须把物质激励与精神激励有机地结合起来，使它们相互补充、相互渗透。

(3)注重奖惩结合。对员工好的工作成绩和行为及时表扬和激励，使其得到大家的认可，从而继续下去；对不利于组织发展的行为进行严格管理，按制度坚决处理，以避免其再次发生。奖惩结合从正反两个角度同时对员工的工作和行为进行评价和反馈，促使其不断提高自己，实现组织目标。

具体举例略。

10.3 考研真题

一、单项选择题

1. 需要层次论认为，人的最高层次需要是（　　）。[中财2012年研]

A. 自我实现需要　B. 安全需要　C. 尊重需要　D. 社交需要

2. 根据双因素理论，工作环境应该属于（　　）。[北科2014年研]

A. 正强化因素　B. 激励因素　C. 负强化因素　D. 保健因素

3. 根据麦克利兰关于人的自我实现的需要理论，如果一个人希望影响或控制他人而不被他人控制，那就表明他是一个（　　）。[中财2012年研]

A. 成就需要强的人　B. 社会交往需要强的人

C. 权力需要强的人　D. 激励需要强的人

4. 两位年轻人拿取了高于同行业平均水平的薪资仍没感到满意，这种表现可用何种激励理论得以解释？（　　）[北京交大2013年研]

A. 期望理论　B. 公平理论　C. 强化理论　D. 需要层次理论

5. 某企业规定，员工上班迟到一次，扣发当月50%的奖金，自此规定出台以后，员工迟到现象基本消除。这是哪一种强化方式？（　　）[北科2012年研]

A. 正强化　B. 负强化　C. 惩罚　D. 忽视

二、概念题

1. 激励（Motivation）[常州大学2022年研；四川大学2017年研；湘潭大学2017年研；广工大2015年研；东财2014年研；吉林大学2012年研；北二外2009年研]

2. X、Y理论[兰州大学2013年研]

相关试题：X理论[东财2014年研]、Y理论[北二外2010年研]

3. 马斯洛的需要层次理论[湘潭大学2020年研；安徽师大2020年研；北二外2011年研；首师大2010年研；中南财大2010年研；东财2009年研]

4. 双因素理论[华东师大2021年研；苏州大学2021年研；北大2019年研；华东理工2019年研；大连理工2018年研；同济大学2015年研；厦门大学2013年研；中山大学2009年研]

5. 公平理论[湘潭大学2021年研；中国传媒2019年研；浙江理工2016年研]

6. 期望理论[桂林理工2023年研；天工大2023年研；厦门大学2021年研；湖南师大2020年研]、激励的期望理论[社科院2020年研；南航2018年研]

7. 强化理论[东财2009年研]

相关试题：

(1) 正强化[大连理工2021年研；南航2017年研；广工大2017年研；西工大2015年研]

(2)负强化[华东师大2019年研；安徽大学2016年研；北邮2009年研]

(3)正强化与负强化[中山大学2013年研]

三、简答题

1. X理论与Y理论的主要内容是什么？[北邮2020年研]

相关试题：

(1)X理论与Y理论的内容。[广州大学2022年研]

(2)简述麦格雷戈的X、Y理论，并谈谈你对该理论的看法。[东南大学2020年研]

(3)简述麦格雷戈的Y理论。[中国传媒2019年研]

(4)论述激励的X理论和Y理论的主要内容，并举例说明其在实践中的应用及注意要点。[论述题，华侨大学2017年研]

(5)请简述X理论、Y理论的主要内容。[宁波大学2017年研]

(6)X、Y和超Y理论。[青岛大学2017年研]

2. 简述赫茨伯格的双因素理论。[湘潭大学2021年研]

相关试题：

(1)联系实际，谈谈如何在管理中运用双因素理论。[论述题，华科2022年研]

(2)试述双因素理论中的主要观点及其管理启示。[论述题，首经贸2020年研；安徽师大2020年研]

(3)简述双因素理论。[北邮2020年研]

(4)简述双因素理论的基本内容及其管理启示。[昆明理工2020年研]

(5)简述赫茨伯格双因素理论的激励因素。[浙大2019年研]

(6)双因素理论及其现实意义。[上海大学2018年研]

(7)双因素理论的主要内容以及对现代管理的启示。[中南大学2018年研]

(8)简要说明赫茨伯格的“双因素”理论的主要观点及其对管理者的启示。[南航2017年研]

3. 期望理论中的三个变量是什么？简要叙述它们是如何解释激励的。[华中农大2018年研]

相关试题：

(1)论述期望理论的主要内容及其对管理实践的启示。[论述题，人大2022年研]

(2)简述期望理论的主要观点。[浙大2020年研]

(3)介绍并评价期望理论的主要观点。[论述题，安徽师大2017年研]

(4)简述弗鲁姆“激励—期望理论”的主要内容。[南昌大学2017年研；西安交大2012年研；四川大学2011年研；北二外2010年研]

四、论述题

1. 请论述主要的人性假设以及与之相对应的管理方式。[首经贸2018年研]

相关试题：

(1)经济人假设和社会人假设[概念题，中央民大2019年研；西南财大2018年研]

(2)试用人性假设理论分析“无商不奸”这句话。[暨南大学2017年研]

2. 试述马斯洛需要层次理论的内容和对管理工作的启示。[暨南大学2013年研]

相关试题：

(1)马斯洛需要层次理论的主要内容。[简答题，安徽大学2023年研]

(2)马斯洛需要层次理论的主要内容及主要观点。[西南财大2021年研]

(3)简答马斯洛的需要层次理论的主要观点。[简答题，湖南师大2020年研]

(4)简述马斯洛需要层次理论中需要的内容。[简答题，安徽师大2018年研]

(5)马斯洛需要层次理论的基本观点。[简答题，湘潭大学2017年研；广工大2015年研]

(6)试述马斯洛需要层次理论及其应用。[中山大学2016年研]

(7)简述马斯洛的需要层次理论的主要论点。[简答题，河北大学2016年研]

(8)简述需要层次理论的基本内容并简要评价。[简答题，山东大学2015年研]

3. 试从研究方法的角度分析双因素理论的不足之处并提出改进建议。[东财2010年研]

4. 试述麦克利兰的三种需要理论及对管理者的意义。[北师2008年研]

相关试题：

(1)简述麦克利兰(David McClelland)等人提出的三种需求理论。[简答题，中国传媒2017年研；北师2010年研]

(2)戴维·麦克利兰的三种需求理论[概念题，中山大学2015年研]

5. 试述公平理论的主要内容及其对管理者的启示。[中山大学2008年研]

相关试题：

(1)公平理论及其应用。[简答题，人大2024年研]

(2)论述管理者应如何运用亚当斯的公平理论。[西南财大2020年研]

(3)简述公平理论的主要内容。[简答题，中山大学2017年研]

(4)试述公平理论的主要内容，并进行简要评价。[山东大学2016年研]

(5)试述公平理论的内容，并谈谈在实际管理中的应用。[简答题，东北大学2015年研]

(6)叙述公平理论的内容，假如你是管理者，你将怎么用它去激励员工？[暨南大学2014年研]

6. 请结合激励理论，论述如何进行有激励作用的工作设计。[中山大学2017年研]

相关试题：

(1)具体管理实践中的激励方式有哪些？对科研人员应该采取何种激励措施？[东华大学2017年研]

(2)简述激励方式和激励原则。[西安交大2007年研]

五、案例分析题

案例一

台湾裕隆汽车集团董事长吴舜文创造出了吴氏"目标管理"法，其具体内容是：每年的年度计划，由员工自己提出，经可行性论证后，再分解为每月的目标。员工的工作积极性被最大限度地调动起来，上级的督促检查也会有的放矢，赏罚得当。这种管理机制实施起来深得人心，也卓有成效。

与此同时，她还特别关心员工生活，改善员工福利待遇。"集团激励"就是她在分配问题上的一个大胆的创新。“集团激励”是把企业的收入公开，定期结算利润，年终再加总计算。计算时请员工本人参与，让每个人都了解企业投下多少成本，应收回多少利润，哪些应归企业，哪些应按“目标管理”的达标情况分给员工。

吴舜文对员工的关心不仅表现在薪酬高，还表现在居住条件和福利待遇上。企业的厂房里有空调，工作环境好。员工们上下班有专车接送，有全日供应餐点的福利社，有供阅览进修的图书馆，还有电影院、篮球场、美容室及医疗所等服务设施。此外对已婚员工如欲购买住宅，可享受无息贷款或免息分期付款；员工有公费旅行；资助员工通过业余进修读高中、上大学或出国留学；设立子女奖学金；建立休假及退休等各种制度等。这些措施都深得人心。

吴舜文的这种严格的“目标管理”和“集团激励”等高福利政策，吸引了人才，留住了人才。员工们热爱自己的企业，热爱自己的工作，都以自己能成为裕隆的一员而骄傲。一次，某企业想挖墙脚，在裕隆门前贴了一张大红广告，上面醒目地写着“高薪征求熟练技术工”，但上下班的员工们都不屑一顾，无一人因其充满诱惑性的条件而要离开裕隆。[中山大学2015 年研]

请回答以下问题：

1. 请用 X、Y 理论分析吴氏“目标管理法”

2. 请用双因素理论分析吴舜文的管理。

3. 请用公平理论分析员工为什么无一人离开裕隆。

案例二

有一次，某家航空公司的主管发现，一位女性地勤人员经常受到旅客的投诉，由于事态越来越严重，这位主管不得不请那位地勤人员到办公室面谈。主管问道：“一切还好吗？我们接到一些顾客的投诉信，对你的服务似乎不像以前那么肯定。”主管刚说完这句话，那位女性地勤人员就伤心地开始哭泣，接着开始说出她目前所面临的困境与遭遇。最近她正在办理离婚，为了争取三岁儿子的监护权，正在打官司，她因此欠了一笔不小的诉讼费。这些事情困扰着她，让她感到身心疲惫，所以在对待顾客的服务上经常出现问题。主管终于了解了事件背后的原因，安慰她要撑过这个难关，并将设法为她寻求帮助。几小时后，这位女性地勤人员收到一个装有现金的信封，这些钱完全是主管个人的心意，信封内没有附带说明或纸条，只有这名员工的姓名。后来，这位地勤人员一直是这家航空公司中最为忠诚和努力的员工之一，更令人欣慰的是，她已经知道如何担当更多的责任。她说：“我想不出还有哪些企业可以让员工时时感到关爱，以及愿意倾听他们更多的苦楚。”[桂林理工2018 年研]

问题：

1. 根据马斯洛的需要层次理论，那位地勤人员处于怎样的需要层次？如果主管对她进行严厉批评和惩罚，有可能出现什么样的情况？

2. 从激励的角度来看，该航空公司主管的做法对于有效激励员工有哪些启示？

3. 结合该案例，谈谈积极倾听在沟通中所起的作用以及如何提高积极倾听的效果。

10.4 考研真题详解

一、单项选择题

1. A 【解析】马斯洛认为，自我实现的需要处于梯形需要层次结构的顶层，是人类最高级的需要，主要包括成长与发展、发挥自身潜力、实现理想的需要等。

2. D 【解析】赫茨伯格发现，引起人们不满意的因素往往是一些工作的外在因素，大多同他们的工作条件和环境有关；能给人们带来满意的因素，通常都是工作内在的，是由工作本身所决定的。赫茨伯格提出，影响人们行为的因素主要有两类：保健因素和激励因素。保健因素是那些与人们的不满情绪有关的因素，如公司的政策、管理和监督、人际关系、工作条件等；激励因素是能够促使人们产生工作满意感的因素。

3. C 【解析】麦克利兰提出的成就需要理论认为，在人的一生中，有些需要是靠后天获得的。有三种需要的研究最多，它们是：①成就的需要，指渴望完成困难的事情、获得某种高的成功标准、掌握复杂的工作以及超过别人；②依附的需要，指渴望结成紧密的个人关系、回避冲突以及建立亲切的友谊；③权力的需要，指渴望影响或控制他人、为他人负责以及拥有高于他人的职权的权威。

4. B 【解析】公平理论认为，当一个人作出成绩并取得报酬以后，他不仅关心自己所得报酬的绝对量，而且关心自己所得报酬的相对量。即每个人都会自觉或不自觉地把自己所获的报酬与投入的比率同他人的收支比率或本人过去的收支比率相比较。本题中，两位年轻人拿取了高于同行业平均水平的薪资却没有感到满意，是因为他们认为自己的投入与报酬的比较同行业的投入与报酬的比更高，所以认为不公平。

5. B 【解析】斯金纳认为，人或动物为了达到某种目的，会采取一定的行为作用于环境，当这种行为的后果对他有利时，这种行为就会在以后重复出现；不利时，这种行为就减弱或消失。强化可分成两大类：①正强化，指奖励那些符合组织目标的行为，以便使这些行为得以进一步加强，重复出现，如增加薪金、提升职位、对其工作成果的承认和赞赏等；②负强化，指惩罚那些不符合组织目标的行为，以便使这些行为减弱甚至消失，从而保证组织目标的实现不受干扰，如减少奖酬或者罚款、批评、降级等。

二、概念题

1. 激励(Motivation)[常州大学2022年研；四川大学2017年研；湘潭大学2017年研；广工大2015年研；东财2014年研；吉林大学2012年研；北二外2009年研]

答：激励(Motivation)是指组织和领导者通过影响员工需要的实现来提高员工的工作积极性，引导其在组织活动中的行为。早期的激励理论有需要层次理论、X理论和Y理论、激励—保健理论；当代的激励理论有三种需要理论、目标设定理论、强化理论、公平理论、期望理论等。在管理实践中，有效地激励员工的方式包括：①认清个体差异，使人与职务相匹配；②运用目标；③确保个体认为目标是可以达到的；④个别化奖励；⑤奖励与绩效挂钩；⑥检查公平性系统及重视金钱的激励作用。

2. X、Y 理论［兰州大学 2013 年研］

相关试题：X 理论［东财 2014 年研］、**Y 理论**［北二外 2010 年研］

答：参见本章考研真题简答题第 1 题答案。

3. 马斯洛的需要层次理论［湘潭大学 2020 年研；安徽师大 2020 年研；北二外 2011 年研；首师大 2010 年研；中南财大 2010 年研；东财 2009 年研］

答：参见本章考研真题论述题第 2 题答案。

4. 双因素理论［华东师大 2021 年研；苏州大学 2021 年研；北大 2019 年研；华东理工 2019 年研；大连理工 2018 年研；同济大学 2015 年研；厦门大学 2013 年研；中山大学 2009 年研］

答：双因素理论又称“保健—激励理论”，是美国心理学家弗雷德里克·赫茨伯格于 20 世纪 50 年代后期提出的。该理论认为，影响人们行为的因素主要有两类：保健因素和激励因素。两类需要之间彼此是独立的，但能够以不同的方式影响人们的行为。其中，保健因素是指导致工作不满意的因素，来源于工作情境的外在因素，如公司政策与管理、监督管理、人际关系和工作条件。激励因素是指增加员工满意度的因素，来源于工作本身的内在因素，如工作成就、认可和责任。

5. 公平理论［湘潭大学 2021 年研；中国传媒 2019 年研；浙江理工 2016 年研］

答：公平理论由 J. 斯塔希·亚当斯提出，认为员工首先将自己从工作中得到的（所得）和付出的（投入）进行比较，然后将自己的付出—所得比与其他相关人员的付出—所得比进行比较。如果比率相同，员工能够感受到公平；如果比率不同，员工会产生不公平感，结果则可能出现生产率的上升或下降、产品质量的提高或降低、缺勤率的上升或自愿离职。

6. 期望理论［桂林理工 2023 年研；天工大 2023 年研；厦门大学 2021 年研；湖南师大 2020 年研］、**激励的期望理论**［社科院 2020 年研；南航 2018 年研］

答：参见本章考研真题简答题第 3 题答案。

7. 强化理论［东财 2009 年研］

相关试题：

（1）正强化［大连理工 2021 年研；南航 2017 年研；广工大 2017 年研；西工大 2015 年研］

（2）负强化［华东师大 2019 年研；安徽大学 2016 年研；北邮 2009 年研］

（3）正强化与负强化［中山大学 2013 年研］

答：强化理论是由美国哈佛大学的心理学家斯金纳提出的。该理论认为，行为是结果的函数。某种结果在某种行为之后立即出现，并且提高或降低该行为未来重复率的可能性，这种结果称为强化物。强化理论不考虑如目标、期望和需求这样的因素，而只关注个体做某些事情时对该个体产生的后果。当行为的结果对他有利时，这种行为就会重复出现；当行为结果不利时，这种行为就会减弱或消失。这就是环境对行为强化的结果。因此管理者要采取各种强化方式，以使人们的行为符合组织的目标。强化分为正强化、负强化、自然消退、惩罚等几种类型。强化理论当前被广泛应用于组织对员工工作行为的修正和改造，但忽略了人的因素和主观能动性对环境的反作用。

三、简答题

1. X理论与Y理论的主要内容是什么?［北邮2020年研］

相关试题:

(1)X理论与Y理论的内容。［广州大学2022年研］

(2)简述麦格雷戈的X、Y理论，并谈谈你对该理论的看法。［东南大学2020年研］

(3)简述麦格雷戈的Y理论。［中国传媒2019年研］

(4)论述激励的X理论和Y理论的主要内容，并举例说明其在实践中的应用及注意要点。［论述题，华侨大学2017年研］

(5)请简述X理论、Y理论的主要内容。［宁波大学2017年研］

(6)X、Y和超Y理论。［青岛大学2017年研］

答: 管理中的人性假设是人们对人的本质及其行为特征的基本认知与判断。X理论和Y理论是美国学者麦格雷戈于1960年提出的两种理论，其具体含义如下:

(1)X理论对人性的假设主要有:①员工天生不喜欢工作，一有机会就会逃避工作;②员工只要有可能，就会逃避责任;③员工总是安于现状，无雄心壮志;④员工的行为受到较低层次需求的支配，一旦满足就不思进取。

这种观点认为，人是以一种合乎理性的、精打细算的方式行事的，人的行为是由经济因素推动和激发的，个人在组织中处于被动的、受控制的地位。这是对人性的一种早期的、传统的认识。在这样的认识指导下，管理者激励下属的主要手段是“胡萝卜加大棒”，即运用奖励和惩罚“两手”来激发和诱导人们以组织或管理者所期望的方式行事，或做出组织或管理者所要求的行为。

(2)Y理论对人性的假设包括:①员工视工作为人生必然的需要;②人天生愿意负责，只要员工对某工作作出承诺，就会努力自我控制并积极完成;③人一般都有上进心，会积极主动寻找工作、迎接挑战、承担责任;④大多数人都具有承担责任、作出正确决策的能力，只要将其能力发挥出来，实现组织目标就容易了。

这种观点认为，人们是自我激励、自我指导和自我控制的，人们要求提高和发展自己，期望获取个人的成功。从这一观点出发，企业就应该把人当作宝贵的资源来看待，通过提供富有挑战性的工作使人的个性不断成熟并让人体验到工作的内在激励。该理论认为，只要把工作变得有意义、富有吸引力，足以引起人们的成就感，就不需要其他外来的激励，人可以自我激励，自动地将自己的才能发挥出来。

(3)对X理论与Y理论的评价:X理论假设较低层次的需要支配着个人的行为，Y理论则假设较高层次的需要支配着个人的行为。麦格雷戈本人认为，Y理论的假设比X理论的假设更实际有效，因此他建议让员工参与决策，为员工提供富有挑战性和责任感的工作，建立良好的群体关系，这都会极大地调动员工的工作积极性。

实际上，X理论与Y理论代表了管理中对人性假设的两种极端观点。在现实中，管理者对人性的看法介于二者之间。

2. 简述赫茨伯格的双因素理论。［湘潭大学2021年研］

相关试题：

(1)联系实际，谈谈如何在管理中运用双因素理论。［论述题，华科2022年研］

(2)试述双因素理论中的主要观点及其管理启示。［论述题，首经贸2020年研；安徽师大2020年研］

(3)简述双因素理论。［北邮2020年研］

(4)简述双因素理论的基本内容及其管理启示。［昆明理工2020年研］

(5)简述赫茨伯格双因素理论的激励因素。［浙大2019年研］

(6)双因素理论及其现实意义。［上海大学2018年研］

(7)双因素理论的主要内容以及对现代管理的启示。［中南大学2018年研］

(8)简要说明赫茨伯格的"双因素"理论的主要观点及其对管理者的启示。［南航2017年研］

答：(1)赫茨伯格双因素理论的主要观点：

双因素理论又称激励—保健理论，是美国心理学家弗雷德里克·赫茨伯格于20世纪50年代后期提出的。赫茨伯格发现，引起人们不满意的因素往往是一些工作的外在因素，大多同他们的工作条件和环境有关；能给人们带来满意的因素，通常都是工作内在的，是由工作本身所决定的。

①影响员工行为的因素：

a. 保健因素。即那些与人们的不满情绪有关的因素，如企业政策、工资水平、工作环境和劳动保护。这类因素处理得不好会引发工作不满情绪的产生，处理得好可预防和消除这种不满。但它不能起激励作用，只能起到保持人的积极性，维持工作现状的作用。

b. 激励因素。即能够促使人们产生工作满意感的因素。主要包括：工作表现机会和工作带来的愉快；工作上的成就感；由于良好的工作成绩而得到的奖励；对未来发展的期望；职务上的责任感。

②理论意义。该理论把传统的满意—不满意(认为满意的对立面是不满意)的观点进行了拆解，认为传统的观点中存在双重的连续体：满意的对立面是没有满意，而不是不满意；同样，不满意的对立面是没有不满意，而不是满意。这种理论对企业管理的基本启示是：要调动和维持员工的积极性，首先要注意保健因素，以防止不满情绪的产生。但更重要的是要利用激励因素去激发员工的工作热情，使其努力工作，创造奋发向上的局面，因为只有激励因素才会增加员工的工作满意感。

③理论的局限性：

a. 在研究方法本身、研究方法的可靠性以及满意度的评价标准方面存在不足。

b. 赫茨伯格讨论的是员工满意度与劳动生产率之间存在的一定关系，但其所用的研究方法只考察了满意度，并没有涉及劳动生产率。

(2)双因素理论对管理者的启示：

①在激励时，应注意区分保健因素和激励因素。调动和维持员工的积极性，首先要注意保健因素以防止不满情绪的产生。但更重要的是要利用激励因素激发员工的工作热情，使其努力工作，创造奋发向上的局面。

②激励因素的满足才能真正激发人的积极性。激励因素以人对工作本身的要求为核心，通过激励因素的改善使工作本身富有吸引力，往往就能给员工以很大程度的激励。因此，强化成就感、认可、敬业精神、责任心和晋升机会等令人满意的激励因素，才能有效发挥激励的作用。

③激励以满足需要为前提，但并不是满足需要就一定能产生激励作用。给予赞赏、责任和发展机会，员工会感到满意；不表扬、不授权，员工也不会感到不满意，而是没有满意感。工作有报酬，员工不会感到满意，而只是没有不满意感，但若只工作无报酬，员工就会不满意。保健因素的满足只能防止人们产生不满情绪，消除了工作中的“不满意”因素，但并不必然带来工作“满意”。

④工资和奖金并不仅仅是保健因素，运用得当也会表现出明显的激励作用。企业应建立灵活的工资、奖金制度，促进工作丰富化，防止僵化和一成不变，在工资、奖金分配制度改革中既注重公平又体现差别。

⑤激励是组织管理的重要环节，被认为是“最伟大的管理原理”。对员工进行激励时，必须注重多种激励方式的综合运用，将物质激励和精神激励有机结合起来。物质需要是人的第一需要，合理而富有竞争力的薪酬制度是企业激励员工、留住人才的基本方略，企业更要注重精神激励的重要作用。

3．期望理论中的三个变量是什么？简要叙述它们是如何解释激励的。［华中农大2018年研］

相关试题：

(1)论述期望理论的主要内容及其对管理实践的启示。［论述题，人大2022年研］

(2)简述期望理论的主要观点。［浙大2020年研］

(3)介绍并评价期望理论的主要观点。［论述题，安徽师大2017年研］

(4)简述弗鲁姆“激励—期望理论”的主要内容。［南昌大学2017年研；西安交大2012年研；四川大学2011年研；北二外2010年研］

答：期望理论由美国心理学家弗鲁姆于1964年提出，该理论认为人们在预期他们的行动将会有助于达到某个目标的情况下才会被激励去做某些事情以达到这个目标。

(1)期望理论的主要内容：

①期望理论的基础是自我利益，即每一个员工都在追求最大的自我满足。

②期望理论的核心是双向期望，即管理者期望员工有效的工作付出，员工也期望自己的努力工作换来应有的回报。

③期望理论的假设是管理者了解员工的期望，明白什么可以使员工更努力地付出。

④期望理论以员工的个人感觉为主要判断依据，而非实际情况。不论实际情况如何，当员工认为可以通过努力达到绩效要求并且得到相应的、有吸引力的奖赏，他就会努力工作。

(2)期望理论中的三个变量：

①期望或努力—绩效联系：个体认为通过一定程度的努力可以达到某种工作绩效的可能性。

②手段或绩效—奖赏联系：个体相信达到一定绩效水平后即可获得理想结果的程度。

③效价或奖赏—个人目标联系：从工作中可以获得的结果或奖赏对个体的重要性程度。效价主要关心的是个人的目标与需要。

(3)对激励的解释：

期望理论用公式表现为：$M=V\times E$。式中，M表示激发力量；V表示目标效价；E表示期望值。

期望理论说明，激励实质上是选择的过程，促使人们去做某些事的心理将依赖于效价和期望值两个因素。这个公式实际上表明领导者在进行激励时要注意以下问题：

①设置目标应符合下列要求：a. 必须将组织目标纳入其中或将组织上所希望出现的行为列为目标导向行动，使成员只有在完成组织目标后才能达到个人的目标；b. 设置的目标必须是受激励者所迫切需要的；c. 设置的目标要适当，不能过大或过小；d. 设置目标时尽量让员工参与讨论。

②管理者在设置目标的同时，还应提供一定的保证条件，即提高目标实现的可能性。

四、论述题

1. 请论述主要的人性假设以及与之相对应的管理方式。［首经贸2018年研］

相关试题：

(1)经济人假设和社会人假设［概念题，中央民大2019年研；西南财大2018年研］

(2)试用人性假设理论分析“无商不奸”这句话。［暨南大学2017年研］

答：美国心理学家和行为科学家沙因在1965年出版的《组织心理》一书中，提出了四种人性假设：

(1)经济人假设。该假设认为，人是以一种合乎理性的、精打细算的方式行事的，其行为都是为了最大限度地满足个人的私利，工作是为了获得经济报酬。

①主要内容：经济人的假设是亚当·斯密首先提出来的，美国管理学家麦格雷戈的“X理论”是对经济人假设的概括：a. 大多数人天生不喜欢工作，只要有可能他们就会逃避工作；b. 由于大多数人不喜欢工作，所以必须采取强制措施或惩罚办法，迫使他们实现组织目标；c. 大多数人只要有可能就会逃避责任，安于现状；d. 大多数人喜欢安逸，没有雄心壮志；e. 大多数人缺乏理性，容易受外界和他人的影响做出一些不适宜的举动。

②管理方式：要求采取“大棒+胡萝卜”的管理方式，以外部控制(订立严格的工作规范和制度)和经济报酬激励等方式来迫使人们努力工作。“泰勒制”是这种管理方式的典型代表。

(2)社会人假设。该假设认为，人们在工作中得到的物质利益，对于调动其积极性只有次要的意义。人们最重视的，是在工作中与周围人友好相处。良好的人际关系比上级主管的控制力更加重要，社会需求的满足比经济上的物质刺激更能激励人。

①主要内容：a. 社交需要是人们行为的主要动机；b. 员工之间的影响力大于管理部门的措施；c. 从社会关系中获得乐趣；d. 员工的工作效率与能否满足员工社会需求相关。

②管理方式：“社会人”不仅要求经济上的满足，更重要的是要得到社会需求的满足。员工之间的人际关系比管理者提供的经济诱因有时对员工更具有影响力。因此要采取参与管理的方式，从外部“控制人”转向重视人的内在需求的满足，重视员工的社会需求以及员

工之间的关系，可采取集体奖励的方式。

(3)自我实现人假设。马斯洛认为，人类的高级需要是最有激励作用的，其中最高层次就是自我实现的需要。自我实现是指人都需要发挥自己的潜力、表现自己的才能。只有人的潜力充分发挥出来，人的才能充分表现出来，人才会感到最大的满足。即人们除了上述的社会需要之外，还有一种想充分运用自己的各种能力、发挥自身潜力的欲望。

①主要内容：a. 要求工作是人的本能；b. 在适当的条件下，一般人不仅会接受某种职责，而且还会主动寻求职责；c. 个人追求与组织的需要并不矛盾，并非必然对组织的目标产生抵触和消极态度；d. 控制和惩罚不是使人努力的唯一手段；e. 大多数人都具有较强的解决组织问题的想象力和创造性。

②管理方式：强调管理职能的重点是创造一个使人能充分发挥才能的工作环境。要让员工参与组织的重大问题的决策，使员工获得成就感和满足感。要求采取“引导＋激励”的管理方式，给予员工来自工作本身的内在激励，使员工自我控制、自我管理。

(4)复杂人假设。该假设认为，上述三种人性假设虽各有一定的合理性，但不能适用于一切人。因为现实中的人是复杂的，不仅因人而异，而且随环境不断变化。即不同的人以及同一个人在不同的时间和场合下，会表现出不同的动机和需求，此外，人还能形成新的需要和动机。

①主要内容：a. 人的需要是多样的，且人们是怀着许多不同的需要加入工作组织的；b. 人的需要不仅是多样的，而且在后天的环境影响下是多变的；c. 由于人的需要和能力各不相同，他们对一定的管理方式会产生不同的反应；d. 当一个目标达到后，能激起员工的胜任感与成就感，使他们为达到新的、更高的目标而努力。

②管理方式：要求采取权变管理的管理方式，强调管理要有针对性，组织形式、员工培训、工作分配、工作报酬和控制程度等不能千篇一律。这种管理方式的核心在于随机应变，以变应变，强调管理的不断创新。

综上，根据沙因的观点，商人是“复杂人”，在商业交易中商人以盈利为目的，偏向于理性的“经济人”，追求经济利益是根本目标。在这种目的驱使下充分发挥主观能动性，运用商业手段追求利润最大化。在这一过程中，有时消费者的利益会受到损害，故而冠以商人“无商不奸”的特点。但是商人也会主动承担社会责任，例如为环卫工人提供热水和加热饭食等公益行为，可见商人在不同的时间和场合下，会表现出不同的动机和需求，因此“无商不奸”并不是绝对的。

2. 试述马斯洛需要层次理论的内容和对管理工作的启示。［暨南大学 2013 年研］

相关试题：

(1)马斯洛需要层次理论的主要内容。［简答题，安徽大学 2023 年研］

(2)马斯洛需要层次理论的主要内容及主要观点。［西南财大 2021 年研］

(3)简答马斯洛的需要层次理论的主要观点。［简答题，湖南师大 2020 年研］

(4)简述马斯洛需要层次理论中需要的内容。［简答题，安徽师大 2018 年研］

(5)马斯洛需要层次理论的基本观点。［简答题，湘潭大学 2017 年研；广工大 2015 年研］

(6)试述马斯洛需要层次理论及其应用。［中山大学 2016 年研］

(7)简述马斯洛的需要层次理论的主要论点。［简答题，河北大学 2016 年研］

(8)简述需要层次理论的基本内容并简要评价。［简答题，山东大学2015年研］

答：(1)马斯洛的需要层次理论：

美国心理学家马斯洛把人的需要按重要程度分为五个层次，如图10-1所示。

①生理的需要。即满足基本生活的需要，如衣、食、住、行等，是最迫切的需要。只有当生理的需要基本得到满足时，才会产生其他需要。

②安全的需要。指人类免除各种危险和威胁的需要。包括免受身体及情感伤害和保护职业、财产、食物及住所不受威胁的需要。

③社交的需要。指人类在感情和归宿方面的需要。包括人际交往、友谊、为群体和社会所接受和承认等。

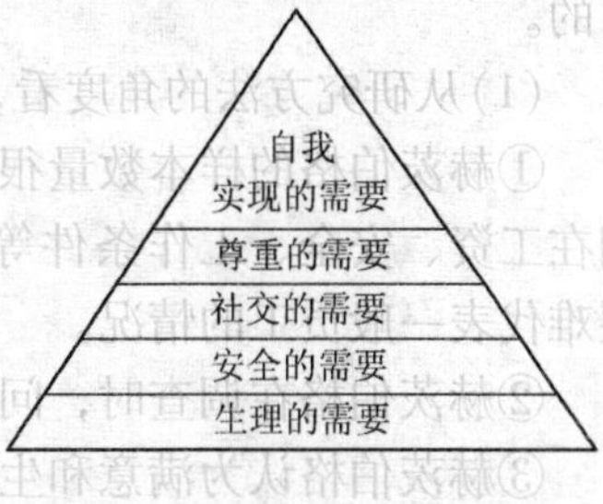

图10-1 马斯洛的需要层次

④尊重的需要。属于心理上的需要，包括自尊和受别人尊重。指人们希望别人对自己的工作、人品、能力、情感等方面予以肯定。

⑤自我实现的需要。指人们在人生道路中追求自己能力的极限，激发自己的潜能，完善自身能力，取得自我的成就。属于更高层次的需要，包括胜任感和成就感两个方面。

该理论认为，这五种需要之间以层次形式依次从低级到高级排列，存在着递进规律。人的需要总是由低层次向高层次逐步发展起来的，低级需要是高级需要的基础，高级需要随着低级需要的满足而逐渐产生出来。只有未被满足的需要使人产生行为的动机，对行为有导向作用，需要一旦被满足，就会失去激励作用，无法产生行动。

需要层次理论为揭示人类复杂需要的普遍规律性作出了贡献，且具有直观、易于理解、相对较合理等特点，因此成为国内外许多管理理论的重要基础。但是在应用该理论时，也应该看到，人的需要是复杂的，往往不能机械地、绝对地按层次进行划分，也并不一定严格地按上述各个层次逐级去满足。

(2)马斯洛的需要层次理论对管理工作的启示：

①了解员工的需要，并将之与组织目标相结合。每个人都有需要，这些需要都包含在马斯洛所概括的生理、安全、社交、尊重、自我实现五类需要之中。人们为了满足需要而产生动机，管理人员如果能洞察员工的需要，把组织目标和员工需要有机地结合起来，就能激发员工的积极性，使其为实现组织目标而努力。

②区分主要需要和次要需要，优先满足主要需要。员工的需要层次是递进的，低一层次的需要基本满足后，对员工的激励作用就逐渐削弱以至消失，此时高一层次的需要就变为优势需要，所以管理人员应该及时调整以满足员工新的需要。管理中必须注意，当员工的需要发生变化后，不能再用老一套的方法激励员工，这样往往不能取得预期的效果。而且，在不同的发展阶段，对不同的员工采取的激励方法也应有所不同。

③重点针对员工的高层次需要采取相应的激励措施。高层次需要实现难度大，其激励作用也大。人们为了自我实现，往往百折不挠、不达目的誓不罢休，管理人员如果掌握这一原理，在尽可能满足员工低层次需要的前提下创造出良好的组织氛围，强化员工高层次需要的强度，就能使员工意气风发、斗志昂扬，为实现组织的宏伟目标而努力。

3. 试从研究方法的角度分析双因素理论的不足之处并提出改进建议。[东财 2010 年研]

答: 双因素理论是由美国心理学家弗雷德里克·赫茨伯格于 20 世纪 50 年代后期提出的。

(1)从研究方法的角度看,双因素理论的不足之处主要体现在以下几个方面:

①赫茨伯格的样本数量很有限,对象缺乏代表性。其研究对象是工程师、会计师,他们在工资、安全、工作条件等方面都比较好,所以这些因素对他们自然不会起激励作用,很难代表一般员工的情况。

②赫茨伯格在调查时,问卷的方法和题目有缺陷。

③赫茨伯格认为满意和生产率的提高有必然的联系,而实际上满意并不等于劳动生产率的提高,二者之间并不存在必然联系。

④赫茨伯格将保健因素与激励因素截然分开有欠妥当,实际上保健因素与激励因素、外部因素与内部因素都不是绝对的,而是相互联系并可以相互转化的。

⑤赫茨伯格在调查时把好的结果归结于员工自己的努力,而把不好的结果归罪于客观的条件,同时,赫茨伯格也没有使用"满意尺度"这一概念。

⑥现代企业是由四种经济主体所组成的,即股东、经营者、管理者和普通员工,这四种经济主体都有自己的目标,并且都有各自的可控因素和激励因素,从实施的范围层次分析,始终存在着所有者对经营者、经营者对管理者和管理者对员工的约束与激励,而这些并不是双因素理论都能涵盖的。

(2)改进建议如下:

①针对激励因素和保健因素是人为区分的现象,对于不同对象,某一个变量可能是激励因素也可能是保健因素,实际管理中不可机械套用理论,要根据权变因素加以区分,灵活运用。

②针对双因素理论存在研究方法上的缺陷,在激励实务中,将双因素激励理论与其他激励理论配合使用效果更佳,可以有效避开双因素理论的缺点。

4. 试述麦克利兰的三种需要理论及对管理者的意义。[北师 2008 年研]

相关试题:

(1)简述麦克利兰(David McClelland)等人提出的三种需求理论。[简答题,中国传媒 2017 年研;北师 2010 年研]

(2)戴维·麦克利兰的三种需求理论[概念题,中山大学 2015 年研]

答: (1)戴维·麦克利兰等人提出了三种需要理论,认为主要有三种后天需要推动人们从事工作:

①成就需要,是指个体追求成功和卓越的需求。个体的高成就需要者往往致力于追求个人成就,而非仅仅是成功的奖励。

②权力需要,是指个体追求权力和地位的需求。高权力需要者喜欢"承担责任",喜欢竞争性和地位取向的工作环境。

③归属需要,是指个体追求良好人际关系的需求。高归属需要者渴望友谊,喜欢合作而不是竞争的环境,希望彼此之间的沟通与理解。

(2)对管理者的意义:

①成就需求较高的个体，一般致力于追求个人成就，追求高标准、高绩效，其热爱挑战，喜欢高强度工作，会尽量避免他们认为过于容易或者过于困难的工作任务。

②高成就需求是可以被培训出来的。高成就需要者并不一定是一位优秀的管理者，尤其是在大型组织中。因为高成就需要者往往更重视自身的成就，而不在意组织绩效或他人目标。

③最优秀的管理者往往具有较高的权力需要和较低的归属需要。

5. 试述公平理论的主要内容及其对管理者的启示。[中山大学 2008 年研]

相关试题:

(1)公平理论及其应用。[简答题，人大 2024 年研]

(2)论述管理者应如何运用亚当斯的公平理论。[西南财大 2020 年研]

(3)简述公平理论的主要内容。[简答题，中山大学 2017 年研]

(4)试述公平理论的主要内容，并进行简要评价。[山东大学 2016 年研]

(5)试述公平理论的内容，并谈谈在实际管理中的应用。[简答题，东北大学 2015 年研]

(6)叙述公平理论的内容，假如你是管理者，你将怎么用它去激励员工?[暨南大学 2014 年研]

答: 公平理论是美国的亚当斯于 20 世纪 60 年代提出来的，又称社会比较理论。

(1)公平理论主要讨论报酬的公平性对人们工作积极性的影响，认为人的工作积极性不仅与个人实际报酬多少有关，而且与人们对报酬的分配是否感到公平密切相关。人们总会自觉或不自觉地将自己付出的劳动代价及其所得到的报酬与他人或自己的过去进行比较，并对公平与否作出判断。公平感直接影响员工的工作动机和行为。公平理论的比较如下:

①横向比较: 即将“自己”与“他人”相比较以判断自己所获报酬的公平性。假设 Q_p 表示自己对所获报酬的感觉，Q_x 表示自己对他人所获报酬的感觉，I_p 表示自己对投入量的感觉，I_x 表示自己对他人投入量的感觉，则:

a. 当 $Q_p/I_p = Q_x/I_x$ 时，进行比较的员工觉得报酬是公平的，他可能会为此而保持工作的积极性和努力程度。

b. 当 $Q_p/I_p > Q_x/I_x$ 时，说明员工得到了过高的报酬或付出的努力较少，这种情况下，他一般不会要求减少报酬，而会适当增加产量，但过了一段时间其产出又会回到原先的水平。

c. 当 $Q_p/I_p < Q_x/I_x$ 时，说明员工对组织的激励措施感到不公平，他可能会要求增加报酬，或者自动地减少投入以便达到心理上的平衡，也可能离职。

②纵向比较: 即将现在的报酬与过去作比较。假设 Q_{pp} 代表员工现在获得的报酬，I_{pp} 代表现在的投入量，Q_{pl} 代表他过去获得的报酬，I_{pl} 代表过去的投入量，则:

a. 当 $Q_{pp}/I_{pp} = Q_{pl}/I_{pl}$ 时，员工认为激励措施是相对稳定的，他在工作中的积极性和努力程度可能同样保持不变。

b. 当 $Q_{pp}/I_{pp} > Q_{pl}/I_{pl}$ 时，员工的积极性可能增加、不变甚至是降低，因为随着时间的推移，员工的工作经验更多、工作能力更强，因此不一定会觉得现在获得的报酬更高，甚至可能觉得报酬的增加低于个人价值的增加，因此其工作积极性的变化是不确定的。

c. 当 $Q_{pp}/I_{pp} < Q_{pl}/I_{pl}$ 时，此时员工觉得很不公平，工作积极性会下降。

亚当斯的公平理论表明，一个人所得的相对值比绝对值更能影响人的工作积极性，所以管理者需更多地注意实际工作结果与个人所得之间的公平合理性。但是这在实际运用中又较难把握，因为人们总是倾向于过高估计自己的付出，而过低估计自己的所得，对别人的付出和所得的估计则正好相反。所以管理者除了制定公平的奖酬体系外，还要及时体察员工的不公平心理，并认真分析，教育员工正确认识、对待自己和他人。

(2)公平理论对管理者的启示：

①激励时应力求公平。影响激励效果的不仅有报酬的绝对值，还有报酬的相对值。即员工不仅关心从自己的工作努力中所得的绝对报酬，而且还关心自己的报酬与他人报酬之间的关系。他们将自己的付出和所得与别人的付出和所得之间的关系进行比较，并作出判断。如果觉得这种比率和其他人相比不平衡，就会感到紧张，这种紧张又会成为他们追求公平的动机基础。所以激励时应力求公平，不应使员工有严重的不公平感。

②在激励过程中应注意对被激励者公平心理的疏导，引导其树立正确的公平观。公平理论对报酬分配至少在以下四个方面提供了价值建议：

a. 按时间付酬时，收入超过应得报酬的员工的生产力水平将高于收入公平的员工。

b. 按产量付酬时，收入超过应得报酬的员工与那些收入公平的员工相比，产品生产数量增加不多而主要是提高产品质量。

c. 按时间付酬时，收入低于应得报酬的员工，将降低生产的数量和质量。

d. 按产量付酬时，收入低于应得报酬的员工与收入公平的员工相比，他的产量高而质量低。

③工作任务以及公司的管理制度对于员工可能产生某种关于公平性的影响，这种作用对仅仅维持组织稳定性的管理人员来说，是不容易觉察到的。员工对工资提出增加的要求，说明组织对他至少还有一定的吸引力；但当员工的离职率普遍上升时，说明企业组织已经使员工产生了强烈的不公平感，这时就需要管理人员高度重视，因为它意味着除了组织的激励措施不当以外，更重要的是企业的现行管理制度有缺陷。

6. 请结合激励理论，论述如何进行有激励作用的工作设计。[中山大学2017年研]

相关试题：

(1)具体管理实践中的激励方式有哪些？对科研人员应该采取何种激励措施？[东华大学2017年研]

(2)简述激励方式和激励原则。[西安交大2007年研]

答：激励是指组织通过设计奖惩、工作环境、薪酬制度等方式，给予员工期望，影响其内在需求或动机，从而激发、引导组织成员行为的过程。

(1)激励的方式：

①工作激励。指参考员工的爱好、特长，为员工分配适合的工作，以激发员工的潜力和工作热情。主要包括两方面的内容：a. 在分配工作时尽可能使员工的特长、爱好与工作的性质和内容相一致；b. 要使工作具有可达到的挑战性。

②成果激励。指使用合理的绩效评估体系，正确客观地评估员工的工作成果，给予员工合理的奖惩，促进员工行为良性循环。报酬应当在工作过程中实现良性循环，在设计奖

励机制时公平公正，不仅要考虑到员工的物质需求，还要考虑到员工的心理感受。

③批评激励。指在恰当的场合使用恰当的批评手段，刺激员工的自尊需要，激发其改正错误行为的信心和决心。通过语言和感情的交流帮助违规者认识到自己的错误并促使其积极改正，从深层次上起到激励作用，将消极因素转变为积极因素。

④培训教育激励。指开展组织文化的宣讲以及技能的培训等活动，以提高组织成员的综合素质和能力，从而给予其信心，激发实现组织目标的工作热情。员工素质主要包括思想品德和业务技能两方面，领导者应根据企业战略和员工特点有针对性地设计培训工作，实现员工思想品德的提高、专业知识的积累和技术能力的提升。

进入20世纪90年代以来，西方企业在多种激励理论的基础上，提出了一些形式新颖的激励方式，如绩效工资、分红、员工持股、总奖金、知识工资和灵活的工作日程等。

(2)激励的原则：

①激励要因人而异。不同员工的需求不同，相同的激励政策起到的激励效果也会不尽相同。即便是同一位员工，在不同的时间或环境下，也会有不同的需求。由于激励取决于内因，即员工的主观感受，所以激励要因人而异。

②奖惩适度。不适度的奖励和惩罚都会影响激励效果，增加激励的成本。奖励过重，会使员工产生骄傲和满足的情绪，失去进一步提高自己的欲望；奖励过轻，则起不到激励效果，或者让员工产生不被重视的感觉。惩罚过重，会让员工感到不公平，或者失去对公司的认同，甚至产生怠工或破坏的情绪；惩罚过轻，会让员工轻视错误的严重性，可能在今后仍然会犯同样的错误。

③公平性。公平性是员工管理中很重要的原则。员工感受到的任何不公，都会影响其工作效率和工作情绪，并且影响激励效果。取得同等成绩的员工，一定要获得同等层次的奖励；同理，犯同等错误的员工，也应受到同等层次的处罚。

④奖励正确的事情。如果奖励错误的事情，错误的事情就会经常发生。这个问题虽然看起来很简单，但在具体实施激励时，往往被管理者所忽略。

五、案例分析题

案例一

请回答以下问题：［中山大学2015年研］

1. 请用X、Y理论分析吴氏“目标管理法”

答：吴氏的“目标管理法”符合X、Y理论中的Y理论部分，即认为员工是积极向上且热爱工作的，对此具体分析如下：

(1)X理论和Y理论的概述：

①X理论主要代表了一种消极的人性观念，其认为：a. 员工天性好逸恶劳，只要可能就会躲避工作；b. 以自我为中心，漠视组织要求；c. 员工趋向逃避责任，安于现状，缺乏创造性；d. 不喜欢工作，需要对他们采取强制措施或惩罚办法，迫使他们实现组织目标。

②Y理论提供了一种积极的人性观点，其认为：a. 员工并非好逸恶劳，而是自觉勤奋，喜欢工作；b. 员工有很强的自我控制能力，在工作中执行完成任务的承诺；c. 一般

而言，每个人不仅能够承担责任，而且还主动寻求承担责任；d. 绝大多数人都具备作出正确决策的能力。

同时，麦格雷戈坚信Y理论的假设比X理论的假设更有效。因此，他倡导实行员工参与决策，为员工提供富有挑战性和责任感的工作，建立良好的群体关系；认为通过这些手段可以极大地调动员工的工作积极性。

(2)吴氏的“目标管理法”分析。该“目标管理法”将公司的年度计划、薪酬体系等决策都交由员工主导，在工作实行的过程中，组织相信员工能够主动工作、寻求责任，这种做法体现了公司运用Y理论对管理活动进行指导。在该管理方法的实施过程中，将通过有的放矢的奖惩措施，最大限度地调动员工工作积极性。

2. 请用双因素理论分析吴舜文的管理。

答：弗雷德里克·赫茨伯格的双因素理论(又称激励—保健理论)指出，内部因素与工作满意相关，外部因素与工作不满意有关。而吴舜文的管理方法，一方面建立了良好的工作环境，从外部因素来减少员工的工作不满意度，另一方面又积极采纳员工意见来建立公司的年度计划和薪酬标准，从内部因素来提高员工的工作满意度。具体分析如下：

(1)与工作满意有关的因素是内部因素，如成就、认可、责任等。当人们对工作感到满意时，他们倾向归因于这些特点。吴舜文在管理公司的过程中，关注内部因素对员工的影响，比如每年公司的年度计划，由员工自己提出，经可行性论证后，再分解为每月的目标。让员工参与到了公司的决策中，使员工的工作积极性被最大限度地调动起来，员工得到认可，成就感提高。这实际上就是在运用激励因素，使员工能够积极参与、对工作满意，创造更大的效益。

(2)当员工对工作感到不满意时，则常常抱怨外部因素，如公司政策、管理和监督、人际关系、工作条件等。赫茨伯格称这些导致工作不满意的外部因素为保健因素。改善保健因素只能消除员工的不满，并不能有效提高员工工作满意度。吴舜文在管理过程中，特别关注外部因素对员工的影响，并采取了相应的措施，比如关心员工生活，改善员工福利待遇，让员工全身心投入工作中，无后顾之忧。组织在分配问题上大胆创新，提出“集团激励”手段。这些措施都是在运用保健因素，在生活的各个方面消除员工的不满意，使员工能够全身心地投入工作中，提高员工忠诚度，让员工更好地服务于企业。

3. 请用公平理论分析员工为什么无一人离开裕隆。

答：员工无一人离开裕隆的原因如下：

公平理论由斯达西·亚当斯发展起来，认为员工首先把自己在工作情境中得到的结果(所得)与自己的努力(付出)进行比较，然后再将自己的所得与付出之比和其他相关人员的所得与付出之比进行比较。如果员工感觉到自己的比率与他人的比率是等同的，则为公平状态，即他觉得自己处在公平的环境中。如果感到两者的比率不相同，则会产生不公平感，他将认为自己的报酬过低或过高。不公平感出现后，员工会试图采取行动来改变它。

案例中，吴舜文运用“集团激励”的方法，把企业的收入公开，定期结算利润，年终再加总计算，计算时请员工本人参与，让每个人都了解企业投下多少成本，应收回多少利润，哪些应归企业，哪些应按“目标管理”的达标情况分给员工。这些严格的“目标管理”和“集团激励”等高福利政策增强了员工的公平感，让员工感受到公司在待遇问题上对每个人都是公平的，付出与所得成正比，极大地调动了员工的积极性。因此，员工都不愿离开裕隆。

案例二

问题：［桂林理工 2018 年研］

1. 根据马斯洛的需要层次理论，那位地勤人员处于怎样的需要层次？如果主管对她进行严厉批评和惩罚，有可能出现什么样的情况？

答：马斯洛需要层次理论从低到高具体包括：生理需要、安全需要、感情需要、尊重需要和自我实现需要。案例中，地勤人员在离婚官司中为争夺三岁儿子抚养权而背负诉讼费债务，由此看出，该名员工正处于感情和归属的需要这一层次，希望亲情需要得到满足。如果此时主管对其进行严厉批评和惩罚，并不会提高其工作效率，反而有可能对其工作积极性产生不良影响，导致其工作态度消极、工作追求降低，工作质量受到严重影响。

2. 从激励的角度来看，该航空公司主管的做法对于有效激励员工有哪些启示？

答：在案例中，主管通过了解员工的真实需求，继而针对其需求采取相应的措施，进行了有效的激励。在激励理论中，工作效率和劳动效率与员工的工作态度有直接关系，而工作态度则取决于需要的满足程度和激励因素。马斯洛把人的各种需求分为生理需求、安全需求、感情和归属需求、尊重需求、自我实现需求五个层次，认为人们按照需要层次追求满足，因此，管理者根据需求设置目标就可以起到激励作用。这具体包括：

（1）激励员工时要针对员工的需求给予合理的报酬，并且奖励品必须能在一定程度上满足员工的需求。管理者要了解员工希望从工作中得到什么，即要了解员工的需求，这样才能针对其需求确定合适的激励方式。

（2）工作目标应具有一定的挑战性。人们在完成一定难度的工作任务后，会有一定的成就感，可以在一定程度上满足尊重或自我实现的需要。

（3）通过教育培训，增强员工自我激励的能力。员工的工作热情和工作积极性通常与他们的自身素质有极大关系。一般而言，员工的自信心和进取心越强，越注重高层次的需求，这就需要管理者为其设置富有挑战性的工作任务，鼓励其自行确定完成任务的手段和进度并主动承担责任，这有助于员工表现出高昂的士气和工作热情，从而增强其自我激励的能力，这是管理者激励和引导下属行为的一种重要手段。

3. 结合该案例，谈谈积极倾听在沟通中所起的作用以及如何提高积极倾听的效果。

答：沟通强调在两个及以上的个体间传递或交换可理解的信息或思想的过程。整个管理工作都与沟通有关，包括组织间的信息传递、组织与外部人员的交流、上下级的感情联络、控制者与控制对象的纠偏工作等。积极倾听在沟通中的作用有：

（1）有意识地去理解他人的观点，可以帮助管理者避免做出急于控制他人的举动。

（2）积极倾听可以让对话的节奏舒缓下来，这样的对话为思想火花的迸发营造了空间。在快速交谈中偶尔也会有智慧的碰撞，但快节奏更多时候意味着思考的缺失。

（3）积极倾听可以防止出现破坏性的对话方式。

（4）积极倾听能掩盖对话过程中的情绪，让讨论更容易开展与把握。

第十一章 沟 通

11.1 复习笔记

【知识框架（庖丁解牛）】

- 沟通
  - 沟通与沟通类型
    - 沟通的含义、功能
    - 沟通过程：七步骤
    - 沟通类型
    - 沟通网络：正式、非正式
  - 沟通障碍及其克服
    - 有效沟通的标准、原则
    - 影响有效沟通的因素
    - 沟通障碍的克服
  - 冲突及其管理
    - 冲突的概念及特征
    - 冲突的原因与类型
    - 冲突观念的变迁
      - 传统观念阶段
      - 人际关系观念阶段
      - 相互作用观念阶段
    - 冲突管理：冲突的抑制、激发

【通关提要（提纲挈领）】

本章主要介绍沟通的相关内容。学习时，要掌握沟通的基本概念和过程，熟悉冲突的概念、发生原因等，重点掌握沟通的类别、有效沟通的障碍及其克服、冲突的处理等。本章各种题型都有可能考查，复习时要总体把握，能结合具体案例理解应用。

【考点难点归纳（厚积薄发）】

考点一：沟通与沟通类型（见表11－1） ★★★

表11－1 沟通与沟通类型

要点	主要内容
含义	指意思的传递和理解，即可理解的信息或思想在两人及以上的人群中传递或交换的过程
功能	①提供信息，表达情绪，便于思想交流，提高管理效能。 ②便于组织内人员之间建立友好关系，促进组织发展。 ③加强组织与外界的联系

续表

要点	主要内容	
过程	发送者明确信息内容→信息编码→传递给接收者→接收者接收信息→解码信息→理解信息→反馈	
类型	按组织系统分	正式沟通、非正式沟通
	按流动方向分	上行沟通、下行沟通、平行沟通、网状沟通
	按互动性分	单向沟通、双向沟通
	按功能分	工具式沟通、感情式沟通
	按沟通方式分	①言语沟通：口头沟通、书面沟通；②非言语沟通
	按沟通对象分	人际沟通、组织沟通
沟通网络	正式	链式、轮式、Y 式、环式、全通道式
	非正式	集束式、随机式、流言式、单线式

考点二：沟通障碍及其克服(见表 11－2) ★★★★

表 11－2 沟通障碍及其克服

要点	主要内容		
有效标准	①量：信息充足；②质：信息被准确地表述和理解；③时：信息及时		
7C 原则	①可依赖性；②一致性；③内容；④明确性；⑤持续性与连贯性；⑥渠道；⑦被沟通者的接受能力		
沟通障碍	按因素分析	人际因素	①表达能力；②知识和经验差异；③个性和关系；④情绪；⑤选择性知觉；⑥信息过滤；⑦信息过载
		组织因素	①组织结构不合理；②组织氛围不和谐
		文化因素	跨文化、代沟(年龄差距)和性别等
		技术因素	①语言暗示；②非语言暗示；③媒介有效性
	按沟通过程分析	信息传递者	①表达障碍；②语义障碍；③传递形式障碍；④社会环境与知识局限产生的障碍
		信息传递渠道	①信息传递手段的障碍；②传递层次的障碍
		信息接收者	①信息“过滤”；②理解能力障碍；③信息过量障碍
		沟通环境	①沟通渠道障碍；②时间障碍；③距离障碍
克服沟通障碍	①重视沟通，正确对待沟通。 ②积极倾听。管理者要学会“听”，培养听的技巧。 ③创造相互信任、利于沟通的环境。 ④缩短信息传递链，拓宽沟通渠道。 ⑤利用职工代表大会，建立特别委员会，组成非管理工作组。 ⑥加强平行沟通，促进横向交流。利用互联网沟通。 ⑦重视并运用反馈进行双向沟通，克服认知差异。 ⑧控制情绪、简化语言，注意非言语线索		

【真题链接】

(1)有效沟通有哪些障碍？[论述题，吉林大学 2024 年研]

(2)试述有效沟通的含义。如何克服有效沟通的障碍？[论述题，安徽大学 2023 年研]

考点三：冲突及其管理(见表11-3) ★★★

表11-3 冲突及其管理

要点	主要内容	
概念	指由于某种差异而引起的抵触、争执或争斗的对立状态	
特征	①客观性；②二重性；③主观知觉性；④程度性	
积极影响	①有助于增强组织创造力；②促进员工的个人发展；③可以获得更多有价值的诊断信息；④增强群体凝聚力	
原因	个体差异	个人的价值观、文化背景、个性特征等
	沟通差异	文化和历史背景不同、信息交流不充分、沟通噪声等
	结构差异	组织结构设计不良
分类	发生层次	①个体内部冲突；②人际冲突；③群体间冲突；④组织间冲突
	影响	①建设性冲突；②破坏性冲突
	产生原因	①目标冲突；②认知冲突；③情感冲突；④程序冲突
管理	抑制	①竞争策略；②合作策略；③回避策略；④迁就策略；⑤妥协策略
	激发	①可以使冲突合法化，通过正面冲突来积极解决问题。 ②适当引入外部的新鲜血液，激发组织内部活力

【真题链接】

(1)组织冲突产生的原因有哪些？[简答题，桂林理工2023年研]

(2)简述常用冲突管理的战略。[简答题，安徽师大2018年研]

11.2 课后习题详解

1. 怎么理解沟通及其功能？举例说明沟通流程。

答：(1)沟通，是指可理解的信息或思想在两人或两人以上的人群中传递或交换的过程。整个管理工作都与沟通有关。任何沟通必须具备三个基本条件：①两个或两个以上的主体；②沟通客体，即信息；③信息传递载体，如文件等。

(2)沟通的功能：

①沟通是企业凝聚力增强的“助力器”。有效沟通能整合组织的各类资源，增加组织的凝聚力和竞争力，提高组织绩效。沟通贯穿管理的全过程。

②沟通是领导者激励下属、实现领导职能的基本途径。领导者通过有效沟通，能够全面、及时、准确地了解组织信息，便于激发下属的工作热情，从而有效地实现领导职能。

③沟通是组织与外部环境建立联系的桥梁。组织通过沟通能够与外部环境建立联系，为自身的生存和发展获得更多的资源和空间。任何组织的发展都离不开外部环境的支持，组织需要从外部环境获得资金、信息等资源，这都离不开有效的沟通活动。

(3)以小明向妈妈沟通想吃水果为例说明沟通过程如下：

①小明想吃水果——信息发送者产生沟通意图。

②小明组织语言试图表达——沟通发起者尝试编码。

③小明向妈妈说出想吃水果——通过某种渠道将上述符号传递给信息接收者。

④妈妈收到了小明的信号——信息接收者收到这些符号。

⑤妈妈理解了小明想吃水果的意思——信息接收者将这些信息翻译成他能理解的形式。

⑥妈妈反馈问小明想吃哪种水果，并表示会去买水果给小明吃——信息接收者将理解的信息返回给发起者，发起者对反馈内容加以核实与修正。

⑦小明表达时未说明水果的种类，形成噪声——沟通过程中可以因个体或者环境因素产生干扰传递和理解的噪声。

2. 怎样理解沟通在管理工作中的作用？思考不同的沟通方式适用于何种工作情境。

答：(1)沟通在管理工作中的作用：

①沟通是管理的基础。任何组织的任何管理工作都离不开沟通。管理的职能包括计划、组织、领导、控制，这些职能的实现都离不开沟通。

②沟通是促进组织有效运转的基石。由于组织内管理者、员工在生活环境、价值观、思维方式等方面存在较大差异，因此在管理工作中需要通过沟通来传达信息。

③组织内部良好的沟通文化不仅能够增强企业的凝聚力，而且有利于提升绩效，也有利于提升企业整体实力。

(2)不同沟通方式适用的情境：

①正式沟通：

a. 下行沟通，指信息由组织中的较高层级向较低层级流动的过程，一般适用于组织战略由上至下的分层实施，或者组织重要通知文件下发到每位基层员工。

b. 上行沟通，指信息由组织中较低层级向较高层级流动的过程，一般适用于员工向管理者寻求帮助、传达一线信息等情境。

c. 平行沟通，指信息在组织同层级之间流动的过程，一般适用于平级之间交流讨论、头脑风暴，研发人员交流攻克难题等情形。

②非正式沟通。除正式沟通渠道之外的沟通方式是非正式沟通。非正式沟通具有沟通方便，内容广泛，方式灵活等优点。这种沟通方式具有灵活性，有利于个体获取正式沟通中无法获得的信息。

3. 沟通中的障碍有哪些？噪声是如何影响沟通效率的？

答：(1)沟通中的障碍包括：

①人际障碍：

a. 表达能力。沟通发起者或者信息发起者如果表达能力有限，信息的接收和理解可能会受到阻碍。

b. 知识和经验差异。沟通双方的经验与知识相当，双方就可以实现相互理解，沟通也就越顺利，反之沟通难度会加大。

c. 个性和关系。沟通双方的性格与关系会影响信息的传递和理解。

d. 情绪。不同情绪状态会导致接收者对同一信息的理解差异。

e. 选择性知觉。个体选择性听取某类信息，可能会漏掉某些关键性信息。

f. 信息过滤。有选择性告知他人某类信息，可能会导致关键信息或重要信息被过滤掉。

g. 信息过载。社交软件、电子邮件信息过多，不便于阅读者提取关键信息、把握问题关键。

②组织障碍：

a. 组织结构不合理。组织内部层级过多，影响信息传递。

b. 组织氛围不和谐。组织内部的氛围紧张，会导致信息传递受阻；成员之间的沟通过少也会导致信息闭塞。

③文化障碍。指因文化背景不同造成的沟通障碍。

(2)噪声对沟通效率的影响。噪声会在沟通过程中对信息传递和理解产生干扰，使得信息发送者原本的想法被曲解或改变，造成信息接收者错误理解或者无法理解信息发送者的真实想法。

4. 冲突对组织有哪些影响？请结合有效沟通的方式思考如何在冲突中高效地沟通。

答：(1)冲突对组织的影响：

①对成员心理的影响。冲突能使意志坚强者清醒地认识到自身的不足，发现对方的优点，并发愤图强提升自己，但也会对意志薄弱者带来损害，引起紧张、焦虑，使人消沉、痛苦，增加人际敌意。

②对人际关系的影响。冲突可能会使双方建立对对方不好的印象，不利于友好人际关系的建立。

③对工作动机的影响。冲突使成员发现与对方之间的不平衡之处，并从中获得平衡点，促使双方更好地配合；但也可能会使成员情绪消沉，心不在焉，不愿和与之冲突的领导或同事共事，破坏团结愉快的气氛，减弱工作动机。

④对工作协调的影响。冲突使人注意到双方的不协调，发现对方的存在价值和需要，有利于组织的各项工作顺利开展，但也可能导致人与人之间、团体与团体之间的互不配合、互相拆台，降低组织的工作效率和效能。

⑤对组织绩效的影响。冲突能够帮助组织发现现有认识的不正确、方案的不完善，并帮助组织解决问题，使决策更为周密，但同样也可能导致成员之间互相扯皮，互相攻击，转移对工作的注意力，降低决策和工作效率，互争人、财、物，造成资源积压浪费。

⑥对组织生存、发展的影响。冲突本身体现了组织内部存在利益分配不均的现象，冲突的发生一定程度上迫使组织开始着重调节利益关系，从而互相妥协让步和相互制约监督，使得组织内部达到新的平衡状态。即便如此，组织内部的冲突一旦突破了某一水平，冲突的双方无法实现有效调节，使得成员不再关心组织的整体利益，有可能使组织在内乱中濒临解体。

(2)冲突中高效沟通的方法：

①学会倾听。积极倾听要求集中全部注意力，以便听明白全部意思，且不急于做事前判断或解释。冲突双方要倾听对方的需求，找到冲突的矛盾点，进而传达自身的观点与信息，并使对方理解自身的意图。

②重视反馈。沟通流程中，反馈是关键环节。重视反馈，有利于针对性解决问题，促进沟通的高效率。

③克服认知差异。学会站在对方角度考虑问题，采用对方能够接受的表达方式，有利于克服双方认知差异，实现高效沟通。

④抑制情绪化反应。情绪化反应会使信息的传递严重受阻或失真。冲突双方要平心静气，准确地表述自身的观点，同时要理解对方的真实意愿，并在此基础上充分考虑双方的需求，寻求最佳的解决冲突的方法。

11.3 考研真题

一、单项选择题

1. 在以下关于“沟通”的判断中，不正确的是(　　)。[中财 2012 年研]

A. 沟通包括口头沟通和非语言沟通

B. 眼神和服饰是“肢体语言沟通”的例子

C. 沟通经过发送、传递、接收，是一个静态的过程

D. 沟通的第一个步骤是编码

2. 在组织运作中，纵向的层次设置越多，信息沟通的障碍越大，这种障碍来源于(　　)。[北京交大 2013 年研]

A. 信息选择中的过滤现象　　B. 信息传递的速度过慢

C. 信息接收者的理解出现偏误　　D. 以上各种情况都存在

3. 张先生创业初期，自己的公司只有 6 名员工，每个人都由张先生直接管理。随着规模的扩大，张经理聘请了一位副经理，由他处理公司的具体管理事务，自己专心于公司的战略管理。公司的沟通网络(　　)。[中国海大 2018 年研]

A. 由轮式变成了 Y 式　　B. 由 Y 式变成了轮式

C. 由轮式变成了链式　　D. 由链式变成了星式

二、概念题

1. 沟通[河南大学 2024 年研；湖南大学 2023 年研；贵州大学 2023 年研；安徽师大 2020 年研；华侨大学 2018 年研；华科 2017 年研；云南大学 2017 年研；华中师大 2016 年研；华南理工 2015 年研；首师大 2014 年研；中山大学 2011 年研]

2. 正式沟通[湘潭大学 2020 年研；中国传媒 2017 年研；同济大学 2016 年研]

3. 非正式沟通[广东财大 2023 年研；桂林理工 2023 年研；湘潭大学 2021 年研；安徽师大 2020 年研；浙江理工 2017 年研；四川大学 2016 年研]

4. 双向沟通[安徽大学 2018 年研；长安大学 2017 年研；中南财大 2009 年研]

5. 上行沟通[中南财大 2020 年研]

6. 轮式沟通[东北大学 2020 年研]

7. 管理沟通中的斜向沟通[中国传媒 2015 年研]、斜向沟通[浙大 2010 年研]

8. 有效沟通[燕山大学 2015 年研；中财 2012 年研]

9. 组织冲突[桂林理工 2022 年研；北科 2011 年研]

三、简答题

1. 图示沟通过程，并简述管理者作为信息发送者时的沟通技巧。[北科 2013 年研]

相关试题:

(1)管理有效沟通的技巧有哪些?[杭州师大2017年研]

(2)简述沟通的过程。[杭州师大2016年研;广工大2016年研;华中农大2013年研]

2. 非正式沟通有何特点?管理人员如何对待非正式沟通?[湘潭大学2015年研]

3. 链式沟通网络、轮式沟通网络、全通道式沟通网络分别适合在何种情况下使用?为什么?[中南财大2010年研]

4. 管理有效沟通的技巧有哪些?[杭州师大2017年研]

5. 辨析:组织内有适当的冲突是好事。[中山大学2015年研]

6. 简述常用冲突管理的战略。[安徽师大2018年研]

相关试题:管理者解决组织冲突的策略有哪些?[中山大学2016年研]

四、论述题

1. 管理人员经常不能有效沟通主要是沟通障碍问题,请问:常见的妨碍有效沟通的障碍有哪些?管理者应如何克服这些障碍?[华东理工2019年研;湘潭大学2017年研]

相关试题:

(1)有效沟通有哪些障碍?[吉林大学2024年研]

(2)试述有效沟通的含义。如何克服有效沟通的障碍?[安徽大学2023年研]

(3)简述沟通的障碍及其克服。[简答题,桂林理工2023年研]

(4)试述有效沟通的障碍。[湘潭大学2020年研;东北大学2015年研]

(5)有研究表明:企业管理者70%的时间用在沟通上,企业中70%的问题是由于沟通障碍引起的。请谈谈你对沟通的理解。并分析造成人际沟通的障碍有哪些?如何克服?[安徽师大2018年研]

(6)简述正式的组织沟通中的常见障碍有哪些。如何消除这些障碍?[简答题,南航2017年研]

(7)影响有效沟通的障碍包括哪些?[河北农大2017年研;天津财大2016年研;哈工大2014年研;武大2012年研]

(8)什么是沟通?沟通的方式有哪些?沟通中的障碍有哪些?[简答题,苏州大学2015年研]

(9)试述沟通的过程、主要障碍及克服措施。[广工大2015年研]

(10)简述影响有效沟通的因素。[简答题,哈工大2014年研;武大2012年研]

2. 试论述组织冲突的积极影响和消极影响,应该如何处理组织冲突。[广工大2017年研]

相关试题:有人认为“冲突对组织是有危害的”;有人认为“冲突对组织不可避免,并且也并非有害的”;也有观点认为,“冲突是保持组织活力的必要手段,要维持最低的冲突”。对此,你怎么看?请结合实际谈谈如何进行冲突管理。[湘潭大学2017年研]

五、案例分析题

某网络公司是一家专门从事通信产品生产和电脑网络服务的中日合资企业。公司自2000年7月成立以来发展迅速,销售额每年增长50%以上。与此同时,公司内部存在着不少冲突,影响着公司绩效的继续提高。

因为是合资企业，尽管日方管理人员带来了许多先进的管理方法，但是日本式的管理模式未必完全适合中国员工。例如，在日本，加班加点不仅司空见惯，而且没有报酬。亚通公司经常让中国员工长时间加班，引起了大家的不满，一些优秀员工还因此离开了亚通公司。由于该公司的组织结构是直线职能制，部门之间的协调非常困难。例如，销售部经常抱怨研发部开发的产品偏离顾客的需求，生产部的效率太低，使自己错过了销售时机；生产部则抱怨研发部开发的产品不符合生产标准，销售部门的订单无法达到成本要求。研发部吴经理虽然技术水平首屈一指，但是心胸狭窄，总怕他人超越自己。因此，他常常压制其他工程师，这使得工程部人心涣散，士气低落。[电子科大 2014 年研]

问题：该公司的冲突有哪些？原因是什么？如何解决该公司存在的冲突？

11.4 考研真题详解

一、单项选择题

1. C **【解析】**C 项，沟通包括编码、发送、传递、接收、解码、反馈等过程，是一个动态的过程。

2. D **【解析】**组织中的纵向层次设置越多，可能导致信息选择中的过滤现象越严重，信息传递速度减慢，影响信息的及时性，信息接收者越多，对于信息的理解差距就越大，从而使得对信息的理解出现偏误。

3. A **【解析】**轮式是指通过一个中心人物传递信息，以避免不必要的噪声并且可以节省时间；Y 式是指由总经理等中心人物授权给下一级的某个主管，由其处理公司的具体管理事务。轮式和 Y 式这两种集权化的网络在完成比较简单的工作中比分权化的网络更快、更准确、也更有效。

二、概念题

1. 沟通[河南大学 2024 年研；湖南大学 2023 年研；贵州大学 2023 年研；安徽师大 2020 年研；华侨大学 2018 年研；华科 2017 年研；云南大学 2017 年研；华中师大 2016 年研；华南理工 2015 年研；首师大 2014 年研；中山大学 2011 年研]

答：沟通是指信息的传递与理解，即人与人之间传递思想和交流情报、信息的过程。沟通的目的是激励或者影响人的行为。沟通过程包括的要素有：①信息源；②信息内容；③信息的接收者；④沟通渠道。沟通在管理中的重要意义包括：①沟通是协调各个体、各要素，使企业成为一个整体的凝聚剂；②沟通是领导者激励下属，实现领导职能的基本途径；③沟通是企业与外部环境之间建立联系的桥梁。

2. 正式沟通[湘潭大学 2020 年研；中国传媒 2017 年研；同济大学 2016 年研]

答：正式沟通是指在规定的指挥链或组织安排内发生的沟通。它和组织的结构息息相关，主要包括：按正式组织系统发布的命令、指示、文件，组织召开的正式会议，组织内部上下级之间或同事之间因工作需要而进行的正式接触。正式沟通的优点有：正规、严肃，富有权威性；参与沟通的人员普遍具有较强的责任心和义务感，从而易保持所沟通信息的准确性及保密性。其缺点主要有：对组织机构依赖性较强从而造成速度迟缓、沟通形式刻板，存在信息失真或扭曲的可能性；缺乏灵活性，信息传播范围受限制，传播速度比较慢。

3. 非正式沟通[广东财大2023年研；桂林理工2023年研；湘潭大学2021年研；安徽师大2020年研；浙江理工2017年研；四川大学2016年研]

答：非正式沟通是指以非正式组织系统或个人为渠道的信息传递。这类沟通主要通过个人之间的接触来进行，不受组织监督，可自由选择沟通渠道，比较灵活方便。组织中的非正式沟通能满足员工社会交往的需要，促进组织绩效的改善。其优点是：沟通形式不受拘泥，速度快，效率高，能够及时了解正式沟通难以提供的“内幕消息”；其缺陷也非常明显，如存在难以管控、传递信息不严谨等问题，容易在组织中形成小团体、小圈子等非正式组织，会影响组织的凝聚力。

4. 双向沟通[安徽大学2018年研；长安大学2017年研；中南财大2009年研]

答：双向沟通是指信息发出者和接收者之间进行的双向信息传递和交流。发送者和接收者二者的位置不断交换，沟通双方既是发送者又是接收者。双向沟通适用于以下情况：①时间充裕，但问题棘手；②下属对解决方案的接受程度至关重要；③下属能对解决问题提供有价值的信息和建议；④上级习惯于双向沟通，并且能够有建设性地处理负反馈。

5. 上行沟通[中南财大2020年研]

答：上行沟通是指信息由组织中较低层级向较高层级流动的过程，一般表现为下级对上级的请示汇报、提供建议等。上行沟通使管理者能够了解员工的想法与需要，了解员工的工作状况。如果缺乏上行沟通，管理者将无法获得足够的信息，从而难以作出正确的决策。

6. 轮式沟通[东北大学2020年研]

答：轮式沟通又称辐射型沟通渠道，是指最初发信者直接将信息同步辐射式发送到最终受信者。轮式沟通属于控制型网络，其特点有：信息沟通的渠道较少，信息高度集中，信息中心或者管理者的作用相当重要；信息收集、传送的速度较快，但对信息中心的信息接收、传送、处理能力要求高；效率高，并且易于加强组织控制、争时间、抢速度，因此适用于存在以上情形的沟通情景。

7. 管理沟通中的斜向沟通[中国传媒2015年研]、**斜向沟通**[浙大2010年研]

答：斜向沟通，是指横跨不同工作领域和组织层级的沟通。电子邮件的日益普及促进了斜向沟通的应用。沟通双方既不在同一个部门，也不属于同一组织层次。它是信息在处于不同组织层次的没有直接隶属关系的人员或单位间的沟通，时常发生在职能部门和直线部门之间。

8. 有效沟通[燕山大学2015年研；中财2012年研]

答：有效沟通是指组织能够克服各种因素的干扰，保持信息交流的可靠性和准确性。实现有效沟通需要坚持以下原则：①正确对待沟通；②运用反馈机制；③力求表达清楚；④能够积极倾听；⑤拓宽沟通渠道；⑥加强平行沟通。

9. 组织冲突［桂林理工2022年研；北科2011年研］

答：组织冲突是指一个行为主体为谋求自身利益而与其他行为主体之间的对立、对抗和斗争。它普遍存在于组织关系的各个领域，是人类社会关系的一个组成部分。企业组织冲突是冲突的一个特定形态，是企业组织内部和外部某些关系难以协调而导致的矛盾激化和行为对抗。处理组织冲突的措施通常包括回避、建立联络小组、树立超级目标、采取强制办法、解决问题等。

三、简答题

1. 图示沟通过程，并简述管理者作为信息发送者时的沟通技巧。［北科2013年研］

相关试题：

(1)管理有效沟通的技巧有哪些？［杭州师大2017年研］

(2)简述沟通的过程。［杭州师大2016年研；广工大2016年研；华中农大2013年研］

答：(1)沟通即借助一定手段把可理解的信息、思想和情感在两个或两个以上的个人或群体中传递或交换的过程，目的是通过相互间的理解与认同来使个人和(或)群体间的认知以及行为相互适应。沟通的过程如图11－1所示。

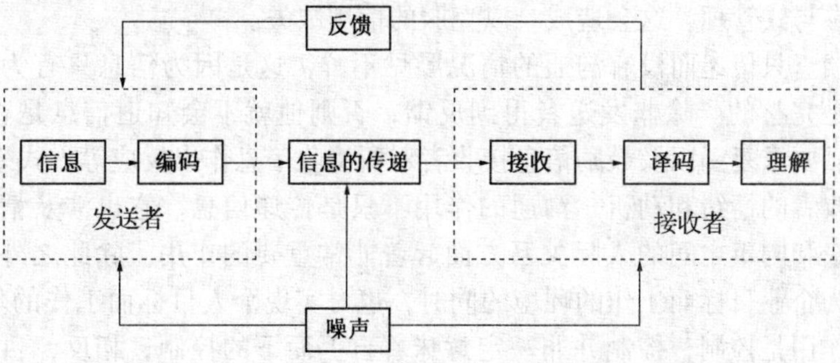

图11－1　沟通的过程

沟通是传递信息的过程，在这个过程中至少有一个发送者和一个接收者。沟通的基本步骤如下：

①发送者要向接收者传送或需要接收者提供信息。这些信息包括想法、观点、资料等。

②发送者将这些信息编码成接收者能够理解的符号。为了便于沟通，这些符号需要符合适当的媒体；符号形式可选择文字、图表或者照片。

③将符号传递给接收者。符号不同，传递方式也有所不同；传递方式可以是书面的、口头的或者形体动作。

④接收者接收符号。接收者要根据符号传递方式，选择相应的接收方式。

⑤接收者将符号翻译为具有特定含义的信息。由于理解能力的不同，信息内容可能会被曲解。

⑥接收者理解信息内容。

⑦发送者通过反馈了解信息是否被准确无误地接受。由于沟通过程中存在许多干扰和扭曲信息传递的因素，反馈成为必要的步骤。

(2)管理者作为信息发送者时的沟通技巧主要有：

①阐明信息的目的性。信号发送者必须阐明他们想要传递的信息，这就意味着，进行沟通的第一步必须阐明信息的目的性，并制定实现预期目的的计划。

②使用通俗易懂的编码。有效的沟通要求以信号发送者和接收者都熟悉的符号进行编码和解码，因此，管理人员(特别是参谋人员)应当避免使用不必要的术语，因为这些术语只有各自领域里的专家才懂。

③征求别人的意见。沟通计划不是在真空中形成的，相反，应该征求别人的意见，并鼓励他们参与其中，如收集事实、分析信息、选用适当的媒介。例如，管理人员在把一项重要的备忘录下发到组织中去之前，不妨请同事阅读一下，当然，其内容应该同接收者的知识水平和组织氛围相适应。

④考虑信息接收者的需要。在条件允许的情况下，无论短期或在较远的未来，人们都应该向接收者沟通有价值的信息。有时短期内影响员工的非常规措施，如果从长远来看对他们有利的话，也比较容易被员工接受。如只要公司表明缩短工时这一措施从长远来看将增强公司的竞争力且不解雇员工，那么，该措施可能更容易为员工所接受。

⑤使用适当的语调和语言以确保可信度。沟通中的语音语调、措辞以及讲话内容与方式之间的和谐一致等都会影响信息接收者所作出的反应。一个作风专制的管理人员命令属下的主管实行参与式管理，这会造成难以克服的信用缺失。

⑥得到反馈。只传递而没有沟通的情况屡见不鲜，这是因为信息只有为接收者所理解了，沟通才算是完整的。除非发送者得到反馈，否则他就不会知道信息是否为人所理解。可以通过提问、要求复函以及鼓励信息接收者对所接收信息作出反应等方式来取得反馈。

⑦考虑接收者的情绪和动机。沟通的作用不只是传递信息，它也涉及情绪问题，情绪在组织内上下级和同事之间的人际关系方面起着非常重要的作用。除此之外，沟通在营造一个激励人们为企业目标而工作的环境的同时，也对实现个人目标而工作的环境极为重要。沟通的另一个作用是控制，控制并非一定意味着自上而下的控制；相反，目标管理理念强调人们的自我控制，这就要求沟通通畅，并了解衡量绩效的标准。

⑧聆听有效的沟通。这不仅是发送者的职责，也是接收者的职责，为了能得到真实的信息反馈，管理人员应该营造一种相互信任和充满信心的氛围，应该采用支持性的领导作风，少摆领导架子。

2. 非正式沟通有何特点？管理人员如何对待非正式沟通？[湘潭大学2015年研]

答：(1)非正式沟通是指以非正式组织系统或个人为渠道的信息传递活动。其主要功能是传播员工所关心的和与之相关的信息，它取决于员工的社会和个人兴趣、利益，与企业正式的要求无关。与正式沟通相比，非正式沟通有以下特点：

①信息交流速度较快。这是由于非正式沟通传递的信息都是与员工的利益相关的，而且没有正式沟通那种机械的程序。

②信息比较准确。由于信息量大、覆盖面广，组织中各个层次的人都可以由此获得自己需要或感兴趣的信息。

③沟通效率较高。

④可以满足员工的需要。员工因正式沟通不能获得的满足，可以通过非正式沟通获得。

⑤有一定的片面性。信息常常被夸大、曲解。

(2)管理人员对非正式沟通应采取的看法和管理：

①非正式沟通是客观存在的，管理人员必须认识到它是一种重要的沟通方式。从以上对非正式沟通优点的分析中就可以看出，非正式沟通是一种很有效的沟通方式，能够与正式沟通方式相得益彰，管理人员应该充分认识到其重要性。

②充分地利用非正式沟通为自己服务。如在运用沟通激发冲突时要特别注意运用非正式沟通来激发良性冲突。另外，非正式沟通渠道效率高、信息准确，有效利用这种渠道必然会提高组织的运营效率。

③对非正式沟通信息中的错误必须“以其人之道，还治其人之身”，通过非正式渠道进行更正。从非正式沟通渠道中所获得的信息一般比较分散，当产生信息失真问题的时候，要有针对性地利用非正式方式加以解决。

3. 链式沟通网络、轮式沟通网络、全通道式沟通网络分别适合在何种情况下使用？为什么？［中南财大2010年研］

答：链式沟通网络、轮式沟通网络、全通道式沟通网络作为三种信息沟通网络，分别适用于不同的沟通情景。

(1)链式沟通：

①链式沟通网络主要用于表示组织中主管人员与下级部属之间存在若干中间管理者的情况，它是分层领导体制下最高领导者与最低执行者之间进行信息沟通的一种概括模式。

②链式沟通属于控制型结构，信息容易失真，组织成员的平均满意度有较大差异，并且沟通网络一经产生就比较稳定，适用于比较稳定的最高领导者与最低执行者之间的信息沟通。

(2)轮式沟通：

①轮式沟通主要用于在一个沟通群体内，存在一个沟通中心，沟通中心和其他每个人之间都有双向的沟通渠道，但非沟通中心的每个人之间没有直接沟通渠道，必须通过将信息传递给沟通中心，再由沟通中心将信息传递给沟通目标人，才能进行互相沟通的情景。

②轮式沟通又称辐射型沟通渠道，属于控制型网络。其特点有：a. 信息沟通的渠道较少，信息高度集中，信息中心或者管理者的作用相当重要；b. 信息收集、传送的速度较快，但对信息中心的信息接收、传送、处理能力要求高；c. 效率高，并且易于加强组织控制、争时间、抢速度，因此适用于存在以上情形的沟通情景。

(3)全通道式沟通：

①全通道式沟通主要用于组织成员之间都有一定的联系，彼此了解，每个人都与其余的人沟通，没有权力、地位的区别的沟通情景。

②全通道式沟通属于开放式的网络系统，这种网络中组织的集中化程度及主管人的预测程度都很低；由于沟通渠道很多，组织人员的平均满意程度高且差异小；解决复杂问题的能力强，可以增强组织合作精神，提高士气，因此比较适于以上情形的沟通情景。

4. 管理有效沟通的技巧有哪些？［杭州师大2017年研］

答：沟通是指借助一定手段，在两个及两个以上个人和群体中传递或交换信息和思想的过程。在沟通的过程中，由于外界干扰以及其他种种因素，信息时常丢失或被曲解，使得信息的传递不能有效进行。因而，要实现管理的有效沟通，就要采取适当的行动来消除沟通中的障碍。沟通中可以采取的技巧有：

(1)信息发送者的沟通技巧：

①管理者必须对其想要传递的信息有清晰的想法，因此进行沟通的第一步必须阐明沟通的目的，并制定实现预期目的的计划。

②形成高质量的编码信息。管理者必须具备良好的口头或书面表达能力以及逻辑推理能力，尽量避免个人偏见对信息编码的影响；同时，管理者还需要运用听众能理解和接受的表述表达自己的观点。

③根据沟通任务的性质选择合适的沟通类型。作为管理者，首先应该分析所需沟通任务的性质，来选择相应的沟通类型。其次，管理者要根据沟通任务的复杂程度选择适宜的沟通渠道。

(2)信息接收者的沟通技巧。管理者作为信息接收者时，要培养积极倾听的技巧。倾听并不是简单地听，管理者要注意对方正在表达的明确含义，还要注意非言语中隐含的信息。培养"听"的艺术要素包括：①表现出兴趣，不要争辩；②要全神贯注，不要打断；③该沉默时必须沉默，不要从事与谈话无关的活动；④选择安静的地方，不要过快作出判断；⑤留适当的时间用于辩论，不要草率地给出结论；⑥注意非语言暗示，不要受到他人情绪的直接影响；⑦没有听清楚时，以疑问的方式重复一遍。对于非面对面的沟通，上述一些原则同样适用。同时作为信息的接收者，还要注意运用反馈，以便更好地实现有效沟通。

5. 辨析：组织内有适当的冲突是好事。[中山大学2015年研]

答：这种说法是正确的。具体分析如下：

组织冲突是指组织内部成员之间、成员个人与组织之间、组织中不同团体之间，由于利益上的矛盾或认识上的不一致而造成的彼此抵触、争执或攻击的组织行为，是一个从知觉到情绪，再到行为的心理演变过程。

过去，人们常把组织冲突视为组织中的一种病态，是组织管理失败或组织崩溃的前兆，事实显然并非如此。适度的组织冲突是组织进步的表现，它会使组织保持一定的活力和创造力。为了促进和保护这种有益的建设性冲突，首先应当营造一种组织氛围，使成员敢于发表不同意见。其次，要保持信息的完整性和畅通性，把组织冲突控制在一定的范围之内，同时要避免和改正组织中压制民主、束缚成员创新及其发展的机械式的规章制度，以保持组织旺盛的活力。

综上所述，组织内有适当的冲突是好事。

6. 简述常用冲突管理的战略。[安徽师大2018年研]

相关试题：管理者解决组织冲突的策略有哪些？[中山大学2016年研]

答：组织冲突是指组织的团队与团队间、个人与个人间、个人与团队间由于利益、价值观、性格、工作方式等冲突或分歧而产生的抵触、争执等心理或行为上的对立状态。组织冲突会造成破坏性结果和建设性结果两种截然不同的结果，对组织产生不同的影响。为了尽可能降低破坏性结果的水平，提升建设性结果的水平，管理者需要综合分析各项影响因素，尽早识别出组织冲突可能的结果和程度，如识别出产生破坏性结果还是建设性结果，尽可能降低组织破坏性冲突的水平，提高组织建设性冲突的水平。

(1)解决冲突的策略。当冲突出现后，如果觉得冲突的水平过高或过于激化，有可能带来破坏性，则需要着手解决冲突。解决冲突的方法大体上可以分为两类：一类是由冲突双方自己解决冲突，这类方法主要是协商与谈判的方法；另一类是由第三方介入帮助冲突双方解决冲突，主要是调解和仲裁的方法。

①协商与谈判。这是解决冲突或管理冲突的最普遍的方法和策略，是指冲突双方进行公开的交流，讨论彼此的分歧，进行讨价还价或者作出让步。协商与谈判可以使冲突双方直接进行，也可以派代表进行。如果经过协商与谈判，冲突双方找到了共同可以接受的方案，那么冲突就得到了解决。

②调解或仲裁。在有些情况下，冲突双方无法直接解决冲突，因此需要有第三方介入帮助解决冲突。第三方是指与冲突没有直接关系的人。由于第三方特定的身份、地位或能力等因素，他的介入会有助于冲突双方解决矛盾。第三方介入解决冲突主要有两种形式：调整和仲裁。

(2)激发冲突策略。由于组织中保持适度的建设性的冲突水平会使得组织的运作更为有效，因此，必要的时候应设法创造这样的冲突策略。

①需要激发冲突的组织形态。要想有效地激发冲突，首先必须识别组织中目前的状态是否需要增加冲突的水平。通常认为，当组织中出现以下状况中的一种或几种时，可以考虑适当激发矛盾：组织缺乏创造性的新思想；人们过分注重不伤害他人的感情；人们不愿表达不同见解；人们不喜欢变革。

②激发冲突的方法主要有：a. 改变冲突观念和组织文化；b. 引进异质的组织成员；c. 引入竞争机制；d. 委任比较民主的领导者；e. 组织的重新建构和引入检查者的角色。

四、论述题

1. 管理人员经常不能有效沟通主要是沟通障碍问题，请问：常见的妨碍有效沟通的障碍有哪些？管理者应如何克服这些障碍？［华东理工 2019 年研；湘潭大学 2017 年研］

相关试题：

(1)有效沟通有哪些障碍？［吉林大学 2024 年研］

(2)试述有效沟通的含义。如何克服有效沟通的障碍？［安徽大学 2023 年研］

(3)简述沟通的障碍及其克服。［简答题，桂林理工 2023 年研］

(4)试述有效沟通的障碍。［湘潭大学 2020 年研；东北大学 2015 年研］

(5)有研究表明：企业管理者 70%的时间用在沟通上，企业中 70%的问题是由于沟通障碍引起的。请谈谈你对沟通的理解。并分析造成人际沟通的障碍有哪些？如何克服？［安徽师大 2018 年研］

(6)简述正式的组织沟通中的常见障碍有哪些。如何消除这些障碍？［简答题，南航 2017 年研］

(7)影响有效沟通的障碍包括哪些？［河北农大 2017 年研；天津财大 2016 年研；哈工大 2014 年研；武大 2012 年研］

(8)什么是沟通？沟通的方式有哪些？沟通中的障碍有哪些？［简答题，苏州大学 2015

年研]

(9)试述沟通的过程、主要障碍及克服措施。[广工大2015年研]

(10)简述影响有效沟通的因素。[简答题，哈工大2014年研；武大2012年研]

答：(1)常见的妨碍有效沟通的障碍如下：

①信息传递者的障碍：

a. 表达障碍，是指信息传递者表达能力不足产生的障碍。

b. 语义障碍，是指因对语义的不同理解引起的障碍。

c. 传递形式障碍，是指传递形式不协调产生的障碍。

d. 社会环境与知识局限产生的障碍。

②信息传递渠道中的障碍：

a. 信息传递手段的障碍。在现代信息沟通中，越来越多的新型信息传递手段涌现，大大提高了沟通效率。同时，一旦这些手段发生故障就会影响沟通。

b. 传递层次的障碍。在信息传递中，信息损耗现象被称为信息过滤。信息损耗会使信息被歪曲、曲解、篡改。

③信息接收者的障碍：

a. 信息过滤。即使信息更容易被接收者认同的故意操纵。

b. 理解能力的障碍。这同发送者发送能力的障碍是一样的。

c. 信息过量障碍。接收者在收到过多的信息时，必然有一部分信息会被忽略，这对信息发送者和接收者来说要给予重视。

④沟通环境障碍。沟通系统所处的环境也可能存在一定的障碍，影响沟通的效率和绩效。噪声是沟通环境中的主要障碍。

(2)克服沟通障碍的方法如下：

①明确沟通的重要性，正确对待沟通。管理人员十分重视各项管理职能，但对沟通常有疏忽，确立沟通的重要地位刻不容缓。

②要学会"听"。管理者可以通过全神贯注、必要时沉默、避免争辩与打断等方式来提高"听"的能力。同时，通过发展与发送者的移情，即让自己处于发送者的位置，可以提高积极倾听的效果。

③创造相互信任、利于沟通的小环境。管理者要同时获得上下一致的信任。

④缩短信息传递链，拓宽沟通渠道，保证信息畅通完整。管理者可以精简机构，减少机构重叠、层次过多的现象。同时，利用正式沟通渠道和非正式沟通渠道，以便于信息传递。

⑤成立特别委员会，加强上下级的沟通。特别委员会由管理人员和第一线工人组成，定期讨论各种问题。

⑥职工代表大会。年度职工代表大会为管理人员汇报工作提供了契机。在每年的职工代表大会上，领导者要向全体职工通报过去的成绩、存在的问题以及未来的发展等重大问题；职工也可以就自己所关心的问题与领导者进行面对面的沟通和交流。

⑦组成非管理工作组。当企业发生重大问题时，管理人员可以组成非管理工作组。

⑧加强平行沟通和横向交流，运用反馈进行双向沟通。企业内部沟通多为垂直沟通，

平行沟通能加强横向合作。很多沟通问题是直接由于误解或不准确造成的。如果管理者在沟通中运用反馈，则会减少这些问题的发生。这里的反馈可以是语言或非语言。

⑨利用互联网进行沟通。管理者可以通过网络与有关人员进行信息沟通。

⑩提高个人的语言表达能力。语言是信息的载体，是提高沟通效率的首要问题。管理者应通过学习和训练，使自己运用语言的能力达到熟练自如、得心应手的水平。

2. 试论述组织冲突的积极影响和消极影响，应该如何处理组织冲突。［广工大 2017 年研］

相关试题：有人认为“冲突对组织是有危害的”；有人认为“冲突对组织不可避免，并且也并非有害的”；也有观点认为，“冲突是保持组织活力的必要手段，要维持最低的冲突”。对此，你怎么看？请结合实际谈谈如何进行冲突管理。［湘潭大学 2017 年研］

答：组织冲突是指组织的团队与团队间、个人与个人间、个人与团队间由于利益、价值观、性格、工作方式等冲突或分歧而产生的抵触、争执等心理或行为上的对立状态。

(1)组织冲突的积极影响：

①组织内部更加团结，成员对团体更加忠诚。

②组织内部气氛更为轻松，但易失去奋斗意志。

③使组织内部各成员、各部门间的协作更加顺畅，减少对工作关心的同时增加对员工的关心。

④组织成员容易感到满足和舒畅。

(2)组织冲突的消极影响：

①胜败相差不大，团体易掩饰失败，团体之间容易产生偏见。

②组织冲突失败的话，团队内部可能出现互相责怪的混乱内斗，甚至解体，有时反而能够使团队成员吸取教训，重新开始。

③组织中的组织性和纪律性明显增强，有集权化的倾向。

④极大地打击了成员的自信心，必须重新进行检讨和反思。

(3)管理者解决组织冲突的策略，参见本章考研真题简答题第 6 题答案。

五、案例分析题

问题：该公司的冲突有哪些？原因是什么？如何解决该公司存在的冲突？［电子科大 2014 年研］

答：(1)由材料可知，该公司的冲突包括以下几方面：

①中日双方管理制度和文化冲突。如在材料中提到的，在日本，加班加点不仅司空见惯，而且没有报酬。因此公司合资后引进了日本企业的这种做法，经常让中国员工长时间加班，引起了大家的不满，一些优秀员工还因此离开了亚通公司。这体现了存在于合资企业管理中的制度和文化冲突，适合日本企业和日本员工的先进管理做法未必适合中国企业和中国员工。

②部门之间协调的冲突。由于公司采取的是直线职能制的组织结构，各个部门之间又缺乏充分的沟通，各自为政，缺乏全局意识，工作中相互掣肘。

③员工利益引起的冲突。如研发部吴经理常压制其他工程师，这使得工程部人心涣散、士气低落。

(2)该公司冲突产生的原因可分为以下几点：

①沟通的差异。由于文化和历史背景的不同造成中日双方对于加班薪酬的意见不一致；对日本先进的管理做法过度迷信，没有顾及中国文化和员工的心理。

②结构差异。组织结构差异会导致组织内信息不对称、利益不一致，从而使人们在目标、绩效评价、劳动报酬、奖惩等方面有不同看法，容易产生冲突。

③缺乏统一的企业文化。各部门之间没有统一的大局意识和相互协作精神，由此可见该企业缺乏良好积极的企业文化环境。

④个体差异。限于个人社会背景、教育程度、阅历、修养等不同，个体的性格、价值观和作风也不同。这种个体差异造成的合作和沟通的困难往往也容易导致某些冲突的发生。公司中一些人的个人品质问题，会直接影响到其他员工工作的积极性和对公司的信心。

(3)根据该公司情况，可以从以下几个方面处理冲突：

①通过有效沟通，使该企业加班薪酬化，消除员工不满情绪，留住优秀员工，使企业获得更高的效益。就加班事宜对员工作出合理的解释，加班应是自愿行为，要么停止加班，要么给予员工合理、合法的加班费用，并与员工达成协议。

②根据公司运营特点，更改组织结构，使各部门有效合作。

③有意识地鼓励、支持、任用和晋升持不同意见的人，使工作更透明化，避免个别打压现象。公司首先要做的是对吴经理开展充分的沟通，并进行适当的批评教育。让受到压制的员工感受到公正与公平，重塑公司在员工心中的形象。

④不断建立积极向上的企业文化，促使各部门团结一致，培养各部门和员工之间相互协作、相互尊重的精神和氛围。

第五篇　控　制

第十二章　控制的类型与过程

12.1　复习笔记

【知识框架(庖丁解牛)】

- 控制的类型与过程
  - 控制概述
    - 控制的含义、特点
    - 控制系统：主体、客体、目标、工具
    - 控制的原则
      - 有效标准原则
      - 控制关键点原则
      - 控制趋势原则
      - 直接控制原则
      - 例外原则
  - 控制类型
    - 按进程：前馈、现场、反馈控制
    - 按职能：战略、财务、营销控制
    - 按内容
      - 制度控制
      - 风险防范控制
      - 预算控制
      - 激励控制
      - 绩效考评控制
  - 控制过程
    - 确定标准
      - 确定控制对象
      - 选择关键控制点
      - 确定控制标准
    - 衡量绩效：主体、项目、方法、频度
    - 分析与纠偏：分析偏差、修订标准、改善工作

【通关提要(提纲挈领)】

本章主要介绍控制的类型与过程，比较重要。学习时，要熟悉控制的含义、特点，控制系统的内容；掌握控制的原则和基本过程；重点掌握控制的类型，特别是前馈控制、现场控制和反馈控制的比较。本章各种题型都有可能考查，复习时需把握其具体内容，重点记忆。

【考点难点归纳（厚积薄发）】

考点一：控制概述（见表12－1） ★★★

表12－1 控制概述

要点	主要内容	
含义	指衡量和矫正各项管理活动，确保组织目标及计划得以实现的过程	
特点	①目的性；②整体性；③采用监督和纠偏的手段；④过程性	
必要性	①环境变化；②管理权力分散；③工作能力差异	
原则	①有效标准原则；②控制关键点原则；③控制趋势原则；④直接控制原则；⑤例外原则	
控制系统	控制主体	四种三层：①高层：股东；②中层：经营者、管理者；③低层：普通员工
	控制客体	①三种具体控制对象：财产、交易和信息。 ②两种影响控制有效性的因素：控制系统和人
	控制目标	①有效实现组织目标。 ②有效且经济地利用组织资源。 ③保证信息质量
	控制手段与工具体系	①机构：不同层次、不同性质的专业控制部门；②工具：计算机和网络等；③运作制度
有效控制要求	适时控制	对产生的偏差及时采取措施并加以纠正
	适度控制	控制的范围、程度和频度要恰到好处
	客观控制	要针对企业实际状况进行适宜的监督和纠偏
	弹性控制	企业要制定弹性计划和弹性的衡量标准

考点二：控制的类型（见表12－2） ★★★★

表12－2 控制的类型

划分标准	主要内容		
进程	前馈控制、现场控制和反馈控制，其比较见表12－3		
职能	战略控制	指企业管理者在企业战略实施过程中，依据既定战略目标和绩效标准，对战略的实施状况进行评价、发现并纠正偏差的活动	
	财务控制	比率分析	主要包括流动性比率、杠杆比率、活动性比率、收益率等
		预算分析	主要包括投资预算、现金预算、收益预算和资产负债预算等，能定量比较、衡量支出
		经济附加值	衡量公司全体和各部门绩效
		市场附加值	衡量股市对一家公司以往或预期的资本投资项目的价值
	营销控制	主要包括年度计划、盈利能力、效率和战略控制	

续表

划分标准		主要内容
内容	制度控制	以制度规范为手段协调集体协作行为
	风险防范控制	一般应包括风险预警、辨识、评估及预防
	预算控制	通过编制预算进行控制，突出过程控制
	激励控制	用激励控制企业成员的行为，使其行为与企业目标相协调
	绩效考评控制	①用考核评价来规范企业各级成员的经济目标和行为。 ②强调控制目标

表 12－3　前馈控制、现场控制和反馈控制的比较

	前馈控制	现场控制	反馈控制
概念	又称事前控制或预先控制，指在工作活动正式开始前正确预计未来可能出现的问题，提前采取措施消除偏差	又称同步控制或同期控制，是指在某项工作或活动正在进行过程中给予必要的指导、监督	又称事后控制，是指在工作结束或行为发生之后进行的控制
特征	①在工作开始前。 ②正确预计可能出现的问题。 ③提前采取措施消除偏差	①在工作或活动正发生时进行。 ②监督、指导	①在工作结束后进行控制。 ②反馈工作结果，以纠正今后活动
优点	①防患于未然。 ②不针对个人，易于被接受。 ③适用于一切领域的所有工作	①易及时发现并处理问题。 ②起指导作用，利于提高员工工作能力	①避免类似问题发生。 ②消除偏差产生的影响
缺点	①要求信息及时、准确。 ②往往很难做到	①受管理者时间、精力、业务水平等的限制。 ②应用范围较窄。 ③易形成对立	①偏差、损失已产生。 ②有时滞

【真题链接】比较前馈控制、现场控制和反馈控制。［简答题，东南大学 2018 年研］

考点三：控制的过程（见表 12－4）★★★★

表 12－4　控制的过程

过程			主要内容
确定标准	确定控制对象		组织活动成果是需要控制的重点对象。影响组织目标成果的因素包括：①环境特点及其发展趋势；②资源投入；③活动过程
	选择关键控制点		①对整个工作过程有影响的关键操作与事项。 ②在重大损失出现前有前兆的事项。 ③能反映主要绩效水平的时空均衡分布的控制点
	确定控制标准	方法	①统计计算法；②经验估计法；③工程方法
		控制标准	①分为定量标准、定性标准。 ②包括时间、生产率、消耗、质量、品质标准等
		基本要求	简明适用、一致可行且易操作、相对稳定、前瞻性

续表

过程	主要内容	
衡量绩效	衡量主体	确定衡量实际工作成效的人员
	衡量项目	衡量实际中与已定标准相对应的要素，衡量内容要全面、客观
	衡量方法	包括亲自观察、利用报表和报告、抽样调查等
	衡量频度	应适当，避免过高或过低带来的不利影响
分析与纠偏	工作步骤	①分析偏差；②实施纠偏：修订标准、改善工作
	纠偏措施	①应急纠偏措施，在工作失控时能立即纠正。 ②彻底纠偏措施，在根本上解决工作出现的问题

【真题链接】简述控制的过程。[简答题，吉林大学2024年研]

12.2 课后习题详解

1. 企业进行管理控制的目的有哪些?

答: 控制具有目的性。控制工作有多种表现形式，它们都是为了保证各项活动按计划和标准进行，以有效达成特定目标。具体来说，企业进行管理控制的目的包括：

(1)确保组织目标的有效实现。组织如果想要有效实现组织目标，必须及时且合理地控制运作组织的各项资源。组织的控制行为应有助于组织最高目标的实现。

(2)经济且有效地利用组织资源。在一个资源有限的环境中，能否充分利用现有资源决定着组织实现目标的能力。在制定和设计内部控制时，要保证以最低成本取得高质资源(经济性)、防止冗余工作和浪费(效率)。管理者必须建立标准化的政策和程序来提高经济性和效率，并建立标准来监督行动。

(3)确保信息的质量。管理者要利用相关、可靠、及时的信息来控制组织行为。控制和信息关联性极大，决策导向的信息受内部控制限制，内部控制保证着信息的质量。除此之外，控制过程中需要利用信息来监督、控制组织行为。同时，内部控制系统为决策信息系统特别是会计信息系统提供了相关、可靠且及时的信息。

2. 根据控制的集权程度，控制可以分为哪几种?试比较其特点。

答: 依据控制的集权程度，控制一般可分为：控制集权式、控制分权式和全球中心型控制。其特点如下：

(1)控制集权式。小组负责人管理顶层问题的解决和内部小组的协调，负责人与小组成员间以上下级形式通信。

(2)控制分权式。小组有一个固定负责人，固定负责人负责协调特定的任务及其与二级负责人的关系。

(3)全球中心型控制。母公司采用“分权式的计划与集权式的控制”对子公司进行管理，即集权与分权相结合的控制模式。二者的相互关系强调在确保企业总部有效控制的前提下，赋予子公司较大的自主权。

3. 简述控制的基本过程及相应的注意事项。

答：一般而言，控制的基本过程可以分为三个步骤：确定标准、衡量绩效、分析与纠偏。控制的基本过程及注意事项如下：

(1)确定标准：

标准，是指为了在一定的范围内获得最佳秩序，经协商一致制定并由公认机构批准，共同使用的和重复使用的一种规范性文件。有效控制组织工作，需要明确的控制标准。

①工作步骤：

a. 选择控制对象。一般情况下，影响实现组织目标成果的主要因素有环境特点及其发展趋势、资源投入、活动过程等。

b. 选择关键控制点。一般应考虑的因素有影响整个运行过程的重要操作与事项、能在出现重大损失之前显示出不同的事项、若干能体现主要绩效水平的时间与空间分布均衡的控制点等。

c. 确定控制标准。控制标准的确定方法有统计计算法、经验估计法、工程方法等。控制标准的类型一般分为定量和定性两大类。在组织控制管理过程中，时间标准、生产率标准、消耗标准、质量标准、品质标准等都是常用的控制标准。有效控制标准要求，控制的内容需要简明适用、便于协调、可行且易操作、相对稳定、具有前瞻性。

②注意事项：

a. 管理者应以计划为基础，通过研究、归纳和整理，确定控制工作所需要的标准。

b. 在管理实践中，需要根据具体情况来选择哪些因素是控制重点。在工作过程与成果有明确关系的活动中，控制重点就是工作过程本身。在成果难衡量且过程难以标准、程序化的活动中，主要的控制对象则是工作者的技能及素质。

(2)衡量绩效：

①衡量的主体。实绩的衡量主体不同，会对控制工作产生影响。

②衡量的项目。纳入衡量范围的是实际与已经制定的标准相对应的因素。但同时组织管理者需要保证衡量内容的全面和客观，防止畏难倾向。

③衡量的方法，包括亲自观察、利用报表和报告、抽样调查等。在衡量实绩过程中，必须结合使用多种方法，以保证所获取信息的质量。

④衡量的频度。衡量实绩的次数，就是两次相邻衡量间隔的时间。而针对不同的衡量项目，要有适当的衡量频度，避免过高或过低带来的不利影响。

(3)分析与纠偏：

①工作步骤：

a. 分析偏差。偏差就是工作的实际绩效与标准值之间的差异。组织首先需要分析和确认偏差的性质，以抓住问题的实质和重点。除此之外，还要深入分析造成偏差的原因，找出偏差产生的真正原因。造成偏差的原因可以分为三类：计划指标或工作标准不科学，脱离实际，本身存在偏差；组织外部环境中出现了意料之外的变化；组织内部因素的变化。

b. 实施纠偏。在分析并找出偏差原因后，组织应采取措施，对偏差进行处理和纠正。组织的纠偏措施可以从修订标准和改善工作两方面进行。

②注意事项：

a. 不能任意对计划和标准进行调整，调整要有利于组织总目标的实现。在工作的过程中，只有在外部环境变化或标准改变、具体事实表明计划和标准不合理时，调整才是合适的。

b. 管理者应该勇于打破现状，解决慢性问题，采取彻底纠偏措施，不能仅仅满足于不断的救火式应急纠偏行动。

4. 科学的控制标准应该满足哪些基本要求?

答：控制标准应与组织目标一致，且可引导员工行为，便于检查和评价工作成果。有效控制标准应满足如下要求：

(1)简明适用。具体的控制标准应该保证明确、不含糊，同时针对允许范围内的偏差进行具体说明，要求的表述也应该通俗易懂，便于组织内成员的理解和把握。

(2)协调。管理控制工作应覆盖组织活动的各方面。制定出的各项控制标准不可相互冲突，应彼此协调一致。同时，控制标准应在给定范围内保持公平。

(3)可行且易操作。控制标准的建立不能过高亦不能过低，要使绝大部分员工经过努力可以完成。标准要有利于对实际工作绩效的衡量、比较、考核和评价。当出现偏差时，要能找到对应的责任单位。

(4)相对稳定。组织建立的标准既能够在一个时期内维持不变，又有一定的弹性，能适应环境的变化，特殊情况能够特殊处理。

(5)前瞻性。即建立的标准要满足现时需求，又要考虑未来对控制指标的要求。

12.3 考研真题

一、单项选择题

1. 某企业到了2月底，发现甲产品一季度计划才完成50%，便采取日夜轮班生产来平衡实际与计划之间的偏差；发现乙产品供大于求，价格下降，这时决定立即减少或停止这种产品的生产。这些措施(　　)。[广工大2014年研]

A. 均属于前馈控制

B. 均属于反馈控制

C. 前者属于前馈控制，后者属于反馈控制

D. 前者属于反馈控制，后者属于前馈控制

2. 控制就是事情按计划进行，为此就需要在企业中建立信息反馈机制，随时监控是否存在偏差。在发现偏差后，有人提倡“消灭偏差”，对于这种提法你如何看待?(　　)[北科2013年研]

A. 这种提法是正确的，只有消灭了偏差才能确保计划的顺利实现

B. 这种提法是错误的，如果要完全消灭偏差成本太高了

C. 这种提法是错误的，应该允许偏差存在，只有超出预定范围的偏差才进行纠偏

D. 以上提法都不正确

二、概念题

1. 控制[浙大2022年研；杭州师大2020年研；宁波大学2019年研；云南大学2017年

研；四川大学2017年研；广工大2016年研；湘潭大学2015年研；华科2013年研；武大2011年研；中山大学2010年研；首经贸2008年研；北理2007年研]

2. 前馈控制[西南林大2024年研；沈体2024年研；湖南师大2022年研；广西民大2022年研；大连理工2018年研；广工大2017年研；暨南大学2016年研；河北大学2016年研；浙大2015年研；华南理工2013年研；北科2011年研；中山大学2009年研]

3. 同期控制[常州大学2022年研；首师大2010年研；中山大学2008年研]

4. 反馈控制[广工大2024年研；北理2023年研；河北大学2018年研；东财2017年研；长安大学2017年研；中国传媒2012年研；四川大学2011年研；华南理工2011年研]、事后控制[大连海大2017年研]

三、简答题

1. 简述计划与控制的关系。[中南财大2020年研；北工商2015年研]

2. 比较前馈控制、现场控制和反馈控制。[东南大学2018年研]

相关试题：

(1)试比较前馈控制和反馈控制的优缺点。[汕头大学2022年研]

(2)简述前馈控制与反馈控制的区别。[北京地大2018年研]

(3)请解释前馈控制和反馈控制的关系。[华侨大学2015年研]

四、论述题

1. 试述控制的过程。[华东师大2021年研]

相关试题：

(1)简述控制的过程。[简答题，吉林大学2024年研]

(2)控制过程包括哪几个步骤，请逐一进行解释。[北邮2023年研]

(3)简述控制的程序。[简答题，湘潭大学2020年研；广工大2015年研；中南财大2010年研]

(4)描述控制的过程。[简答题，大连理工2018年研；中国海大2013年研]

(5)举例说明控制的过程分为哪几个步骤。[简答题，上海大学2018年研]

(6)控制过程包括哪些阶段的工作？如何进行有效的控制？[简答题，河北工程2018年研]

(7)控制的定义和过程。[简答题，西安交大2017年研]

(8)试述控制过程的三个步骤。[西安交大2016年研]

(9)什么是控制？简述控制过程。[简答题，浙江理工2016年研]

2. 管理大师德鲁克指出："绝不应该对微不足道的事去衡量。人们只检查少数对工作成绩和成果无关紧要的事件，就不能达到控制的目的。"请你根据控制的有关原理来理解这段话的含义并结合实际谈谈如何实现控制的目的。[华科2004年研]

五、案例分析题

电子商务时代管理者必须应对什么样的管理问题呢？

调查发现，企业员工在电子商务环境下工作时特别容易精神涣散，尤其是在他们的工作没有趣味或他们产生了特别大的压力时。由于电子计算机是所有电子商务的核心，所以员工必须在电子计算机前工作并接受在线信息。这样员工在为工作而上网时就不可避免会有网上冲浪、网上聊天、玩在线游戏或其他类型的在线娱乐之类的分散精力行为，更严重的是有的员工会利用工作时间在网上进行个人商务活动，如炒股票、买卖基金等行为。另一方面，许多电子商务企业的员工是虚拟员工，他们在城市的各个地方，或者世界各地。他们与公司经理仅仅通过计算机进行联系。管理者根本没有机会进行日常的走动式管理，更无法控制员工的一些有害的工作行为如骚扰、偏见、歧视等。[北师2010年研]

请你利用控制理论对上述两种现象进行分析并提出对策建议。

12.4 考研真题详解

一、单项选择题

1. C 【解析】前馈控制是企业生产经营活动开始之前进行的控制，其目的是防止问题的发生而不是当问题出现时再补救；反馈控制又称成果控制或事后控制，是指在一个时期的生产经营活动已经结束以后，对本期的资源利用状况及其结果进行总结。本题中，甲产品生产过程中，发现其生产效率较低，在第一季度结束之前进行调整的行为属于前馈控制；乙产品供大于求，价格下降，损失已经产生，在损失的基础上采取对策的行为属于反馈控制。

2. C 【解析】并非所有的偏差都可能影响企业的最终成果，有些偏差可能反映了计划制定和执行工作中的严重问题，而另一些偏差则可能是一些偶然的、暂时的、区域性因素引起的，不一定会对组织活动的最终结果产生重要影响。偏差有时是不可控的，是无法完全消除的。因此，只要偏差在预定范围内，并且不对企业产生重大影响，便可以允许偏差的存在。

二、概念题

1. 控制[浙大2022年研；杭州师大2020年研；宁波大学2019年研；云南大学2017年研；四川大学2017年研；广工大2016年研；湘潭大学2015年研；华科2013年研；武大2011年研；中山大学2010年研；首经贸2008年研；北理2007年研]

答：控制是指为了保证组织的计划、目标得以顺利实现，各级管理人员依据事先拟定的或随着组织与环境的发展变化而重新修改的标准，对下级的工作进行衡量和评价，并在出现偏差时进行纠正的过程。控制标准、偏差信息和纠正措施是控制工作的三项基本要素，它们相互关联、相互依存、缺一不可。控制职能的价值体现在三个具体的方面：计划、员工授权、保护工作场所。控制是否有效取决于它们如何帮助员工和管理者实现他们的目标。

2. 前馈控制[西南林大2024年研；沈体2024年研；湖南师大2022年研；广西民大2022年研；大连理工2018年研；广工大2017年研；暨南大学2016年研；河北大学2016年研；浙大2015年研；华南理工2013年研；北科2011年研；中山大学2009年研]

答：前馈控制又称预先控制，是指在企业生产经营活动开始之前进行的控制，是最理想的一种控制，控制的内容包括检查资源的筹备情况和预测其利用效果两个方面。其优点在于：①由于在工作开始之前进行，避免了反馈控制对已经铸成的差错无能为力的弊端；

②它是在工作开始之前针对某项计划行动所依赖的条件进行控制，不是针对具体人员，因而不易造成对立面的冲突，易于被员工接收并付诸实施。困难在于，需要及时和准确的信息，并要求管理人员充分了解前馈控制因素与计划工作的关系，但在实际工作中，这往往是很难做到的。

3. 同期控制［常州大学2022年研；首师大2010年研；中山大学2008年研］

答：同期控制是指一种同步的、适时的控制，即通过对计划执行过程的直接检查和监督，随时纠正偏差的过程。同期控制发生在工作活动进行的时候。最常见的同期控制是直接监督。另一个用来形容同期控制的词汇是走动式管理，即管理者在工作现场直接与员工进行互动。

(1)优点：在工作过程中，一旦发生偏差，就马上予以纠正，保证本次活动尽可能少地发生偏差，改进本次而非下一次活动的质量。

(2)缺点：①控制的效率受管理者的时间、精力、业务水平等的制约；②应用范围较窄；③对生产工作容易进行同期控制，而对那些问题难以辨别、成果难以衡量的工作，则容易损害被控制者的工作积极性和主动性。

4. 反馈控制［广工大2024年研；北理2023年研；河北大学2018年研；东财2017年研；长安大学2017年研；中国传媒2012年研；四川大学2011年研；华南理工2011年研］、**事后控制**［大连海大2017年研］

答：反馈控制又称事后控制、成果控制，是指控制发生在活动之后。主要包括财务分析、成本分析、质量分析以及员工成绩评定等内容。这类控制主要是分析工作的执行结果，将其与控制标准相比较，发现已经发生或即将出现的偏差，分析其原因和对未来的可能影响，及时拟定纠正措施并予以实施，以防止偏差继续发生或防止其今后再度发生。

(1)优点：①反馈为管理者提供了有关他们计划的有效程度的重要信息；②反馈可以增强激励。

(2)缺点：①只能事后发挥作用；②任何供以反馈分析的结果都是既定的、不能改变的结果，唯一的作用是为以后类似的工作提供警戒与参考；③偏差发生与被发现并得到纠正之间有较长一段时滞，这必然对偏差纠正的效果产生很大影响。

三、简答题

1. 简述计划与控制的关系。［中南财大2020年研；北工商2015年研］

答：(1)计划和控制的含义：

①计划是对行动的预先设计，它是在决策目标的指导下，以预测工作为基础，对实现目标的途径作出具体安排的一项活动。

②控制是指各层级管理者基于内外部环境趋势，面对工作过程中的偏差，通过衡量和分析组织员工的工作，进行监控和修改规则标准，以顺利达成组织目标的过程。

(2)计划和控制密不可分，具体如下：

①计划和控制相互依赖。计划是控制的基础，控制是计划顺利实施的保障。计划越明确、全面和完整，控制工作就越好进行，效果也就越好；而控制越准确、全面和深入，就

越能保证计划的顺利执行，并能更多地反馈信息以提高计划的质量。

②计划为控制提供衡量的标准，是控制的前提条件。计划过程会选出活动关键点并判断控制标准，但不能完全用计划来代替标准进行控制。组织各级部门通过编订计划等方式，以不同的详尽程度和复杂程度展示标准，并对工作内容进行控制，提高控制效果。

③控制为计划的顺利进行提供了保障。管理者通过控制，了解现实结果与组织目标之间的差距，分析目标没有实现的原因，及时调整计划以确保工作任务的达成。

④计划工作本身必须要有一定的控制，如对计划的程序、计划的质量等实施控制；控制工作本身也必须要有一定的计划，如对控制的程序、控制的内容等，都必须进行一定的计划。

⑤在实际管理过程中，很难确定计划与控制的开始与结束。控制被视为原本工作任务的终点或新工作任务的开始。计划与控制工作的内容往往相重合，难以完全区分。

2. 比较前馈控制、现场控制和反馈控制。[东南大学2018年研]

相关试题：

(1)试比较前馈控制和反馈控制的优缺点。[汕头大学2022年研]

(2)简述前馈控制与反馈控制的区别。[北京地大2018年研]

(3)请解释前馈控制和反馈控制的关系。[华侨大学2015年研]

答：参见本章考点难点归纳相关内容。

四、论述题

1. 试述控制的过程。[华东师大2021年研]

相关试题：

(1)简述控制的过程。[简答题，吉林大学2024年研]

(2)控制过程包括哪几个步骤，请逐一进行解释。[北邮2023年研]

(3)简述控制的程序。[简答题，湘潭大学2020年研；广工大2015年研；中南财大2010年研]

(4)描述控制的过程。[简答题，大连理工2018年研；中国海大2013年研]

(5)举例说明控制的过程分为哪几个步骤。[简答题，上海大学2018年研]

(6)控制过程包括哪些阶段的工作？如何进行有效的控制？[简答题，河北工程2018年研]

(7)控制的定义和过程。[简答题，西安交大2017年研]

(8)试述控制过程的三个步骤。[西安交大2016年研]

(9)什么是控制？简述控制过程。[简答题，浙江理工2016年研]

答：参见本章课后习题第3题答案。

2. 管理大师德鲁克指出："绝不应该对微不足道的事去衡量。人们只检查少数对工作成绩和成果无关紧要的事件，就不能达到控制的目的。"请你根据控制的有关原理来理解这段话的含义并结合实际谈谈如何实现控制的目的。[华科2004年研]

答：(1)控制是指监督各项活动，以保证它们按计划进行并纠正各种重要偏差的过程。在控制过程中应该遵循以下原则：

①原则性与灵活性相结合的原则。受控者在控制过程中必须严格执行施控者的命令和决策，施控者对要完成的计划和要达到的标准不能有丝毫动摇。控制是一项十分严肃的管理工作。控制须坚持原则，必须严格按计划、按标准办事。对计划中存在的问题，必须及时反馈；对计划执行中存在的重大消极因素，必须坚决排除。但是，控制又是针对未来进行的管理，为了保护员工的积极性，对一些非原则性的缺点和错误，以及一些不影响大局的失误，应从正面给予帮助，积极引导，争取让受控者自觉、主动地去纠正偏差。

②重点控制与全面控制相结合的原则。重点控制是指在计划的实施过程中，应对关系全局的重点部门和重点工作环节进行特别控制。全面控制是指对计划实施过程中的诸多方面进行一般控制。控制必须做到重点控制与一般控制相结合，以重点控制来带动一般控制，以一般控制来保证重点控制。

③事前控制与事后控制相结合的原则：

a. 事前控制，指在计划执行前的控制，即在计划付诸实施前，应尽可能地将计划本身存在的不足和执行系统中所存在的隐患消除掉。事前控制不同于计划，它需要采取实际行动。事前控制通俗地讲就是将问题解决在萌芽状态，尽可能地减少不利因素给计划带来的损失。

b. 事后控制，指在计划执行结果反馈的基础上，发现偏差和问题，然后采取纠偏措施纠正偏差的控制方式。事后控制的内容明确，问题清楚，也比较容易采取办法解决。但事后控制是在问题已经发生之后才去采取措施，属于亡羊补牢。

(2)管理大师德鲁克的观点正是根据控制原则中重点控制与全面控制相结合的原则提出来的。

①重点控制在控制过程中十分重要。任何组织都不可能对每一个部门、每一个环节的每一个人在每一个时刻的工作情况进行全面的控制。一项计划，无论多么简单，也会涉及多个部门的工作，也要经过多个环节。不同部门、不同环节在计划实施中的地位和作用是不同的，有的事关全局，有的仅起配套的辅助作用。因此，企业在建立控制系统时，要利用ABC分析法和例外原则等工具，找出影响企业经营成果的关键环节和关键因素，并据此在相关环节上设立预警系统或控制点，这样控制才最有效率。如果控制中缺乏重点，平均使用力量，控制就会打乱仗，其效果必然低下，难以保证计划顺利完成。

②全面控制在控制系统中也十分必要。如果只抓重点控制，放弃全面控制，一些部门就会放任自流。虽然一些环节是非关键性的，但在失去控制之后也会影响计划的完成。

综上，全面控制与重点控制相辅相成，二者缺一不可。“人们只检查少数对工作成绩和成果无关紧要的事件”说明控制并未抓住重点，更未顾及全局，所以是无效率的，因此“达不到控制的目的”。

(3)控制的目的是保证企业活动符合计划的要求，以便有效地实现预定目标。但并不是所有的控制活动都能达到预期的目的。因此，有效控制要求：①适时控制；②适度控制；③客观控制；④弹性控制。

一个有效的控制系统应该站在战略的高度，抓住影响整个企业行为或绩效的关键因素。有效的控制系统往往集中精力于例外发生的事情，即例外管理原则，凡已出现过的事情，皆可按规定的控制程序处理。第一次发生的事例，需投入较大的精力。

五、案例分析题

电子商务时代管理者必须应对什么样的管理问题呢?

请你利用控制理论对上述两种现象进行分析并提出对策建议。[北师2010年研]

答:控制是根据计划要求,设立衡量绩效的标准,然后把实际工作的结果和预定的标准相比较,以确定组织活动中出现的偏差及严重程度,并有针对性地采取必要的纠正措施,以确保组织资源的有效利用和目标的实现。

(1)现象分析。在电子商务环境下的员工工作时容易精神涣散,于是他们就会进行网上冲浪、网上聊天、玩在线游戏或其他类型的在线娱乐活动,或者进行网上个人商务活动如炒股票、买卖基金等来消磨时间。员工出现这种工作涣散的状态主要是由于公司监管控制体系不到位,使得员工在无聊之时做出不符合工作要求的行为。

(2)对策建议。要解决上述问题可以采取以下措施:

①前馈控制、同期控制、反馈控制相结合。前馈控制是指公司应该制定相应的规章制度来约束员工上班期间的行为。如禁止员工上班时间上网聊天、玩游戏等此类与工作无关的行为,同时禁止在计算机上安装在线娱乐工具、炒股软件,限制那些与工作无关的网页的浏览。同期控制是指管理者在工作时间进行走动管理,随时监控员工的工作状况,这样员工出于惧怕心理就会减少分神的活动,同时还会在一定程度上提高工作效率。反馈控制是指一方面对那些违反规章的员工给予惩罚,以起到警示作用;另一方面做好教育工作及时告诫员工下不为例。只有将前馈控制、同期控制、反馈控制有效地搭配起来使用才会产生较好的效果。

②塑造工作认真、勤奋的企业文化。企业文化是指员工共有的价值观、行为准则、传统习俗和做事的方式,它将影响员工的行为,并会影响他们如何看待、定义、分析和解决问题。组织文化对员工起到无形的导向作用,它让员工知道该做什么以及什么是被期望做的,这样会对员工的行为起到约束作用。一个处于工作认真、勤奋的文化环境中的员工,在工作中的状态也是积极上进的。

③绩效考评。公司每个月可以采用关键事件法对员工的行为进行考评,并依据考评结果来决定其奖金水平。这样将员工的工作行为与工资奖励相挂钩,可以起到一定的控制作用。

④树立模范榜样。除了物质激励外,公司可以采用精神激励。每个月评选出工作状态最佳的人员,并在公司内部公开表扬,使其成为最佳工作表现的标杆。这样其他员工就会以他为榜样,工作中就会找到一个切实可靠的参考标准。

第十三章　控制的方法与技术

13.1　复习笔记

【知识框架（庖丁解牛）】

控制的方法与技术
- 战略层次的组织控制方法
  - 层级控制：预算、审计和财务控制
  - 市场控制：公司层、部门层和个人层
  - 团体控制
- 质量控制方法
  - 全面质量管理：三全一多
  - 六西格玛管理方法
- 管理控制的信息技术
  - 信息技术及其作用
  - 现代控制的信息技术方法
  - 柔性作业系统

【通关提要（提纲挈领）】

本章主要介绍控制的方法与技术。学习时，要熟悉战略层次的三种组织控制方法，特别是要掌握层级控制中的预算、审计和财务控制方法；重点掌握质量控制方法即全面质量管理和六西格玛管理方法的概念、原则及应用等；熟悉管理控制的信息技术。本章主要考查概念题和简答题，复习时要整体把握，并熟悉各种方法的适用情境。

【考点难点归纳（厚积薄发）】

考点一：层级控制、市场控制与团体控制（见表13－1）★★★★

表13－1　层级控制、市场控制与团体控制

要点	主要内容		
层级控制 ［官僚控制］	含义	指利用正式的规则、章程和科层机制等来规范组织及其成员的行为并进行绩效评估	
	方法	预算控制	通过编制和执行预算来进行
		审计控制	按审查主体分为：内部审计、外部审计
		财务控制	常用比率有：偿债能力比率、盈利能力比率、营运能力比率
市场控制	含义	指借助经济力量，运用价格机制来规范组织内部门及员工的行为	
	动因	组织内部管理成本过高	
	原则	①将组织内机构建设成内部企业；②引入市场机制管理组织；③在企业内部鼓励集体合作精神	
	层次	①公司层：规范独立的事业（业务）部门；②部门层：公司内部交易；③个人层：激励和工资制度	

续表

要点	主要内容	
团体控制	含义	指把个体融入团体，使个人价值观统一于组织价值观和目标，通过团体共同行为来实现组织成员自我约束、自我控制
	动因	①组织成员和工作性质不断变化；②控制环境变化；③雇佣关系变化
	实施	①构建创新的组织文化；②创建响应顾客需求的文化；③创建良好的职场精神

【真题链接】简述预算控制的优缺点。［简答题，西南财大 2020 年研］

考点二：质量控制方法（见表 13－2） ★★★

表 13－2 质量控制方法

要点	主要内容	
全面质量管理	含义	指以质量为中心，以全员参与为基础，通过使顾客满意和所有相关者受益而达到长期成功的一种管理途径
	基本要求	三全一多：①全过程；②全员；③全组织；④多方法
	实施原则	①以顾客为焦点；②领导作用；③全员参与；④过程方法；⑤管理的系统方法；⑥持续改进；⑦基于事实的决策方法；⑧与供方互利
	基本方法	PDCA 循环［戴明环］：计划、执行、检查、处理
六西格玛	含义	指一种用来减少瑕疵率，以降低成本、节省时间和提高顾客满意度的质量控制方法
	原则	①高度关注顾客需求；②重视流程改善；③按数据和事实管理；④开展主动改进型管理；⑤无边界合作；⑥追求完美但容忍失败
	组织体系	①高层领导；②倡导者；③黑带大师；④黑带；⑤绿带；⑥业务负责人
	改进方法	DMAIC：界定、测量、分析、改进、控制

【真题链接】简述全面质量管理的基本方法。［简答题，华南理工 2017 年研］

考点三：管理控制的信息技术（见表 13－3） ★★★

表 13－3 管理控制的信息技术

要点	主要内容	
信息技术	含义	对信息进行采集、传输、存储、加工、表达和应用的各种技术的总称，其应用是信息化
	对管理控制的作用	①提升管理信息的处理速度与质量；②丰富管理控制的方法手段；③改善管理控制的效果
现代控制的信息技术方法	①电子数据处理系统（EDPS）；②管理信息系统（MIS）；③决策支持系统（DSS）	
柔性作业系统	含义	为应对多样化的市场需求和环境不确定性，基于信息技术，由若干数控设备、物料运贮装置和计算机控制系统组成的自动化制造系统
	特点	①以顾客需求为导向；②以信息技术为基础；③以敏捷反应为标志
	发展趋势	①配置小型化；②系统结构模块化；③管理控制软件产品化；④控制系统设计集成化

13.2　课后习题详解

1. 预算控制、审计控制和财务控制有何区别？各有何优点和缺点？

答：预算控制、审计控制和财务控制是三种常见的层级控制方法，其区别主要体现在其定义及优缺点的不同上，具体如下：

(1) 三者的定义：

①预算控制，是指根据预算规定的收入与支出标准，来检查和监督各部门活动，以保证组织经营目标的实现，并使费用支出受到严格有效约束的过程。预算控制以编制预算为基础对企业经营活动进行执行和控制，并在活动过程中比较预算和实际的差距及原因，然后对差异进行处理。预算控制是管理控制中运用最广泛的一种控制方法。

②审计控制，指根据预定的审计目标和既定的环境条件，按照一定的依据审查、监督被审计单位的经济运行状态，并调整偏差，排除干扰，使被审计单位的经济活动运行在预定范围内朝着期望的方向发展，以达到提高经济效益目的的一种控制方法。

③财务控制，是指衡量与校正企业的资金投入、收益过程和结果，从而确保企业目标以及达成目标的财务计划得以实现。

(2) 三者的优缺点：

①预算控制：

a. 优点：将企业的战略计划落到实处；指明了组织活动的方向；能够有效地协调组织内各方面、各环节的业务活动；采用数量形式，有利于绩效评估工作，使绩效管理更加客观可靠。

b. 缺点：预算控制只能对可量化的业务进行衡量与控制，但对于无法用货币计量的业务如企业文化、企业形象、企业活力等关键因素，则不适合用预算控制；过于死板地参照上期项目和标准，对本期活动实际需要估计不足，使企业经营缺乏灵活性和适应性；组织外部环境是不断变化的，而大部分的变化是无法预测的，如果预算按照已经发生的项目进行，则有失公允。

②审计控制：

a. 优点：外部审计有利于揭发组织中存在的舞弊、虚假等违法、浪费或不经济行为，具有制约虚假、鼓励诚实的作用，可以保证审计的独立性和公允性；内部审计通过对内部管理的督促，在保证各种管理信息真实、正确、合理、合法的同时，推动了组织内部控制制度的健全。

b. 缺点：外部审计人员可能因为对组织结构、生产流程、业务体系不够了解，而遇到一些困难；内部审计对审计人员专业素养要求极高，且需要耗费更多时间。

③财务控制：

a. 优点：体现相关度量数据间的内在关系；能反映企业财务存在的问题和企业的财务状况与经营成果。

b. 缺点：集权式的财务控制不利于调动积极性，影响管理效率，不利于信息的快速传递；分权式的财务控制无法解决目标一致性问题，容易引发内部过度竞争，容易产生逆向选择和道德风险；集权与分权相结合的控制模式对母公司提出了更高要求。

2. 简述全面质量管理的内涵与实施原则。

答：（1）全面质量管理，是指一个组织以质量为中心，以全员参与为基础，目的在于通过让顾客满意和本组织所有成员及社会受益而达到长期成功的管理途径。

（2）全面质量管理的实施原则：

①以顾客为关注焦点。顾客需求是决定组织生存与发展的重要因素。为了赢得顾客，提高市场竞争力和组织盈利水平，必须深入了解和掌握顾客当前和未来的需求，了解市场发展动态，进而满足顾客要求并争取超越顾客期望。

②领导作用。好的领导者可以帮助组织明晰目标、实现目标，这就要求组织领导者要明确组织的使命、愿景和核心价值观，创造组织内全员参与、全面参与的氛围，带领员工实现组织目标。

③全员参与。员工是组织的根本。组织的整个业务流程都有员工的直接参与，只有激发员工参与，提高其工作积极性和责任感，才能为组织带来效益。

④过程方法。在开展质量管理活动时，必须着眼于过程，时刻关注活动和相关资源的管理过程；要通过识别、分析、控制和改进过程，将能影响质量的关键活动和环节都控制住，最终实现有效的质量管理。

⑤管理的系统方法。组织内部的管理需要采用较为系统的方法和思想，不仅便于内部任务的协调，而且有助于提高组织的有效性和效率。

⑥持续改进。顾客的需要在不断地变化和提高。企业必须时刻关注客户的需求，持续地对产品、过程和体系进行改进，以赢得顾客的满意和竞争的优势。

⑦基于事实的决策方法。企业决策信息要保持科学性、专业性和广泛性，这样基于客观数据的决策才能解决企业的真正问题。

⑧与供方互利的关系。大多数企业处于产业生态链中的一环，只有与上下游企业建立良好合作关系，才能实现共赢。

3. 简述六西格玛管理的内涵与原则。

答：（1）六西格玛管理，是一种统计评估法，核心是追求零缺陷生产，防范产品责任风险，降低成本，提高生产率和市场占有率，提高顾客满意度和忠诚度。其宗旨在于消除不增值的活动，缩短生产的周期，提升客户满意度。它从组织整体出发，基于顾客需求，科学考虑问题，在追求质量无缺陷的同时，最大限度地减少组织的成本，从而提高竞争力。

（2）六西格玛管理的原则：

①高度关注顾客需求。六西格玛管理强调以顾客为中心，要求组织持续关注用户需求，进行合理评估。它以客户需求为出发点，时刻确认客户基本需求，辨析哪些是可变需求，哪些是潜在需求；然后，针对顾客需求设定企业目标，衡量绩效。基于此，企业可以将满足客户需求作为优势资源。

②依据数据和事实管理。六西格玛管理强调数据为王，要求管理者基于客观数据寻求改进政策。生产流程的改进建立在数据基础上，一方面要了解每一环节的生产表现，另一方面要快速瞄准薄弱环节并进行整改。

③重视流程的改善。六西格玛管理认为，组织产品的质量是不断优化的，应时刻关注引起质量下降的关键因素。

④开展主动改进型管理。六西格玛管理强调预防性的积极管理，在生产环节的各个阶段进行严格的数据监管，并实时预测各环节的变化方向和趋势，采取预防性措施进行调整和修正。

⑤无边界合作。六西格玛管理倡导打破一切人为的屏障。与以往企业管理模式不同，该方法要求企业建立组织内部各部门之间、企业与供应商之间、企业与客户之间的合作关系，始终以利益为导向，加强与内外部利益相关者的关系，推动产品改革。

⑥追求完美但容忍失败。企业要进行探索，不断完善生产流程和服务系统，关键时刻对产品进行革新，不断从错误中学习，并保持持续改进。

4. 试描述几种常见的信息控制技术，并说明信息系统建立的主要步骤及应用原则。

答：(1)常见的信息控制技术有：

①电子数据处理系统(EDPS)，是指实现数据处理计算机化，以提高数据处理效率为主要目标的系统。它处理的问题高度结构化、功能单一、涉及范围小，如订票系统、会计成本核算系统、库存物资统计系统、员工工资发放系统等。该系统所提供的信息是企业的实时信息，即对企业状况的直接反映。

②管理信息系统(MIS)，是指一个由人、计算机等组成的，能进行信息的收集、传递、储存、加工、维护和使用的系统。管理信息系统能实测企业的各种运行情况；利用过去的数据预测未来；从企业全局出发辅助企业进行决策；利用信息控制企业的行为；帮助企业实现其规划目标。

③决策支持系统(DSS)，是指辅助决策者通过数据、模型和知识，以人机交互方式进行半结构化或非结构化决策的计算机应用系统。它是管理信息系统(MIS)向更高一级发展而产生的先进信息管理系统，为决策者提供分析问题、建立模型、模拟决策过程和方案的环境，调用各种信息资源和分析工具，帮助决策者提高决策水平和质量。

(2)企业信息系统的建立是一个投资大、周期长、复杂程度高的系统工程，因此一定要有计划地进行。信息系统建立的主要步骤包括：①总体规划；②业务流程调查及优化；③系统分析；④系统设计；⑤系统实施。

(3)信息系统的应用原则为：①实名制原则；②权限最小化原则；③共享原则。

13.3 考研真题

一、概念题

1. 预算控制[中国海大 2018 年研；吉林大学 2015 年研]

2. 全面质量管理[北理 2023 年研；中南大学 2022 年研；东北大学 2021 年研；浙大 2020 年研；山东大学 2017 年研；暨南大学 2011 年研；华中师大 2008 年研]

3. 六西格玛[浙大 2011 年研]

二、简答题

1. 简述预算的内容及作用。[东北大学 2021 年研]

2. 试比较控制工作中控制方法的优缺点。[武大 2000 年研]

相关试题：简述预算控制的优缺点。[西南财大2020年研；山东大学2013年研]

3. 什么是审计控制？[东华大学2006年研]

相关试题：审计控制[概念题，河南师大2017年研；四川大学2011年研]

4. 简述全面质量管理的基本方法。[华南理工2017年研]

5. 简述质量管理中的“6σ”标准。[北师2011年研]

6. 什么是标杆比较？标杆比较有哪几个步骤？[浙大2015年研]

相关试题：如何有效地实行标杆比较？[浙大2012年研]

三、论述题

阐述管理控制的主要方法及其特点，分析在高度动态环境中管理控制方法发展的基本走向。[南航2018年研]

13.4 考研真题详解

一、概念题

1. 预算控制[中国海大2018年研；吉林大学2015年研]

答：预算控制是指根据预算收入与支出标准来检查和监督各部门的生产经营活动，对费用支出进行严格有效的约束，以实现对各种经营资源的充分利用。预算控制必须借助基本的技术要素，才能发挥控制作用，产生控制效应。有效的预算控制应当既是一个全流程、全方位的多维控制系统，又是一个点面结合、主辅结合、自始至终的动态控制系统。

2. 全面质量管理[北理2023年研；中南大学2022年研；东北大学2021年研；浙大2020年研；山东大学2017年研；暨南大学2011年研；华中师大2008年研]

答：参见本章考点难点归纳相关内容。

3. 六西格玛[浙大2011年研]

答：参见本章考研真题简答题第5题答案。

二、简答题

1. 简述预算的内容及作用。[东北大学2021年研]

答：(1)预算的内容：

不同企业因企业性质和经营管理内容的差异，具体的预算内容也会不同。一般而言，预算的内容包括：

①收入预算。收入预算是在企业对未来经营状况进行预测的基础上编制的预算。企业通过分析自身的经营状况、竞争对手的实力及导致市场供求和价格变化的各种因素，对未来经营收入作出预测，然后在此基础上编制收入预算。

②支出预算。又称费用预算，是基于收入预测估计出达到目标收入所需的成本，并在此基础上编制的预算。一般而言，支出预算包括直接材料预算、直接人工预算和附加费用预算三个部分。

③利润预算。它以目标利润为主线，通过分析量本利之间的相互关系，结合收入预算

和支出预算编制经济指标，是衡量企业绩效最普遍的方法。利润预算适用于大型的组织机构，特别是一些业务范围广泛的企业集团和跨国公司。

④现金预算。即对现金收入和支出的预测，以此来衡量实际的现金使用情况，控制现金利用效率。现金预算反映了流入和流出企业的资金数量以及现金支付的性质。

⑤资金支出预算。又称投资预算，编制资金支出预算是为了扩产增收，涉及经营过程中的多个阶段，是长期预算。

⑥资产负债预算。即对企业会计年度末期的财务状况进行预测，是在上述几个预算内容基础上的进一步估计。利用资产负债预算可以发现资产负债中存在的问题，从而及时采取修正措施。

(2)预算的作用：

预算作为实现组织目标管理的主要手段，其作用主要表现在以下四个方面：

①明确工作目标。预算作为一种计划，规定了组织一定时期的总体目标及各个部门的具体目标，这样一来每个部门都能够清楚自己的工作职责和努力方向，对本部门的经济活动与组织整体经营目标的关系也有深刻的认识，有利于部门之间的相互配合及各部门从各自角度去完成组织的目标和任务。

②协调部门关系。预算把组织各方面的工作纳入统一计划之中，促使组织的各部门相互协调、环环相扣，达到平衡。在保证组织总体目标最优的前提下，来组织各自的生产经营活动。

③控制日常工作。编制预算是组织管理的起点，也是控制日常工作的依据。在预算执行过程中，各部门应通过计量、对比，及时揭露实际脱离预算的差异并分析其原因，以便采取必要措施，消除薄弱环节，保证预算目标的顺利完成。

④考核绩效的标准。预算确定的各项指标，也是考核各部门工作成绩的基本尺度。在评比各部门的工作业绩时，要根据预算的完成情况，分析偏差的程度和原因，划清责任，奖罚分明，促使各部门为完成预算规定的目标而努力工作。

2. 试比较控制工作中控制方法的优缺点。[武大2000年研]

相关试题：简述预算控制的优缺点。[西南财大2020年研；山东大学2013年研]

答：控制方法主要分为预算控制和非预算控制。其优缺点如下：

(1)预算控制，是指根据预算的收入与支出标准来检查和监督各部门的生产经营活动，确保各种活动或各个部门能够充分达成既定目标。预算控制能够严格束缚费用支出，充分利用经营资源。

①优点：

a. 使管理者了解企业经营状况的变化方向和组织中的优势部门与问题部门，为调整企业活动指明方向。

b. 通过为不同的职能部门和职能活动编制预算，为协调企业活动提供了依据。

c. 用数量形式的预算标准来对照企业活动的实际效果，大大方便了控制过程中的绩效衡量工作。

d. 容易测量出实际活动对预期效果的偏离程度，从而为采取纠正措施奠定基础。

②缺点：

a. 只能对可以计量的业务活动进行控制，无法对企业中不能计量的要素给予足够的重视。

b. 预算编制以上一期预算的项目和标准作为参考，可能会对本期活动的实际估计不足，从而造成资源不足或浪费。

c. 过度预算可能会束缚决策者的行动，使企业经营缺乏灵活性和适应性。

d. 预算不仅对有关负责人有效开支的费用规定了限度，而且会影响部门活动目的的实现。

(2)非预算控制，主要包括审计控制、损益控制、比率分析等方法。

①优点：

a. 外部审计的优点是由外部人员审计，具有独立性和公正性。

b. 内部审计提供了有效的检查手段；有利于提供针对性的对策建议，从而更有效地实现组织目标；有助于推行分权化管理。

c. 损益控制能够从总体上把握问题的关键，采取针对性的纠偏措施。同时，为后期工作提供借鉴。

②缺点：

a. 外部审计人员不了解组织内的结构、生产流程和经营特点等，因而在对具体业务进行审计时可能出现困难或遇到问题。此外，被审计的组织内部成员也可能产生抵触情绪，增加审计难度。

b. 内部审计费用投入可能更大；需对审计人员进行充分的技能训练；如若缺少与员工有效的信息和思想沟通，可能带来负激励效应。

c. 损益控制属于事后控制，无法改善前期工作；有一定的片面性，仅靠损益表不能准确判断利润发生偏差的主要原因。

3. 什么是审计控制？[东华大学2006年研]

相关试题：审计控制[概念题，河南师大2017年研；四川大学2011年研]

答：审计控制是对企业资金运动的会计记录及财务报表进行审核和鉴定，以判断其是否真实可靠，从而起到控制的作用。审计是一项较独立的经济监控活动，根据审查主体和内容的不同，可分为三种类型：

(1)外部审计。指由外部审计人员对本企业的财务报表及财务状况等进行评估。

①优点：审计人员与企业不存在依附关系，具有独立性和公正性。

②缺点：对组织控制过程的作用主要是间接的；由于外部的审计人员不了解组织的内部结构、生产流程的经营特点等，在具体业务的审计过程中可能遇到一些困难。

(2)内部审计，由组织内部的机构或由财务部门的专职人员独立进行，其目的是为组织内部控制提供一种手段，以检查和评价各项控制的有效性。它不仅要像外部审计那样核实财务报表的真实性和准确性，同时也要分析企业的财务结构是否合理，企业的控制系统是否有效，还要提出改进企业问题的建议。

①作用：能够督促包括会计资料在内的各种管理信息真实、正确、合理、合法，推动各项内部控制制度的健全适用和有效实施，从而维护组织财产的安全，促成管理目标的实现。

②局限性体现在：

a. 内部审计可能耗费很多，对审计人员的要求也较高。

b. 内部审计要搜集并解释事实，指出偏差所在。

c. 审计会让员工在心理上产生抵触情绪。

(3)管理审计。指一种对企业所有管理工作及其绩效进行全面系统的评价和鉴定的方法。管理审计既可以由内部的有关部门进行，也可以聘请外部的专家来进行。它是检查一个单位或部门管理工作的好坏，评价人力、物力和财力的组织及利用的有效性的方法。

4. 简述全面质量管理的基本方法。［华南理工 2017 年研］

答：(1)全面质量管理是指把企业作为产品生产的一个完整的有机体，以提高和确保质量为核心，动员和组织企业各个部门及全体人员，建立一套科学、严密、高效的质量保证体系，运用各种专业技术、管理技术和行政管理等手段，分析并控制影响质量的因素，以优良的质量、经济的方法和最佳的服务向用户提供物美价廉的产品而进行的一系列管理活动。简单地说，全面质量管理是由企业全体人员参加，用全优的工作质量去保证生产全过程质量的管理控制活动。

(2)全面质量管理活动的工作程序：

最基本、最重要的就是 PDCA 循环，它是提高产品质量和管理工作质量的有效手段。所谓 PDCA 循环，就是在质量控制和管理活动中，将其分为计划(Plan)、实施(Do)、检查(Check)、处理(Action)四个阶段。其主要内容包括四个阶段、八个具体工作步骤。

①计划阶段。计划阶段拟订质量标准和质量目标，制定活动计划、管理项目和措施方案。其中，又包括四个具体步骤：分析现状，找出存在的质量问题；分析产生问题的原因；找出主要原因；拟订措施，制定计划。

②实施阶段。将制定的计划和措施具体组织实施和执行。

③检查阶段。把实际执行的结果与预定的计划目标进行比较，找出偏差，分析成功的经验和失败的教训。

④处理阶段。肯定取得的成绩，并制定成标准加以巩固；没有解决的遗留问题则转入下一个 PDCA 循环。

(3)全面质量管理的基本观点：

①强烈关注顾客。在全面质量管理中，“顾客”这个词的含义已经超出了传统定义的理解，它不仅包括外部购买和使用组织产品或服务的人，也包括组织内部的服务对象。

②坚持不断改进。全面质量管理是一种永不满足的承诺，没有最好，只有更好，质量总能得到改进。

③改进组织中每项工作的质量。全面质量管理采用广义的质量定义，它不仅与最终产品有关，而且与组织如何交货、如何迅速地回应顾客的投诉、如何有礼貌地接听电话等有关系。

④精确地度量。全面质量管理采用统计技术衡量组织作业中的每一个关键变量，然后与标准进行比较，发现问题，追踪问题的根源，消除问题的原因。

⑤向雇员授权。全面质量管理吸收生产线上的工人参加质量改进过程，广泛采用质量管理小组的形式作为授权的载体，依靠团队发现和解决问题。

5. 简述质量管理中的“6σ”标准。[北师2011年研]

答：六西格玛是一种质量标准，即指产品的不合格率不高于百万分之三点四。σ是统计学家用来定义正态分布曲线下的标准偏差的希腊字母，σ的个数越多，偏离均值的数量就越少——次品越少。在一个σ范围中大约有2/3的非次品数量，在两个σ范围中大约有95%的非次品数量，在六个σ范围中，几乎找不着发生次品的个体数量，即接近零次品率。

六西格玛标准应用数理统计来协助衡量价值流的每一过程、每一工序，协助衡量每一个改善过程与结果，以客户需求、财务影响为衡量标准，使企业的改善更具有合理性、科学性。企业可以通过提高各种过程(如市场、研发、生产、采购、维修、服务、管理、财务、人事等)的运作效率和效果，降低失误和故障率，来提高客户的满意度和市场占有率，从而增加销售额。另一方面，通过提高效率、减少故障，企业还可以节省大量因质量问题和效率低下而产生的成本。在当今世界，实行6σ标准的公司中，质量成本只占到不足销售额的5%。

6. 什么是标杆比较？标杆比较有哪几个步骤？[浙大2015年研]

相关试题：如何有效地实行标杆比较？[浙大2012年研]

答：(1)标杆比较(标杆管理)是指基于同行业领先企业的相关指标，通过定量化分析本组织与其实际各项指标，以明晰本组织所需要改进的环节，如此持续进行的管理过程。

(2)标杆比较的主要步骤如下：

①确定标杆控制的项目。确定时既要考虑竞争企业的优势因素，也要结合本企业的待改进环节。一般来说，项目应在对自身状况进行比较深入、细致研究的基础上确定。

②确定标杆控制的对象和对比点。标杆对象的选取应集中在同行业前列的代表性组织。标杆控制的对比点应当在标杆控制项目范围内确定，通常为业绩的作业流程、管理实践或关键要素，在此基础上确立测量指标并作为控制的依据。

③组成工作小组，确定工作计划。企业层次标杆控制活动的组成人员通常由能够识别专业流程优劣的人士参加，他们大多来自企业的核心部门。

④资料收集和调查。收集相关项目、相关调查对象和调查内容方面已有的研究报告、调查报告或相关信息，在研究这些已有资料的基础上，拟定实地调查提纲和调查问卷。在实地调查之前，要在内部对调查问卷和调查方法进行检验，确定调查问卷和方法的有效性。

⑤分析比较，找出差距，确定最佳纠偏方法。在对调查所取得的资料进行分类、整理，并进行必要的进一步调查的基础上，进行调查对象之间以及调查数据与自己企业的实际情况的比较研究，确定出各个调查对象所存在的差异，明确差距形成的原因和过程，并确定出最佳方法。

⑥明确改进方向，制定实施方案。在明确最佳方法的基础上，找出弥补自己和最佳目标之间差距的具体途径或改进机会，设计具体的实施方案，并进行实施方案的经济效益分析。实施方案要明确实施的重点和难点，预测可能出现的困难和偏差，确定实施情况的检查和考核标准。

⑦沟通与修正方案。利用各种途径，将拟定的方案、所要达到的目标前景同全体成员进行反复交流与沟通，征询意见，争取全体成员的理解和支持，并根据成员建议，修正和完善方案，以统一成员思想，使全体成员在方案实施过程中目标一致、行动一致。

⑧实施与监督。将方案付诸实施，并将实施情况不断和最佳目标进行比较，监督偏差的出现并采取有效的校正措施，以努力达到最佳实践水平，努力超过标杆对象。

⑨总结经验。在完成了首次标杆控制活动之后，必须对实施效果进行合理的评判，并及时总结经验，对新的情况、新的发现进行进一步分析。

⑩进行再标杆循环。针对环境的新变化或新的管理需求，确定下一次标杆的项目和对象。

三、论述题

阐述管理控制的主要方法及其特点，分析在高度动态环境中管理控制方法发展的基本走向。［南航 2018 年研］

答：(1)管理控制的主要方法及其特点：

企业管理实践中可运用的控制方法有许多，如预算控制、非预算控制、成本控制、标杆管理等。

①预算控制、非预算控制及其特点，参见本章考研真题简答题第 2 题答案。

②成本控制，是生产作业系统中最主要的工作，努力降低成本历来是管理者致力追求的目标。

a. 成本控制能够提高企业竞争力，从而提高企业的经济效益。

b. 能够减少企业价值活动过程中的一切浪费，实现精益生产。

③标杆控制，指以在某一指标、某一方面或行业中竞争力最强的企业或其内部某部门作为基准，将本企业的自身实际状况与其进行定量化的评价、比较，在此基础上制定、实施改进策略，并反复进行的一种管理方法。

a. 标杆控制通过设立目标对象，持续改进企业中的关键因素，全面提升竞争力。

b. 标杆管理和控制容易导致企业的竞争战略趋同；容易使企业陷入“落后—标杆—又落后—再标杆”的“标杆管理陷阱”之中。

(2)管理控制方法发展的基本走向：

①强调企业发展战略研究，重视企业战略管理。企业管理的重点由单纯提高生产效率向适应经营环境变化，重视战略管理，有效实施管理控制。

②强调人本管理。企业管理由重视“物”的作用转向重视“人”的因素，重视软管理，实现企业员工的自我管理与自我控制。

③强调系统化管理思想。企业管理由只着眼于局部和短期利益转向关注长远利益，将企业看作是一个由若干相互联系又相互分工的系统，对企业经营各环节各部门进行全过程管理。

④运用现代化技术手段进行管理。随着信息技术日新月异的发展，企业运用定量手段和信息技术进行管理控制将成为普遍做法。

⑤强调民主化，重视员工参与。企业更加注重发挥员工在企业管理方面的积极性，通过职工大会、职工代表大会、目标管理制度等使各级管理人员和员工有提出建议和意见的机会，增强员工自主管理，自我控制的意识。

第十四章　风险控制与危机管理

14.1　复习笔记

【知识框架(庖丁解牛)】

- 风险控制与危机管理
  - 风险识别与分析
    - 风险及其分类
    - 风险管理的目标
      - 损失前目标
      - 损失后目标
    - 风险识别的过程、方法
  - 风险评估与控制
    - 风险评估的标准
    - 风险评估的方法
    - 控制风险的策略
      - 风险避免
      - 风险分担
      - 损失降低管理
      - 风险保留
  - 危机管理
    - 危机及其特征
    - 危机预警、反应与恢复

【通关提要(提纲挈领)】

本章主要介绍风险控制与危机管理的相关知识，主要包括风险的识别与分析、风险评估与控制、危机管理。学习时，要熟悉风险识别的过程与方法、风险评估的方法，重点掌握控制风险的策略及危机的预警、反应与恢复。本章主要考查概念题和简答题，复习时要整体把握，重点记忆。

【考点难点归纳(厚积薄发)】

考点一：风险识别与分析(见表 14－1)　★★★

表 14－1　风险识别与分析

要点	主要内容	
风险	含义	指对组织产生影响的不利事件的不确定性，包括事件发生的可能性及后果的大小
	分类	①按社会经济环境变化与否，分为：静态风险、动态风险。 ②按是否具有获利机会，分为：纯粹风险、投机风险。 ③按风险范围，分为：基本风险、特定风险

续表

要点		主要内容
风险管理	含义	指通过识别、衡量和处理风险，以期用最小的经济代价为实现组织目标提供安全保障的管理活动[目标导向性]
	目标	①损失前目标，包括：经济、合法性和社会责任目标。 ②损失后目标，包括：生存、持续经营、收益稳定和社会责任目标
风险识别	含义	指管理者运用多种知识和方法，全面、系统、连续地识别、描述各类组织风险的产生原因、类别及其后果
	过程	确定内容和范围→选择合适的识别工具→全方位的风险识别 [重点关注：风险因素和风险事故]
	方法	①现场调查法；②审核表调查法；③组织结构图示法；④流程图法；⑤财务报表分析法

【真题链接】风险管理[概念题，西南林大2024年研；湖南大学2023年研]

考点二：风险评估与控制(见表14－2)　★★★

表14－2　风险评估与控制

要点		主要内容
风险评估	含义	指基于组织既有损失资料，运用数理统计等方法评价特定风险事故发生的损失概率和损失程度，作为提供风险管理的决策依据
	原则	①系统性原则；②科学性原则；③动态性原则；④可操作性原则
	方法	①损失概率和损失程度的估测；②情景分析；③敏感性分析；④风险地图
风险控制策略	风险避免	①完全拒绝承担风险；②试探承担部分风险；③中途放弃承担风险
	风险分担	①财务型；②非财务型[外包、租赁、委托管理、出售]
	损失减低管理	①风险分散；②复制风险单位
	风险保留	通过内部资金融通来弥补损失

考点三：危机管理(见表14－3)　★★★

表14－3　危机管理

要点		主要内容
危机	含义	指具有突发性，会严重影响组织生存与发展的一种状态
	特征	①突发性；②紧迫性；③危害性；④信息资源不充分
危机管理	危机预警	预警系统构成：信息收集、信息加工、信息决策和警报子系统
	危机应对	准备工作：①设立危机管理小组；②制定危机预案；③危机预案演习；④危机管理意识培训；⑤物资储备等
	危机反应	①建立危机处理小组；②启动应急预案或制定新方案；③隔离危机[危害隔离和人员隔离]；④获取更多信息
	危机恢复	①建立危机恢复小组；②获取危机处理信息；③制定并实施危机恢复计划；④危机评估与发展

14.2 课后习题详解

1. 简述风险的内涵与基本分类。

答:(1)风险是指发生可预期损失的可能性。风险存在客观说和主观说两种说法。客观说认为,风险是可预测的、客观存在的损失的不确定性;主观说则认为,风险虽是损失的不确定性,但这种不确定性源于进行风险判断的个人存在经验、能力等方面的非理性判断或标准不一致,且不同个体对同一风险的认知也不同。

(2)风险的基本分类:

①根据社会经济环境变化与否,风险可分为静态风险和动态风险。静态风险是指经济环境未发生变化就能够带来损失的可能性;动态风险是由组织外部环境变化而带来损失的可能性。

②根据是否具备获利机会,风险可分为纯粹风险和投机风险。纯粹风险存在损失风险,但并不存在获利机会;投机风险是指组织遭遇损失的同时也存在获利可能性的风险。

③根据所涉及范围不同,风险可分为基本风险和特定风险。基本风险是指借助于社会处理个体无法预防和控制的重大风险;特定风险是指针对某些特定群体的风险。

④其他分类,如:按风险是否会带来经济损失,风险可分为经济风险和非经济风险;按风险是否可分散,风险可分为分散风险和不可分散风险;按照潜在的损失形态,风险可分为财产风险、信用风险、责任风险和人身风险;按损失形成的原因,风险可分为自然风险、经济风险、社会风险和政治风险;等等。

2. 试分析说明风险管理的基本目标。

答:风险管理是运用系统的方式,确认、分析、评价、处理、监控风险的过程,基本目标是以最小的成本代价最大限度地实现组织目标,具体包括:

(1)损失前目标,指组织在未发生风险之前,尽可能转移、降低、消除风险可能性,以实现组织目标,主要包括:

①经济目标。指通过经济合理的方式来降低潜在损失,而不是不计成本地为规避风险耗费超过风险本身损失的资源,也不是为节省必要开支而不采取风险预防措施。

②合法性目标。合法性目标基于法律规范,即要严格遵循相关法律法规以确保合法经营。

③社会责任目标。社会责任目标强调履行组织的社会责任,重视利益相关者的权益。

(2)损失后目标,指组织在风险发生后,采取必要行动降低风险事故影响以确保组织正常运行。风险管理的损失后目标有:

①生存目标。即组织要基于组织的基本生存和正常运营,面对风险及时反应并快速采取措施,保障组织能够部分或全部持续、正常营运。

②持续经营目标。即组织要尽可能地不中断组织经营活动,维持现有的竞争优势和市场份额。

③收益稳定目标。即组织应在风险事件发生后确保连续、稳定的营运活动和盈利,尽可能恢复原有的持续发展状态。

④社会责任目标。即组织应在风险事故发生后，关注其对利益相关者的影响，并承担社会责任，采取积极的应对措施，展现良好的社会形象。

3. 试举例说明风险分析和风险评估的不同方法。

答：(1)风险分析的方法：

①现场调查法。即通过获取组织实际运营的一手资料来进行调查。风险负责人进行现场考察，监督和检查组织运作过程，掌握组织行为，以识别潜在的风险因素。

②审核表调查法。指组织借助风险审核表来识别、分析组织营运过程中的风险因素，形成组织的风险框架，通过调查表中的风险指标来判断潜在风险发生的可能性。

③组织结构图示法。指组织通过对图示的应用来识别风险的案头工作方式。该方法可以准确地展示组织结构、工作流程、任务配置等内容，进一步识别潜在的风险因素，判断风险发生的范围和程度。

④流程图法。即利用流程图描绘组织活动环节，关注组织的重点环节，高度重视关键环节和薄弱环节，识别、分析各环节中的风险因素，并判断其风险事故发生的可能性和后果程度。

⑤财务报表分析法。即基于财务报表的数据，分析、评估组织的经营活动和财务情况，利用资产负债表、损益表、现金流量表等财务数据，运用趋势分析法、比例分析法和因素分析等方式挖掘组织的潜在风险。

(2)风险评估的方法：

①损失概率和损失程度的估测。它主要衡量和评价风险发生的可能性和风险所造成的损失程度两个维度。

②情景分析。即组织为评估组织在不同情境下实现目标的程度，假设、预测和模拟特定情境的方法。

③敏感性分析。即组织为确认其风险承受能力，测算、分析主要因素变化对组织评价指标变化和预期目标实现的影响幅度。

④风险地图。指通过图形的方式描绘风险发生可能性和影响程度，提供风险管理决策参考的方法。

4. 简要说明风险控制的不同策略。

答：基于风险的处理方式，风险控制策略可分为：

(1)风险避免。即当组织面临发生可能性较高或影响较大的风险时，调整、中止或放弃风险较大的业务或项目，以实现规避风险的目的。根据不同情况，组织可以采取的风险避免方式有：完全拒绝承担风险，试探承担部分风险，中途放弃承担风险。

(2)风险分担。即组织面临可能的风险时，利用正当、合法的方式有意识地将风险或损失全部或部分转移给其他组织的方式，例如，企业购买各类保险就是一种典型的风险分担方式。风险分担根据涉及的内容，可以分为财务型和非财务型两种类别。

(3)损失减低管理。即组织采取谨慎态度，有意识地接受、控制风险，通过分散风险等方式实现风险细化和分管。根据所采用的管理方式不同，损失减低管理有风险分散和复制风险单位两种方式。

(4)风险保留。即组织计划资金安排，提前做好承担风险损失的准备。该种方式可通过组织预留资金来弥补所遭受的风险损失。基于计划性和主动性，风险保留可分为有意识的、积极主动的和无意识的、被动接受的；根据保留风险的程度范围，可分为部分风险保留和全部风险保留。

5. 简要分析危机预警、危机反应与恢复管理的基本内容。

答：(1)危机预警：

①危机预警系统的建立。指组织基于持续信息资源的收集，分析、判断可能发生的危机和风险等级，以做到风险前的预警。组织成员掌握风险信息，预防风险因素，应对风险事故，以降低或消除风险所带来的组织损失。危机预警系统包括信息收集子系统、信息加工子系统、信息决策子系统和警报子系统。

②危机应对的准备工作。指组织在危机前做好准备，例如建立危机管理小组、制定危机预案、演习危机预案、培训危机管理意识、储备物资等措施，以应对危机事件。

(2)危机反应：

①建立危机处理小组。危机发生后，组织应明确风险的级别和所属类型，成立危机处理小组，承担制定和实施风险方案的责任。危机处理小组是危机管理的最高权力机构和协调机关，一般由组织高层管理人员、相关职能部门和内外部专业人员组成。

②启动应急预案，并根据实际情况制定新的方案。组织要基于实际，根据规定流程进行危机预案的实施。当面对预案与实际情况存在较大偏差时，结合人财物等组织资源，及时制定新的方案，合理进行员工分配。

③隔离危机。组织面对危机后，应及时采取相应的措施，隔绝危机因素，防止其蔓延，以达成降低或避免危机损失的过程。风险隔离根据隔离的要素，可分为危害隔离和人员隔离。

④获取更多信息。为有效避免危机，组织应充分、准确地获取相关信息，提高反应时间和处理效率。组织成员要正确识别、判断危机的相关信息，准确判断、应对危机事件。

(3)危机恢复：

①建立危机恢复小组。组织为在危机事件中快速复苏和反弹，需要建立危机恢复小组，收集、分析危机事件的详细信息，基于组织内外部环境条件，制定、实施和反馈危机处理和恢复工作。

②获取危机处理信息。危机恢复小组需要最大限度地收集有效信息，客观、公正地进行组织风险事件的评估，并为危机决策提供可参考的依据。

③制定并实施危机恢复计划。危机恢复计划要基于组织的实际情况，明确计划目标、预算、实施时间、人员等具体内容，明确处理事件的主次和重要性，跟踪并监督危机恢复情况，调整并完善危机恢复计划。

④危机评估与发展。危机评估与发展作为危机恢复的最后环节，分析、评估危机事件和进行危机管理工作，并在危机中谋求新的发展。

14.3 考研真题

一、概念题

1. 风险管理[西南林大2024年研；湖南大学2023年研；广西民大2020年研；中国海大2020年研]

2. 危机管理[华南理工2017年研；江苏大学2017年研]

二、论述题

简述危机的管理控制。[青岛大学2017年研]

相关试题：危机发生后的管控。[中国海大2018年研]

14.4 考研真题详解

一、概念题

1. 风险管理[西南林大2024年研；湖南大学2023年研；广西民大2020年研；中国海大2020年研]

答：参见本章考点难点归纳相关内容。

2. 危机管理[华南理工2017年研；江苏大学2017年研]

答：危机管理是指应对危机的有关机制，具体是指企业为避免或者减轻危机所带来的严重损害和威胁，从而有组织、有计划地学习、制定和实施一系列管理措施和应对策略，包括危机的规避、危机的控制、危机的解决与危机解决后的复兴等不断学习和适应的动态过程。在某种意义上，任何防止危机发生的措施、任何消除危机产生风险的努力，都是危机管理。危机管理就是要在偶然性中发现必然性，在危机中发现有利因素，把握危机发生的规律性，掌握处理危机的方法与艺术，尽力避免危机所造成的危害和损失，并且能够缓解矛盾，变害为利，推动企业的健康发展。

二、论述题

简述危机的管理控制。[青岛大学2017年研]

相关试题：危机发生后的管控。[中国海大2018年研]

答：(1)危机是在企业生产经营活动过程中由于企业内外部的突发事件而引发的可能危及企业发展甚至危及企业生存的严重问题。危机具有三个基本特征：

①危机的实质是企业经营中出现的"严重问题"。问题是指企业经营活动中的实际状况与预定目标之间的一种偏离。危机式的偏离是企业在某一时空的状态严重偏离了预定的要求。

②具有危机性质的严重问题不仅危及企业的长期发展，而且可能影响企业目前的生存。活动状态与预定要求的任何偏离对企业的长期持续发展都有可能产生不同程度的影响，但危机式的偏离可能使企业目前的生存都难以为继。

③引发危机的根源是企业内部或外部的突发性事件。危机性的严重偏离，既可能是来

自外部的突然变化，也可能是源自内部的严重性偶发事件。

(2)企业危机的类型：

①按诱发危机的原因分类：

a. 外源危机。即由于外部环境中的科学发展、技术进步、国家的法律或政府的政策改变以及市场需求的突发性变化对企业经营造成的冲击。

b. 内源危机。即企业内部生产组织因管理疏漏而造成的重大事故或因决策严重失误而使企业经营陷入困境。

②按危机涉及领域的宽泛分类：

a. 战略危机。战略危机源自企业战略选择的失误或源自企业战略选择后市场发生了企业预料不到的变化。

b. 职能危机。职能危机大多源自企业众多的环节中出现了某个短板。

③按危机涉及主体对危机的可预见和可控程度分类：

a. 可预见、可控危机。源自内部的危机在一定程度上是可预料、可控的；诱因累积后的集中爆发在一定程度上是可预料、可控的。

b. 不可预见、不可控危机。外源性危机通常是企业不可预料、不可控的；瞬间突然引爆的危机是不可预料、不可控的。

(3)危机爆发后的管理控制：

最有效的危机防范在于完善管理制度，加强日常经营管理。各种制度的制定和严格执行从某种意义上说是为了在根本上消除源自企业内部由于管理懈怠而导致的经营危机，或将企业经营中可能出现的问题及时消解在萌芽状态。危机爆发后的管理控制工作主要包括以下内容：

①危机辨识。危机辨识不仅包括危机爆发后迅速识别危机有可能对企业造成的冲击，从而尽可能迅速地采取应对措施以尽量减小危机损失，更应包括危机爆发前捕捉危机信息，尽可能采取早期的预防和消解行动。

②危机消解。危机性事件一旦爆发，管理层就应迅即采取行动，防止事件产生的负面影响蔓延。危机管理的关键是行动的及时性。从某种意义上说，要达到缩减危机冲击的目标，行动的迅速性可能比行动的准确性更加重要。

③危机沟通。危机爆发后，不仅受事件直接冲击的利益主体亟须了解事件的真相、危害程度、企业的态度特别是企业目前正在采取的应对措施，企业内部和外部的其他公众也非常希望及时掌握相关信息。企业应当在危机爆发后，在不影响企业商业机密或技术秘密的前提下，及时、迅速地传递真实的信息。

④危机后的学习。从危机中学习，首先是在危机中发现和挖掘机会。在危机中学习还意味着要通过危机管理的实践掌握危机管理的一般规律。要总结本次危机管理的经验与教训，分析信号辨识、措施选择以及公众沟通等方方面面工作的得与失，为今后可能出现的类似情况提供借鉴。

第六篇 创 新

第十五章 创新原理

15.1 复习笔记

【知识框架(庖丁解牛)】

- 创新原理
  - 组织管理的创新职能
    - 管理创新的含义
    - 维持和创新的关系
    - 管理创新工作的内在规定性
  - 管理创新的类型
    - 不同方式
      - 程度：渐进式创新、破坏性创新
      - 变革方式：局部、整体、要素和结构创新
      - 组织化程度：自发创新、有组织的创新
    - 不同职能领域：战略、组织、领导创新
    - 不同要素水平：管理思维、环境、技术与方法创新
  - 创新过程及其管理
    - 创新动力来源
    - 创新过程：寻找机会、提出构想、迅速行动、坚持不懈
    - 创新管理决策：创新基础、对象、水平、方式选择
    - 实施创新领导
    - 创新活动的评估与审计

【通关提要(提纲挈领)】

本章主要介绍管理创新的职能、类型和过程。学习时，要熟悉管理创新的内涵、管理工作中维持与创新的关系，掌握管理创新的基本内容、创新过程及其管理。本章主要考查概念题和简答题，复习时要具体把握各知识点的内容，理解记忆。

【考点难点归纳(厚积薄发)】

考点一：组织管理的创新职能(见表 15－1) ★★★

表 15－1 组织管理的创新职能

要点	主要内容
管理创新	指企业内引入一种更加有效但尚未被采用的新管理方式或方法，为企业创造了一种新的、更有效的资源整合范式

续表

要点	主要内容	
维持和创新	维持职能	保持系统有序性，按照规划严格监视、修正系统，尽力避免子系统间的摩擦
	创新职能	为适应内外部变化而采取的局部或整体调整
	关系	①二者相互联系、不可或缺。 ②创新建立在维持基础上，维持延续了创新的逻辑。 ③创新为后续维持提供了依托和框架，维持能有效实现创新成果
内在规定性	①创新的过程也是管理的过程，对创新的管理需要融合大量创新活动的共性。 ②管理创新的内在精神是企业家精神	

【真题链接】

(1)管理创新[概念题，华东师大2021年研；西安交大2017年研]

(2)简述维持与创新的关系。[简答题，广工大2020年研；华南理工2014年研]

考点二：管理创新的类型(见表15－2) ★★★

表15－2 管理创新的类型

划分角度	主要内容	
方式	程度	渐进式创新、破坏性创新
	变革方式	局部创新、整体创新、要素创新、结构创新
	组织化程度	自发创新、有组织的创新
职能领域	战略创新	指发现和变革组织目标，探寻组织发展的新行动路径
	组织创新	制度创新、结构创新、文化创新
	领导创新	将新的思维、方式引入领导活动中，革新原有的领导关系和情境，创造新的领导方法和途径，塑造新的领导者与被领导者
要素水平	**管理思维创新**	①突破管理思维惯例。 ②要求管理者保持好奇心、求知欲，秉持独立批判，发展发散思维和直觉思维能力
	管理环境创新	指组织通过创新活动改造环境，引导环境朝着有利的方向发展，主要包括市场和人才环境的创新
	管理技术与方法创新	指为实现管理目的而运用的手段、方式、途径和程序等的总和。 组织应顺应并引导管理技术的发展方向，不断创新

【真题链接】简述不同职能领域和不同要素水平的创新。[简答题，湖南师大2020年研]

考点三：创新过程及其管理(见表15－3) ★★★★

表15－3 创新过程及其管理

要点	主要内容
创新动力来源	①意外的成功或失败；②企业内外部的不协调；③过程改进的需要；④产业和市场的改变；⑤人口结构的变化；⑥人们观念的改变；⑦新知识的产生

续表

要点	主要内容	
抵制创新的原因	①个人利益；②缺乏了解；③评价差异；④惰性；⑤团体心理；⑥压力	
创新过程	寻找机会→提出构想→迅速行动→坚持不懈	
创新管理决策	创新基础选择	明确组织创新的层次、主体、资金定位问题等
	创新对象选择	主要涉及材料、产品、工艺、手段等
	创新水平选择	①选择进入先后顺序，采用先发或后发优势战略。 ②选择顺轨、选轨或转轨创新
	创新方式选择	独立开发或联合开发
创新领导	由约翰·科特提出，包括八个环节：①树立紧迫感[关键责任]；②建立强有力领导联盟[组织保障]；③构建愿景规划[引领方向]；④沟通创新愿景；⑤广泛的授权运动；⑥夺取短期胜利；⑦巩固已有成果、深化创新；⑧将创新成果制度化	
创新活动的评估与审计	内涵	运用多种评估方法，对创新进行测量，寻找与期望的差距，提出改进意见
	主要内容	选择不同评估对象，如针对技术、过程、系统、绩效进行评估

【真题链接】创新的来源有哪些？[简答题，华南理工 2011 年研]

15.2 课后习题详解

1. 管理创新的内涵是什么？

答：管理创新，是指创造一种新的、更有效的资源整合范式，这种范式既可以是新的有效整合资源以达到组织目标和责任的全过程管理，也可以是新的具体资源整合、目标制定等方面的细节管理。其具体内涵如下：

(1)管理创新不同于一般创新，是指组织形成一种创造性思想并将其转换为有用的产品、服务或作业方法的过程。管理活动由组织内的维持活动与创新活动共同组成。维持活动，是指注重组织目标实现、流程遵守、活动监管的一种管理活动。而创新活动，是指组织根据内外部环境的变化，而采取的系统调整、改变的活动过程。维持活动和创新活动相互联系、缺一不可：一方面，创新活动基于变化而产生，为维持性活动提供了新的发展方法和路径；另一方面，维持活动侧重流程管理，巩固了创新活动的成果。

(2)管理创新既包括组织内部管理职能活动领域的变革与创新，也涵盖了这些活动背后的思维创新。同时，组织管理系统中的调整、变化、设计、启动和监视，都体现了组织的管理思想。

(3)管理创新中所涉及的“管理”，既包括管理工作过程中所设计的创新活动，也包括为应对创新而进行的积极管理过程。组织内的日常工作一般分为具体操作活动和管理活动，而创新也体现在各种活动的方方面面，由此构成了具体操作创新和管理创新两类创新活动。

2. 管理维持工作与创新工作间关系如何？

答：(1)维持工作和创新工作的职能：

①维持职能，是指注重组织目标实现、流程遵守、活动监管的一种管理活动。该活动

侧重于对系统运行的监视和修正，并尽可能地减少子系统间的摩擦和组织内耗，从而保持系统的有序性。

②创新职能，是指根据组织内外部的环境变化而进行的局部或整体的调整。该活动不断采取新的方式，不断调整、改变资源的组合方式。

(2)维持工作与创新工作的关系：

①创新活动建立在维持活动的基础之上，并为维持活动提供了更高水平的依托和框架。维持活动则延伸了创新活动所产生的逻辑，并巩固了创新所带来的成果。

②创新管理和维持管理相互联系、缺一不可，在实际工作中，组织的管理也处于由创新到维持、再由维持到创新反复循环的过程中。

③组织内的有效管理是实现维持活动与创新活动最优组合的基础，根据组织内部各活动的结构维度、关联维度能够确定两类活动的平衡关系。

④维持管理和创新管理因本身职能的差异而表现出不同的行动目标和方向。维持管理侧重于对已有秩序的维持，而创新管理则侧重于改变和突破现状。

3. 为什么说管理创新是一个独立的管理职能?

答：管理创新职能的独立性是相对维持工作而言的，维持活动只是管理活动的环节之一。离开了创新活动，管理工作将变得单一，甚至无效。具体理解如下：

(1)创新是一个管理过程。创新管理工作是组织内的大量创新活动所共有的逻辑和原则，而不只是个别的创新活动。创新工作包括以下环节：

①内外因素分析。组织在开展创新工作之前应进行内外部环境分析，并着重了解组织的创新需求、面临的创新问题及利弊。

②计划和决策。即确定公司新的愿景和战略，制定创新的计划，包括内容、切入点、时间、目标等。

③组织和实施。即组建创新团队，培训创新骨干，进行组织重构和重新分配资源，控制创新进程，评估创新成果并加以推广和应用。

基于此，组织进入新的管理阶段，该阶段更侧重于对已有创新成果的保持和巩固，不断提高创新活动给组织带来的绩效提升。

(2)管理创新的内在精神。管理创新应该具有企业家精神，即以机会为导向、敢于冒险、积极迎接不确定性、勇于提前行动。

4. 什么是战略创新?什么是组织创新?什么是领导创新?

答：管理创新从不同职能领域上可分为：

(1)战略创新，指为发现和变革组织目标而进行新行动路径探索的活动。为实现企业战略创新，要重新分析企业的内外部环境、出现的挑战和机遇、自身的优势和劣势，以此制定新的经营内容、经营手段、经营策略、重大措施等。新的战略制定好后，就要实施新的发展战略。企业发展战略创新不是一次性的行动，而是长期化的行动。

(2)组织创新，指组织根据内外环境的变化，调整组织内部的若干状态，以维持组织本身生存与发展的过程。这种调整可以分为两种类型：

①组织的增量式创新，指在不改变原有组织结构性质的基础上，对组织结构、手段或

程序等进行调整的创新活动，如控制制度的精细化、组织机构的精简、人事上的变更或一项交易程序的调整等。

②组织的根本性创新，指对组织结构进行根本性变化的创新活动，如组织结构基本形态的发展、部门机构职责和权限的发展、组织机构中信息网络的重构以及组织机构中职位关系的重新安排等。

(3)领导创新，指创新活动在领导理论以及实践中的应用，即将新的思维、方式引入领导活动中，革新原有的领导关系和情境，创造新的领导方法和途径，塑造新的领导者与被领导者，从而提高领导活动的绩效，更好地实现领导活动预期目标的创新过程。一般而言，领导工作主要是凭借对员工的引领、沟通、指导和激励等手段影响其行为，而领导创新则建立在领导者、被领导者和组织环境的有机结合之上。领导创新包括：①培养和挖掘领导者的创新素质；②创新领导方式；③构建激励创新的氛围。

5. 有效管理创新工作的主要内容有哪些?

答：有效管理创新工作建立在对企业创新发掘的基础上，通过科学的创新决策、创新领导方式、科学评价创新成果、推动问题改进等方式，循序渐进实现组织内部管理创新。有效管理创新工作的主要内容有：

(1)创新动力来源：

①意外的成功或失败。意外的成功通常为企业创新提供丰富机会；意外的失败是指企业在某产品的技术开发或市场开发的设计、论证以及执行非常精心和努力，最终仍然失败，那么这种失败必然隐含了某种变化，实际上向企业预示了某种机会的存在。

②企业内外的不协调。宏观或行业经济景气状况与企业经营绩效的不协调；假设和实际的不协调；对消费者价值观的判断与消费者的实际价值观不一致。

③过程改进的需要。过程改进是指对组织内已有程序(尤其是工艺程序)进行创新完善，针对薄弱环节，利用新知识、新技术不断提升工作效率、降低生产成本的过程。组织内部过程改进的需求与其生产方式、生产经营过程密切相关。

④行业和市场结构的变化。行业结构和市场结构一旦出现变化，企业必须迅速作出反应，在生产、营销以及管理等方面进行创新和调整，否则可能影响企业在行业中的相对地位，甚至带来经营上的灾难，引发企业的生存危机。

⑤人口结构的变化。作为企业经营中一种必不可少的资源，人口结构的变化直接决定着劳动力市场的供给，从而影响企业的生产成本。

⑥观念的改变。消费者的态度随着其对事物的认知和观念的转变而转变，而消费态度决定了消费行为，从而影响上市产品的受欢迎程度。

⑦新知识的产生。新知识的出现往往给企业带来了新的发展机会，关键性技术的更迭则意味着企业要进行全面的更新换代。

(2)创新管理决策：

①创新基础的选择。在该阶段组织需要明确本次创新的主要目标、主要对象及可投入的资金等。

②创新对象的选择。在该阶段组织需要明确创新所涉及的主要材料、产品、工艺、手段等。

③创新水平的选择。考虑是采取先发优势战略还是后发优势战略，以及考虑“顺轨创新”“选轨创新”和“转轨创新”问题。

④创新方式的选择。组织要根据自身能力、成本等选择是进行独立开发还是联合开发。

(3)实施创新领导，主要分为八个环节：

①树立紧迫感，组织创新需要时刻保持紧迫感，避免被竞争对手抢先。

②在组织内部建立强有力的领导联盟，调动组织内成员的创新积极性。

③为组织构建愿景规划，保持创新的持续性。

④沟通创新愿景，降低组织成员的抵触心理。

⑤广泛的授权运动。

⑥夺取短期胜利，鼓舞成员创新的信念。

⑦巩固已有创新成果，深化创新。

⑧维持已有成果，将创新成果制度化。

(4)创新活动的评估与审计：

①创新成果需要定量化衡量，组织根据创新目标对创新活动进行科学评估。

②经过评估之后，组织可以在定量化的数据中寻找不满足期望的部分，从而聚集关键问题，为后续创新提供更好的解决办法。

6. 如何做好创新决策？如何做好创新活动的评估与审计？

答：(1)创新决策要做到以下四点：

①创新基础的选择。在该阶段组织需要明确本次创新的针对性目标、主题、可用资金等。

②创新对象的选择。从技术创新角度来看，该阶段组织需要明确创新针对的材料、产品、工艺、手段等具体对象。

a. 产品创新使得产品的结构或性能实现改进或创新，不仅给消费者眼前一新的体验，还可以帮助企业降低生产成本，并逐渐形成竞争优势。

b. 工艺创新不仅可以提高产品的质量，还可以降低企业生产成本，在加强企业产品优势的同时提高竞争力。

③创新水平的选择：

a. 企业需要综合考虑创新的时机，是采取先发优势战略还是后发优势战略。前者是在行动上先人一步，率先行动；后者是企业主动规避技术竞赛风险，选择恰当时机进入。

b. 选择时要考虑企业发展的方向，即“顺轨”“选轨”还是“转轨”的问题。其中，顺轨创新是指企业继续沿着之前的发展方向进行组织创新，该方法创新风险小、成本低、组织内成员的可接受水平高。选轨创新，是指针对不同的创新发展方向进行选择的过程，该活动可以给企业带来新的市场机会。转轨创新，是指从现有创新轨道转向另一条创新轨道的过程，该创新方式具有极强的破坏性，需要较高的成本并面临较大的风险，但也意味着企业的创新转型。

④创新方式的选择。该阶段企业可以权衡自身能力选择独立开发或者联合开发。

a. 独立开发要求拥有数量众多、实力雄厚的技术人员和足够数量的资金。独立开发的成功往往可以给企业带来其他企业无法模仿的竞争优势和获得高额垄断性利润的机会。但如果企业的独立开发没有获得预期结果，那么只能独自承担后果。

b. 联合开发，是指企业联合其他企业共同开展基础性创新研究的活动，该模式意味着双方企业共担风险、共享成果。

(2)创新活动的评估与审计要做到以下三点：

①过程。对创新进行量化，一方面对创新活动进行科学评估；另一方面寻找差距，为后续创新提供保障。

②主要内容。企业可以针对创新的目标进行创新活动评估，包括针对技术、过程、系统、绩效等进行评估。

③评审方法：

a. 高标定位理论，是指以行业领先企业为目标，采用标杆管理的方法，不断向先进企业学习，通过资料收集和比较分析改进企业业绩、提升创新能力。

b. 就企业创新绩效评估而言，OECD 主持的《技术创新调查手册》中，将创新界定为工业技术创新，包括新产品、新工艺以及产品和工艺显著的技术变化。组织通过运用高标定位的思想，综合分析企业已有优势和资源，进行技术创新，并推动企业绩效提升。

c. 以技术创新过程评价为基础，技术创新审计模型认为技术创新的过程是技术创新核心过程、周边系统和组织内部技术能力积累三个模块共同作用的结果。

d. 从以投入与产出来衡量创新绩效，到以实现过程、能力、内外系统等来衡量创新绩效，逐渐引入了国家创新系统、核心竞争力、竞争优势、区域经济、知识经济等理论。

15.3 考研真题

一、概念题

1. 管理创新[华东师大 2021 年研；西安交大 2017 年研；广工大 2015 年研]

2. 组织创新[贵州财大 2022 年研；大连理工 2016 年研]

二、简答题

简述创新职能的基本内容。[吉林大学 2017 年研；湘潭大学 2017 年研；华科 2017 年研；南昌大学 2017 年研]

相关试题：创新主要包括哪些内容？[广工大 2017 年研；首师大 2012 年研]

三、论述题

1. 创新与其说是管理的一项职能，不如说它渗透于管理的其他职能之中，面对不断变化的内部条件和外部环境，计划、组织、领导、控制总在不断地创新。但是，管理又在不停地进行结构化、规范化，这实质上无时不是在进行维持。结合管理的四大主要职能计划、组织、领导、控制，请你分析管理活动中创新与维持这一对矛盾的关系。[南京大学 2008 年研]

相关试题：简述维持与创新的关系。[简答题，广工大 2020 年研；华南理工 2014 年研；北科 2011 年研]

2. 在“大众创业、万众创新”的背景下，创新成为企业一项重要的管理职能。请联系企业实际，论述创新职能的基本内容以及企业管理者如何有效进行创新管理。[宁波大学 2017

年研]

3. 创新的来源有哪些？[华南理工2011年研]

4. 请阐述管理创新的内涵，分析我国创新驱动发展战略的意义。[南航2018年研]

四、案例分析题

一家公司投入多少研发经费并不重要，因为真正重要的是在颠覆性创意上的花费，那跟维护老的想法并非一回事。经常出现的情况是，公司将大部分研发经费用于改进原有产品，以使其更便宜、更易操控、速度更快或者拥有更多功能，而不是用来寻找或开发一种能够带来更高回报率的颠覆性技术。如今人们对创新的呼声非常大，不幸的是，尽管公司在这方面投入巨资，可大多数“创新”却名不副实，这也是那些公司无法发展的原因所在。

柯达公司就是一个例子。柯达发明了业余摄影技术，其廉价的相机、胶卷以及相纸产品改变了人们的摄影观念，公司也因此实现了数十年的收益增长。随着业余摄影迈向数码技术，胶卷不再被需要，照片冲印也变少了，甚至连相机热卖的景象也消失了。但大多数人不知道的是，数码摄影技术也是柯达发明的！柯达首创了这项技术，并首次将之投入使用，但没有真正将它推向市场，他们担心这会和胶卷业务自相残杀。为了维护和扩大原有业务，柯达将数码摄影技术授权给相机厂商，放弃了相关研发投入，将重点放回到公司的核心业务上。柯达继续让胶卷技术变得更好、更快以及更便宜，直到没人再关心。

当然，柯达并不是第一家落入这个陷阱的公司。施乐发明了桌面出版技术，却让苹果、Wintel联盟(微软+英特尔)厂商和惠普的打印机抢去市场，因为该公司将重点放在了维护和扩大其原有的复印机业务上。桌面出版设备上没有点击计数器，施乐不知道该如何拿它来赚钱，于是该公司把这项技术授权给了其他厂商。在输给Auto CAD之前，CAD/CAM(计算机辅助设计/计算机辅助制造)业务几乎是由数字设备公司(DEC)创造并垄断的。西尔斯公司(Sears)通过商品目录发明了邮购业务，而这个市场现在由亚马逊(Amazon)统领。

不幸的是，几乎没有哪家公司逃脱了这种向新技术转变时的下坡路。那些曾经拥有很高市场份额的公司，或许挣到过很多钱，却常常无法免于失败的命运，因为它们总是把经费用于研发更好、更快以及更便宜的产品，而不是真正用于创新。[北科2012年研]

问题：

1. 结合案例，讨论在当今的环境下，组织需要什么样的创新战略?

2. 结合案例，讨论如何才能激发和培育创新?

15.4 考研真题详解

一、概念题

1. 管理创新[华东师大2021年研；西安交大2017年研；广工大2015年研]

答：管理创新是指企业把新的管理要素(如新的管理方法、管理手段、管理模式等)或要素组合引入企业管理系统，创造一种新的更有效的资源整合范式，以更有效地实现组织目标的活动。其主要内容包括：①新的发展思路的提出与实施；②新的组织机构的创立与运转；③新的管理方法的提出；④新的管理模式的设计；⑤新的相关制度的创新。

2. 组织创新[贵州财大 2022 年研；大连理工 2016 年研]

答：组织创新是指管理的创新职能在企业组织方面的运用过程。组织创新主要包括：①企业制度创新。企业通过规范作为类群的参与者在企业活动中的权利关系来引导和整合这些成员的行为。②企业层级结构创新。层级结构曾是人类组织结构的伟大创新，目前仍是企业的主要特征。③企业文化创新。企业文化是企业成员广泛接受的价值观念以及由这种价值观念所决定的行为准则和行为方式。

二、简答题

简述创新职能的基本内容。[吉林大学 2017 年研；湘潭大学 2017 年研；华科 2017 年研；南昌大学 2017 年研]

相关试题：创新主要包括哪些内容？[广工大 2017 年研；首师大 2012 年研]

答：创新的基本内容包括：

(1)目标创新。指组织应基于特定市场环境和消费需求的特点及变化趋势，适时调整企业经营目标。变化的环境要求企业的生产方向、经营目标等进行相应的调整。每一次调整都是一种创新。

(2)技术创新。作为企业创新的主要内容，技术创新和组织创新活动密切相关。主要表现为：

①要素创新，主要是指材料和设备上的创新。

②要素组合方法创新，主要是指生产工艺和过程的时空组织上的创新。

③产品创新，主要是指产品品种和产品结构上的创新。其中，产品创新是企业技术创新的核心内容，与创新的其他方面相互作用，互为影响。

(3)制度创新。制度创新基于社会经济角度，组织通过分析来调整和变革企业各成员间的正式关系。

①产权制度创新，指以“个人所有”与“共同所有”的最适度组合为目标，组织调整优化所有者的权益和责任而规定根本性制度的创新过程。

②经营制度创新，指以生产资料利用最大化为目的，组织确定企业经营方式、利益相关方等内容而规定有关经营归属等原则上的创新过程。

③管理制度创新，指以平衡报酬与贡献为目的，组织调整、优化日常生产运营的各项要素，规定日常经营规则制度的创新过程。

(4)组织机构和结构的创新。企业系统是由不同的成员担任的不同职务的结合体，具体考察层次可分为结构层次和机构层次。不同的企业发展适用不同的组织运行形式。为实现管理效率的提高，组织需要不断根据实际情况采取组织机构和结构的创新。

(5)环境创新。指企业通过积极的创新活动改造环境，引导其朝着有利于经营的方向变化。环境创新的主要内容是市场创新，即在产品不变的前提下，通过活动去引导消费，创造需求。

三、论述题

1. 创新与其说是管理的一项职能，不如说它渗透于管理的其他职能之中，面对不断变化的内部条件和外部环境，计划、组织、领导、控制总在不断地创新。但是，管理又在不停地进行结构化、规范化，这实质上无时不是在进行维持。结合管理的四大主要职能计划、组织、领导、控制，请你分析管理活动中创新与维持这一对矛盾的关系。［南京大学 2008 年研］

相关试题：简述维持与创新的关系。［简答题，广工大 2020 年研；华南理工 2014 年研；北科 2011 年研］

答：组织、领导与控制属于管理的“维持职能”，在保证组织计划目标的实现上发挥巨大作用，可以使组织系统按照正常的规则、朝着正确的方向运行。但在动态的社会经济系统中，管理还必须重视其的“创新职能”，通过调整系统活动的内容及目标来适应内外部环境变化。

（1）作为管理基本职能的创新：

创新可以被视为是思想，也可以被视为是实践，它既可以指导原则，也可能指具体活动。创新是管理的基本职能之一，任何组织系统的任何管理工作无不包含在“维持”或“创新”中，维持和创新是管理的本质内容，维持与创新的适度组合实现了组织的有效管理。

（2）“创新”与“维持”的关系及其作用：

①维持和创新的作用：

a. 维持作为基础手段，保证了系统活动顺利进行。维持是要按预定的规则来监视和修正系统的运行，尽力保持系统活动的有序性。

b. 创新可以使企业适应系统外部环境和内部要素的变化。社会系统是由众多要素构成的、与外部不断发生交换的、动态开放的非平衡系统。系统的外部环境是在不断地发生变化的，系统内部的各种要素也是在不断发生变化。管理的创新职能是为适应系统内外变化、防止被环境淘汰或为内部要素所不容，而进行的局部或全局的调整。

c. 创新能够向社会提供新的贡献，系统不断改变或调整取得组合资源的方式、方向和结果，以适应社会需要的资源数量和种类供应的变化，进而向社会提供新的贡献，这是创新的主要内涵和作用。

②维持和创新的关系：

从企业组织形式的发展历程来看，在单个阶段的组织形式中，企业为了在社会中生产和发展，需制定相应的规章制度，管理者按照规章制度组织生产经营，此时管理更多地体现维持职能；随着社会环境和企业自身条件的变化，原有的组织形式已不能保障企业更好地应对市场竞争，这种情形下管理者要对企业的组织结构、生产等进行相应的调整，此时管理体现的是创新职能。

作为管理的基本职能，维持与创新相互联系，二者缺一不可。创新是在维持基础上得到发展，维持是在创新逻辑上得到延续；维持是以实现创新的成果为目的，创新为维持提供更高层次的依托。管理工作致力于探索维持与创新最优组合，从而实现有效管理。

2. 在“大众创业、万众创新”的背景下，创新成为企业一项重要的管理职能。请联系企业实际，论述创新职能的基本内容以及企业管理者如何有效进行创新管理。［宁波大学2017年研］

答：(1)创新职能的基本内容，参见本章考研真题简答题答案。

(2)有效地进行创新管理的方法：

①正确理解和扮演管理者角色。管理者需要充分发挥其角色的带头作用，并组织成员在业务活动中采取创新行为进行鼓励、支持和引导，营造良好的创新环境。

②创造促进创新的组织氛围。组织创新氛围对于创新活动具有重要影响，管理者应加强鼓励创新行为，营造积极向上的创新氛围。

③制定有弹性的计划。管理者需要制定有弹性的计划，为组织成员提供足够的思考时间和空间。

④正确地对待失败。创新过程可能遭遇失败，管理者应该允许组织成员在创新过程中的失败，创新者则应该总结失败教训，为创新的成功奠定基础。

⑤建立合理的奖酬制度：

a. 企业在实施奖励时，应将物质与精神相结合。精神奖励有时更能满足组织成员对于创新活动的心理需要。

b. 杜绝将奖励视作“不犯错误的报酬”的管理思维。

c. 奖励制度的制定既要考虑到内部有效竞争，又要保证组织合作的有序开展。内部竞争有助于激发创新意识，但过度竞争容易导致内部封锁，不利于创新思维的传递。合作能使得各种知识能力得到综合，创新构想更加完善，但没有竞争的合作容易导致分配不均，削弱个人的创新欲望。

3. 创新的来源有哪些？［华南理工2011年研］

答：创新源于企业内部和外部的一系列不同的机会，德鲁克把创新来源归纳出以下几个方面：

(1)意外的成功或失败：

①意外的成功往往可以为企业创新提供大量进一步拓展的机会，且利用机会会承担较小的企业代价和风险。

②意外的失败往往预示了机会的存在，虽然企业经过精细的设计和严密的论证后仍然失败，但是同样也可以预示着市场上存在着另一种机会。

(2)企业内外的不协调：

①中宏观的经济运行状况和微观企业经营绩效的不协调。一般而言，形势良好的宏观经济能够提高行业产品的需求量，进而推动其他经济单元的发展。但在此种情境下，如果本企业的销售额没有增长且市场份额不断萎缩，对此类困境的分析可以为企业提供技术创新的思路和机会。

②假设和实际的不协调。企业基于未来假设，所采取的计划和业务活动使企业所达成的结果与现实不符时，企业需要调整投资战略或日常经营方向，以及时改变这种不平衡。

③对消费者价值观的判断与消费者的实际价值观不一致。指企业错误地判断了其产品客户的需求，如果及时更正这个不一致，则会产生大量的创新发展机会。

(3)过程改进的需要：

过程改进的需要与企业的生产经营过程有关；与科技紧密相连，既受其影响，又推动其发展。

(4)行业和市场结构的变化：

行业结构和市场结构出现变化时，企业为了规避相对地位的削弱、经营灾难，甚至是生存危机，必须迅速进行创新和调整活动。如果能够及时应变，这种变化将带来众多创新机会。

(5)人口结构的变化：

①人口结构变化直接决定着劳动力市场的供给，影响人力生产成本。

②人口因素可能为企业的技术创新提供契机，如人数、教育水平等。

(6)观念的改变：

①消费者观念的改变影响不同产品的市场销路。

②为企业提供不同的创新机会。

(7)新知识的产生：

①新知识的产生为组织创新提供并创造丰富机会。

②知识性创新的前置期往往是最漫长的，耗费较多的人财物。

③基于几种不同类型的知识组合是知识性创新的条件。

4. 请阐述管理创新的内涵，分析我国创新驱动发展战略的意义。［南航 2018 年研］

答：(1)管理创新的内涵，参见本章考研真题概念题第 1 题答案。

(2)创新驱动发展战略的意义：

①创新驱动发展战略对我国形成国际竞争新优势、增强发展的长期动力具有战略意义。技术创新具有不易模仿、附加值高等突出特点，由此建立的创新优势持续时间长、竞争力强。实施创新驱动发展战略，加快实现由低成本优势向创新优势的转换，可以为我国持续发展提供强大动力。

②实施创新驱动发展战略，对提高我国经济增长的质量和效益、加快转变经济发展方式具有现实意义。科技创新具有乘数效应，不仅可以直接转化为现实生产力，还可以通过科技的渗透作用放大各生产要素的生产力，提高社会整体生产力水平。实施创新驱动发展战略，可以全面提升我国经济增长的质量和效益，有力推动经济发展方式的转变。

③实施创新驱动发展战略，对降低资源能源消耗、改善生态环境、建设美丽中国具有长远意义。实施创新驱动发展战略，加快产业技术创新，用高新技术和先进适用技术改造提升传统产业，既可以降低消耗、减少污染，改变过度消耗资源、污染环境的发展模式，又可以提升产业竞争力。

四、案例分析题

问题：［北科 2012 年研］

1. 结合案例，讨论在当今的环境下，组织需要什么样的创新战略？

答：在当今环境下，组织的创新战略应符合下列要求：

(1)创新要符合消费者需求。创新要求企业根据市场需要和消费者偏好的转移，及时地调整企业的生产方向和生产结构，不断开发出用户欢迎的适销对路的产品。随着业余摄影迈向数码技术，胶卷不再被需要，照片冲印也变少了，然而柯达公司仍维持原有的胶卷相机业务，放弃数码相机业务，丧失了发展的良机。

(2)技术创新不是创新的全部。产品技术创新不能专注于对现有的各种产品进行改进和改造，而是找出更加合理的产品结构，使其生产成本更低、性能更完善、使用更安全，从而更具市场竞争力。创新不仅是对现有产品的改进，还包括发明创造新产品。一些企业总是把经费用于研发更好、更快以及更便宜的产品而不是真正用于创新，没有抓住创造新产品的机遇。

(3)创新符合时代发展方向。企业在创新活动中要根据市场需求，不能脱离时代发展轨道。业余摄影和不使用胶卷是摄影发展的大方向，柯达公司继续维持其核心业务显然与整个时代不相符合，最终错失良机。

(4)创新适当引导消费者需求。过分追求迎合消费者需求可能导致产品始终处于生产阶段而非创新阶段。企业生产鼓励适当突破，创造新的需求。这种创新要以方便生活为前提，突出强调独树一帜而忽略社会发展的客观规律也是不能成功的。

(5)创新需坚持不懈。创新过程中有无数失败，企业需要允许犯错、包容失败，不计较一时的损失，坚持不懈地进行创新。案例中各企业在创新技术上有了突破后，没有继续坚持新产品，最终被其他企业将市场争夺。

(6)创新需要抓住关键时机。创新的时机非常有限，新技术更新、新产品问世的时间稍纵即逝，一旦错过就会被竞争对手抢占，错过最佳上市时间就错过了最佳占有市场形成品牌的时间，将会造成巨大的损失。案例中的柯达、施乐、西尔斯若再将企业经营重点放在数码相机、桌面打印机和邮购业务上，将无法赶超竞争对手佳能、苹果、亚马逊等。

(7)塑造企业品牌。企业品牌是企业极其重要的无形资产，知名品牌具有较好的市场形象、较大的知名度和美誉度。利用品牌效应拓展市场，既可带来高额利润，又可降低进入新市场的费用。

2. 结合案例，讨论如何才能激发和培育创新？

答：创新是一种思想以及在这种思想指导下的实践，是一种原则以及在这种原则指导下的具体活动，是管理的一种基本职能。创新工作作为管理的职能表现在它本身就是管理工作的一个环节，它对于任何组织来说都是一种重要的活动。激发和培育创新应做到以下几点：

(1)敢于破旧取新。企业创新应果断舍弃不合时宜的旧产品、旧理念、过时技术，大胆尝试新技术、接受新思路。施乐发明了桌面出版技术，却将重点放在了维护和扩大其原有的复印机业务上，让苹果、Wintel 联盟厂商和惠普的打印机抢去市场，便是没有果断放弃旧业务。

(2)把握行业发展规律，预见发展方向。企业管理者需要对时代发展、产业发展规律有充分把握，有预见性地组织产品的研发、生产、销售，及时将新产品占领市场，取得竞争优势。柯达公司虽然预见了业余摄影的趋势，但没有预见数码相机的广阔前景，最终在数码相机行业落伍。

(3)配套服务组织。企业进行创新，需要在战略目标上进行调整，战略目标的调整必然导致组织结构的调整以适应企业发展的需要。企业对创新要给予充分的支持，包括调整组织结构以鼓励员工发挥创造性、投入相应的资金进行科学研究等。

(4)正确理解和扮演“管理者”的角色。管理人员必须自觉地带头创新，并努力为组织成员提供和创造一个有利于创新的环境，积极鼓励、支持、引导组织成员进行创新。

(5)创造促进创新的组织氛围。促进创新的最好方法是大张旗鼓地宣传创新、激发创新，树立“无功便是有过”的新观念，使每一个人都奋发向上、努力进取、跃跃欲试、大胆尝试。

(6)制定有弹性的计划。创新意味着打破旧的规则，意味着时间和资源的计划外占用，因此，创新要求组织的计划必须具有弹性，给予充分的思考时间。

(7)正确地对待失败。创新的过程是一个充满着失败的过程。创新者应该认识到这一点，创新的组织者更应该认识到这一点。只有认识到失败是正常的，甚至是必需的，管理人员才可能允许失败，支持失败，甚至鼓励失败。

(8)建立合理的奖酬制度。要激发每个人的创新热情，还必须建立合理的评价和奖惩制度。促进创新的奖酬制度至少要符合下述条件：

①注意物质奖励与精神奖励的结合。

②奖励不能视作“不犯错误的报酬”，而应是对特殊贡献甚至是对希望作出特殊贡献的努力的报酬。

③奖励的对象包括成功者和努力者。

④奖励制度要既能促进内部之竞争，又能保证成员间的合作。

(9)营造企业创新的文化环境。企业文化是产生企业凝聚力、市场竞争力和企业发展活动的源泉，是企业发展的精神支柱。在创建企业文化时要抓准企业宗旨和企业精神的教育，营造良好的创新氛围。

第十六章　组织创新

16.1　复习笔记

【知识框架(庖丁解牛)】

- 组织创新
  - 组织变革与创新
    - 组织变革模式：解冻、转变、冻结
    - 组织变革路径：演化、适应、改造、革命
    - 组织变革的障碍
    - 组织变革过程管理
  - 组织结构创新
    - 制度结构创新
    - 层级结构创新
    - 文化结构创新
  - 创新与学习型组织
    - 企业知识理论、组织惯例
    - 知识创新模式：社会化、外在化、组合化、内在化
    - 知识创新过程
    - 组织学习
      - 组织学习的含义、类型
      - 四种学习中断
      - 七种组织学习的智障
    - 组织修炼：学习型组织的五项修炼

【通关提要(提纲挈领)】

本章主要介绍组织变革与组织创新。学习时，要重点掌握组织变革的障碍和过程，熟悉组织结构创新，掌握知识创新的模式以及学习型组织的五项修炼。本章主要考查简答题和论述题，复习时要整体把握，重点记忆。

【考点难点归纳(厚积薄发)】

考点一：组织变革(见表 16－1)　★★★

表 16－1　组织变革

要点	主要内容
模式	理性组织变革模式一般分为解冻、转变、冻结三个阶段
四条路径	①演化[转型]；②适应[非典型]；③改造；④革命

续表

要点	主要内容	
变革障碍	认知与心理因素	①认知惰性；②评价差异；③缺乏了解
	资源路径依赖因素	①核心能力刚性。 ②企业家行为选择的路径依赖性。 ③企业文化的组织记忆特征
	社会与政治影响因素	①个人利益；②道德困境；③团队心理压力
过程管理	激发变革意愿	①感受变革需求；②消除变革障碍
	创造共同愿景与意义给赋	组织愿景为组织提供了共同目标和价值导向，增强了人们对组织变革的承诺。共同愿景的创造过程，同时也是对组织核心价值观、岗位工作意义的构建和给赋过程
	获取持久的变革动力	①创新活动的人才配置；②创新人才的特质和角色；③创客时代的动力

【真题链接】

（1）如何减缓组织变革的阻力？［简答题，湘潭大学2021年研］

（2）请简述组织变革可能遇到的阻力，以及消除变革阻力的管理对策。［南京师大2020年研］

考点二：组织结构创新（见表16－2） ★★

表16－2　组织结构创新

形式	主要内容	
制度结构创新	工业社会	生产依靠资本与劳动的结合，资本家拥有选择过程运行方向、组织过程推进、处理过程结果的权力
	后工业社会	企业活动分为操作知识和协调知识。工业社会以操作知识的发展为基础，后工业社会则由知识的拥有者控制利益
层级结构创新	工业社会	层级结构成为主要组织形式，主要特征有：①直线指挥，分层授权；②分工细致，权责明确；③标准统一，关系正式
	后工业社会	网络化组织成为主要组织形式，推动企业进行知识创新，其特征有：集权和分权、稳定与变化、一元性与多元性的统一
文化结构创新	工业社会	①企业文化是企业经营的副产品，发挥辅助作用。 ②企业文化是一元的，反映企业组织的记忆
	后工业社会	①企业文化是管理者进行企业管理的重要手段。 ②企业文化是自然形成的，是学习型的。 ③企业文化是多元化的，允许异质价值观和行为准则的存在

【真题链接】在知识经济条件下，怎样进行企业文化创新？请结合实际进行论述。［论述题，广西民大2017年研］

考点三：创新与学习型组织（见表 16－3）★★★

表 16－3　创新与学习型组织

要点	主要内容	
作为知识体系的组织	企业知识理论	①知识是企业最有价值的资源。企业间的差异源于拥有的知识资源不同。 ②知识具有路径依赖性，难以模仿。 ③企业的本质是知识的创造和利用。企业维持活力的基础是企业学习和知识创造
	组织惯例	①含义：组织拥有的独特知识。 ②特性：是组织成员一致的、组织记忆和延续的知识
知识创新	模式	①社会化［隐性→隐性，引起共鸣］；②外在化［隐性→显性，清楚表达］；③组合化［显性→显性，联系］；④内在化［显性→隐性，具体化］
	过程	①共享隐性知识阶段；②创造新概念阶段；③证明概念阶段；④构建原型阶段；⑤知识层次交叉阶段
组织学习	含义	指组织为实现发展目标、提高核心竞争力，围绕信息和知识技能所采取的各种行动，是一种实践活动
	类型	①单循环学习；②双循环学习；③再学习
	学习中断	①行为受限学习；②听众学习；③迷信学习；④模棱两可学习
	学习智障	①局限思考；②归因于外；③缺乏整体思考的主动性和积极性；④专注个别事件；⑤温水煮青蛙的危险；⑥经验学习的限制；⑦管理团体迷思
组织修炼	学习型组织的五项修炼：①系统思考；②自我超越；③改善心智模式；④建立共同愿景；⑤团体学习	

【真题链接】什么是学习型组织？学习型组织需要具备哪些结构上的特征？［论述题，对外经贸 2017 年研；安徽师大 2017 年研］

16.2　课后习题详解

1．组织变革的模式和路径是什么？

答：（1）理性组织变革的模式。勒温最早提出了理性组织变革模式，包括三个阶段：

①解冻。在该阶段，组织侧重于变革必要性的宣传，让组织成员认识到组织变革的重要性和必要性，从而接受变革与创新的挑战。这一阶段的核心问题是削弱变革阻力，使组织变革获得合法性。

②转变。在该阶段，组织通过机会寻找、构想提出、迅速行动、坚持不懈等环节，提出组织变革与创新的观念，并有计划地采取变革行动。

③冻结。在该阶段，组织通过加强和支持手段，使变革与创新活动锁定为组织的新范式和新规范。该阶段，组织变革的主要工作是对已有的变革成果进行科学化评估，并逐渐稳定创新成果，将变革制度化。

（2）组织变革的四条路径：

①演化，指通过不同的变革阶段和相互联系的变革行动逐步进行的，是根据未来预测，有计划地主动转型的过程。

②适应，指企业分阶段，进行缓慢的、基于现有理念下的业务调整过程，一般来说，组织是被动适应的。

③改造，指组织调整运作方式、采用变革计划、调整组织惯例等过程，其比适应更加显著和快速。

④革命，指在外部环境突然变化时，组织在多个领域同时进行变革的过程。

2. 组织常见的变革障碍有哪些？它们是怎样影响组织创新的？

答：组织文化、既定的发展战略、组织结构、技术水平、领导风格、成员因素都可能使得变革与创新受到阻碍。组织常见的变革障碍及其影响组织创新的方式如下：

(1)认知与心理因素：

①缺乏了解。很多组织在变革与创新的方式上存在问题，缺乏与成员的有效沟通。组织成员需要知道如何进行变革，以避免谣言四起、人们焦躁不安。

②评价差异。一方面，不充分的信息传递可能导致组织成员间对变革、创新活动产生不同看法；另一方面，部分成员过于“缅怀过去”也会导致对变革、创新产生异议，而这些情况往往会阻碍企业的变革发展。

③认知惰性。组织内的成员往往已经习惯已有的工作方式，由于不希望打破现状，对变革产生较强的抵制情绪。

(2)资源路径依赖因素：

①核心能力刚性。有形资产具有专用性，无形资产和一定的产品相联系，因此企业的非人力资源表现出明显的刚性。组织核心能力刚性愈强，创新变革的路径就愈明显。

②企业家行为选择的路径依赖性。企业家具有相对固定的思维逻辑，其对外部环境和组织资源的认识相对固定，导致了其战略决策具有极强的路径依赖。

③企业文化的组织记忆特征。已有组织文化不仅约束着员工的思维方式，也限制了企业行为的选择，使得拥有不同企业文化的组织走向了不同的变革之路。

(3)社会与政治影响因素：

①个人利益。组织内的变革或创新往往带来新的组织结构，熟悉的工作流程将被重新设计，组织内部的利益也将被重新分配。部门员工(尤其是老员工)由于害怕失去原有的利益，例如担心被辞退、降薪、降职等，从而产生抵触心理。

②道德的困境。组织的变革往往伴随着对传统道德观念的突破，而这对道德高尚的员工来说极具压力，从而也会阻碍组织变革。

③团队心理压力。一方面来自同事的压力会导致团队成员对哪怕是合理的变革与创新产生反对意见，尤其表现在凝聚力强的团队，另一方面突然出现的变革往往也会加重组织成员共抵触心理，这要求管理者选择恰当的变革时机。

3. 如何才能做好组织变革过程管理？

答：组织变革是从解冻、转变到冻结的过程，也是组织从当下状态过渡到未来状态的过程。因此有效的组织惯例更需要合理把握这一过渡过程，一方面要逐渐消除各种障碍和阻力，另一方面需要为组织发展树立新的愿景和目标，获得持续发展。具体如下：

(1)激发组织变革的意愿：

①感受变革的需求。组织管理者要促使组织成员对现状进行否定，认知到现状与未来状态之间的巨大差距，感受到组织变革的需求，为组织变革做好思想准备。

②消除组织变革障碍。组织管理者可以通过沟通、教育、鼓励参与等方式消除组织成员对组织变革的担忧，产生正面的可置信预期。

(2)创造组织共同愿景与意义给赋：

①组织愿景为组织成员提供发展目标，为组织变革提供价值导向，同时，也会增强各级成员对组织变革的承诺。

②创造共同愿景的过程，是对核心价值观念进行测试的过程，是对组织和岗位工作意义的构建和给赋过程，变革领导的工作重点在于如何在各个层次上影响其他人对于特定组织现实的意义生成。

(3)获取持久变革的动力：

①创新活动的人才配置。组织需要根据组织目标和愿景引进和开发适合的创新人才、创造人才，并对组织内的创新人才进行职能管理，如招聘、培训、绩效、薪酬、职业生涯等管理内容。

②创新人才的特质和角色：

a. 创新人才特质，一般包括优秀的自我控制力、敏锐的观察力、丰富的知识储备、敢于冒险的精神、极具创造性的思维、坚忍的意志、自信乐观、具有成就动机等。

b. 组织中存在四类创新者，即个人成就者、超级营销者、真正管理者、思想创造专家，他们扮演不同的关键角色：发起者、拥护者、助推者、观望者和反对者。组织变革领导者应该建立一定的奖惩制度，定义并维护好内部拥有者，加强其影响力。

③创客时代的动力。创客是指出于兴趣与爱好、不以营利为目的、爱好创造等活动并努力把各种创意转变为现实的个人或群体，创客时代的到来也给组织创新提供了动力。

4. 在知识经济时代，企业如何才能做好组织结构调整?

答：组织结构，是指为了实现组织的目标，在组织理论指导下，经过组织设计形成的组织内部各个部门、各个层次之间固定的排列方式，即组织内部的构成方式，包括制度结构、层级结构和文化结构等三种主要形式。在知识经济时代，企业要从制度结构、层级结构和文化结构三个方面入手做好组织结构调整和创新。

(1)制度结构创新，是指产权制度、企业制度、市场制度、政府制度和法律制度的联动和综合创新，即相互促进、共同完善、整体推进。在知识经济时代，知识成了企业的重要战略资源，企业内部权利关系正朝向知识拥有者的方向变化，组织的制度结构也由以往的“资本逻辑”转向而今的“知识逻辑”。组织内知识的供应推动了权力的产生，组织利益的输送也逐渐转移到知识拥有者手中。

(2)层级结构创新。知识经济时代，消费日趋个性化和多样性，特别是消费者参与创新过程；技术环境和政策环境变得异常复杂。这些要求企业更具有弹性，逐渐减少过于标准化的生产方式，从而对生产活动内容与生产方式进行适应性调整，将组织权力从管理中枢向下分散，用网络化结构来补充而非替代层级结构。

(3)文化结构创新。文化结构通过组织文化的行为导向、行为激励、行为协调来规范参与者间的非正式关系。知识经济时代的企业文化创新包括：

①企业文化为组织的网络化层级提供基础，并成为企业管理者进行内部管理提供了重要的手段。

②适合的企业文化往往包含着易被组织成员接受的价值观和行为准则，这样自然创造的企业文化也会成为影响他们行为选择的基本规范。

③作为人们自觉行为结果的企业文化是学习型的。在知识经济时代，要求企业不断更新行为准则和行为方式，并在组织内部创造知识学习和经验分享的文化，促进新准则和行为方式的推广。

④良好的企业文化并非单一的，而是多元化的，即允许组织内存在异质价值观和行为准则。同时，异质价值观为企业文化创新、满足个性化消费者作出了重要贡献。

5. 如何才能将组织打造成为学习型组织?

答: 打造学习型组织，要求组织内加强成员的能力锻炼，摆脱影响组织学习的智障，避免学习中断。

(1)四种学习中断:

①行为受限学习。由于组织成员无法相互影响，导致组织内的行为规范无效，部分成员逐渐失去了向组织学习的信念，甚至出现组织内个人信仰与个人行为中断的情况。

②听众学习。组织成员因在组织学习中无法获得足够多的激励，其行为游离于组织之外，甚至出现个体行为与组织行为中断的现象。

③迷信学习。组织成员不能基于组织行为活动或外部环境变化中得到启发，从而与外部环境产生隔离。

④模棱两可学习。由于外部环境的复杂性，导致组织成员无法从环境中建立个体信念，从而致使无法完成学习的现象。

(2)七种组织学习的智障。大多数企业的死亡是由于组织学习能力的低下，学习智障是背后的罪魁祸首，七种组织学习的智障如下:

①局限思考。在企业中成员往往因为过于关注自身职务，而对其他职务缺乏思考。

②归罪于外。人们将问题归于外界、组织内成员或组织外的因素，因而人们难以发现改善行为的原因。

③缺乏整体思考的主动性与积极性。该障碍往往是因为组织成员无法承担职责所致。

④专注个别的事件。如果成员仅局限于短期收益，而忽视长远发展，将会导致创造性学习在组织中便难以持续。

⑤组织无法察觉到外部环境的变化，且逐渐被变化所淘汰。

⑥经验学习的错觉。该障碍往往要求组织敢于突破经验学习的时空限制。

⑦管理团队的迷思。组织的高管团队将精力放在例行问题上，不具备应急能力，导致当组织面临威胁与困境时无计可施。

(3)打造学习型组织的五项修炼:

①系统思考。打造学习型组织要求成员具有系统的、动态的观点，能够通过现象看本质。

②自我超越。打造学习型组织要求成员敢于突破自己，并有计划地将愿景实现。

③改善心智模式。打造学习型组织要求管理者和成员不断进行自我反思，对自身和他

人的心智模式进行探寻，不断提高组织适应能力。

④建立共同的愿景。组织要在鼓励个人发展的同时，建立组织内的共同愿景，从而驱使成员为之奋斗和奉献。

⑤团体学习。团体学习是持续发展的过程，只有不断提升个人力量，才能实现整体力量、集体智商的飞跃，从而达到组织学习的目的。

16.3　考研真题

一、概念题

1. 组织变革[北邮2023年研；中央民大2023年研；华东师大2023年研；湘潭大学2023年研；西安交大2022年研；宁波大学2020年研；河北大学2018年研；对外经贸2017年研；中财2016年研；华南理工2015年研；南昌大学2015年研]

2. 学习型组织[北邮2023年研；北理2023年研；东财2023年研；湘潭大学2021年研；武汉理工2019年研；山东大学2015年研；东北大学2015年研；陕西师大2015年研]

二、简答题

1. 组织变革的三个阶段及方法。[哈工大2017年研]

2. 组织变革主要有哪几种类型？[西安交大2017年研；浙江财大2016年研；广东财大2015年研；北师2012年研]

相关试题：什么是组织变革？试述组织变革的主要类型及变革内容。[中山大学2013年研]

3. 阻碍组织变革的因素有哪些？[上海交大2015年研]

相关试题：

(1)组织变革阻力的原因。[中财2019年研]

(2)何为组织变革？组织变革产生阻力的原因是什么？[广工大2016年研]

三、论述题

1. 结合实际，分析组织变革的动力和阻力有哪些？如何促进组织变革和创新？[南开大学2008年研]

相关试题：

(1)如何减缓组织变革的阻力？[湘潭大学2021年研]

(2)请简述组织变革可能遇到的阻力，以及消除变革阻力的管理对策。[南京师大2020年研]

(3)阻碍组织变革的因素有哪些？[上海交大2015年研]

(4)减少变革阻力的策略有哪些？[简答题，中山大学2016年研]

(5)为什么有些人会抵制变革？通常可采用哪些措施减少组织变革的阻力？[杭州师大2016年研]

2. 学习型组织与传统型组织的区别在哪里？管理者如何建立学习型组织？[浙大2011年研]

相关试题：

(1)什么是学习型组织？学习型组织需要具备哪些结构上的特征？[对外经贸 2017 年研；安徽师大 2017 年研]

(2)试述彼得·圣吉的学习型组织的五项修炼。[西南财大 2015 年研]

(3)请基于学习型组织的特点，并结合管理学理论，论述中国企业应该如何建立学习型组织。[中山大学 2015 年研]

(4)什么是学习型组织？一个企业应该从哪些维度入手，将自身培育为一个学习型组织？[对外经贸 2013 年研]

(5)什么是学习型组织？其主要特征有哪些？[北师 2011 年研]

3. 论述如何激发组织的创新力。[中国传媒 2017 年研]

相关试题：

(1)近年来，党中央、国务院十分重视创新，今年更是明确提出“大众创业、万众创新”、创新引领五大发展理念、“创新是引领发展的第一动力”。试运用管理学理论知识论述一个企业如何激发创新。[湘潭大学 2016 年研]

(2)论述影响组织创新力的因素。[电子科大 2016 年研]

(3)如何通过强化组织文化来激发创新？[简答题，中南财大 2010 年研]

16.4 考研真题详解

一、概念题

1. 组织变革[北邮 2023 年研；中央民大 2023 年研；华东师大 2023 年研；湘潭大学 2023 年研；西安交大 2022 年研；宁波大学 2020 年研；河北大学 2018 年研；对外经贸 2017 年研；中财 2016 年研；华南理工 2015 年研；南昌大学 2015 年研]

答：组织变革是指组织根据内外环境的变化，及时对组织中的要素进行结构性变革，以适应未来组织发展的要求。组织变革的基本目标是使组织整体、组织中的管理者和成员对外部环境的特点及其变化更具适应性。组织变革往往包括三种类型：①结构变革，包括结构变量上的任何改变，如报告关系、协调机制、员工授权和工作再设计。外部环境和组织战略的变化通常会导致组织结构的变革。②技术变革，通常包括新的设备、工具或者方法的引进，自动化以及计算机化。③人员变革，包括个体和群体的态度、期望、认知和行为的改变。

2. 学习型组织[北邮 2023 年研；北理 2023 年研；东财 2023 年研；湘潭大学 2021 年研；武汉理工 2019 年研；山东大学 2015 年研；东北大学 2015 年研；陕西师大 2015 年研]

答：学习型组织是指培养出持续学习、适应和改变能力的组织。在学习型组织中，员工不断获取和分享新知识，并将这些知识应用于决策或工作。学习型组织需具备如下结构特征：①强调信息的共享和工作活动的协作。整个组织中的员工必须信息共享。②最低限度的结构阻碍和空间阻碍，使员工能够以最好的方式共同完成组织的工作，并在这一过程中相互学习。③向工作团队充分授权。工作团队为授权式的，管理者充当着促进者、支持者和倡导者的角色。

二、简答题

1. 组织变革的三个阶段及方法。[哈工大2017年研]

答：组织变革是一件十分严肃、认真的事情，必须缜密设计其程序、步骤。美国学者科特·勒温曾于20世纪40年代初提出组织变革三阶段及相应的措施：

(1)解冻阶段，是人们逐步认识到组织必须变革的过程。主要是激发组织成员对组织现状的不满，产生摒弃旧事物、创造新事物的愿望，逐步意识到只有变革才有出路，下决心进行变革。

①主要使用三种力量：a. 推动力，引导员工行为脱离现状的力量；b. 约束力，阻碍偏离现有平衡状态的力量；c. 推动力与约束力的合力。

②选择好变革突破口，一般可以从四个方面的一点或几点的组合上进行：a. 结构性变革，即权力关系、协调机制、工作再设计等结构变量；b. 技术变革，如工作过程、工作方法、技术设备等变量；c. 环境变革，包括工作场所、位置、安排、布局等；d. 人员变革，涉及员工态度、技能、期望、观念、行为等。

(2)变革阶段，是从旧状态向新状态过渡的过程。在这一阶段，主要是要指明变革的方向，确定变革计划，实施变革方案，使组织成员形成新态度与新行为，调整或再造组织，逐步制定新制度。

(3)再冻结阶段，是变革后的行为强化阶段。在这一阶段，主要是通过采取建立新的规范、制度体系和激励机制等强化措施，把变革后形成的新态度与新行为加以“冻结”的过程。主要是防止新行为与新态度恢复到变革以前的状态。

2. 组织变革主要有哪几种类型？[西安交大2017年研；浙江财大2016年研；广东财大2015年研；北师2012年研]

相关试题：什么是组织变革？试述组织变革的主要类型及变革内容。[中山大学2013年研]

答：组织变革是指组织根据内外环境的变化，及时对组织中的要素进行结构性变革，以适应未来组织发展的要求。其基本目标是使组织整体、组织中的管理者和成员对外部环境的特点及其变化更具适应性。组织变革的主要类型包括：

(1)结构变革。即组织要根据环境的变化适时对组织的结构进行变革，并重新在组织中进行权力和责任的分配。管理者的任务就是要对如何选择组织设计模式、如何制订工作计划、如何授予权力以及授权程度等一系列行动作出决策。

(2)对技术与任务的变革。技术与任务的变革包括对作业流程与方法的重新设计、修正和组合，包括更换机器设备，采用新工艺、新技术和新方法等。由于产业竞争的加剧和科技的不断创新，管理者应能与当今的信息革命相联系，注重在流程再造中利用最先进的计算机技术进行一系列的技术改造。同时，组织还需要对组织中各个部门或各个层级的工作任务进行重新组合，如工作任务的丰富化、工作范围的扩大化等。

(3)人员变革。人员变革不仅指人事层面上的人员调整、岗位变换，更重要的是改变员工的工作态度、期望、认知和行为。变革的主要任务是组织成员在权力和利益等资源方面的重新分配。要想顺利实现这种分配，组织必须注重员工的参与，注重改善人际关系并提高实际沟通的质量。

(4)战略变革。即组织对其长期发展战略或使命所作的变革。如果组织决定进行业务收缩，就必须考虑如何剥离非关联业务；如果组织决定进行战略扩张，就必须考虑购并的对象和方式以及组织文化重构等问题。

(5)组织文化变革。组织文化是除了正式制度之外，对员工的行为产生影响的因素。与正式制度不同的是，它在很多时候是通过观念、态度和其他人的评价来影响人们的行为的。在很大程度上，文化变革就是对组织成员集体所拥有的价值观进行变革。

3. 阻碍组织变革的因素有哪些？[上海交大2015年研]

相关试题：

(1)组织变革阻力的原因。[中财2019年研]

(2)何为组织变革？组织变革产生阻力的原因是什么？[广工大2016年研]

答：企业面临的阻碍因素主要表现在两个方面：

(1)阻碍变革的员工个人的心理阻力：

①职业心向对改革的障碍。职业心向是指经常性的工作和长期从事的职业，容易使员工形成心理上的准备状态(即定势)。职业心向对常规性的工作起积极作用，可大大提高工作效率；对变革和变通性的工作来说，则起消极作用，会大大降低生产和工作效率。在改革过程中，新的工作、技术、方法、组织结构，同组织员工原有的职业心向发生冲突，会使其产生心理压力和负担。如果这种压力和负担超过了员工的心理承受能力，员工便会产生抵触和反对态度，阻碍变革的进行。只有破除陈旧的职业心向，形成新的职业心向，才能减少这方面的阻力。

②保守心理对变革的障碍。保守心理是一种维持现状，害怕变革与改革的思想。具有保守思想的人往往迷恋传统，安于现状，习惯于原有的秩序和章程，害怕改革。变革思想和保守思想的冲突往往贯穿改革的全过程：a. 变革的开始阶段，保守势力往往以各种借口维持现状，反对变革。b. 变革的深入阶段，有的人又以调和的方式进行改革。c. 变革受挫时，具有保守思想的人又会秋后算账，指责变革。只有冲破保守阻力，变革才可能顺利进行。

③习惯心理对变革的阻碍。习惯是长期养成的心理和行为特点，人们通常按自己的习惯对外部环境的刺激作出反应，从而获得心理上的满足。

④嫉妒心理对变革的阻碍和破坏。具有嫉妒心理的人对改革者取得的成绩心怀不满，甚至有敌意，常用流言蜚语攻击变革者，中伤变革者。这种心理和行为不仅给改革者造成心理压力，也给欲变革者造成负担，同时也给工作带来许多麻烦和混乱。

⑤求全责备心理对变革的阻碍。变革是新生事物，常常是不完善的，有某些不足之处。变革者也非圣人，有优点也有缺点。有求全责备心理的人，常用机械主义的观点，对改革百般挑剔，横加指责，从而否定改革者，给变革造成阻碍。

⑥中庸和中游思想对变革的阻碍。变革是一项艰难曲折的事业，需要人们有勇气，花费心血和精力，进行拼搏才可能成功。有中庸思想的人常常以反冒尖的观点来抵制变革。

⑦心理承受力低对变革担心而形成的阻碍。

(2)组织对变革的阻力：

①对权力和地位的威胁。不论是人事或技术上的改革，都涉及组织中人的权力和地位的变化。人们不会轻易失去已获得的地位和权力，因而在思想和行动上以各种形式抵制对地位和权力有危险的变革。

②组织结构的障碍。任何一种新的主意和对资源的新用法，都会触犯组织的某些权力，所以往往会受到抵制。典型的等级制组织结构，强调信息从高层流向基层，员工只能按特定渠道来获取信息，只反馈工作的积极信息，对实际存在的问题和应该采取的变革方法避而不谈。这实际上是封锁消息，抵制变革。

③资本(或资金)的限制。许多企业常常由于资金的局限性，而不得不维持现状。如果能够得到可用的资源，企业则愿意通过变革来渡过难关。

④经济亏损造成处境困难。无论是缺少资本还是资本雄厚的企业，有时由于亏本而处境艰难，而使变革受挫或不能变革。

⑤社会经济环境问题造成的障碍。良好的社会经济环境是企业改革的动力，不良的经济环境是企业改革的阻力和破坏因素。

三、论述题

1. 结合实际，分析组织变革的动力和阻力有哪些？如何促进组织变革和创新？［南开大学2008年研］

相关试题：

(1)如何减缓组织变革的阻力？［湘潭大学2021年研］

(2)请简述组织变革可能遇到的阻力，以及消除变革阻力的管理对策。［南京师大2020年研］

(3)阻碍组织变革的因素有哪些？［上海交大2015年研］

(4)减少变革阻力的策略有哪些？［简答题，中山大学2016年研］

(5)为什么有些人会抵制变革？通常可采用哪些措施减少组织变革的阻力？［杭州师大2016年研］

答：(1)组织变革的动力：

①外部环境因素。任何组织都必须与外界环境进行交流，力争使自身与外界环境取得平衡。组织变革的外部动因主要是指组织的管理者难以控制的外界环境因素对组织变革的促进作用，其中最主要的是市场、资源、技术和环境变化的影响。

a. 资源变化。主要包括一个组织所需要的资金、能源、设备、原料、劳动力、信息等投入物的质量、数量和价格的变化，涉及组织生存与发展的自然资源、资本资源、信息资源和人力资源的变化。

b. 科学技术的变化。科技变化是促进组织变革的强大动因。新技术、新材料、新工艺、新设备的出现，会带来产品、组织管理、专业分工、人际关系等一系列变化，以空前的广度深入影响和改革社会生产方式、组织方式和生活方式。

c. 社会环境的变化。是指社会行为价值观的变化和社会的体制或制度结构的变化，也包括社会的政治因素、法律因素、文化因素、政府政策以及顾客、竞争者、供应者、公众等因素的变化，但对组织变革影响较大的是前两类因素的变化。

②内部环境因素。任何组织内部都存在使整个组织成长和衰败的因素，组织变革的内部动因主要是组织成员的变化，是由组织运行和成长中的矛盾引起的。对组织变革影响较大的内部推动因素主要有组织目标和价值观的变化、组织运行效能的变化、组织成员心理和行为的变化以及组织自身管理方式、管理技术方法的变化等。

a. 组织目标和价值观的变化。组织目标的确立与保持要靠价值观系统来维系，组织价值观系统的变化，会导致人们对目标的价值、目标的选择、目标的可行性等进行新的权衡，从而引起目标的变化。组织目标一旦变化，组织的任务、各项工作的基础、组织稳定、组织决策、组织活动的依据和标准等都会发生变化，自然成为组织变革的动因。

b. 组织运行效能低下。一个组织决策迟缓，错误不断，无法把握机遇；一个组织因循守旧，墨守成规，难以产生新思想；一个组织内部沟通阻塞，冲突频繁，这都迫切需要通过组织来诊治“病症”，提高组织运作效能。因此组织运作效能低下是从内部促使组织变革的动因之一。

c. 组织成员心理和行为的变化。任何组织中，人都是最宝贵的资源和动力。但是人的工作积极性受制于其动机、态度、行为等社会心理与行为因素的影响，如果组织成员的价值观念、工作期望、工作态度、工作行为等发生变化，与组织目标、组织结构、组织关系、权责系统相互矛盾或不适应时，往往需要对组织或组织的部分进行相应的变革，从而调动积极性，发挥人力资源的作用。

(2)组织变革的阻力，参见本章考研真题简答题第3题答案。

(3)促进组织变革与创新的措施。想要促进组织变革与创新，必须要明确变革的内容和侧重点，有序推动组织变革创新，同时也要强化推动力，克服阻力。具体而言，有以下三方面的内容：

①明确组织变革的内容。

②有序推进组织变革，其具体程序如下：

a. 确定变革的问题。组织必须要结合自身的实际情况来确定是否需要变革以及所要变革的内容。

b. 组织诊断。为了准确地掌握组织需要变革的方面，要对组织进行诊断。组织诊断首先要采取行之有效的方式将组织现状调查清楚，然后对所掌握的材料进行科学分析，找出愿景与现状的差距，以便进一步确定需要解决的问题和所要达到的目标。

c. 提出方案。一般来说，变革方案要有几个，即人们常用上策、中策、下策这类方法进行选择。在各备选方案中必须明确问题的性质和特点、解决问题需要的条件、变革的途径、方案实施后可能造成的后果等。

d. 选择方案。这项工作就是在提出的方案中，通过对比分析选出一个较优的方案。对于选出的方案，既要考虑到它的针对性、可行性，也要考虑到方案实施后能带来的综合效益。

e. 制订计划。在选定方案的基础上，必须制定出一个较为具体、全面实施的计划，包括时间安排、人员的培训、人员的调动、物力和财力的筹备等内容。

f. 实施计划。在实施变革计划时，既要注意选择发起变革的适当时机，特别是恰当地选择变革的突破口和着力点，确定变革先在哪个领域里实施，以便开局胜利。

g. 评价效果。评价效果就是检查计划实施后是否达到了变革的目的，是否解决了组织中存在的问题，是否提高了组织的效能。

h. 反馈。反馈是组织变革过程中关键的一环，是经常性的工作。反馈信息揭示的问题较为严重时，需要根据上述步骤再循环一次，直到取得满意的结果为止。

③要促进组织变革与创新，还需要推进组织变革的动力，同时克服组织变革的阻力，通过清晰合理的组织变革程序，针对组织的人员、结构、技术和任务进行变革。从个人和组织两个层次调动变革中的积极因素，上级给予足够的支持，下级给予充分的配合，在鼓励创新的氛围里方可播下创新的火种。可以采取的相应措施有：a. 客观分析变革的推力和阻力的强弱；b. 创新组织文化；c. 创新策略方法和手段。

2. 学习型组织与传统型组织的区别在哪里？管理者如何建立学习型组织？［浙大 2011 年研］

相关试题：

(1) 什么是学习型组织？学习型组织需要具备哪些结构上的特征？［对外经贸 2017 年研；安徽师大 2017 年研］

(2) 试述彼得·圣吉的学习型组织的五项修炼。［西南财大 2015 年研］

(3) 请基于学习型组织的特点，并结合管理学理论，论述中国企业应该如何建立学习型组织。［中山大学 2015 年研］

(4) 什么是学习型组织？一个企业应该从哪些维度入手，将自身培育为一个学习型组织？［对外经贸 2013 年研］

(5) 什么是学习型组织？其主要特征有哪些？［北师 2011 年研］

答：(1) 学习型组织与传统型组织的含义：

①学习型组织，是指通过让员工共同参与问题的讨论和决策的制定，从而增强组织的适应能力和变革能力的组织形式。这种组织是一种不同凡响、更适合人性的组织模式，由学习团队形成社群，有着崇高而正确的核心价值、信念与使命，具有坚韧的生命力与实现梦想的共同力量，不断创新，持续蜕变。它能认识环境，适应环境，进而能动地作用于环境。学习型组织的特点，决定了它是组织结构变革的发展趋势，是未来成功企业的重要模型。

②传统型组织，是指一种相对严密、刻板、僵化的组织，其灵活性和适应性较差。

(2) 学习型组织的结构特征。学习型组织的结构更加扁平化，从上层决策到下层操作之间相隔的层级较少，决策权下放，员工会获得更多的自主权并对自身行为的结果负责。学习型组织通过树立正确的价值观、建设浓厚的学习氛围驱动员工主动学习，希望员工根据组织整体政策动态调整学习行为，从而真正地在学习中体悟工作的意义，追求心灵的成长与自我实现，创造出超乎寻常的成果。基于此特点，学习型组织必须给予员工充分的自主权，让员工按照自身的实际情况主动制定并实施学习计划。

(3) 学习型组织和传统型组织的区别：

①学习型组织认为，如果不改变就维持不了多久；而传统型组织认为，只要还能运转就不需要进行改变。

②学习型组织认为，被实践所证明的就算不上是新思想；而传统型组织认为，不能付

诸实践的就不要理会。

③学习型组织认为，创新是组织中每个人的事，每个人都可在工作中进行创新；而传统型组织认为，只有研发部门才可进行创新，开发新产品、新工艺。

④学习型组织的竞争优势是学习能力和专业技能；而传统型组织认为，竞争优势在于产品和服务。

⑤学习型组织中管理者是设计师、仆人和教师，他们主要起到推动和支持的作用；而传统型组织的管理者主要是控制和监督他人。

⑥学习型组织担心的是员工不学习、不改进；而传统型组织担心员工犯错误。

(4)建立学习型组织：

①建立学习型组织应符合四条标准：a. 人们是否能不断检验自己的经验；b. 人们有没有生产知识；c. 大家能否分享组织中的知识；d. 组织中的学习是否和组织的目标息息相关。

②要提高员工的五项技能：

a. 自我超越，是学习型组织的精神基础，其表现为组织内的每一个成员集中精力、培养耐心、全身心投入，从而不断创造和超越自我。

b. 改善心智模式，即改变我们的思考方式，改变隐藏在我们背后的所有行为的基本假设。

c. 创建共同愿景，即针对我们想创造的未来，以及我们希望据以达成目标的原则和实践方法，发展出共同愿景，并且激起大家对共同愿景的承诺和奉献精神。

d. 团队学习，通过团队学习、转换对话及集体思考的技巧，让群体发挥出超乎个人才华总和的伟大知识和能力。

e. 系统思考，是五项修炼的核心，这项修炼能帮助我们看清如何才能更有效地改变系统，以及如何与自然及经济中更大的流程相调和。

3. 论述如何激发组织的创新力。[中国传媒2017年研]

相关试题：

(1)近年来，党中央、国务院十分重视创新，今年更是明确提出“大众创业、万众创新”、创新引领五大发展理念、“创新是引领发展的第一动力”。试运用管理学理论知识论述一个企业如何激发创新。[湘潭大学2016年研]

(2)论述影响组织创新力的因素。[电子科大2016年研]

(3)如何通过强化组织文化来激发创新？[简答题，中南财大2010年研]

答：(1)创造力与创新：

①创造力是指以某种独特的方式综合各种思想或在两种思想之间建立独特联系。

②创新是指为了一定目的，遵循事物发展规律，对事物进行变革，从而使其得以更新和发展的活动。

(2)激发和促进创新：

一个创新型组织拥有产生创意并不断将其转化为新的有用的产品、工艺、赢利模式，取得商业价值的能力。创造一种有助于激发和促进创新的环境，是管理者为公司的长期发展所作的最重要的贡献，能够激发创新的环境包括三种变量：组织的结构变量、文化变量和人力资源变量。

①结构变量：

a. 有机式结构。正规化、集权化程度较低的有机式结构，能促进组织的灵活性和创意共享，对创新产生积极影响。

b. 丰富的资源。拥有充足的资源才有财力购买创新成果、承担追求创新的成本和消化失败。这是创新的重要基石。

c. 密切的内部沟通。这有助于排除创新的障碍。跨职能部门的团队、特别任务小组等组织设计有助于促进不同部门之间的交流与互动。许多组织建立了可以供成千上万员工共享信息、提出创意、展开讨论的电子信息平台，在争论中逐步完善各种创意。

d. 最小化时间压力。时间压力会导致员工创造力下降，尽量减少对创新活动的时间压力，甚至将部分工作时间由研发人员自行安排在感兴趣的项目上，以激发创新。

e. 工作和非工作支持。组织在工作内外提供鼓励、开放的沟通、认真倾听和有价值的反馈等支持，有助于员工更好地发挥创造力。

②文化变量。有助于激发创新的文化变量包括：a. 接受模糊性；b. 包容奇思妙想；c. 宽松的外部控制；d. 容忍风险；e. 包容冲突；f. 重视结果甚于手段；g. 重视开放系统；h. 提供积极反馈；i. 展示授权式的领导风格。

③人力资源变量：a. 对培训和发展的高度认同；b. 高水平的工作保障；c. 支持富有创造力的人员。

结语：互联网时代的管理展望

复习笔记

【知识框架（庖丁解牛）】

- 互联网时代的管理展望
  - 互联网在商业领域的广泛应用
    - 信息制造
    - 信息传播
    - 信息存储
  - 互联网对企业活动产生的影响
  - 互联网引发的管理革命
    - 企业组织形式的适应性变革
    - 员工管理方式的适应性变革
    - 管理者决策方式的适应性变革

【通关提要（提纲挈领）】

本章主要介绍互联网时代的管理展望，即互联网的广泛应用和发展对商业领域和企业活动所产生的影响及其引发的管理革命。本章内容基础且简单，不是考查重点，了解相关要点即可。

【考点难点归纳（厚积薄发）】

考点：互联网及其广泛应用（见表1） ★★

表1　互联网及其广泛应用

要点		主要内容	
互联网	力量	互联网的力量源于连接和融合，其三大基本设施包括： ①“云”，即云计算、大数据等基础设施。 ②“网”，即各种互联网。 ③“端”，即用户获得服务和信息数据的界面	
	基本特征	①移动化；②在线化；③去中心化；④平台化；⑤个性化；⑥数据化	
互联网的广泛应用	在商业领域的广泛应用	信息制造	①内容更丰富；②主体范围拓展；③载体更丰富
		信息传播	①信息传播效率提升；②信息传播范围拓展；③具有成本优势；④信息更新速度加快
		信息存储	①时间上的广延性；②空间上的广阔性；③数据化；④编码化

续表

要点	主要内容	
互联网的广泛应用	对企业活动的影响	①密切了企业与合作伙伴的关系。 ②加剧了企业间的竞争。 ③增加了企业经营者的决策难度。 ④给企业组织带来了机会和挑战
	引发的管理革命	①组织形式的适应性变革：从“法理型”向无边界型转变。 ②员工管理方式的适应性变革：员工技能综合化、自主行动空间扩大。 ③管理者决策方式的适应性变革：理性分析+直觉判断

课后习题详解

1. 互联网的发展对企业经营可能带来哪些影响？

答：互联网的发展对企业经营主要有三种影响：

(1)对企业与商业合作伙伴的关系的影响，主要体现在密切了企业与合作伙伴的关系，具体如下：

①企业与供应商之间的信息不对称程度有所减弱，从而降低了交易的成本。

②企业更容易产生和被传播负面消息，因而更加重视声誉和品牌形象。

③企业合作摆脱了时间和地点的制约。

(2)对企业与竞争厂家的关系的影响，主要体现在企业间的竞争加剧，具体如下：

①信息的高速流通使得技术和制度的优势更容易被模仿和复制，因此企业必须具有不可复制的核心竞争力。

②市场信息和市场价格的高度公开和透明，使而今的市场更趋近于完全竞争市场。

③互联网时代，可供客户和消费者选择的替代品更多，使得企业面临替代品威胁。

④信息的快速流通降低了行业的进入壁垒，也使得行业内部机密难以存在。

(3)对企业内部活动组织产生的影响：

①增加企业经营者的决策难度。

a. 海量的信息和数据，使得决策的工作量明显增加。

b. 信息传播速度加快了管理层的决策节奏，也提升了企业的运行速度。

②互联网的应用既给企业带来了挑战，同时也带来了机会。

a. 海量的信息对企业提出了更高要求，不仅要求组织能够有效收集、甄别和处理信息，而且要求其能够充分利用互联网，形成自身优势，充分利用互联网发声。

b. 互联网技术的快速发展，一方面为组织提供了学习路径，另一方面丰富了组织的学习资料，同时，信息技术也推动了企业间的合作与竞争。

2. 互联网的广泛应用可能引发哪些管理变革？

答：互联网的广泛应用可能引起以下管理变革：

(1)企业组织形式的适应性变革。互联网时代下，企业的组织形式逐渐从“法理型设计”向无边界组织、无组织的形式转变，其中将组织边界进一步细化，具体如下：

①外部边界。当边际收益等于边际成本时，企业的收益最大化，而此时企业的规模便是其边界，但随着信息经济和知识经济的共同作用，生产活动的边际收益增加而边际成本递减，企业也将进入无边界企业时代。

②地理边界。以往企业可以凭借地域优势形成竞争优势，而今互联网为生产者提供了虚拟的集中经营场所，消费者可以凭借互联网技术办理各种业务，从而拓展了企业经营场所的地理边界，同时也削弱了本地企业的地域优势。

③水平边界。信息在进行高速制造和传播的过程中，在增加企业信息量的同时，也增加外部环境的不确定性。随后，很多企业开始淡化部门的职责边界，强调组织内跨部门、跨领域的沟通。

④垂直边界。随着组织的发展，逐渐形成了扁平化的管理结构，打通了层级结构中的垂直边界，精简管理人员，降低管理费用，促进上下级关系的紧密化，从而加快了组织内信息的纵向流动。同时，管理者的职权扩大，成员更容易形成积极感和满足感。

(2)员工管理方式的适应性变革：

①员工技能综合化。当今企业中的工作内容从单一机械动作向综合性工作转变，更加依赖员工的综合能力。

②员工自主行动空间扩大。随着互联网时代的发展，信息制造和传播的速度加快，员工的被动反应式工作已不再符合市场的变化需求，由此更要加强成员的自主意识和主观能动性。

(3)管理者决策方式的适应性变革。随着信息的爆炸式出现，管理者很难在海量信息中作出理性分析，所以直觉在管理决策中显得愈发重要。要将理性分析和直觉结合起来决策。

考研真题

一、概念题

人工智能[北航2018年研]

二、论述题

分析论述大数据时代的管理挑战与机遇。[青岛大学2017年研]

三、案例分析题

企业转型管理为适应雄安新区发展需要，2017年6月23日召开了服装行业转型升级创新发展座谈会，围绕容城传统服装行业如何实现转型升级，走集约化、智能化、创新发展之路等内容进行了研讨和交流。青岛酷特智能(红领制衣集团)作为行业的领先企业参加了会议。容城的服装行业有40多年的发展历史，是地方支柱产业。据统计，全县有900多家服装企业，2016年行业销售收入达到220亿元。目前，该县年产服装约4.5亿件(套)，就业工人约十万余人，形成了龙头企业带动、骨干企业支撑、服装加工户遍地开花的产业格局。但受历史因素和经济社会发展阶段的影响，这些企业多以贴牌、代工为主，随着劳动力成本上升，受到不小冲击。强势品牌缺乏、技术老旧落后、管理经验匮乏等短板也日益显现。

青岛酷特智能（红领制衣集团）以信息化与工业化深度融合为基础，形成了完整的物联网体系，打造了独特的核心价值，融入大数据与产融结合技术，创造出全新的在国内外领先的科学制衣与销售体系。在交流会上，红领集团展示了其生产模式和思路，并围绕转型与当地企业进行了探讨。随着雄安新区的设立，以服装企业为代表的中小民营企业的发展环境发生了很大变化，转型升级成为企业发展的必由之路。［河北大学2018年研］

问题：

1. 结合案例资料，企业要走好转型之路，需要关注的环境要素有哪些？

2. 如果你是企业的决策者，在互联网时代应该如何做好企业的转型工作？

考研真题详解

一、概念题

人工智能［北航2018年研］

答：人工智能（AI）是指研究、开发用于模拟、延伸和扩展人的智能的理论、方法、技术及应用系统的一门新的技术科学。人工智能是计算机科学的一个分支，它企图了解智能的实质，并生产出一种新的能以人类智能相似的方式作出反应的智能机器。该领域的研究包括机器人、语言识别、图像识别、自然语言处理和专家系统等。人工智能自诞生以来，理论和技术日益成熟，应用领域也不断扩大。人工智能是实现智能化的主要途径，一般可分为三类：计算智能、感知智能和认知智能。智能化时代的到来，正在并进一步改变着人们的生活和工作方式。

二、论述题

分析论述大数据时代的管理挑战与机遇。［青岛大学2017年研］

答：在人们进入大数据时代以后，大数据正以风驰电掣的速度奔腾而来，既给我们提出了严峻的挑战，也给我们调整产业结构、提高生产效率、实现管理现代化提供了绝佳的机遇。但是我们必须更新思维，充分认识到大数据时代，管理在宏观和微观层次都将发生颠覆性变革，并应及早制订相应的发展战略和实施举措。

（1）大数据时代，数据将和企业的固定资产、人力资源一样，成为生产过程中的基本要素，成为一切创新取之不竭的源泉，成为国家和企业最为强大的竞争力。

信息时代的竞争不是劳动生产率的竞争，而是知识生产的竞争。数据只要提供产生的背景就成为信息，信息经过提炼，找出变化规律，就成为创新知识，应用新知识指导实践，就可创造出新的价值、效用和利润。因此，基于知识的竞争，最终表现为数据的竞争，这种数据竞争，将最终决定国家和企业的命运。

（2）大数据时代，一切皆可量化，一切皆可预测。大数据的核心就是预测，人们不再只是依靠随机抽样的样本，而是通过对大规模的数据“总体”进行分析和预测。只要发现不同类数据的相互关系，加以综合，就可把原来似乎难以“量化”的事物进行定量分析，预测其未来的发展趋势，所有预测结果都是从对已有数据再次加以挖掘出来的。数据与其他生产要素不同之处就在于没有折旧，可以多次应用，应用愈多价值愈大。且数据存储的时间段越长，越能发现规律。

(3)大数据时代，开放的网状组织将取代自上而下的金字塔形层级组织。自上而下的金字塔形层级组织是人类社会自古以来的管理模式，一切数据和信息的要求都是自上而下地层层传达，自下而上地层层上报、汇总、综合分析。处于金字塔上层的管理者，就能获得全面和完整的信息；而处于金字塔下层的人员，只能得到零碎和片面的信息，上下级之间信息不对称就成为维持层级组织上级权威的基础。大数据时代，每个人都可以公开透明地从网络中获得相同的信息，经过自己的综合、分析、得出各自的结论。就信息系统而言，是无中心的开放的网状组织，这种组织不仅可以让每个人参与管理，并且可以更好地发挥每个人的积极性和创造性。企业的层级组织将更加扁平化和去中心化；大数据时代的政府，应着重简政放权，向扁平化、开放化、透明化方向发展。

(4)在大数据时代，由互联网联结的虚拟管理模式，将逐步取代各自独立的集中生产的实体模式。在生产领域，在互联网发展初期就已开始建立虚拟的全球制造系统，例如耐克等公司，除了保留研发设计部门外，加工生产都外包给全世界其他低成本的企业去做。虚拟模式和业务外包，现在已成为绝大部分企业的典型管理模式。

(5)大数据时代，集中的大规模"减成法"生产将向分散的"叠加式"定制生产转变。在工业化时代，所有工业产品，例如金属制成品，都要经过铸造、冲压、锻造、金属切削、研磨等许多复杂的工序过程，对原材料逐步加工削减而成，即所谓"减成法"生产。这种生产方式不仅使许多原材料变成了切削和废料，并且加工过程中需要昂贵的设备、熟练的技工、高大的厂房等，所以只能进行集中的大规模生产，并且很难满足客户个性化定制生产。在大数据时代，依靠计算机、互联网和3D打印技术，可以像打印文件图片那样，用打印机把产品打印出来。

"叠加式"生产不仅可以大量节省原材料、能源消耗和设备、厂房的费用，省去许多繁杂的工序，大大缩短生产时间，降低了生产成本，还可以真正实现个性化的定制生产，甚至可以在家或单位进行分散生产。

(6)大数据时代，智能化管理将在愈来愈多的领域取代人工管理。人工智能就是把人处理问题的方式编入程序，使不能思维的机器，也能够去做那些原来需要人才能做的事。一句话，就是使计算机去做过去只有人才能做的事。人工智能已研究了许多年，但只有到了大数据时代，人工智能才由梦想、理论研究、实验而成为现实。

大数据已在应用层面解决了许多实际问题，展示了未来极其光辉灿烂的广阔前景。它将重塑我们的生活、工作和思维方式，也将更新我们的管理理念。大数据标志着"信息社会"终于名副其实地到来。为我们"多、快、好、省"地工作，释放出无限的价值。但是，大数据与其他新事物一样，也具有缺陷和瑕疵。最先进的科技也不可能将世界上的数据悉数搜集、存储和加工。大数据所处理的并不是事物最终的总体，只是大规模的样本而已。应当承认，现今技术所搜集和处理的数据只是世界上数据总体中极其微小的一部分，这些信息不过是现实的投影。因此，大数据根据并不完美的数据所作的预测，就不可能是完美的最终答案，只能供人们参考。

三、案例分析题

问题：［河北大学2018年研］

1. 结合案例资料，企业要走好转型之路，需要关注的环境要素有哪些？

答：迈克尔·波特提出的五力分析模型对企业战略制定产生全球性的深远影响。用于竞争战略的分析，可以有效地分析竞争环境。对于本案例中的青岛酷特智能（红领制衣集团）而言，这“五力”也是企业走好转型之路所需认真考虑的。具体分析如下：

（1）同行业竞争者。大部分行业中的企业，相互之间的利益都是紧密联系在一起的。作为企业整体战略一部分的各企业竞争战略，其目标都在于使得自己的企业获得相对于竞争对手的优势。所以，在实施中就必然会产生冲突与对抗现象，这些冲突与对抗就构成了现有企业之间的竞争。

（2）供应商议价能力。供方主要通过其提高投入要素价格与降低单位价值质量的能力，来影响行业中现有企业的盈利能力与产品竞争力。供方力量的强弱主要取决于其议价能力。

（3）购买者议价能力。购买者主要通过其压价与要求提供较高的产品或服务质量的能力来影响行业中现有企业的盈利能力。

（4）替代产品的威胁。两个处于不同行业中的企业，可能会由于所生产的产品是互为替代品而产生相互竞争行为。这种源自替代品的竞争会以各种形式影响行业中现有企业的竞争战略。

（5）潜在的新参加竞争者。新进入者在给行业带来新生产能力、新资源的同时，也希望在已被现有企业瓜分完毕的市场中赢得一席之地，这就有可能会与现有企业发生原材料与市场份额的竞争，最终导致行业中现有企业盈利水平降低，严重的话还有可能危及这些企业的生存。

2. 如果你是企业的决策者，在互联网时代应该如何做好企业的转型工作？

答：在互联网时代，为了做好企业的转型工作，需要做好以下几个方面的工作：

（1）以“客户至上”为纲。在未来的数字化市场，为了迅速应对日益分散化的客户需求，公司可以转向网络，更广泛地选择供应商，获取更详细的客户洞见，推出更丰富、更复杂的产品线，以更精准地满足消费者需求。除了产品，消费者还期望获得覆盖线下、线上和移动等各类平台的无缝、便利和个性化的用户体验。因此无论是宣传信息还是产品服务，企业都必须精心设计，确保其在互联网和移动互联网平台上更具吸引力。

（2）调整战略，为新一波竞争做好准备。互联网开启了激烈竞争的新时代，只有敏捷而务实才能生存。随着行业界限的日益模糊，竞争可能随时从某个意想不到的角落出现。互联网为新兴企业赋予了迅速进行成本扩张的能力，大型传统企业（包括国有企业）必须适应这样的挑战，否则就会陷入困境。企业领导人必须对此认真对待，因为他们制定的决策将彻底改变公司的经营方式。这些转型也可能需要技术和其他投入，短期内影响企业的成本结构，但赢家将在未来获得巨大效益。

（3）运营转型。互联网要求各个行业的企业变革旧的运营和业务模式，同时还要更灵敏。首先，必须胸怀远大目标和明确战略进行数字化转型。当今市场瞬息万变，随意性试验或是毫无规划的数字化举措并不可行。在专注于客户端的同时，企业还需要着力于将互联网技术融入后台功能和物流中，从而提升运营效率和降低成本。公司必须清楚要借助技术实现哪些目标，并且制定涵盖领导、人才、观念、文化、流程和组织结构的全盘战略。在电子商务高速发展的背景下，企业必须制定灵活的多渠道运营模式。互联网开创的透明化定价压缩了利润空间，精益化变得极为关键。打造线上线下的无缝体验不仅对客户很重要，对公司的整个运营效率也极为关键。

(4)培训高技能人才，构建相应的组织架构。越来越多的公司采用互联网技术，人才问题也日渐突出，尤其是与大数据和高级分析相关的高度专业化人才。未来对兼具相关行业知识和高技术技能人才的需求会很大。除了外聘人才，公司还需要培养内部人才梯队。这项工作包括加强行业合作、与教育培训机构联手或公私联营设计目标明确的项目来培养自身需要的人才等。

(5)乐于接受合作伙伴和外部合作。在互联网时代，产业链中的主要活动并不必然要全部留在公司内部。为了最大化商业生态的价值，竞争对手也可以成为联盟，统一相关标准，打造更广阔的市场。

而今面对智能化时代，我国传统的制造型企业想要转型，必须要抓住技术的前沿方向，加快自主研发，利用物联网、大数据、人工智能等技术来实现智能化、自动化的制造。我国正提倡自主创新，这是制造业转型的必经之路，企业必须加大科研投入的力度，走在技术创新的前沿。